U0154123

凝煉知識 品味閱讀

凝煉知識 品味閱讀

RELIGIOUS STUDY FOUNDATION

人文講堂

宗教學基礎的十五堂課

王曉朝 著

五南圖書出版公司 印行

「人文講堂」系列 出版緣起

人文素質的養成教育，成為現今大專院校與公民教育的時勢所趨，為了培養學生健全的人格，擴展與完善學生的知識結構，造就具備創新潛能的複合型人才，進而培養國際競爭力。於是，我們基於社會的人文職志、文化的薪火相傳理念，規劃「人文講堂」系列，其中包含文學、歷史、哲學、宗教、藝術等五大類別，每一類下分別收錄中國文學、西方文學、唐詩宋詞、魯迅作品、通俗文學；中國歷史、歐洲文明；現代西方哲學、哲學修養、美學；道教文化、宗教學基礎；西方美術史、音樂欣賞……等。適合一般社會大眾擴展學術知識的胸襟和眼光，進而增進全方位的人文素養。

執筆者集合多所大學名師，文中不僅呈現出專業性，遣詞用句更強調通俗易懂、層次分明。

人文素養吸納、養成，在現今經濟、商業金銀飛繞，人文素質低落的環境，已成山雨欲來、勢不可擋之極大挑戰。我們翻開文化的扉頁，振筆疾書，在這文化列車的起跑線上，期以「人文講堂」系列貢獻一己的心力。我們深知大樹的茁然長成，無法一蹴可幾，人文的扎根卻可透過書冊、紙筆而深入人心。我們衷心期待下一代更好，為我們的永續生存接棒向前。

自序

宗教是一種客觀存在的社會現象。宗教無論就時間的綿延或空間的廣袤來看，都是人類社會的首要特徵。人有宗教，而動物則沒有。因是之故，宗教從古到今，無論中外，都是一個熱門大話題。現代人文學科誕生以後，宗教又成為各門人文社會科學關注和研究的對象。

我們已經跨入了新世紀。二十一世紀的來臨標誌著人類進入了一個新的千年。在這個新世紀和新千年裡，人類不應該只是陶醉於科技的發展和應用給人類社會帶來的巨大變化和美好前景，而應深刻認識到人類在認識自我及協調人際關係上並沒有真正成熟。人與人之間的隔閡，政治觀點上的矛盾，意識形態上的張力，以及不同社會、民族之間的衝突，使人類邁向新時代的步伐顯得格外沈重和艱難。因此，擔負著中國現代化重任的大學生，無論是學理工的，還是學人文社會科學的，都有必要了解和掌握一些宗教學的基礎知識。

一般說來，人們對宗教並不陌生，神佛顯靈的傳聞、妖怪作祟的迷信、祭天祀祖的禮儀、驅邪趕鬼的巫術、五體投地的信徒、念念有詞的祝禱、晨鐘暮鼓的佛廟、香煙繚繞的道觀、巍峨壯麗的教堂……等等。只要一提起宗教，這些現象就會浮現在人們的眼前，並在人們心中引起無限的遐想。

然而，熟知非真知。誠如宗教學創始人麥克斯・繆勒所說：宗教信徒可謂對宗教十分熟悉，「成千上萬的人信心之誠篤可以移山，但若問他們宗教究竟是什麼，他們可能張口結舌，或只能說說表面的象徵，但談不出其內在的性質，或只能說說信心所產生的力量」。作為一門新興的人文社會科學，宗教學要以各種紛繁複雜的宗教現象為研究對象。它不僅要研究宗教的現象，還要思考宗教的本質。

宗教的歷史十分漫長。從原始宗教算起，宗教至少已經有了數萬年的流傳。即使後來出現的若干世界性大宗教也有兩千多年的發展和演變。宗教的發展與人類文明的歷史同步，它已經經歷了原始社會、奴隸社會、封建社會、資本主義社會和社會主義社會五種社會形態，對人類的思想意識、文化形態、心理素質、法律思想、政治制度，產生著不可忽視的影響。宗教既打上人類遠古社會的各種烙印，又隨著人類社會歷史發展的各個階段而不斷充實。可以說，宗教是人類社會的一種不可或缺的文化現象和文化載體，宗教的存在和影響仍將長期延續下去。

宗教的分布極為廣泛。世界上各個國家和地區的宗教千姿百態，各有千秋。迄今為止，宗教在一切社會形態、一切國家、一切民族、一切種族、一切階級和階層中，都有程度不同的存在和發展，具有無可比擬的文化繼承性和社會適應性。近二十多年來，世界政治、經濟、文化各方面都發生了巨大的變化，世界政治格局的多元化、經濟全球一體化進程加快，通訊與生物技術的迅猛發展，使世界宗教狀況也發生著許多值得注意的變化。整體情況是：信仰宗教依然是當前世界各國普遍存在的一種社會現象，對於世界各地的政治、經濟、文化以及人民日常生活，仍發揮著不可忽視的作用；當前一些地區民族紛爭的加劇、東西方文化交流的增進，人類太空探索與克隆技術（clone，即複製羊技術）的出現，都對宗教產生了很大影響，各傳統宗教正在經歷著自身的改革，一些稱之為新興宗教運動的獨立小教派在世界許多國家興起，宗教多樣化傾向日趨明顯，國際政治事件中的宗教因素增加。

宗教的表現極為複雜。撇開一切地方性的、古老的、原始的、形形色色的民族宗教不談，單就世界三大宗教來說，每一宗教都在歷史上形成了難以數計的宗派，每一宗派又組成了各式各樣的宗教組織，創制了各式各樣的宗教經典和宗教儀式。宗教的教義、教理、教規等各種經典、著述浩如煙海，就連學富五車的學者也難以完全掌握、徹底搞清。從信徒角度來說，有不同的階級、階層信仰同一種宗教的，也有同一個階級、階層信仰幾種不同宗教的；就信仰宗教的民族來說，有不同的民族信仰同一種宗教的，有同一個民族信仰幾種不同宗教的。各民族之間，各階級、階層之間，其宗教儀式、信仰程度、宗教心理、宗教感情都異彩紛呈、千差萬別，宗教與民族習慣、民族文化互相交織、互相融合，表現出複雜的形態。

宗教的思想極為豐富。宗教的教理、教義和思想經過長期的歷史發展，有一神論的，也有多神論的，有泛神論的，也有理性神論的。宗教思想與各種意識形態，如哲學、政治、法律、道德、文藝、教育、科技等互相交叉，互相影響，相互作用。

中國是一個多民族、多宗教的國家。與世界上其他國家相比，中國的信教人口占全國總人口的比重不大，中國歷史上也沒有出現過國家宗教，在西方人和某些中國學者眼中，中華民族甚至是一個缺少宗教性的民族。中華人民共和國成立後，在相當長的一段時間裡，人們對宗教持批判與全盤否定的態度。在建國之後成長起來的幾代人對宗教產生了陌生感，對宗教有許多不正確的看法。「文化革命」期間，一切以階級鬥爭為綱，人們片面地將宗教意識形態化、政治化，信仰宗教不僅是「落後」、「愚昧」、「迷信」的標記，而且成了具有「反動」性質的政治問題。人們在實際中推行的「消滅宗教」的活動，不僅踐踏了馬克思主義關於宗教的科學理論，而且否定了共產黨和國家對宗教問題的正確方針政策，取消了宗教工作，傷害了信教群眾的感情，破壞了民族團結。

「文革」結束以後，經過撥亂反正，中國共產黨的宗教政策得到了較好的貫徹，宗教狀況有了根本改觀，宗教工作步入正軌，中國宗教走上了一條與社會主義社會相適應的道路。在這一實際進程中，中國的宗教學研究也出現了盛況空前的新局面。人們比以往任何時候都要更加深刻地認識到，對宗教這種極為複雜的社會現象必須全方位、多視角、多層面地加以認識，減少盲目性和片面性，以適應社會發展的需要。我們試圖透過本書，增進當代讀者對宗教問題的了解，使讀者們有能力在掌握宗教學基礎知識的前提下，分析和認識各種宗教現象，正確對待和處理各種宗教問題，在此過程中提高自身的人文素質。

王曉朝
於清華園

Religious Study Foundation

目次

第一課

宗教學與宗教的界定

一、宗教學的誕生
二、宗教學的分支學科與發展
三、宗教的界定
四、宗教學的性質與研究對象

宗教作為一種社會現象已有數萬年的歷史，但相對而言，宗教學卻是一個年輕的學科。在回答什麼是宗教這個問題之前，我們首先介紹宗教學的誕生，從中可以看到人們對宗教的認識是一個不斷深化的過程。

一、宗教學的誕生

有史以來，人們就在關心宗教的活動，然而這種關注或是出於宗教信仰本身的需要，或是對周圍宗教現象的懷疑和猜測，還不足以開成一門獨立的宗教學。隨著人類社會和歷史的發展，宗教得以不斷演變，而人們對宗教的認識也在逐漸深化，這就為宗教學的形成提供了有利的條件。宗教學的創始人是英籍德國學者麥克斯·繆勒（**F. Max Müller**，一八二三—一九〇〇）。此人學富五車，著作等身。他的研究領域涉及語言學、文學、歷史學、哲學、神話學等多門學科。而學界公認，宗教學是由他創立的。除了卷帙浩繁的《東方的聖書》以外，他的宗教學著作還有：《比較神話學》（一八五六）、《基督和其他長老》（一八五八）、《吠陀與波斯古經》（一八五三）、《閃米特一神教》（一八六〇）、《孔夫子的著作》（一八六一）、《佛教》（一八六二）、《論吠陀的講演》（一八六五）、《宗教學導論》（一八七〇）、《論傳道》（一八七三）、《宗教的起源和發展》（一八七五）、《論語言、神話與宗教》（一八八一）、《自然宗教》（一八八九）、《物質宗教》（一八九一）、《人類宗教》（一八九二）、《心理宗教》（一八九三）、《被遺忘的聖經》（一八八四）、《古代祈禱文》（一八八四）、《印度寓言和密宗佛教》（一八九三）、《基督教在印度曾經可能逗留》（一八九四）、《佛陀的出生地》（一八九三）、《中國的宗教》（一九〇〇），等等。由麥克斯·繆勒撰寫的《宗教學導論》是宗教學這門學科問世的標誌，是宗教學的開山奠基之作。它的重要貢獻有下列三個方面：

首先，它第一次提出了「宗教學」（**the Scienceof Religion**）這個概念，賦予這門新生的人文社會學科一個比較恰當的名稱。一八七〇年二月，麥克斯·繆勒在英國皇家學會做了一次系列性的學術演講，題目就是《宗教學導論》（**Introduction to the Science of Religion**）。他的演講稿起先發表在刊物上，後來於一八七三年彙集成冊出版。由於繆勒在講演和著作中在宗教研究史上第一次使用了「宗教學」這個概念，國際宗教學界一般把《宗教學導論》視為宗教學正式誕生的標誌。

其次，它使宗教研究有了相對獨立的學術地位。在此之前，具體的宗教研究一直被當成基督教神學的附屬物，而繆勒在《宗教學導論》中明確指出，在科學的宗教研究中，一切宗教都是平等的研究對象，都沒有權利謀求高於其他宗教的特殊地位，基督教也不例外。他的治學格言是：「科學不需要宗派。」凡是在宗教的比較研究中抬高基督教的地位而貶低其他宗教，或者反過來貶低基督教而抬高其他宗教，都是宗派主義而不是科學的態度。只有使宗教研究擺脫信仰主義，才能使宗教學脫離神學的束縛走上獨立發展的道路；只有破除宗派主義，才能使宗教研究者的視野從基督教擴大到世界上各種宗教。

繆勒還認為，如果一個人只知道一種宗教，那麼他就會把這種宗教當作至高無上的神聖事物，這樣一來當然也就不會有科學的宗教研究。德國大詩人歌德說過一句話：「誰如果只知道一種語言，他對語言就一無所知（He who Knows one, Knows none）。」作為一名比較語言學的大師，繆勒一直把歌德這句名言當成比較語言學的治學格言。他認為，宗教研究的情況同樣如此：「誰如果只知道一種宗教，對宗教就一無所知。」這句名言後來成了比較宗教學者的座右銘。

第三，它提出了宗教學研究的基本方法。既然宗教學的研究對象是包括基督教在內的眾多宗教，因此它的研究方法便只能是比較，用比較的方法研究宗教的歷史形態就是「比較宗教學」。比較就是分類，透過對世界上各種宗教的歷史形態進行分類，由此尋找宗教的秩序和規律。

在宗教分類的問題上，繆勒反對流行於當時的把世界各種宗教分為「真正的宗教」和「虛假的宗教」的分類法，也不贊成所謂「天啟的宗教」和「自然的宗教」這種分類，認為這些分類是抬高一種宗教而貶低其他宗教，沒有科學價值。在他看來，一切宗教都是人性的表現，在宗教研究面前地位平等。任何宗教，不管是現存於世的，還是已經消逝的，都為科學的宗教研究提供了對象，對之加以研究，可以使我們深入於宗教的本性、人的本性和人類思想的本性。他說：「一種宗教，無論它可能是何等的不完善，多麼的幼稚，它總是把人的靈魂置於上帝面前；而上帝的概念無論可能是何等的不完善，多麼的幼稚，它總是代表了人類靈魂在當時所能達到和把握的無上完善的理想。」

二、宗教學的分支學科與發展

從繆勒發表《宗教學導論》開始算起，宗教學的發展至今已有一百三十多年的歷史。在此期間，大批學者相繼而起，各樹一幟，推動著這門學問不斷向前發展。宗教學領域內百花競放，碩果纍纍，蔚為壯觀。隨著時間的推移和各門科學之間的嫁接、交叉與融和，宗教學已經成為一個包含多個分支學科在內的學科群，其理論與方法呈現極為豐富的多樣性。下面我們扼要地介紹一下宗教學的各個分支學科：

（1）宗教史學

由於西方宗教學界偏重宗教史的研究，許多國家的宗教學最初以宗教史學的面貌出現，因此廣義的宗教史學即宗教學。狹義的宗教史學是其他宗教學分支的基礎，它以各種具體宗教所經歷的歷史發展為研究對象，勾勒其歷史發展線索。因此，它與歷史學、語言學和考古學有著特別緊密的聯繫。它是宗教研究中的歷史描述、語言考察和考古實踐。荷蘭學者商特皮（**P. D. Chantepie**）於一八八七年出版的《宗教史教科書》，是最早的宗教史著作。宗教史學的研究經常與文化史、藝術史、政治史、經濟史、思想史和風俗史的研究結合在一起。因此，宗教史學的研究又與這些學科相交叉。

（2）比較宗教學

比較宗教學最早可追溯到繆勒對東方聖典的研究。它運用比較研究的方法來展示、探索各種不同宗教的崇拜現象和信仰體系，尋找它們所表現的人類宗教信仰之普遍性和特殊性，了解它們彼此之間的關係和異同，把握宗教發展的各種規律。比較宗教學以宗教史學為基礎，主張採用宗教史學的研究成果，但不深究宗教歷史上的「縱向」發展，而只強調各宗教之間的「橫向」比較，在比較各種宗教的組織結構、社會成分、行為禮儀、觀念思想、教義體系的基礎上建構「宗教類型」。

（3）宗教現象學

宗教現象學一詞很早就出現在德國哲學家康德的哲學著作中，但作為一門相對獨立的宗教學分支學科，則始於荷蘭宗教學者商特皮。宗教現象學的現代發展則以荷蘭宗教學家萊烏（G.V. Leeuw）的《宗教現象學》為標誌。宗教現象學家認為，宗教比較可分為外部比較和內部比較，比較宗教學主要是強調外部比較，如對宗教形態和歷史變遷的比較，對宗教禮儀、習俗、祈禱等形式的比較，而對各種宗教的內在意義和本質的比較則有所忽視；宗教現象學則強調內部比較，認為這種比較更加抽象，更具有本質性。他們指出，外表相似的或其歷史形態相同的宗教，會因其內在意義和本質的區別而各不相同、毫不相關。如果僅從純粹的語言形式、表面的禮儀過程和外在的崇拜形態上進行比較，則有可能失之毫釐、謬之千里。宗教現象學就其本義也是一種「比較宗教學」，但它不分析宗教歷史的「縱向」發展，也不詳究宗教形式外觀上的「橫向」聯繫，而是運用現象學和解釋學的理論來描述宗教的本質和根源，對宗教的價值和意義則不加判斷與評說。

（4）宗教社會學

宗教社會學主要研究宗教與社會的相互作用和關係、人類團體和社會的宗教意義、社會對宗教的需求和排斥、宗教對社會發展的制約和促進，以及宗教在社會各階層人士中的分布、宗教在社會中的傳播狀況和意義。宗教社會學在開創時期的主要代表人物是法國的涂爾幹（E. Durkheim）和德國的馬克斯・韋伯（Max Weber）。涂爾幹在其著述中將宗教社會學理論加以系統化、體系化，並且率先使用「宗教社會學」一詞。宗教社會學在他那裡開始形成體系。他認為，宗教乃是人類社會的結構性因素，有著非常實在的內容。

（5）宗教人類學

宗教人類學又稱宗教民族學或宗教人種學，是與人類學和民族學結合而形成的邊緣學科，主要利用田野考古學方法和宗教現象學理論來研究「原始宗教」或「無文字民族的宗教」。因此可以說它是一種狹義的宗教社會學，即以無文字體系之土著民族的宗教為其研究對象，以原始社會作為自己探討、調查宗教問題的特殊領域的宗教社會學。宗教人類學最初是從社會人類學和文化人類學中發展出來的。這一學科的奠基者有英國人類學家泰勒（**E. B. Tylor**）、美國民族學家摩根（**L. H. Morgan**）、英國人類學家弗雷澤（**J. G. Frazer**）等等。

（6）宗教心理學

宗教心理學對宗教現象的心理因素進行分析由來已久，但宗教心理學成為一門相對獨立的分支學科，則是十九世紀末、二十世紀初的事情。近代實驗心理學之父馮特（**W. Wundt**）的十卷本《民族心理學》用了三卷之多的篇幅專門討論神話和宗教問題，他的美國學生斯塔伯克（**E. D. Starbuck**）於一九〇〇年第一次以《宗教心理學》為標題出版專著。留巴（**James H. Leuba**）、詹姆斯（**William James**）、普拉特（**E. J. Pratt**）、奧托（**Rudolf Otto**）相繼而起，宗教心理研究之風吹及歐美，盛極一時。宗教心理學中流派很多，傾向不一，至今未形成一致公認的體系，難以做統一說明。

宗教心理學轉向人的內在世界，研究人的心理、情感、精神上對宗教的體驗，勾勒人的各種宗教經驗和感觸。宗教心理學通常運用「觀察心理學」、「實驗心理學」的方法和「深層心理學」的理論研究人的宗教經驗，以及這種經驗在人的情感上、心理上的複雜反映。宗教中各種「象徵符號」在人類個體和群體心態上的作用與意義，也屬於宗教心理學的研究範圍。

（7）宗教哲學

宗教哲學研究「宗教的本質」問題，是從哲學本體論和世界觀的角度來探討「宗教的意義」，並根據宗教的歷史發展、社會作用，從認識論上確定「宗教」的「概念」、闡明其「定義」，回答「什麼是宗教」、「為什麼有宗教」等問題。宗教哲學並不僅僅限於弄清宗教在事實上究竟是什麼，而且還要探索宗教在理論上、在理想意義上應該是什麼，分析宗教在歷史過程中的演變和異化。宗教哲學的研究領域很廣，除了對宗教的形式、作用、本質、真相做評價以外，還要探討宗教和神靈的概念，闡明宗教與政治、法律、經濟、道德、藝術的關係問題。

我們應該如實地承認，現代西方宗教學各種流派應用各具特色的理論和方法，對各種宗教現象和宗教問題進行了精細的分析，提出了種種不同的學說，其中確實不乏真知灼見。在這些領域，我國學者過去很少涉獵問津。為了發展我國的宗教研究，我們應該了解和借鑑西方宗教學中一切有價值的成果。

宗教研究作為各宗教本身的教理研究和學術探討在中國亦有悠久的歷史。但把宗教研究作為一門不依附於各宗教的信仰探討或神學研究的人文學科，在文、史、哲等人文學術領域中對之展開系統而全面的科學研討，則是二十世紀中國學術界出現的新事。

具現代意義的中國宗教研究萌芽於清朝末年。當時的中國學術界受西方文化的影響，開始關注宗教問題的研究。這樣一來，作為以往學術前提的儒、佛、道等傳統信仰立場被突破，出現了首批在人文學科領域中潛心宗教問題研究的學者。

二十世紀上半葉，中國學術界的宗教研究湧現出大量卓越的學者。在宗教理論問題上，梁啟超、蔡元培、胡適、陳獨秀等人都對宗教發表過獨特的見解。梁啟超對中國有無宗教提出了驚人之論，對清代以來的中國學術思想史進行了梳理總結，並以其「近世科學方法」潛心研究中國佛教。蔡元培受西方哲學理論之影響而對宗教展開批判性審視，提出「以美育代宗教」之說。胡適利用從西方學得的實用主義方法，在基督教、佛教、道教研究中發表了獨到見解，尤其是他對禪宗史的理論發掘和史料考證，在中國學界引起強烈迴響。陳獨秀則對儒教和基督教進行了比較研究，他對儒教之貶與對基督教之褒，一方面與「五四」運動的思想主流吻合，另一方面則形成與二十年代「非基督教運動」的差異。在宗教史方面，陳垣、陳寅恪、湯用彤等人做出了開創性的重大貢獻。他們對各種具體宗教的研究至今仍有寶貴的學術價值。

從二十世紀初至一九四九年，中國學術界在宗教基本理論、宗教學體系和各大宗教研究上推出了一批重要成果，中國宗教研究開始系統化、專業化的有序發展。粗略而論，這些成果大體屬於宗教思想理論和宗教學體系建構、神話與原始宗教研究、佛教研究、道教研究、伊斯蘭教研究、基督教研究和其他宗教研究等領域。

一九四九年以來，中國學術界重新開始對宗教的認識和理解。但自五〇年代初至「文化革命」結束，這種討論基本上附屬於政治和意識形態領域的鬥爭，因此，宗教學在這一階段的學術成果不多，僅有少量譯著和專著出版。一九七七年以來，中國社會歷史進入一個全新的發展階段。隨著思想解放和改革開放的不斷深入，中國宗教學出現復興，並達到了前所未有的繁榮。

一九七九年，「全國宗教學研究規劃會議」召開，宗教學在中國社會科學研究領域作為單列的規劃學科而與其他社會科學或人文學科並立。與此同時，作為全國宗教學研究的學術團體，中國宗教學學會（後改稱「中國宗教學會」）成立，從而形成全國從事宗教研究的各研究機構和學者之間相互聯繫、交流的學術網絡。中國宗教學作為獨立學科的存在，有力地推動了全國宗教學研究的發展。八〇年代以後，中國學術界從事宗教研究的專門機構如雨後春筍般湧現，並形成了分屬社科院、高等院校、國家有關主管部門的宗教研究機構、各宗教團體的學術研究機構和宗教院校四大系統的宗教研究機構。這些宗教學研究機構的創立和宗教學研究隊伍的形成，使中國宗教學邁入一個全新的發展階段。

三、宗教的界定

「宗教」這個詞是個外來詞。我國古代典籍中有「宗」和「教」這兩個單字，但無「宗教」這個片語。根據《說文解字》中的解釋，「宗，尊祖廟也。」「教，上所施，下所效也。」可見，「宗」字在古漢語中的基本涵義在於人的祖先崇拜，在於一個家族的人對自己祖先的崇拜，而「教」字則是教化的意思。

宗教這個詞在中國出現首先源自印度佛教。佛教以佛陀所說為教，以佛弟子所說為宗，宗為教的分派，合稱宗教，意指佛教的教理。宗教這個外來詞的另一個來源則是拉丁文「**religio**」，它本來的意思有虔誠、對神的敬畏和景仰、敬神的禮儀、神聖性、聖地、聖物等等。儘管宗教是個外來的概念，但與我國古籍中的神道設教思想頗為吻合。儒家經典《中庸》中有所謂「天命之謂性，率性之為道，修道之為教。」《易經》中也說：「觀天之神道，而四時不忒，聖人以神道設教，而天下服矣。」這些都更進一步強調和突出了宗教的教化作用。

在科學研究中，替研究對象下定義往往發揮了定向作用。宗教學的發展表明，對宗教的界說不同，研究的視角、取向、方法與結果往往會呈現極大的差異。面對什麼是宗教這一看似簡單的問題，人們卻很難為其下一個簡單明確的定義。誠如宗教學的創始人麥克斯·繆勒所說：「各個宗教定義從其出現不久，立刻會激起另一個斷然否定它的定義。看來，世界上有多少宗教，就會有多少宗教的定義，而堅持不同宗教定義的人們間的敵意，幾乎不亞於信仰不同宗教的人們。」隨著宗教學研究的深入，學者們在宗教定義問題上的分歧不但未能趨向統一，而且日益趨向多元。為了把握宗教學研究的這個起點問題，我們先對已有的定義做一番綜述。從已有宗教定義來看，學者們一般從以下幾個方面來給宗教下定義。

首先，世界上各種宗教都有一個以神道為對象的信仰層面，因此宗教學者們把宗教理解為某種以神道為中心的信仰系統。通過對各種宗教的比較性的研究，學者們超出特定的宗教神道信仰，把各式各樣的宗教信仰對象抽象化、一般化，並使用「無限存在物」、「精靈實體」或「超世的」、「超自然的存在」之類抽象的哲學概念來表述宗教信仰對象，使之適用於世界歷史上的各種宗教體系。比如麥克斯·繆勒認為人們產生宗教意識的種子，乃是人們對無限存在物的認識和追求，因此，所謂宗教就是對某種無限者的信仰。又比如宗教人類學家愛德華·泰勒認為，一切宗教，不管是發展層次較高的種族的宗教，還是發展層次較低的種族的宗教，它的最深層、最根本的根據是對「靈魂」或「精靈」的信仰。因此，他給宗教所下的最低限度的定義就是「對於精靈實體的信仰」。

其次，有一批宗教學家以信仰主體的個人體驗來規定宗教的本質。比如美國心理學家威廉·詹姆斯認為，以個人的宗教體驗為本質的「個人宗教」，比以神學信條和教會制度為根本的制度宗教更為根本。以教會為基礎的制度宗教一經成立，就變成因襲相承的傳統，可是每個教會的創立者的力量，最初都是由教會創立者個人直接與神感通的宗教經驗而來的。因此，個人的宗教體驗是宗教中最先起、最根本的因素。所謂宗教，「就是各個人在他孤單時候，覺得他與任何他認為神聖的對象保持關係所發生的感情、行為和經驗」。又比如英國著名宗教學者約翰·麥奎利認為，宗教中最根本的東西就是人與神的交際和感通。他說，總之，他們都以信仰者個人主觀性的個人感受和宗教體驗為中心，認為它是宗教崇拜活動、宗教儀式、宗教信條及教義的基礎所在。

再次，有一批宗教社會學家以宗教的社會功能來規定宗教的本質。在宗教社會學的創始人涂爾幹看來，宗教乃是「一種統一的信仰和行為體系，這些信仰和行為與神聖的事物，即被畫分出來歸入禁忌的東西有關，它把所有信奉者團結到一個稱為教會的單一的道德共同體之中」。美國宗教學家密爾頓・英格則把宗教定義為：「人們藉以和生活中的終極問題進行鬥爭的信仰和行動的體系。」總之，他們把宗教的社會功能視為宗教的本質，把與宗教有相同社會功能的文化現象視為宗教。但是從二十世紀六〇年代起，西方學術界出現了一種趨勢，把在社會功能上近似於宗教的非宗教現象稱之為「非宗教的宗教」或「世俗宗教」。許多頗有名氣的社會學家把共產主義、愛國主義、民族主義，甚至熱愛科學、推崇民主等等都當成類似宗教的「世俗宗教」。

最後，還有一批學者從宗教與文化的關係角度定義宗教。有關宗教與文化之關係的討論，是當今文化學、哲學、宗教學都極感興趣的課題。它關係到人類對自身價值和歷史意義的評說。學者們認為，人類的宗教與人類的文化最初是同時形成的，而且人類文化最早採用了「宗教文化」的形式，只是在後來的發展過程中，才從這種「宗教文化」形式中產生出其他多種文化形式，導致了宗教與文化的表面化分手，形成了「宗教」與「世俗」兩大領域。比如美國宗教哲學家保羅・田立克（**Paul Tillich**）認為，人類文化的統一性就在於宗教。他強調，人類文化成果所體現的一切，就其內涵來說都是宗教的。宗教構成一切文化的內部意義，宗教是文化的實質，文化是宗教的表現形式。他說：「正如文化在實質上是宗教，宗教在表現形式上則為文化」。

下定義是人文社會科學研究的工具和手段，但任何定義都有局限性，因此我們了解了上述各種定義以後，千萬不要執著於某一個定義，以免以偏概全。分析宗教現象應當是多視角、多層面的，中國宗教學家呂大吉先生近年來提出的「宗教要素說」，尤其適宜用來分析各種發展完善的宗教，因此我們在這裡詳細介紹。

呂大吉先生指出：「宗教作為一種社會化的客觀存在具有一些基本要素。我們把這些要素分為兩類：一類是宗教的內在因素；一類是宗教的外在因素。宗教的內在因素有兩部分：1．宗教的觀念或思想；2．宗教的感情或體驗。宗教的外在因素也有兩部分：1．宗教的行為或活動；2．宗教的組織和制度。一個比較完整的成形的宗教，便是上述內外四種因素的綜合。」

從邏輯上看，四個要素在宗教體系中實際上有四個層次。處於基礎層或核心層的是宗教觀念（主要是神道觀念）。只有在有了宗教神道觀念的邏輯前提下，才有可能產生觀念主體對它的心理感受或體驗。因此，我們把宗教的感受或體驗作為伴生於宗教神道觀念的第二個層次。宗教崇拜的行為（巫術、祭祖、祈禱、禁忌等）顯然是宗教觀念和宗教體驗之外在的表現，屬於宗教體系的第三個層次。宗教的組織與制度則是宗教觀念信條化、宗教信徒組織化、宗教行為儀式化、宗教生活規範化和制度化的結果，它處於宗教體系的最外層，對宗教信仰者及其宗教觀念、宗教體驗和宗教行為，發揮凝聚固結的作用，保證宗教這種社會現象作為社會結構的一部分而存在於社會之中。

從宗教的發展來看，「具有超人間、超自然的神或神性物的觀念，在宗教體系中構成核心的、本質的因素」。但是，單是神靈觀念並不構成宗教的全體。宗教觀念要想成為信眾共同崇拜的對象，還必須把它表象為信眾可以感知和體認的感性物。因此，各種宗教都把其崇奉的神聖對象，客觀化為某種具有感性形態的象徵系統。天主教神學家雖然把他們的上帝抽象化為無形的精神性存在，但同時又把十字架、聖母像、聖徒遺物之類作為上帝的象徵和神聖事物，把耶穌基督說成是「道成肉身」和「上帝之子」，這實際上也是把他作為上帝和聖靈的象徵。伊斯蘭教譴責一切偶像崇拜，但真主卻偏要通過某個具體的人（真主的使者穆罕默德）來傳達他的啟示，而且聖城麥加的克爾白（Ka’bah）廟還要供奉一塊黑石頭。至於佛教寺廟中佛和菩薩的偶像更是多如牛毛。有了宗教崇拜的偶像或其他象徵表現，相應地就產生了宗教象徵物的安息之所、供奉之地，以便為信仰者提供宗教活動的場所。於是，金碧輝煌的寺廟、巍峨壯麗的教堂便傲然矗立在大地之上，虛無縹緲的神靈便具有了物質存在的形式。

宗教觀念的客觀化進一步體現在宗教信仰者的行為之中。宗教信仰者的行為是信仰者用語言和肉體進行的外在活動，它是內在的宗教觀念和宗教感情的客觀表現。一定的宗教觀念和一定的宗教感情總是像磁鐵的兩極一樣相伴而生。當人們把異己力量表象為超人間、超自然的力量的時候，也就伴生了對這種超人間、超自然力量的敬畏感、依賴感和神祕感。情動於中則形之於外，發之為尊敬、愛慕、畏怖、祈求、禱告的言詞，表現為相應的崇拜活動。各種宗教都通過一定的儀式把這些原為自發而且分散的宗教行為規範化、程式化，並附加上神聖的意義。

宗教觀念的社會化具體表現為宗教組織和制度的建立。宗教組織的出現，進一步消除了原始宗教信仰上的自發性，而使宗教成為以宗教組織為基礎的社會性宗教。宗教既然有了一定的組織形態，為了對外立異和對內認同的需要，便相應地把本教的基本宗教觀念教義化、信條化，並建立與教義相適應的各種戒律規範和教會生活制度。這些共同的禮儀行為、共同的教義信條、共同的教會生活制度、共同的戒律規範，強化了宗教的社會性，把廣大信仰者納入共同的組織和體制，規範了他們的信仰和行為影響，甚至決定了他們的整個社會生活，這就使宗教在現實生活中成為一種重要的社會力量。

宗教的上述四種基本要素在宗教體系中具有一定的關係和結構。宗教觀念和宗教體驗是統一的宗教意識互相依存的兩個方面。宗教意識又必然外化為宗教行為和宗教組織。所以，構成宗教的內外兩類因素乃是同一事物的兩個方面，它們是相互伴生、相互制約的。

鑑於本書的教材性質，我們不再提出新的定義，而是試圖在分析具體的宗教現象時，對各種宗教定義進行靈活的運用。

四、宗教學的性質與研究對象

了解了宗教的界定，我們現在簡要地說明一下宗教學的性質與對象。宗教學的研究對象是作為社會現象的宗教。但要把宗教學建設成為一門真正的人文社會科學，我們對宗教的研究就不能停留在宗教的現象形態和外部特性上，而要透過宗教的外部現象把握它們的內在本質。認識和把握宗教現象的本質和規律，這是一切科學之所以成為科學的基本要求。根據這個道理，我們可以這樣來規定宗教學的性質和對象：「宗教學是認識宗教現象的本質，揭示宗教產生和發展的規律的科學。」

宗教學應當研究以下主要內容：

首先，具體分析宗教的基本構成要素，通過對這些基本要素的分析，尋找宗教之所以為宗教並與其他社會文化形式相區別的本質規定性。只有通過對各種宗教的觀念、情感、禮儀、行為、制度的比較分析，才有可能使我們深入認識宗教的本質。這方面的研究主要是宗教現象學。

第二，既然宗教學要揭示宗教發生、發展和走向消亡的客觀規律，那麼它必須對出現在人類歷史舞臺上的各種宗教的歷史進行具體研究，從中概括和總結出宗教產生和存在的根源，找出決定宗教發展的動力和原因，探索宗教演變的一般歷史形態和內在邏輯。正如歷史學的研究是為了探索人類社會發展的規律，指明歷史發展的方向一樣，研究宗教歷史也是為了探索宗教發展的規律，預測宗教在未來的演變。這方面的研究主要是宗教史學。

第三，為了進一步認識和把握宗教的本質，我們還必須具體研究宗教的社會功能及其在歷史上所發揮的作用。宗教作為社會文化體系中一種文化形式，要滿足和適應社會的某種需要，其本質也在這種社會服務中表現出來。因此，宗教與政治、宗教與經濟、宗教與哲學、宗教與道德、宗教與文藝、宗教與科學、宗教與法律等等問題的研究，都應當納入宗教學的研究範圍。這方面的研究主要屬於宗教社會學。

第四，各種宗教都有自己的信仰與崇拜對象，這些對象與人的關係問題構成了宗教的根基。因此，各種宗教學說或宗教理論，事實上都不可能迴避對這一基本問題的回答。在宗教學發展史上，有神論與無神論兩種宗教哲學之爭長期存在於宗教學內部，各派宗教學事實上也都有某種宗教哲學作為它的理論基礎或指導思想。因此我們要研究歷史上與當代的各種宗教哲學，總結並吸取其中有價值的東西，為我們發展宗教學理論體系確定一個合適的位置和座標，並為宗教學今後的發展找到正確的方向和道路。這就是宗教哲學的研究。

宗教學的研究是一種嚴謹的科學研究，需要科學的方法。宗教學的各門分支學科都有其獨特的研究方法，但也有一個共同的前提，即正確處理好學術研究與個人信仰的關係。

各種宗教都有一個信仰層面，在宗教研究中如何對待這種信仰，這是必須首先解決的立場和態度問題。這個態度是宗教研究者進行研究活動的基本立足點和出發點，對他們在研究中究竟選擇什麼樣的理論和方法起決定性的作用。如果宗教研究者根本不了解宗教信仰者的信仰心理，把他們的一切宗教感受、宗教感情、宗教體驗當成欺騙和捏造，把宗教生活中的一切斥為胡說八道、絕對荒謬，從對待宗教的這種立場和態度出發，那就談不上對宗教進行任何具體深入的研究。但是，另一方面，如果宗教研究者一開始就站在宗教信仰主義的立場上，用宗教徒式的虔誠態度去從事自己的研究，那麼在他的研究中也就談不上理智的審視了。因此正確的態度應該是：既要在尊重宗教信仰的基礎上深入研究他們的宗教，又要避免盲目的信仰主義。我國宗教學家呂大吉先生提出「學術需理性，信仰要寬容」的口號，簡明扼要地概括了宗教學研究者應當持有的基本立場。

第二課

宗教的起源與原始宗教

一、原始宗教的產生
二、宗教與神話
三、宗教與崇拜
四、宗教與巫術
五、原始宗教的特點

宗教的起源是一個至關重要的問題。只有對宗教起源問題有了科學的說明，我們才能了解宗教產生的條件和根據，從根源上發現宗教的本質，揭示宗教發展的途徑。宗教學作為一門人文社會科學，必須重視宗教起源問題的研究。

宗教起源問題實際上有兩個層面：第一，宗教有無起源；第二，如果宗教有起源，那麼宗教起源於什麼。十九世紀下半葉以來，由於達爾文生物進化論的問世，沈重地打擊了西方傳統宗教及其神學世界觀。進化觀念的深入也推動了宗教的科學研究和宗教學的發展，在它的影響下，許多學者提出了關於宗教起源的理論。然而至今仍有一些人堅持宗教無起源的觀點。他們認為，宗教是人類社會的永恆現象，是和天地共長久的東西；宗教信仰、宗教感情是人類的天性，是任何時代任何人所固有的現象。還有人說：宗教是沒有起源的，說宗教有起源便不是宗教的眼光。宗教可以說是和天地同時發生、同時發展的。

宗教起源的問題又與所謂原始宗教（或稱自然宗教、自發宗教）密不可分。我們談論宗教的起源講的是宗教的前身或宗教的開始，而談論原始宗教講的是宗教的初級階段。由於宗教有各種不同的定義，宗教的起源與原始宗教二者之間的界線實際上是游移不定的。人類學、考古學和民族學的發展，為宗教學研究宗教起源問題提供了大量的科學材料。我們應該科學地分析和總結這些學科取得的成果，加深對宗教起源的認識。

一、原始宗教的產生

宗教是人類社會特有的歷史現象，宗教與其他人類社會文化形式一樣，是人類社會發展到一定歷史階段的產物，有其產生、發展、衰落和消亡的歷史過程。

在漫長的歷史過程中，人類從古猿中的支系逐步進化至今，大約經歷了早期猿人、晚期猿人和早期智人、晚期智人四個階段。一九九五年在非洲肯亞發現的人類祖先化石是已知的最早直立人化石，化石年齡約為四百零七萬年至四百一十二萬年。考古學家又把人類的發展又分為猿人、古人、新人和現代人四個階段。而只有到了所謂新人的發展階段才發現有宗教遺跡。一八五六年在德國杜塞爾多夫（Düsseldorf）尼安德特河

（Neanderthal）區域附近洞穴中所發現的「尼安德特人」遺骸，其位置經常是頭東足西，與日出東方和日落西山這一自然現象有聯繫。尼安德特人的遺骸有一定的葬式，在不少遺骸的周圍撒布著紅色的碎石片及工具，這些東西被考古學家認為是隨葬用品，具有宗教觀念的意義。在法國穆斯特累（Moustere）洞中發現的一個「尼安德特人」青年遺骸，他的頭枕在一塊燧石上，身體周圍散布著七十四件石器，左側還有一件石斧，頭部和肩部用石板保護著。在法國的奧瑞納（Aurigna）洞穴中，死者則被按照胎兒的姿勢埋葬起來，身邊也放有武器、工具，還有食物、首飾。這些考古發現被學者們視為尼安德特人已有靈魂觀念的證明。

一九三九年在我國周口店發現的「山頂洞人」存有葬禮的遺跡，遺骸周圍撒有含赤銅礦的紅色粉末。紅色象徵著光明、溫暖的火和具有生命力的血。此外，還有死者生前的裝飾品作為隨葬物，如鑽空的獸齒、石珠、骨珠等等。

「尼安德特人」距今四萬至十幾萬年，「山頂洞人」的遺跡被認為是二萬五千年前至五萬年前的東西。上述兩處發掘的材料，是我們目前所能找到的最古的宗教萌芽遺跡。由此推斷，最早的原始宗教產生的年代，大約是十幾萬年以前。

近代社會學對於近現代尚存的原始民族的調查結果，也有助於我們把握宗教的起源。美國著名社會學家摩根在對美洲印第安原始社會做了大量的調查研究之後，在《古代社會》一書中指出：宗教是在野蠻時代的中期產生的，而不是原來就有的。

二、宗教與神話

自然神話論是宗教學有關宗教起源問題的第一種理論。它認為，宗教的來源及其最早形式是自然神話，尤其是星辰神話；神話和宗教中的神，都是自然物的人格化，尤其是較大的星辰的人格化；除此之外，還有一些神是某些自然力和自然現象的人格化。

神話傳說是人類早期生活的全面紀錄，表現著人類生活的各個方面，其中關於宇宙和人類起源的神話故事包含著濃厚的宗教心理和情感。神話以一種浪漫想像來表達神性觀念及其靈性世界，遠古人類在這種浪漫想像中開始探索世界和人生的起源及歸宿，並對其存在和意義提出了「是什麼」和「為什麼」等根本性問題。全世界各種古老文化系統中均有豐富的神話故事。

在埃及，有太陽神「拉」（Ra）開天闢地的傳說。據說在混沌初開之際，拉在水神努（Nu）的體內孕育成形，又從蓮花苞中開出水面，顯現為一團紅日，並成為萬物的創造者。拉創造了天地、人類和動物，後來由於人類墮落犯罪，拉派遣他的女兒愛情之神赫托爾去毀滅他們。接著拉又回心轉意，便以美酒灌醉女兒，使她常臥不醒，人類因此而免於毀滅。

在巴比倫，也有一則創世神話。故事說，起初太空中只有混沌和化身為惡魔的提阿馬特（Tiamat）的太初深淵。後來，提阿馬特生了諸神，諸神反過來剝奪了她的權力。提阿馬特為此震怒，準備懲治諸神，諸神得知十分恐慌。唯有大神安夏爾（Anshar）之子馬爾杜克（Marduk）對提阿馬特無所畏懼並與之搏鬥且戰勝了她。馬爾杜克將提阿馬特的軀體撕成兩半，一半為天，一半為地，並進而創造了星辰、萬物和人類。

在中國，則有盤古開天地的神話傳說。上古時期，天與地混沌未開，像個雞蛋，盤古就生長在這當中。經過一萬八千年，天地分剖，屬於「陽」的清而輕的物事上升為天；屬於「陰」的濁而重的物事下降為地。盤古也在天地變化之中成長，以致其智慧超過天，其力超過地。這樣又歷一萬八千年，天極高了，地極深了，盤古的身子極長了，然後才有三皇出現在世間。

希臘神話關於宇宙的生成有多種說法。希臘詩人赫西奧德（Hesiod）說：「首先出現的是混沌；接著出現的是寬廣的大地、那永遠巋然不動的為一切不朽的神居住的奧林帕斯雪峰的基座；接著是在寬廣的大地凹處的朦朧的冥府塔塔魯斯（Tartarus）；接著是不朽的神中最可愛的愛神尼洛斯（Eros），她對待神和人是一樣的，既酥軟了他們的手足，又懾服了他們的神志。從混沌中產生了黑域厄瑞布斯（Erebus）（指陰間和陽間之間的黑暗區域）和黑夜。他們婚配後，又從黑夜中產生了乙太和白晝。於是大地首先產生和她本身同樣廣大的、點綴著繁星的天宇，將自身團團圍住，並作為幸福的諸神的永恆居處；以後她又不經交配而產生高山，是棲息於森林山谷的女神寧芙（Nymphs）流連的居處，以及波濤洶湧的海洋。然後，大地和天宇婚配，產生渦流深深的大洋之神俄刻阿諾斯（Oceanus）……」

希臘喜劇詩人阿里斯托芬（Aristophanes）在喜劇《鳥》中，保存了希臘人的另一種關於宇宙演化的神話傳說：「一開始只有混沌、黑夜、黑域和茫茫的冥府；那時還沒有大地（該亞caea），沒有氣（埃爾aer），也沒有天（俄刺諾斯）；從黑域的懷裡，黑翅膀的黑夜首先生出了風蛋，經過一些時候，在季節的實現中，渴望著的愛情（尼洛斯）生出來了。她是像旋風一般的，背上有燦爛的金翅膀；在茫茫的冥府裡，她與黑暗無光的混沌交合，生出了我們；首先將我們帶進光明。最初世上並沒有天神的種族，情愛交合後才生出一切，萬物交會才出了天地、海洋和不死的天神。所以我們比所有天神都要早得多。」

此外，《舊約》中記載了古代希伯來人的神話創世說。上帝耶和華在創造了天地萬物之後，又用泥土造了一個男人，取名亞當；並取亞當的肋骨造了一個女人，取名夏娃。耶和華使他們結為夫妻並將他們安置在伊甸園中生活。之後，亞當和夏娃在蛇的勸誘下，違背耶和華的旨意吃了分辨善惡之樹的果子。於是智慧明瞭，眼睛亮了，他們看到了自己那赤裸著的美麗肉體。而耶和華知道後，大發雷霆，他將亞當和夏娃趕出伊甸園去歷經人類的各種磨難。

神話在遠古時代是人們對人性與神性、世間與靈界的描述和解釋。古人用神話形象來說明宇宙的起源和天地萬物的存在，體悟並解說人本身的意義。因此，神話中的各種人格神靈、天體神靈、自然神靈和動植物神靈形象，構成了遠古人類精神認知上的世界全景。波蘭文化人類學家馬林諾夫斯基（Bronislan Malinowski）曾說，「神話在一個原始社會裡，就是說在其活生生的自發形式下面，並不僅僅是講述出來的故事，而是一個有生命的實在。它並不屬於發明之類，如我們今天在小說當中讀到的那種東西，它是一個有效的、活著的實在。由此，人們相信神話產生在那些最遙遠的時代，而且自那時以來，繼續不斷地影響著世界和人類的命運。」

回溯宗教的歷史，我們可以說原始宗教與原始神話本不可分，原始神話乃原始宗教所具有的象徵表述體系。

德國學者蘭茨科維斯基曾把古代神話分為九類：一為神明生成的神話，以各民族神話中流傳的神譜為代表；二為宇宙生成的神話，旨在揭示宇宙起源及其必要條件；三為人類生成的神話，以論述人類始祖為典型；四為初始狀態的神話，此即人、世起點之探；五為變化起伏的神話，說明時空發展中的曲折多變；六為滋生繁衍的神話，以展示人世萬物的生生滅滅及其內在規律；七為二元對立的神話，這種矛盾對立現象的表述亦標誌著神話世界觀從認識論到價值觀的昇華；八為超然拯救的神話，即以超自然神靈對有限世人的救渡而表現出人、神之間的對比和關聯，說明人對有限、無限之境的感悟；九為有關來世的神話，此即探索人世去向和歸宿的未來觀。

在對中國古史神話的分類上，張光直先生把商周神話分為自然神話、神仙世界神話、神界與人界分離神話、天災與救世神話和英雄世系神話等類型。茅盾先生在其《神話研究》（一九三八）中曾提出解釋的神話與唯美的神話，以及合理的神話與不合理的神話之分類，而潛明茲在其《神話學的歷程》（一九八九）一書中，則按神話發生的時間秩序將之分為動植物神話、自然神話、創世神話和社會神話這四大類型。

當宗教進入人類文明時代的發展以後，神話的運用及其影響雖然逐漸削弱，但卻未曾從根本上退出宗教舞台。世界各大宗教在其發展演變中仍不同程度地保留了其神話形式。現存於世的各大宗教都有各自的神話構建，如猶太教、基督宗教的聖經神話體系，東方宗教中的印度神話體系，佛道神話體系和神道神話體系等，都保持著旺盛的生命力和在信仰生活中的活躍之態。因此，進一步研究當今世界宗教神話體系仍舊很有必要。

三、宗教與崇拜

自然宗教是人類文明史以前的宗教形態，有著一個較長變化過程，隨著人類對於改造自然和認識自然能力的提高，原始宗教也會在不同的發展階段上表現出種種不同的宗教形式。概括起來，原始宗教大致有這麼幾種主要形式；大自然崇拜、動植物崇拜、鬼魂崇拜、祖先崇拜、圖騰崇拜、靈物崇拜、偶像崇拜。這些原始宗教形式歸納起來又可以分為兩大類：一類是對自然力和自然物的直接崇拜，把直接可以為感官所感覺得到的自然物和自然力當作崇拜對象；另一類是精靈和鬼魂的崇拜，其崇拜對象不是由感官所感覺的某種力量，純屬於幻想出來的某種神祕自然力量的精靈、鬼魂等，但是它並沒有把精靈、鬼魂和自然物自然力斷然分開，而仍然把自然力當作精靈的力量的表現。因此原始宗教的崇拜對象沒有超出自然物範圍。

莽莽遠古，人類的童年，無依無靠，孤立無援。險惡而又奇異的環境總是給人一種恐懼而又神祕的感覺。狂風怒號、暴雨傾盆、風雪交加、電閃雷鳴、山崩地裂、洪水滔天，難道這一切的背後沒有什麼東西在指使嗎？剛才還是「踏破鐵鞋無覓處」，現在已是「得來全不費功夫」，那些獲取獵物的特異之所：山洞裡、懸崖上、枯樹邊、小溪旁，難道也沒有什麼東西在賜予嗎？對於這些疑慮，幾十萬年的時間換來了那最早是不起眼的，且在我們現代人看來是荒誕無稽的一點點觀念：萬物有靈。

靈，管轄著自然；魂，支配著自身。在以後的演化中，二者又逐漸融為一體；靈魂，雖說其貌不揚，但卻植根於人心。悠悠然其杳無蹤影，蕩蕩然其無處不存。靈魂的產生與石器的製作一樣，在人類文明發展史上具有重要的地位。

萬物有靈，首先就在那周圍的環境中。兩千年前，我國古代思想家莊子曾經這樣描述過：「水有罔象、丘有峷、山有夔、野有彷徨、澤有委蛇。」（《莊子．達生》）真是無所不在。人類學和民族學的資料也表明了這一點。我國東北地區的鄂倫春族終年生活在深山密林之中，四周山峰高聳，峭壁垂懸，岩洞陰森，令人敬畏。回音在幽深的山谷中激蕩，神祕而又奇異。氣流運動所產生的幻影，更使人感到不可捉摸。他們認定這一切都來自某種精靈。於是，那些山峰、懸崖、岩洞便成了精靈的棲息之所，不准大聲喧嘩，更不准言出不敬，種種禁忌便油然而生。近代的澳大利亞，一些原始部落也常有許多聖地，這些聖地往往就是該部落狩獵地域內的某個特異之所：石崖、叢林、沼澤、峽谷。再如古代希臘神話中的宙斯形象也可說是從原始精靈演化而來。宙斯所居住的奧林帕斯山實際是希臘東北部一座高聳雲霄的山峰，終年白雪皚皚，雲霧悠然，豐沛的雨水滋潤著附近的色薩利（Thessaly）原野。於是，當地牧人和耕者慣於將這座巍峨的山峰視為山靈柄居之所。

至於動物，更多地表現為與之交感。從歐洲阿爾卑斯山區的佩特舍勒洞與德拉亨洛赫洞穴中，發現有大量的動物遺骨，其中一些疊置有序。如此安排，似乎表明原始人類對人與動物之關係的猜測。這可以說是人類與動物交感的早期例證。在澳大利亞，當一年一度的雨季到來之前的草木崢嶸、動物交尾時節，許多原始部落都要舉行一次頗為隆重的「繁殖禮」，即與動物進行一次「推心置腹」的對話。屆時，全體氏族成員傾巢而出，聚集在一個特定的祭地舉行法術儀式。他們將血漿灑布於地，口誦咒歌，以促令近處的動物離其蟄居之所，繁衍增殖。這是人與動物交感的明顯例證。

在我國東北，鄂倫春族和鄂溫克族對熊的一些特殊禁忌，同樣表現了動物有靈以及人可以與之交感的意識。當鄂倫春獵人獵獲熊後，必須割下熊頭，裹上草包，然後放置在木架上，由年長獵手率青年獵手行「三跪九叩」之禮，並反覆祈求：「請以後多給我們瑪音（意即獵獲品）。」當熊肉食完後，骨頭不得隨意亂扔，要全部集中起來放在柳條編的籬笆上，由四個人抬著送葬。這時全體氏族成員都要假裝哭泣一番，並向熊說些道歉的話。諸如：「我們不是有意殺害你的，而是誤殺了你」，「你不要降禍於人，要保佑我們多打野獸」等等。與鄂倫春族毗鄰的鄂溫克族在食熊肉之前，則要由一人畢恭畢敬地捧著熊皮走門串戶，表示讓熊向人們告別，而持熊皮者每到一家時，家中所有的人都要發出一種「嘎嘎」的叫聲，以表示歡迎熊的蒞臨。靈的觀念就是這樣產生的。

夢，又是一種人類早期難以理解的自然現象。還是莊子，曾有過這樣一段膾炙人口的故事：「昔者莊周夢為蝴蝶，栩栩然蝴蝶也，自喻適志與！不知周也。俄然覺，則蘧蘧然周也。不知周之夢為蝴蝶與，蝴蝶之夢為周與？」（《莊子・齊物論》）的確，在幾十萬年前，當人類還處在童年的時候，我們的祖先常常為夢——這種荒誕離奇的現象所困擾。夢是怎麼一回事？為什麼白日裡勞動、嬉戲的情景會在夢中重現？為什麼那些早夭的同伴能在夢中與自己重逢？為什麼做夢時能夠失而復得？為什麼夢過之後又會得而復失？為什麼有些夢做了一遍還想重溫？為什麼有些夢卻把人嚇得毛骨悚然？做夢時有什麼東西離開自己的軀殼呢？抑或有什麼東西進入自己的軀殼呢？如此等等。這一大堆各式各樣且令人費解的夢始終攪得原始先民心神不寧、坐立不安。

「有心栽花花不開，無意插柳柳成蔭。」多少年過去了，人類始終沒有搞清楚夢究竟是怎麼一回事。但有趣的是，他們卻受夢的影響，逐漸產生了魂的觀念。如何識別遠古時期的先民有無魂的觀念呢？我們可借助考古學的成就。例如，中國仰韶文化的甕棺葬有兩種形式：一種是以甕與盆組成的成年二次葬；另一種是以尖底瓶子構成的童年一次葬。一般說來，甕棺頂部多鑿有小孔，據認為是以便於魂的出入。這種狀況在我國少數民族中也可見到，如雲南永寧納西族和普米族就通常將骨灰放在布袋或陶罐中，上邊留孔，作為魂來去自由的通道。這種方式看起來未免幼稚，但比起日後那種掘地九尺、裡外三層的辦法似要好得多，較之成年的愚蠢，幼時的蒙昧總是易被理解的。

一八七二年，英國著名的人類學家和宗教學家泰勒提出了一種理論，解釋宗教的起源。泰勒認為，原始人根據睡眠、出神、疾病、死亡、夢幻等生理和心理現象的觀察，推論出與身體不同的靈魂觀念。然後把靈魂觀念應用於萬物，產生了萬物有靈論；應用於死去的祖先，產生了祖先崇拜與純粹神靈觀念，應用於非生命的自然物，產生了自然神和自然崇拜；以後發展為種類神崇拜和多神教，至上神崇拜和一神教。泰勒指出，在祖先崇拜、實物崇拜和自然崇拜之前，已有萬物有靈的崇拜。因此，萬物有靈崇拜乃是一切宗教的源泉。在關於宗教起源的若干種理論中，泰勒的理論是影響最大的一種。

泰勒的理論以豐富的民族學和宗教學的資料為基礎，體系宏大而井然有序，說理深透而簡明精確。他的理論一提出來，立即在宗教學領域贏得巨大的聲譽。進入二十世紀之後，儘管受到其他各種宗教起源論的挑戰，但泰勒的理論仍舊保持著強大的影響力。

所謂圖騰，即是篤信人類群體與某一物種（如動物、植物，乃至無生物）之間，存在著特殊的超自然的關係。圖騰崇拜實為祖先崇拜的一種類型，只是它對歷史的追溯更為追遠。在所有的原始宗教活動或樣式中。圖騰崇拜可以說是對原始文化涵蓋最廣的形式之一。

一八八五年，羅伯特．森史密斯（William Robertson Smith）在其研究阿拉伯人和閃族人的宗教的著作中，主張圖騰崇拜是一切宗教的起點。佛洛依德在心理分析的基礎上發展了圖騰論，他不僅認為圖騰崇拜是一切宗教的起源，而且認為是一切文化、道德和社會組織的起源。涂爾幹的名著《宗教生活的基本形式》進一步發展了這一理論。但是他又把圖騰崇拜與巫術結合起來，把此二者的混合物視為人類宗教的起源。

圖騰論有廣泛的民族學資料作為論證的基礎，在宗教學中有重要的影響。有些持不同意見者並不反對圖騰崇拜是一種最古老的社會現象，但卻否認它是一種宗教和宗教的來源，而只是把它視為一種社會制度。其實，宗教作為上層建築的一個重要組成部分，既是社會意識形式，也構成社會制度的一部分，在人類社會的原始時代，宗教作為無所不包的上層建築，也就是社會制度。圖騰是不同婚姻集團和氏族的標誌，圖騰崇拜是與氏族制度一起形成的。民族學的大量資料有力地證明圖騰崇拜是原始時代氏族社會的制度性的宗教崇拜活動。

我國原始社會時期的陶器紋飾，就具有廣泛而深刻的圖騰崇拜的背景。在已出土的實物中，仰韶文化的半坡類型與廟底溝類型，分別屬於以魚和鳥為圖騰的氏族部落；馬家窯文化則分別屬於以鳥和蛙為圖騰的氏族部落。而各種圖騰紋飾都同樣促進著原始繪畫藝術的提高。在西安半坡出土的陶器中有人面形圖案：人面眼鼻明顯，口呈工形，有些兩邊還各加小魚，造型非常別致。還有魚形圖案和鹿形圖案；魚或張口，或翹首，或游泳於水中；鹿則長頸、短尾、奔跑、行走、佇立，姿態各異。在河南三門峽廟底溝出土的陶器殘片上，繪有蛙的圖案，蛙的形態非常生動，恰如兒童時代的作品，煞是可愛。

雕刻也在圖騰崇拜的背景中得到發展。浙江餘姚河姆渡新石器遺址第四文化層出土的骨刻鳥紋，形象簡潔，且手法細膩，鳥羽上的細毛依稀可辨。另一陶體上繪有一豬，尖嘴、細耳，身上還刻有花葉紋，寫實與圖案結合，智慧驚人。相傳古越人還以龍為圖騰，故在江蘇吳縣草鞋山的良港文化晚期，墓葬出土的陶器蓋上勾刻有似蛇蟻。這些雕刻都很精湛。

諸如此類以圖騰為背景的繪畫、雕刻藝術也遍及世界其他地區。如愛琴文化的克里特－邁錫尼時期，敬牛之風尤為盛行，對此，屢見不鮮的牛像可資佐證。其中，有一鐫刻於印章上的圖像饒有意味：軀體和腿與人一般無二，卻生有牛蹄、牛尾、牛首，這顯然屬於圖騰藝術。又如法國、西班牙岩洞中的各種繪畫除了對動物的一般膜拜外，還有相當程度具有圖騰性質。至於印第安人的圖騰柱，更以其造型生動、技法純熟而著稱於世。

舞蹈是另一種與圖騰緊密結合的形式。有相當長的一段時間，世界各地的舞蹈表演都以圖騰為目的。歐洲舊石器時代遺址阿爾塔米拉（Alteamira）洞穴發現的城雕中，有所謂猿人形者；泰雅洞穴也有佩戴面具和飾物的舞者。近代澳洲土人精於模仿鴕鳥、袋鼠的動作，特別愛用腕部象徵動物的頸部。在非洲，土人的鱷魚舞蹈尤為普遍。而北美印第安人的舞蹈，所模仿的圖騰多為熊、犬、野牛等。舞蹈中，舞者常保持準確的拍子，或前或後，或左或右，動作極其吻合。

四、宗教與巫術

在原始社會中，巫術是一類重要的社會現象。宗教學者們在研究宗教起源時，也把目光投向了巫術。他們看到，在人類早期生活中，諸如接生、起名、成年儀式、婚配嫁娶，乃至送葬等等，往往都要由巫師來主持。在生活中，凡遇到困境，也都要由巫師負責處理。比如在古代歐洲的凱爾特（Celt）人那裡，一切祭儀均操於專職祭司德魯伊德（Druid）手中。而要成為德魯伊德者，必須經過漫長而又艱苦的培訓，時間長達二十餘年。在此期間，除必須領悟祭司的奧祕外，相當重要的一個內容就是要熟記為數眾多的宗教頌歌和咒語。

在我國南方，許多少數民族，如壯族、侗族、苗族、彝族的巫師都是能歌善舞，土家族的巫師被稱為「梯瑪」，意為跳舞的帶頭人。在我國北方，鄂倫春、鄂溫克等少數民族中的巫師「薩滿」。他們的主要職能包括為氏族消除災禍，為患者跳神治病，為沒有生育過的婦女求子，也為死去的人們祝福。

「薩滿」所進行的跳神活動，即成為氏族活動的重要內容之一。每到這種時候，「薩滿」們大都身著神衣，頭戴神帽，手持刀劍而癲狂起舞。他們往往雙目半開半閉，好像陷於昏迷狀態，但口中卻念念有詞，好像在和鬼神交談。他們很善於模仿野獸的聲音和動作，頻頻舞蹈。或發出熊的咆哮聲，或發出蛇的爬行聲。身上大大小小的銅鏡與腰胯骨碰撞作響，鐘鼓齊鳴，時高時低，加之飄帶飛舞，場面煞是驚人。通常這種儀式要持續好幾個小時，直弄得「薩滿」筋疲力盡、頭暈目眩方才罷休。

巫術又與社會經濟生活密切相關。古代社會的巫師常常負責祈求生產的豐收。在古代埃及與巴比倫、尼羅河與底格里斯河、幼發拉底河上的許多工程常給人以舟楫和灌溉之利，而這些工程往往是在巫師的主持和領導下完成的。我國東北部的鄂倫春等少數民族在出獵之前也都要由巫師祭祖，以求佑助。太平洋上的特羅布里恩群島（**Trobriand Islands**）上的巫師更是職司明確，有專事農業的，也有專事造船的。

美國學者金氏於一八九二年提出巫術先於萬物有靈論，主張把巫術作為宗教的起源。弗雷澤在一九〇〇年《金枝》第二版中，有系統的論述了人類理智發展歷程的三個階段：巫術、宗教、科學。他認為原始人在巫術階段尚未有精靈或神明的觀念，相信可以用巫術手段來控制超自然力，只是在理智進一步發展之後，認識到巫術無效，才轉而向超自然力的神靈祈求，於是產生宗教，也就是說，宗教起源於巫術。

英國文化人類學家馬林諾夫斯基（一八八四—一九四二）對宗教研究有重大貢獻。他認為，原始文化可以畫分為聖俗兩個方面，其中聖的一面又可以進一步畫分為宗教與巫術。這也就是說他認為宗教由原始巫術發展而來，但並非所有巫術都是宗教。他指出，必須考察原始文化生活中的世俗方面，比如，農業、航海、漁業、戰事等等，看看其中到底有無一種行為是以經驗和邏輯為依據的，從而有別於巫術和宗教；同時還要著重考察這兩類行為在原始人那裡是否有區別，還是常為巫術和宗教所包容。為此，馬林諾夫斯基利用自己從事實地考察所得到的第一手資料來證明自己的觀點。

新幾內亞及其鄰近地區向來以盛行巫術著稱，這些地區大多數還處在石器時代。位於新幾內亞東北部的美拉尼西亞人主要以農業為生。他們的農具十分粗糙；用一根尖頭木棍掘地，附以一把石斧。但即使靠這些簡單的農具，他們也能獲得豐產，而且還能做到年年有餘。早些時候，他們的餘糧任其腐爛，現在則用來出口。他們在農業上的成功，除了天然豐饒的農業資源之外還依靠豐富的農業知識。他們深知土壤種類、作物品種，以及耕作技巧之重要，嚴格地因地施種，量時耕作。所有這些都表明，他們已經十分了解土壤、作物、節氣、蟲害等方面的知識。但與此同時，當地的一切農事又都摻雜著巫術活動。美拉尼西亞人每年都要按時在地裡舉行一整套傳統的巫術儀式，這些儀式也都與農業活動密切相關。這種狀況就使一些膚淺的觀察者誤以為當地土人的農事與巫術是渾然一體的，因此這些土人缺乏理智。然而事實並非如此。

當地土人確實認為巫術對於農業豐收必不可少。務農不行巫，對他們來講是絕對不可想像的，因為他們祖祖輩輩就是這樣過來的。儘管他們和白人通商已有一百多年了，受歐洲人的統治和基督教的影響也有三十多年了，但所有這些變化都沒能徹底改變他們的信仰：務農行巫方可免災。可是，這絕不意味著當地土人把農業活動中的一切有利結果統統歸功於巫術。如果你對一位當地人說，種地不必於活，只要求求巫術就行了。他一定會反過頭來嘲笑你思想簡單。實際上，他跟你一樣了解自然條件，知道憑藉自己的智力與體力可以控制某些自然力量。當地土人的知識固然有限，但在這有限的範圍內卻是不帶任何神祕色彩的。種子壞了，籬笆倒了，遇到天旱或水災，他們都會在理智與知識的支配下辛勤勞動，而不會僅僅求助於巫術。但另一方面，經驗也告訴他們，不論如何小心從事，也總是存在著某種無法支配的力量。有些年頭風調雨順，喜獲豐收；有些年頭則厄運作怪，事事為難。於是他們就用巫術來控制好運與厄運。由此可見，當地土人把兩個領域畫分得一清二楚：一方面是已知的自然條件和作物生長過程；另一方面則是意想不到的幸運和災難。他們用知識來對付前者，而用巫術來應付後者。

當地土人在農業活動中是這樣，在其他活動中也是這樣：知識與巫術二者同時並存、分而用之。比如，造獨木舟時，當地土人非常清楚，舷旁支架的橫面越寬，平衡力越大，阻力則越小。他們也能向你講清楚，為什麼橫面寬度要占一定的比例，為什麼舷旁支架必須放在迎風的一面，為什麼有的獨木舟可以頂風而行，有的則不行等等。他們的解說雖然十分粗淺，但已有明確的術語。此外，他們還有成套的航海知識，通過豐富而複雜的術語代代相傳，嚴加遵守。這跟現代水手信守科學知識並無多大區別。但是，當地土人雖然已有比較系統的航海知識，終歸避免不了狂風、惡浪、暗礁等等意外現象。因此，他們便採取了相應的巫術。造船時用巫術，出海時用巫術，遇險時也要乞靈於巫術。

漁業也是一個例子，可以用來有力地說明當地土人何時使用巫術，何時運用知識。依淺水湖畔而居的部落，一般都有一些簡便易行的捕魚方法，既沒有危險又能穩產，所以這些部落也就沒有專門用於漁業的巫術儀式。在海邊居住的部落則要出海捕魚，不僅有危險，而且產量也往往受魚群活動情況的影響，所以他們便有複雜的巫術儀式，用來保平安求高產。除上述幾個例子外，在戰爭、疾病、生死等方面，當地土人無一不把知識與巫術相互區別，分而用之。基於上述考察，馬林諾夫斯基得出結論說：「因此，原始人對於自然和命運，不管是想要利用前者還是躲避後者，總是清楚地認識到這兩種勢力或力量，即自然的和超自然的，並且總是出於自己的利益而試圖利用二者。只要借助經驗了解到，在知識引導下做出的努力會有收益，他們便絕不會放棄或忽視這樣或那樣的努力。他們知道，種莊稼不能只靠巫術，獨木舟製造不當或操持不當也不能下水航行，打仗時缺乏武藝和膽量也無法取勝。他們從來就沒有僅僅依賴巫術，相反的，有些時候甚至根本不需要巫術，比如在取火以及其他一些行為和事務中。然而，每當他們不得不承認自己的知識和理性技能於事無補時，他們便求助於巫術了。」

五、原始宗教的特點

原始宗教或自然宗教，是宗教發展的最初階段。從宗教學現已掌握的材料來看，以往學者提出來的宗教起源的理論，比如「神祕觀念說」、「鬼魂說」、「恐怖觀念說」、「人格說」、「精靈說」、「圖騰論」等等，都有其自身難以解答的現象，例如：有些原始部族裡只有自然崇拜而沒有祖先崇拜，有些原始部落對恆長不變的自然物和自然現象也加以崇拜，但這些事物並不會引起人們的恐懼感。由此可見，上述理論實際上是抓住了原始宗教的某個特點，進而視之為宗教的全部起源，因此都有一定的局限性。在了解了這些理論後，讓我們以歷史唯物主義為指導，深入到社會物質生活中去尋找宗教的起源。

歷史唯物主義為我們研究原始時代自然宗教的起源提供了方法論的指導。馬克思在《資本論》中指出：「甚至所有抽掉這個物質基礎的宗教史，都是非批判的。事實上，通過分析來尋找宗教幻想的世俗核心，比反過來從當時的現實生活關係中引出它的天國形式要容易得多。」宗教是人類在一定的物質生活條件下受自然界沈重的壓迫，把自然力和自然物神化的結果。在原始社會中，處在採集和狩獵經濟階段的人們經過無數次的生產鬥爭實踐，擴大了生產範圍，提高了抽象思維能力，逐漸認識到許多自然現象和人們經濟生活的聯繫，從而對許多自然現象抱有某種希望，有了控制它的要求。只有到了這個時候，原始人才會對許多自然現象做異化的反映，把這些自然現象神聖化。恩格斯指出，史前期的「這些關於自然界，關於人本身的性質，關於精靈、魔力等等的形形色色的虛幻觀念，多半只是在消極意義上以經濟為基礎；史前時期的低級經濟發展有關於自然界的虛幻觀念作為補充，但是有時也作為條件，甚至作為原因」。

原始社會的生產力水準十分低下，原始人類為了生活費盡了心思和氣力，可是常常是白費氣力或得到相反的結果。在此情況下，人們就由於多次失敗而幻想獲得成功，幻想自然恩賜，就把自然力看作是神祕的力，將許多偶然的機遇當作是神祕自然力對人們行動的報應，並且把這種對神祕自然力的信仰和依賴，當作人們的生存條件。對變化多端的自然現象的無知，是原始人製造神靈的重要認識論根源之一。誠如德國近代唯物論哲學家費爾巴哈（**Ludwig Feuerbach**）所說：「自然界的變化，尤其是那些能激起人的依賴感的現象中的變化，乃是使人覺得自然是一個有人性的，有意志的實體而虔誠地加以崇拜的主要原因。如果太陽老是待在天上不動，它就不會在人們心中燃起宗教熱情的火焰。只是當太陽從人眼中消失，把黑夜的恐怖加到人的頭上，然後又再度在天上出現，人這才向它跪下，對於它的出乎意料的歸來感到喜悅；為這喜悅所征服。所以佛羅里達的古代阿帕拉契人（**Apalachee**）當太陽落山的時候，唱著頌歌向太陽致敬，同時祈禱它準時回來，使他們能夠享受它的光明。如果大地上老是結著果實，還有什麼理由來舉行播種節和收穫節的宗教典禮呢？大地上的果實之所以顯得好像是出於天意的、理當感謝的恩賜，只是因為大地時而把它的寶庫打開，時而又把它關閉。唯有自然的變易才使人變得不安定，變得謙卑，變得虔敬。」

原始人類對自身精神活動和機體活動的關係之無知，也是造出神靈的認識論根源之一。恩格斯指出：「在遠古時代，人們還完全不知道自己身體的構造，並且受夢中景象的影響，於是就產生一種觀念：他們的思維和感覺不是他們身體的活動，而是一種獨特的、寓於這個身體之中而在人死亡時就離開身體的靈魂的活動。從這個時候起，人們不得不思考這種靈魂對外部世界的關係。如果靈魂在人死時離開肉體而繼續活著，那就沒有任何理由去設想它本身還會死亡；這樣就產生靈魂不死的觀念。」原始人由於不能正確區別醒時的感覺與夢中的幻覺，甚至把精神和肉體分離出來，視精神為能獨立於肉體之外的實體，因而產生出靈魂、鬼神等觀念。既然靈魂具有超人的能力，沒有單獨的死亡，原始人就進一步幻想靈魂所生活的世界。但幻想也是不能完全脫離現實生活的，因此這個靈魂所生活的世界，只能根據當時的社會生活條件虛構出來，其所幻想的靈魂的生活條件，大體上也和當時活人生活條件差不多，靈魂既然被認為有超人的能力，於是也被當作依賴的對象，成為活人祈求和供奉的對象了。

原始人相信靈魂存在、相信靈魂不死，這還不是宗教，只是形成原始宗教的一種思想基礎。到後來，原始人群不但以當時的生活條件和要求，來虛構神靈的世界和神靈生活方式，而且把自己的本質和心理狀態附加給神靈，從而規定對神靈的崇拜儀式，以此來表現人與靈魂之間的關係，這才形成原始宗教。在宗教儀式中，人們把自己的思想、要求、生活方式，用滿足神靈種種要求的形式來自我安慰和取得信心。就拿葬禮來說，有些原始人群可能是這樣想的：靈魂既然與肉體長期相處一起，死後的靈魂就好像一個人留戀自己住熟了的住所一樣，一時捨不得離開肉體，因此對屍體是否合理處置，就被人們想像成為能引起鬼魂喜怒的問題。為了使鬼魂替人類帶來好處或至少不帶來災禍，古人就根據當時的生活狀況和想像來處置屍體，使靈魂得到安樂。這樣，葬禮就被看作處理活人與鬼魂之間關係的一個重要措施。

神靈觀念和宗教禮儀的出現，標誌著原始宗教的形成，這個過程在原始人那裡是一個自發的產生過程，與後來的人為宗教的產生過程是不一樣的。因此我們不可能像研究後來的人為宗教那樣，指出某個具體歷史事件作為該宗教誕生的標誌。在探索了原始宗教產生的多方面原因後，我們可以對原始宗教的特點做一些概括。首先，原始宗教的宗教觀念非常樸素，原始宗教的崇拜對象非常直觀。

由於原始社會的生產力極為低下、物質生活極其貧乏、思維能力很低，因此原始人不可能認識到世界萬物存在的原因，但又企圖對這種原因做出種種解釋，因此就只能用神話幻想來代替真實的聯繫，用神祕的觀念來解釋一切，把人類具有的初步自我意識賦予萬物，用萬物有靈的觀念來解釋一切現象的存在和變化，並把萬物的「靈」作為一種異己的神祕力量來加以崇拜。

原始宗教通過崇拜自然神靈，既把人與自然對立起來，又把人與自然統一起來，直接反映了人類社會生活與自然界之間的矛盾。原始部落或民族，往往根據自己賴以生存的生產對象來確定崇拜的對象。以狩獵為主的部族和以農耕為主的部族、山區的部族和河海地區的部族、多雨地區的部族與沙漠地區的部族，其崇拜的對象是不同的，充分反映了原始宗教崇拜對象的直觀性。

原始部族的鬼魂崇拜和祖先崇拜，也反映了人類社會生活與自然界之間的矛盾。人們崇拜鬼魂和祖先，目的也是為了求得生產上的豐收，免除病痛惡疾，期望在與敵鬥爭中獲勝。原始的靈物崇拜和偶像崇拜確實已經在一定程度上離開了對自然力的直接崇拜，特別是偶像崇拜所能容納的神靈的作用是非常廣泛的，它給向一神教過渡提供了方便。但原始的靈物崇拜和偶像崇拜並沒有完全擺脫自然崇拜的主要特徵，因為原始人所製造的偶像，主要還是依靠自然物的加工，偶像神靈的力量也是通過外加自然物來表現的。

其次，原始宗教的神靈崇拜具有個別性和多樣性。

原始宗教神靈的個別性和多樣性，和原始人類思維能力不發達有直接的關係。原始時代的人不具有高度的抽象思維能力，只有具體概念而無抽象概念，連脫離手指和腳趾的簡單抽象的數字概念都還不具有，更無法在觀念上形成具有共性的高級萬能神靈。原始人頭腦中所想像的神靈的作用，只限於某一自然力所表現的範圍，還不可能形成萬能的高級神靈的概念。雨神只能降雨，風神只能颳風，某山神只能管某山，某河神只能管某河。這也是原始人對自然力直接崇拜的必然結果。神靈既然只具有這種十分狹隘的個性，因此還不能滿足原始人對許多和其生活有關的種種自然物和自然力的崇拜要求。在萬物有靈觀念的支配下，各種不同的自然物和自然力都成為原始人崇拜的對象，這就形成了原始宗教的多神性。隨著神靈的眾多，祈求神靈的內容和形式也就隨之增多，這就是原始宗教形式和崇拜形式具有多樣性的原因所在。

第三，原始人信仰宗教的主要目的是為了現實的生活。

原始宗教是原始社會的上層建築和意識形態，曲折地反映著社會物質生活狀態。在原始社會裡，沒有階級的剝削和壓迫，人們集體勞動，共用勞動成果，同甘共苦，無貧富懸殊之分，也不具備產生享福者和受苦者這種幻想的物質基礎。原始宗教與現實生活的結合十分緊密。原始人祈求的不外乎是漁獵的順利、畜牧的繁殖、農作物的豐收、戰爭的勝利、身體的健康……等等。他們對於死後的鬼魂生活雖存有種種虛幻的觀念，但他們所想像的來世都脫離不了現實的生活，和現實生活並無重大差異。因此，原始人對死後的鬼魂生活沒有過分的奢望，沒有以後那樣的「紅塵之苦」的宗教觀念，也沒有輕生厭世的修行。原始宗教雖也有靈魂轉世的觀念，相信靈魂會轉世為活人。但一般不相信轉世為富人、窮人和其他動物，就像愛斯基摩人認為的那樣，已故親屬的靈魂又是未來嬰兒的鬼魂，因此，原始人不會為來世而去討好神靈和鬼魂。

總之，原始宗教的這些主要特徵，是由原始社會的物質生活條件和思維能力的低下所決定的。正因為這樣，所以儘管原始宗教從唯心主義的本質上來說，雖然和神學宗教一樣，是現實世界的異化的反映，但正如恩格斯所指出的，它「沒有欺騙的成分」。

原始宗教是原始人的世界觀，是早期人類對於他們周圍世界及其自身認識的一種反映形式。由於原始宗教把人類在認識周圍世界及自身中所遇到的困難，寄託於超自然的神祕力量，把這些神祕力量當成萬物的終極原因，並拜倒在這些力量面前，因而大大妨礙了人類認識的發展和生產鬥爭的進行。但原始宗教的出現及其某些活動，在歷史上也有其派生的積極意義。

第一，原始宗教的出現，就人類思維能力而言，無疑是一種進步的標誌。因為在原始宗教中，不管其關於靈魂和靈魂不死的想法、關於賦予各種自然現象的人格化的想法，和為祈求超自然力量禳災賜福而進行的各種崇拜活動等是多麼荒誕，但這一切如沒有較高的思維能力是不可能的。它較之與自然界渾然一體，尚不能把人類從自界中分離出來的低級思維階段，應該說是一個突破，是一次跨越。

第二，在原始宗教中，包含著人類在生產和生活中對於周圍世界的探索和某些經驗積累。人的認識，本來就是一個曲折、複雜的過程。一個發展著的過程，總是從不正確到正確，從知之不多到知之甚多。原始人由於生產力水準極其低下，認識能力相當有限，因而只能借助於幻想和神祕的猜測，對他們所接觸到的各種自然現象和人類自身進行解釋，從而產生了原始的神話傳說和各種神靈觀念，出現了大自然崇拜、祖先崇拜、圖騰崇拜等形式。如果我們剝去籠罩在這些活動中的神祕色彩和表現形式，那麼，留下來的可以說是原始人在當時社會條件下，對於那些和自己日常生活有重要關係的各種自然現象、人的生理現象和生活現象的最初步認識和探索。這樣的認識和探索在最初階段可能是神祕的比例很大，而科學的比例很小，但隨著人們認識的深入發展，科學的比例就會越來越增大，而神祕的比例就會越來越減少。

第三，原始宗教的某些活動，也能產生一種增強民族或部落團結、增加人們和自然做鬥爭的勇氣和力量的派生作用。原始社會生產力水準十分低下，人們只有團結起來才能對付自然界的壓迫。作為上層建築的原始宗教，必然要對這種社會現實的客觀要求產生一定的影響。例如原始的圖騰崇拜，它以某種動植物為標記，把整個部落或民族團結在這個標記周圍，一起生活，共同從事特定的生產和狩獵活動，這在客觀上就發揮了增加部落團結和和自然做鬥爭的能力作用。原始人的豐收祭、圖騰祭祖的儀式和在重大行動前的誓師祭典等，都在客觀上對增強原始人和自然做鬥爭的信心和勇氣發揮了一定的鼓舞作用。

第四，原始宗教也是維護當時社會秩序的有效工具。在原始社會裡，沒有單獨的法律條文和相應的社會設施，因而原始宗教就成了維持當時社會秩序的工具。部落或氏族的酋長和首領，也就是宗教活動的主持人或領導者，社會大事和生產活動都與宗教活動緊密地結合在一起。同時，在原始宗教中也有許多關於社會秩序和社會生活的規定，利用人們對於超自然力的迷信和恐懼，來約束人們的行為，以達到維護當時社會秩序的目的。

第三課 古代民族宗教

一、主要民族宗教的形成
二、古代埃及宗教
三、古代巴比倫宗教
四、古代中國宗教
五、民族宗教向世界宗教發展

人類歷史上出現的宗教多得不勝枚舉，掌握起來十分困難。宗教學家們經過多年研究，對宗教做了一些分類，比較方便我們從總體上掌握宗教。古代文明社會的宗教包括古代、中古和近古時代的宗教，可以通稱為古典宗教。隨著人類社會經濟、政治、文化的發展，由原始社會進入了古代文明社會，宗教也由原始社會的宗教發展到了古代文明社會的民族宗教、國家宗教和世界宗教。

那麼，在世界宗教史上發揮主要作用的是哪些民族和宗教呢？毫無疑問，它們就是那些在世界歷史上最早建立文明國家的民族。它們是古代埃及、古代巴比倫、古代中國、古代印度、古代波斯、古代希臘等等。限於篇幅，我們以古代埃及、古代巴比倫、古代中國的國家宗教為例。其他有代表性的古代宗教則放到講述若干種世界性大宗教時再簡略介紹。

一、主要民族宗教的形成

宗教學的創始人麥克斯．繆勒在其《宗教學導論》中提出過一個很有意思的觀點。他認為世界歷史上的宗教很多，但只擁有神聖經典的宗教才在世界宗教史上扮演著主要的角色，對後來其他地區和民族的宗教信仰發生了重要的深遠的影響。這樣的主要角色為數很少。

他說：「讓我們看看在我們稱之為世界歷史的這一偉大戲劇中扮演兩個主要角色的兩個種族吧，也就是雅利安人和閃米特人。我們將發現這兩個種族各有兩個成員才有資格宣稱擁有聖典。雅利安人中的是印度人和波斯人；閃米特人中的是希伯來人和阿拉伯人。雅利安族系的印度人和閃米特族系的希伯來人，各產生了兩種有聖典的宗教。印度人產生了婆羅門教和佛教，希伯來人產生了猶太教（又稱摩西教）和基督教。不但如此，重要的是要看到在每個族系中，第三個有聖典的宗教幾乎都不能言稱自己有獨立的起源，它只不過是第一個宗教隱約的重複而已。瑣羅亞斯德教的根源跟吠陀教較深較廣的潮流起源於同一源泉。伊斯蘭教就其最根本的教義而言，是從亞伯拉罕的宗教的源泉產生的。亞伯拉罕是唯一的真神的崇拜者和朋友。」在繆勒眼中，世界宗教史的主角是雅利安人和閃米特人。但隨後，他又加上中國人，並有保留地把埃及人也列入其中。他說：

「除了雅利安和閃米特族系以外，只有一個國家能說它有一個甚或兩個有聖典的宗教。中國產生了兩個宗教，各以一部聖典為基礎——即孔夫子的宗教和老子的宗教，前者的聖典是《四書》、《五經》，後者的是《道德經》。」「以上八個宗教的聖書，構成了人類全部經書。」

麥克斯．繆勒指出的八個擁有最早宗教聖典的宗教，實際上也就是人類歷史上最早建立文明國家的國家宗教。它們是古代巴比倫宗教和古代希伯來宗教和猶太教（此即麥克斯．繆勒的閃米特族系宗教，阿拉伯人的伊斯蘭教誕生較晚，後成為世界性宗教），古代印度宗教和古代伊朗宗教（此即雅利安族系宗教），古代中國宗教和古代埃及宗教。從這些早期政治國家發展出來的國家宗教，標誌著人類的宗教史發展到了一個新的階段。

如果我們從地理上尋找其發源地的話，那就是：中國的黃河—長江流域；印度的印度河—恆河流域；伊朗高原；西亞的兩河流域；北非的尼羅河流域。正是在這些地區，人類誕生了最早的文明，建立了最早的國家。宗教的國家化也發動於這些地區。宗教的這種演變既是這種文明發展的產物，也是它的產婆，更是各文明國家文明的標誌。我們透過對這些文明古國的國家宗教的比較研究，可以探討原始時代宗教國家化或民族化的形成過程及其性質、特點的一般情況。

我們看到，隨著原始社會向階級社會的過渡，此時的宗教出現了三種發展趨勢：一是信仰對象的等級化；二是出現了地域保護神；三是社會分化出了宗教專職者和宗教特權階層，三種情況都表明了一種基本歷史事實：隨著氏族部落社會的階級分化和早期國家的出現，原始的氏族部落宗教也逐漸走向國家化或民族化。

綜觀各民族在原始時代晚期宗教的發展趨勢，一方面繼續強化宗教特權階層，神化部落首領；但另一方面他們天賦的超自然能力在巫術領域卻逐漸被淡化，轉移到主持公眾祭祖儀式方面，更多地以「大祭司」身分來顯示他的宗教職能。他們和宗教特權階層仍為平民百姓的「福利」通天事神，但這些天、神逐漸變了味。圖騰崇拜或氏族祖先崇拜時代，圖騰和祖靈所具有的全氏族特性逐漸消褪，越來越多地被塗抹上氏族貴族、部落首領和宗教特權階層的階級色彩，逐漸變化為服務於這些特權階層之私利的工具。隨著原始社會的等級分化，昔日近在氏族成員身邊的「神靈」越來越被推到高高的天上，距離下層民眾越來越遠。氏族—部落社會的人際平等關係讓位於等級關係，階級國家逐漸成形。從原始時代的氏族—部落宗教演變為階級國家的國家宗教是不可避免的歷史發展趨勢。但這不是歷史的倒退，而是文明的發展。為了比較具體而不是過於空泛地了解人類宗教形態的這種演變過程，我們將分別對上述諸文明古國宗教形態國家化或民族化的過程做簡要的概述。

二、古代埃及宗教

埃及的尼羅河谷和尼羅河三角洲地區，是人類最早的定居地和古代文明發源地之一。古代埃及國家體制的產生和宗教的國家化，是人類文明發展到一個新階段的標誌。

古代埃及最早的國家機制的雛形是「州」。「州」字的象形文字畫的是由河渠交叉劃界的土地，說明最初的州實際上是與農業生產和水利灌溉有關係的社會單位，是在農業公社基礎上形成的政治聯合體。在前王朝時期，古埃及大概形成了四十餘個州。由於州與州的兼併終於在西元前四千紀中葉形成上、下埃及兩個王國。西元前三千年前後，上埃及王美尼斯滅下埃及，建立了統一王國。統治者的承襲和興替，形成了古代埃及歷史上三十一個王朝。西元前三三二年，第三十一王朝為希臘馬其頓王亞歷山大大帝吞併。

在埃及統一王國建立之前，各州崇奉信仰的地方保護神多為動物形象。牛、羊、獅、虎、鱷魚、兔、蛇，曾分別被各州奉為神聖。牠們享有神聖禁忌的保護，人們不得捕殺和獵食，這顯然是圖騰崇拜的典型表現。西元前四千紀中葉，北部尼羅河三角洲地區各州以布陀州為中心形成下埃及王國。國王奉蛇神為保護神，以蜜蜂為國徽。南部各州以尼赫布特為中心形成上埃及王國，國王奉鷹為保護神，以白色百合花為國徽。上下埃及統一後，由於不同歷史時期的政治中心不同，作為國家神聖象徵的最高神也因之而有相應的變化。與此同時，仍容許各地區崇奉自己的地方神。儘管不同地區有不同的地方神和當地的眾神殿，但從埃及尼羅河的南端到北端，作為生命之神的太陽神瑞和作為死亡之神的冥王神奧西里斯，大體上總是高踞於眾神殿的特殊地位，受到埃及人普遍的敬拜。瑞和奧西里斯均被國王視為與自己有血緣關係的保護神。

在埃及，異己自然力量神格化之最高表現就是太陽神瑞。太陽是生命的源泉，是人類生存所依和生活所繫，因此受到原始人類的普遍崇拜。大概是因為太陽光芒普照大地的緣故，上下埃及統一之後，太陽神就成了歷代王朝的最高保護神。從舊王朝第四王朝（西元前二六五〇年）國王（法老）開始自稱瑞神的兒子。在現存的一幅宗教圖畫中，畫著瑞神將全埃及的地照賜給國王，象徵國王統治全埃及之權來自太陽神。在後來的歷史發展中，由於王國的分分合合，法老世系的興替代換，政治中心的不斷變遷，使那些原來局處一地的地方神上升到全國的高位，從而與世代崇奉的太陽神瑞混同或合併起來。這樣一來，太陽神瑞便從不同的時代和地區裡獲得了新的動物形象。

作為埃及統一之神聖象徵的大神，最為古老的可能是鷹形蒼天神何露斯（Horus）。這位神本來是希艾拉孔和埃德福地區的部落神或地區保護神。這一地區的首領大約在西元前四千紀末起事完成統一全埃及的大業，建立第一、第二王朝，於是何露斯便從眾多部落神中脫穎而出，成為全國信奉的神。在古代埃及人的宗教觀念中，鷹是太陽的象徵，太陽的運行被幻想地說成是鷹在天空中飛翔，所以，何露斯被視為太陽神（在後來的神話中，何露斯被說成是奧西里斯的遺腹子，而奧西里斯又是太陽神之子）。在一些古埃及的宗教畫中，何露斯被描畫為一隻頭佩日輪的鷹，或一個戴有王冠的鷹頭人。鷹（何露斯）與日輪（太陽神）的結合，王冠（國王或法老）與鷹頭人（何露斯）的統一，顯然是神權與君權合為一體的象徵，是宗教國家化的具體體現。古代埃及的國王因此而自稱是何露斯的化身。

第三王朝時，王都遷至孟斐斯（Memphis）。於是該地區原來所奉的地域保護神普塔（Ptah）被推尊為全埃及的主神。在孟斐斯的祭司神話中，普塔是最高創世主，是從原始混沌中湧現出來的埃及本身，太陽神何露斯、阿圖姆（Atum）、透特（Thoth，古代埃及的智慧和文藝之神，鶴頭人身）等神，降格為普塔神的表現形式。普塔神的形象原為牡牛形，後表現為人形，而且手中持有象徵權力的節杖，反映了他對全埃及的神權統治。

在第五王朝「太陽之城」赫萊烏成為統一王國政治中心的時代，該城地方保護神阿圖姆地位上升而與瑞神統一為阿圖姆—瑞神，成為全國崇拜的最高神。在金字塔經文中，阿圖姆的神性變得高大而且重要，被說成是自存自主的創造主，他從該城的「原始水」中浮現出來創造了諸神和宇宙。阿圖姆神的形象是獅子形，後來才成為人形。到新王國時代，底比斯的地方貴族統一全埃及，底比斯成為全國首都，該城的地方保護神阿慕恩（Amun，或稱阿蒙Amon）的地位也相應上升而與太陽神合為一體，成為所謂阿慕恩—瑞神，或阿蒙—拉神（「拉」為瑞的希臘語Ra）。阿慕恩為牡羊形，在宗教畫中，被畫成有公羊般的頭，或戴著三重王冠的公羊。

古代埃及眾神神性的演變，顯然適應了社會的發展和政治的需要。神象徵著國家和王權，他的基本任務是維護國家和王權的神聖不可侵犯性。埃及祭司神學逐漸把雜亂的神靈世界統一起來建立起一定的天國秩序。瑞神不僅被說成是世界的創造主，而且按照他的旨意建立起世界的秩序。祭司們還把這種世界秩序人格化為一個神——麥特（Madt）。麥特是瑞神的女兒。她的神性代表真理、正義和秩序。眾神與世人皆必須遵守麥特立下的秩序。法老的任務就是在世界上實現麥特的秩序。在西元前一三〇〇年阿比多斯（Abydos）的法老塞提一世（Seti I）的廟宇浮雕上，刻著塞提一世向奧西里斯、伊希斯（Isis）和何露斯三位大神奉獻麥特的塑像，意在說明國王或法老是世界秩序的實現者。不僅國王或法老的王權來自於神，而且他們本人生前就被認之為神，各神廟都設有敬拜法老的聖所，還有敬拜法老的宗教儀式。他們在宗教觀念和宗教儀式上都被神化了。

當然，儘管古代埃及中的神本質上是統治者的象徵，但他們與民眾信仰者也發生關係。在當時的宗教觀念中，神與人是互相依賴、互有需要的。神需要人為他修建廟宇、安頓住所、穿戴衣飾、供獻食物；人則需要神賞恩賜福，保佑無災無難、生活快樂、壽命長久。如果某人專門供奉某個保護神，那個神就專門保護和賜福於他。埃及宗教鼓勵人們信仰各自的神，因為他們認為如果所有的人都信奉同一個神，這個神便會疲於奔命，無力對所有信眾均加福佑。這種神靈觀念，也是埃及神靈所以眾多的一個原因。古代埃及人的神靈觀念還有一個頗為有趣的特點：他們認為神會衰老，而且還可能因此而辭職讓位，將神權傳給他的兒子。古代埃及宗教中神的神性和神靈世界的秩序，與埃及社會的情況存在著驚人的相似性，在發展和演變上有著歷史的同步性。

在古代埃及宗教國家化的過程中，神廟經濟和祭司貴族發揮了重要的作用。古代埃及人神靈觀念形成和發展的自然結果之一，就是要求信神者把幻想中的神靈物質化為可感的偶像，並為之提供生活起居和供人瞻仰禮拜的場所，這就導致神廟的興建。

有了神廟和神的偶像，神就生活於其中，就得有一批專門侍候神靈、進行宗教儀式活動的神職人員，於是便出現了祭司，祭司的基本職務是主持宗教活動的儀式。日常任務則是開放聖殿，為神像洗澡、穿衣、裝飾、奉獻與帝王日常飲食一樣的食物和飲料。

祭司與俗人的區分是隨著歷史進程而日益嚴格的。大的神廟有四個主祭司，還有為數不少的次級祭司以及歌唱者、音樂師、文士和奴僕。他們之間有嚴格的等級畫分。

埃及諸神各有自己的祭日（神的生日）。各地神廟還有各種定期的祭祖活動，如國王加冕禮及其周年紀念日、收穫節之類季節性事件等。屆時，祭司們把該廟神像抬出遊行，往往還去訪問別的神廟。祭日的神殿裝飾一新，熱鬧非凡。在祭儀中，祭司們分別扮演神話中的角色，誦讀有關神靈的神話傳奇和頌讚神靈的詩篇。

神廟裡供著神的偶像，成為神的寓所，這就使它蒙上了神祕的色彩，成了給信仰者以啟示和訓誡的中心。祭司們因此而享有信眾的崇敬，成了社會上的特權階級。信眾為求神恩，經常向神奉獻祭物。國王和貴族也賜給神廟以土地、財物和各種特權。古代埃及法老向農民徵收收穫物的四分之一，而寺廟土地則免予徵稅。寺廟有龐大的經濟，成了國家經濟的主要成分。據記載，拉美西斯（**Ramses**）末年，埃及寺廟擁有耕地三十萬公頃，約占全國耕地七分之一，擁有奴隸十萬三千餘人，牲畜四十九萬頭之多。強大的寺院經濟使祭司階級的社會政治地位更加強大，祭司貴族與世俗貴族一起構成統治集團的最上層。法老則既是一國之君，又是祭司之長，是神權與君權的統一，其權力超越二者之上。

祭司權力和寺院經濟的膨脹，必然在統治集團內部釀成與世俗貴族的矛盾。在埃及新王國阿蒙霍特普（**Amenhotep**）四世時期（約西元前一四九一——一四六五年），國王與祭司的矛盾激化起來，表面化為公開的衝突。當時，底比斯阿蒙神廟擁有巨大的財富，左右全國的政治。阿蒙霍特普為打擊阿蒙神廟為代表的祭司貴族勢力，便大力推行宗教改革。他在赫萊烏城和孟斐斯城地方祭司的支持下，決定恢復對傳統太陽神的崇拜。阿蒙神廟祭司當然極力反對。阿蒙霍特普四世宣布全國崇拜宇宙間唯一的神——阿頓，這是以日盤為象徵的太陽神。國王把自己的名字中的「阿蒙」去掉，改名為埃赫那頓，意為「阿頓的事奉者」。他於底比斯北部三百里處另建新首都，命名為埃赫太頓，在那裡和全國興建阿頓神廟。他透過否定阿蒙神，另立阿頓神的宗教改革，來否定阿蒙神廟祭司集團在國家的特權地位。

阿蒙霍特普四世的宗教改革，在宗教發展史上是用行政手段把傳統的多神宗教改造為一神宗教的一次努力，但很快就失敗了。他死後，繼任法老圖坦阿頓（Tutanatum）與阿蒙祭司集團妥協，改名圖坦阿蒙（Tutanamon），恢復「阿蒙」的傳統稱號。對阿蒙神的崇拜又重新恢復起來。這次宗教改革之所以失敗，主要原因在於它是統治集團內部的權力之爭，人民不但未得其利，反而身受其害。埃赫那頓建築新首都、新神廟，以及對新貴族、新祭司的大量賞賜，耗費了巨量的財物。這項沈重負擔必然轉嫁到普通人民身上，人民當然不會支持這樣一個不能帶來任何好處的新神。這個歷史事件充分說明了宗教傳統信仰的堅固和祭司集團勢力的強大。

古代埃及社會國家化的歷史過程是一個從血緣社會到地緣社會，從分散地區到統一國家的發展過程，其中必然充滿以大吃小、以強併弱的兼併現象。在這一歷史發展過程中，一般總是強大有力的氏族部落和地區首領獲得政治上、經濟上的特權，發展為政治國家的世襲國王。古代埃及的宗教信仰形態也不得不反映社會形態上的變化。基本情況大致是：當某個氏族、部落成為某個地區的社會政治聯合體的主體時，他們的首領也就成了該社會政治聯合體的君主。這時候，他們原來所崇奉的圖騰神和祖先神一般也就成為該地區的地域保護神；當某個州成為統一王國的政治中心（首領）的時候，它的地域保護神也就相應地升格為全國的最高神。這可以說是貫串於古代埃及宗教歷史發展的一條軸線，表現了從原始社會氏族—部落宗教發展為國家—民族宗教的基本過程。

三、古代巴比倫宗教

西亞兩河流域（幼發拉底河和底格里斯河）與埃及尼羅河流域一樣是世界古代文明的搖籃。約在西元前六千年，這裡就出現了定居人口從事農業生產。考古發現證明，蘇美人約在西元前五千紀在這裡建造了世界上最早的神廟，並以神廟為中心發展出世界上最早的城市。約在西元前三千紀出現了一批早期城市國家，其中最重要的有埃里都、吾珥（**Ur**）、烏魯克（**Uruk**）、拉爾薩（**Larsh**）、烏瑪、尼普爾（**Nippur**）等等。神廟的祭司實際上是城市國家的建立者和統治者。第一個已知的國家是侍奉蘇美伊勒克城保護神的大祭司建立的。

兩河流域的政治史是一連串的征服與被征服。兩河文明的創造者蘇美人、阿卡德人（征服蘇美，建立蘇美—阿卡德帝國）、亞摩利人（著名國王漢摩拉比統一兩河流域，建立第一巴比倫王朝）、赫梯人、伊新人（征服巴比倫城，建立巴比倫第二王朝）、加喜特人（建立第三王朝）、亞述人（征服巴比倫後，建都尼尼微）、閃米特的迦勒底人（征服亞述王國，建立新巴比倫王國），一個接一個地沈積在歷史的底層。文明開化最早的蘇美宗教祭司已經建立了以神廟為中心的城市國家，把自己變為統治者。後來的征服者在成了統治者之後，看到了傳統宗教維護國家統治權的好處，更羨慕祭司貴族高踞眾民之上的特權和得到眾民精神擁戴的地位，因此，他們強化傳統的宗教，培植為自己服務的祭司階級，或者把宗教祭祀大權直接控制在自己手中。隨著征服與被征服的歷史過程，統治王朝可以興替，但宗教作為鞏固國王統治權的上層建築不但沒有消失，反而日益國家化。

國家的體制、統治階級內部關係和社會秩序的變化，也反映到國家宗教幻想的神靈世界中來，引起宗教觀念和天國秩序的變化。宗教歷史學家比較了古代巴比倫宗教在不同歷史階段的不同特點，認為它可以分為三個階段：

第一階段：西元前四千紀或更早時期，美索不達米亞地區宗教信仰和宗教崇拜的神聖對象，主要是那些對基本的經濟活動（農業、牧業）直接有關的大自然異己力量。這些自然異己力量在人們的幻想中人格化為神，但經常表現為非人類的形象。崇拜這些自然異己力量的主要目的在於祈求豐收，信奉的神主要是豐產神。由於居民有不同的行業分工，他們賦予豐產神的神性也因而有所不同。在沼澤地居民、種果樹人、放牧人、農民的心目中，豐產神的神性顯然是各不相同的。這一階段的宗教大體上仍屬於原始社會末期的部落宗教的範疇。

第二階段：大致是在西元前四千紀到二千紀，宗教神靈的形象有了明顯的變化，諸神被視為具有人的形象。更為重要的演變是，在蘇美－巴比倫的宗教神話中，諸神組成的神靈世界開始組織起來，形成一個類似長老議事會（早期國家的最高統治機構）的天國結構。每一位神都在這個天國政府中獲得了一定的官職和職能。

第三階段：西元前二千紀以後，由於巴比倫、亞述等地的軍事實力和政治勢力的膨脹而成為征服者和統治者，他們信奉的民族性、地方性的神，也相應擴大了自己的神聖地位和神聖權力。在此以前實行軍事民主制的天國政府逐漸演變為主神控制的君主專制機構。神靈對世界和社會人事的干預大大加強，要求人類虔誠地放棄一切主動性，絕對地相信和依賴神的安排，與此相應，強調人的罪惡感、祈求神赦罪、向神贖罪的個人性宗教信仰也因此而得到更多的強調。

古代巴比倫宗教的整個演變過程，生動而突出地體現了宗教作為社會的上層建築，從原始時代的氏族宗教或部落宗教演變為民族宗教或國家宗教的過程。在這個過程中，有以下幾個重要方面值得我們關注。

兩河流域原始時代對於自然力的崇拜，在蘇美－阿卡德時代，演變為各個城市國家的保護神。安神（An，阿卡德人稱為安努Anu）是烏魯克城的地方保護神，原是天氣神。其職能是透過安排天體眾星的位置來顯示一年的年曆和季節的變化。英利爾神（Inn）是尼普爾的地方保護神，原是暴風雨和主管農業的神，在神話中是鋤頭的發明者。伊阿神（Ea）是埃里都的地方保護神，原是水神，他的神廟在兩河入海的河口。欣神（Sin）是吾珥的地方保護神，原是古代遊牧民崇拜的月亮神。因為在草原上遊牧亟須透過月的盈虧確定時間季節，透過月亮的位置確定星辰的方位，以便占卜吉凶禍福，因此而發展出對月神欣的崇拜。沙馬什神（Schamasch）是西巴爾的地方保護神，原是太陽神。馬爾杜克神（Marduk）是巴比倫的地方保護神，原是表示生命與豐產的太陽神。拿波神（Nabu）是博爾西帕城（Borsippa）的地方保護神，原是保護植物生長繁榮的神。內爾格勒神（Nergal）是庫德（Kutha）的地方保護神，原是狩獵與戰爭之神、管理農作物的豐收之神。努斯庫（Nusku）是尼普爾城的地方保護神，在神話中是月神欣的兒子，是光明之神。由於有些實力強大的城邦在美索不達米亞的軍事和政治角逐中，上升到政治中心的地位，他們的保護神在神靈世界中也逐漸擴大自己的權力，成為全地區各城邦普遍崇拜的對象。早在蘇美－阿卡德時代，安努、英利爾、伊阿就被合稱天、地、水三位大神，安努則成為三神中的主位神，被認為是萬神之父和諸神之王，是負責處理宇宙事務的眾神大會的主持者。太陽神沙馬什、月神欣也因所在城市西巴爾（**Sippar**）和吾珥的重要性而成為各城市崇拜的對象。在巴比倫征服其他城市統一兩河流域，成為統一王國的首都的時候，該城保護神馬爾杜克就取代了昔日蘇美－阿卡德時期諸神的權勢而獨占至高無上的尊榮地位，這位農業之神變成了戰無不勝的戰爭之神，成為「偉大的統治者」，「天與地的君主」。亞述人剛勇尚武，其主要神為戰神亞述爾（**Ashur**）。當亞述人成為兩河流域的征服者和主人之後，他們也仿效巴比倫的榜樣，把亞述爾奉為眾神之首，取代了馬爾杜克作為至上神的崇高地位。總之，在古代巴比倫尼亞人的宗教幻想中，神在神靈社會中的權位是隨著信奉者在人間社會中的權位同步消長的。

古代的蘇美－阿卡德－巴比倫社會是一個階級社會，宗教中的神不過是國家統治階級在天國中的投影，本質上是擁有土地的貴族。每一位神都有自己的神廟，神就生活在廟宇之中。廟宇周圍的土地和城鎮在觀念上都屬於神所有，並由神經營和管理。在「恩凱（**Enki**）和世界秩序」這則神話中，恩凱神代表英利爾神來組織世界秩序。他好像一位管理大莊園的大管家一樣，在莊園裡安排了各式各樣的社會工作和經濟工作（放牧業、農業、建築業……等等），同時指派不同的神分別進行監督。從別的神話可以看到，諸神按照貴族內部民主制的方式組成宇宙國家一級的諸神大會，這是處理宇宙事務的最高權力機構。諸神參加諸神大會，和具有全局性的事務（如選舉或廢黜國王），進行投票表決。天神安努是諸神大會的「主席」，是地位最高的神。各項宇宙事務分別由年長的神擔任，各司其職。例如：太陽神尤塔（**Uta**，阿卡德人稱沙馬什神），除主管太陽以外，還擔任神的法官，統管執法和主持正義的事務，地位僅次於天神安努和地神英利爾，除負責農業外，還執行眾神大會的裁決。女神寧哈沙格（**Ninhursag**）也叫做寧特爾（**Nintur**）和寧馬克（**Ninmakh**），是石頭神，掌管東部附近的山脈和西部多石的沙漠，包括那裡的野生動物——野驢、瞪羚、野山羊等。她也是生育女神。恩凱神負責掌握河流甜水和能生育的男性精液，他是最聰明的神，有解決問題的能力，經常解決神和人上訴的問題。伊斯庫爾（**Ishkur**，阿卡德人叫做阿達德**Adad**）是雨神，他的女兒伊南娜（**Inanna**，阿卡德人叫做亞斯他錄**Ishtar**）是戰爭之神、愛情之神，主管晨星和昏星（顯然是金星）之神。這位女神在神話中被賦予廣泛的神性和眾多的職能，被視為愛護自然界的生命之神、狩獵之神、性欲之神，幫助人類、為人消災袪病的慈悲之神，因此，她受到普遍的崇拜。亞斯他錄的情人和丈夫都姆齊（Dumuzi），阿卡德人叫塔模斯（Tammuz）是放牧之神，又是守護植物之神，草木春生、夏長、秋收、冬枯是此神功能的表現。

神靈世界的組織形式和宇宙秩序隨著巴比倫尼亞地區社會秩序的變化而變化。由於各城市的互相兼併，巴比倫尼亞的統一，貴族長老議事會的破壞，君主專制制度的加強，使神靈世界中的眾神大會這種在神靈內部的民主體制，也發生了相應的變化。「魯戈爾埃」（lugale）神話對世界秩序的形成問題有了新的說法。它把世界的有序化說成是征服者的安排。地神英利爾的兒子，年輕的國王尼努爾塔神（Ninurta）在征討各地獲得勝利之後，便對世界秩序進行了重新改組。這則神話反映了人間統治者按照自己的權力和意志，重新安排統治秩序的願望。

西元前兩千紀，巴比倫強大起來，建立起君主專制制度的統一大帝國的時候，巴比倫城的祭司們便編造了相應的創世神話，極力抬高該城保護神馬爾杜克在神靈世界的地位，把馬爾杜克說成是創世之主，把眾神置於馬爾杜克的支配之下。馬爾杜克顯然是在兼併戰爭中獲勝的巴比倫帝王的象徵，有關馬爾杜克的神話則是適應專制君主的政治需要的產物。

古代巴比倫宗教作為國家宗教並不以抬高國家保護神的神聖權威為限，它常常直接神化人間統治者。貴族們一般都認為他們的祖先是神或具有一定的神性。根據吉爾迦美什（Gilgamish）史詩的說法。烏魯克（Uruk）的國王吉爾迦美什是女神寧桑（Ninsun）所生。諸如此類說法在古代世界各國非常普遍。

國家統治者常常直接把他們的意志和需要，假託為神的命令和安排，巴比倫名王漢摩拉比在一個記載他在蘇美和阿卡德興修水利的碑文中一開始就寫道：「當安努和貝爾（Bel）授予我治理蘇美和阿卡德之權時……」他所制定的世界歷史上最早的成文法典，被說成是法律之神沙馬什親自制定和頒布的。現在尚存於世的漢摩拉比法典石碑的碑頭部分，刻著漢摩拉比從沙馬什神那裡接過這部法典的浮雕像。亞述國王總是說他們的一切行動都是由亞述最高神亞述爾的決定，國王只不過是神意的最高執行長官。亞述國王辛那赫里布（Sennacherib）說他採取的軍事行動並不是他自作主張，而是執行亞述爾神的名義：「我的第二次戰役是亞述爾命令我進行的。」赫梯人（Hittite，即西台人）的國王甚至就是神，哈圖西利斯（Hattusilis）三世提到他父親的死時，說：「當我的父親穆爾西利斯（Mursilis）成為神的時候。」赫梯人的主神為手持雙面斧的暴風雨之神。在博阿茲柯伊（Boğazköy）附近的一幅浮雕中，暴風雨神擁抱著國王。這是神權與王權緊密結合的象徵。

在巴比倫和亞述帝國的歷史上，幾乎每一個國王都要和「主神貝爾」握手，即被貝爾的祭司收養為神的兒子和代表，否則，他的王位就不可靠。宗教的國家化是由制度來保證的。有關的歷史資料反映了古代巴比倫人在神人關係上的一致觀念：人必須依賴神、敬畏神，但神也有依賴於人的需要。神創造人是為了得到人的侍奉，而人之所以侍奉神則是為了討得神的恩寵與獎賞。人的存在，本來就是進行勞動，向諸神提供食物、衣著、住房和服務，神則由人所侍奉而擺脫一切體力勞動，過著貴族式的生活。事實上，神就是通過神廟占有土地的土地貴族。神要有存在和居留的空間，於是人便為神修建廟宇，神則存在於廟宇中用珍貴木材做成的雕像之中（但並不完全固定於此）。神要吃飯、穿衣服，還要洗澡。於是一方面，為神（神廟）留出大片土地從事農牧業生產，從而發展為大規模的寺院經濟；另一方面又出現了一大批專門侍奉神的生活起居的神職人員，其中有專門傳達神啟和解釋經文的高級祭司，有為歌頌神、安慰神而誦唱讚美詩和哀歌的音樂師，還有為神製作食物的廚師，為神洗澡者以及陪送神像去臥室睡覺的侍者等等。在神廟中還有女祭司，地位最高的叫做「恩」（En，阿卡德人叫「恩都」Entu）。女祭司通常是有貴族血統的公主們，她們常被認為是所侍奉之神的人間妻子，在神聖婚禮儀式上充當新娘。多數女祭司屬於修女一級。此外，還有女祭司獻身於神聖的賣淫。在伊蘭拉神廟，神娼是受到女神的特別保護的。

正如神和神廟在一個城邦中居於中心地位一樣，祭司也是城邦統治集團的核心。城邦統治者通常稱為「恩希」（Ensi）。恩希同時就是掌握城市神廟的祭司，恩希的妻子是負責掌握城市女神廟宇的女祭司，而恩希的兒子們則負責掌管諸神兒女的廟宇。從美索不達米亞、西亞甚至更廣大的世界範圍看，大體上可以說，最早的政權體制是祭司政體。我們所知道的蘇美的早期統治者全是祭司。他們之所以成為國王，只不過因為他們是祭司的首領。宗教的鬼神觀念控制著人們的日常生活，宗教的豐產觀念和祈求豐產的宗教儀式支配著人們的生產活動。由於人們對神的恐懼和希望，產生了對神的虔誠信仰和對祭司的依賴與歸順。但是在古代世界頻繁發生的種族衝突中，祭司政權暴露了固有的弱點：第一，各地方的保護神不統一，各自效忠於本地方保護神的祭司們必然互相排斥，不能有效地聯合；第二，祭司的經歷和訓練不適於進行軍事領導。因此，王權勢力得以興起。一般的情況大致是征服勢力勝利後成了一個國王，在他周圍形成一個由軍事首領和行政官僚組成的統治集團。但世俗國王為維護自己的統治，總是與祭司集團結合起來，甚至把自己變成為全國最高的祭司。西元前兩千紀的第一巴比倫帝國到西元前一千紀的亞述帝國，歷代王朝的國王都力圖把政權與宗教、君主的行政權威與祭司的宗教權威融為一體。他們負責進行全國性的禮拜，監督著全國所有廟宇的行政管理。

儘管如此，國王與祭司貴族也時常發生衝突。巴比倫和亞述歷史上出現過的許多重大政治事件（如陰謀篡位、朝代更替、私通外國等等），多半是祭司集團與君主政權之間勾心鬥角的結果。亞述國王辛那赫里布曾與巴比倫祭司們發生過一次激烈的爭吵和衝突。他於西元前六九一年徹底摧毀巴比倫城的聖地，把貝爾—馬爾杜克的神像遷到了亞述，以此打擊巴比倫祭司貴族的權力和權威。他後來被他的一個兒子所殺。他的另一個兒子繼位以後，可能震懾於馬爾杜克神的憤怒和巴比倫祭司的報復，終於決定把馬爾杜克神像送還巴比倫，並重建神廟，國王與神於是重修舊好。迦勒底人統治巴比倫帝國時，國王拿波尼度（**Nabonidus**）曾發動過一次企圖統一全國宗教信仰的宗教革新運動。他把各地信奉的地方神集中到巴比倫的貝爾—馬爾杜克神廟。可能是因為事情進行得過於倉促，不僅激起其他地方祭司們的反對，而且也引起了巴比倫祭司貴族們的猜疑。他們與虎視眈眈的波斯人勾結起來，引進了居魯士大帝的軍隊，拿波尼度成了階下囚。居魯士按照巴比倫各地祭司的意願，把各個地方神送回他們原來的神廟。他自己則因此而得到貝爾—馬爾杜克神的「保佑」和巴比倫各地祭司的支持，在巴比倫建立了波斯人的帝國統治。這些歷史的插曲，生動地說明了祭司集團在古代政治生活中居於舉足輕重的地位。

國家宗教的儀典的性質和功能，主要是為國家統治者提供神聖的支援。兩河流域的宗教性禮拜和祭祀性活動主要有兩種：

第一，是對神的禮拜和禱告。古代巴比倫的神作為國家的保護者，主要是為統治階級提供神聖的支持，滿足他們的要求，這就使得國王對神的禮拜和祈禱活動成了國家宗教的正式儀典。國王除了定期性地到神廟禮拜以外，如遇臨時性的事件還隨時去神廟向神禱告，祈求保佑與支持。尼布甲尼撒王向太陽神祈禱的事項，是要求神保佑他子孫眾多，壽命長久，王位穩固，政權永存，在戰場上保護他的士兵。他在向馬爾杜克神祈禱時，把馬爾杜克稱為「萬有的主」，賜給他生命和國家的統治權，虔誠表示要順從神的天命。國家每遇災難，都被認為是由於開罪神靈，惹起神怒所致。國王則常在此時向神認罪，請求寬恕。

祈禱儀式要奉獻可供神食用的祭品。祈禱者對神的虔誠和熱情，往往透過盛放祭品的容器的珍貴程度顯示出來，其中有石製的花瓶和金製的船形容器，除此之外，還有供神使用的圓直條圖章和武器之類禮品。

第二，是季節性的祭儀。古代巴比倫各城市都規定有自己的舉行宗教祭祖活動的節日和年曆，月份都以當地所慶祝的宗教節日命名。只是到了西元前二千年，尼普爾的年曆才被普遍接受。年曆所定的宗教節日，一般都是農業生產的週期性季節。如：慶祝拴上犁頭的儀式、解開犁頭的儀式、收穫儀式等等。在宗教節日裡，王后有時要遍訪她的領地，向諸神和被認為具有神力的已故行政官吏呈獻大麥、麥芽和其他農產品。

春天的一系列祭儀，實質上是祈求豐收的豐產儀式，收穫節日則是具有感恩性質的儀式，這類儀式透過戲劇形式表演出來。常常是行政首腦和最高的女祭司扮演兩個神，透過他們的結合來象徵性地表達對豐產豐收的願望。在巴比倫帝國的後期，新年是重要的節日，在特殊廟宇中進行。起初，它是與播種、收穫有關的農業節日，後來變為新國王加冕和授權的儀式。在巴比倫城，這個節日被用來慶祝神話中太陽神馬爾杜克戰勝深水女神提阿馬特的故事。除此之外，還有每個月的新月節，第七日、第五日和第二十八日。最後一個節日是當看不見月亮而認為它死了的時候。這些節日明顯地具有喪葬儀式的性質。

一個城市或國家是否能正確地舉行祭禮，被宗教認為決定著國家的命運和福利，因此，祭儀的管理和執行由城市統治者和國王負責。國王就被認為是具有神力的人物，是他的神力帶來了土地的豐產和國家的福利。在西元前三千紀的整個時期內，國王在宗教儀式中變成了保護植物生長的塔模斯神。整個吾珥第三王朝（西元前二十一世紀到二十世紀）的統治者和伊新王朝（西元前二十世紀到十八世紀）的多數統治者，都被當作塔模斯神的化身，在儀式中祈求他的保佑。國王作為具有神聖權力的人，以嚴格的宗教儀式來維護其權力。如果其權力受到威脅，國王必須通過複雜的儀式齋戒潔身。通過上述這些儀式的象徵性表演，王權與神權，政治與宗教的結合，得到具體的表現，國家宗教賦予王權以更神聖的權威。

四、古代中國宗教

中國的黃河—長江流域是世界文明發源地之一。關於宗教，中國歷來有所謂「三教九流」的說法，其中「三教」是指儒、道、佛。然而，中國歷史上的宗教遠遠不是「三教」所能概括的。撇開每種宗教的流派不說，僅其門類便有道教、佛教、基督教、伊斯蘭教及漢族，以及各少數民族遺存的各種現在還沒有確切名稱的古代宗教。其中佛教於漢末開始傳入中國，基督教和伊斯蘭教則是唐以後陸續傳入中國的。這些宗教不管它們後來是否與中國固有文化相結合，其源頭畢竟不在中國。而道教和民間遺存的各種原始宗教，雖然其內容或多或少也受到外來宗教的影響，但從根本上講是中國土生土長的宗教。然而道教和民間遺存的各種宗教，都是「在野」的宗教，那麼中國有沒有類似古代埃及和巴比倫那樣的國家宗教呢？

根據牟鍾鑑先生等宗教學者的研究，中國有一個在史書中以「禮志」或「郊祀志」的面目出現的、隨著封建王朝的滅亡而滅亡的「在朝」的宗教。這種宗教既不是原始宗教，也不是道教，更不是佛教等外來宗教。它具有嚴密的制度和大體不變的承傳，並與國家的政治禮制合為一體，是一種「國家宗教」。它是中國幾千年封建王朝的「正統宗教」，對中國古代政治、經濟、科學、藝術、倫理、思想，乃至語言文字等各個領域都產生了巨大的影響。學者們稱之為「中國宗法性傳統宗教」。

中國宗法性傳統宗教以天神崇拜和祖先崇拜為核心，以社稷、日月、山川等自然崇拜為羽翼，以其他多種鬼神崇拜為補充，形成相對穩固的郊社制度、宗廟制度以及其他祭祖制度，成為維繫社會秩序和家族體系的精神力量，成為慰藉中國人的心靈的精神源泉。這種宗教在中國人心目中占有崇高的地位，它不僅在實際生活中為官方所尊奉，為民眾所信仰，而且為學者和史家所關注。在《尚書》、《周易》、《詩經》及《春秋三傳》中，特別在《周禮》、《儀禮》和《禮記》中，有著關於早期宗教祭祖活動、理論和制度的莊重的記述。這種在夏商周三代形成的宗法性國家宗教，在秦漢以後非但沒有消失，反而在向前發展，不斷走向完備。後來各個朝代的史書充滿宗教祭祀的資料。

宗法性傳統宗教沒有獨立的教團體系，它的宗教祭祀功能由各層次的宗法組織兼任，這可視為該宗教的特點。由皇族、宗族、家族、家庭所構成的宗法血緣組織，其功能是多重的。當它肩負起宗教祭祀組織功能的時候，它就是作為一種宗教組織而發揮作用。它也可以再現出作為政治組織、社會組織的特性。政教合一的國家多是這種情況。中國宗法性傳統宗教不能混淆於一般的世俗迷信。因為它不僅有基本的信仰、嚴格的制度，還有系統的教義、完備的禮儀，並為歷代官方所尊奉，為全社會所敬信，其正統地位是無可爭議的；而算命、看相、扶乩、風水、占星、巫術等世俗迷信沒有系統的教義，也沒有嚴格的組織制度，以營利作為直接目的，常被作為「怪力亂神」而受到禁止。

中國古代宗教的祭祀活動非常複雜，祭天是其中最典型的。天神崇拜大約發端於父系氏族社會的後期——部落聯盟時期。《論語．堯曰》說：「唯天為大，唯堯則之。」《尚書．堯典》說，舜「肆類於上帝」。按照上述文獻的說法，堯、舜、禹、湯、周公都敬祭天神，不過有時稱天，有時稱上帝，有時兼用而已。殷代的帝或上帝最初是英雄祖先，後來被神化為至上神。周人的至上神多用「天」的稱謂。「天」字，《說文解字》云：「天，顛也，至高無上，從一大。」以天稱謂至上神，當發生在天地對稱、陰陽並舉之後。與大地相對應的茫茫太空即是天。它被賦予主宰自然與社會的至高神性的同時，還保留著其自然形態的浩渺性和複雜性，比起「帝」的稱謂，更能表現至上神的高深莫測和包容無邊，這些特點深刻影響著後來中國人關於天神的觀點。「天」既廣大無邊，又模糊不定，沒有一個具體形象，使得後來的人們在理解天神時歧義紛出，靈活發揮的餘地很大，也容易泛化出「天命」、「天道」等概念。周人有時稱「天」為「皇天」、「昊天」、「蒼天」，或者將「天」與殷舊稱「帝」結合，稱「天帝」、「皇天上帝」，為後世最常採用的是「昊天上帝」這一稱號。周人的「天」與殷人的「帝」相比，不再是喜怒無常的活靈活現的人格神，而是主持正義公道、關心全社會利益、具有恆常賞罰標準的倫理型的至上神。它不僅僅是王權的賜予者保護者，還是王權的控制者與監督者。天子從天神那裡取得統治人間的權力以後，不能光靠祈禱祭祀來獲得天神的好感，還要「以德配天」、「敬德保民」，承擔一系列社會責任，才能得到天神的恆久信任，保持政權的穩定，否則天命就會轉移到異姓的有德者身上。

郊祭是歷代君王祭天的基本方式。周人把郊禮正式定為祭天之禮，祭壇設在王城南郊，故謂之郊祭，以就陽位，天地合祭並以祖先配祭，祭之前要在祖廟做一次占卜，用赤色的牛犢作為貢品。所謂「燔柴」，就是積薪於壇上，放置玉幣及犧牲，點燃後使煙氣上達天庭。此外還有一套祈禱、奏樂等儀式。據《春秋左傳》記載，魯君乃周公之後，可以行天子之禮，故而有郊祀之事。

明代郊祭制度有較大變動。據《明史．禮志》，明太祖採李善長之議，分祭天地於南北郊；冬至祀昊天上帝於圜丘。嘉靖中，郊祭事在群臣中引起激烈討論。世宗以制禮作樂自任，遂確定分祀天地，復朝日夕月於東西郊。清代因明之制。順治時建圜丘於正陽門外南郊，建方澤於安定門外北郊。圜丘北為大享殿，後更名為祈年殿。祭天作為皇帝的特權不能讓予他人，但可遣官代祭，遣官只能作為皇帝個人的使者，替皇帝完成具體的郊祭儀節而已。民間祭拜天的風俗還是有的，只是不能舉行高級別的祭天大典。清代後期民間祭天之風日盛，官方不加禁止。百姓常在元旦之日，焚香拜天。

封禪是最為隆重的祭祀天地的大典。封禪必須皇帝親登東嶽泰山，在山上築土為壇以祭天，報天之功，故曰封；在山下除地，報地之功，故曰禪。封禪之禮不能隨便舉行，亦無定制，必須出現兩種情況才可以議行：一是改朝換代；二是世治國盛。最理想的是兩種情況兼而有之，如《五經總義》所云：「易姓而王，致太平，必紏泰山、禪梁父何？天命以為王，使理群生，告太平於天，報群神之功。」歷來君王都視封禪為不世之殊榮，躍躍欲試者多有，但行之者少，原因是封禪大典耗費巨大，籌辦不易，有些皇帝自視為治世之君，也常因財用不足和國情不允而不敢舉行。實行封禪中鑿鑿有據者當首推秦始皇。始皇即位三年，欲行封禪大禮，而群儒不能定其儀節，於是自定其制，從陽道登泰山，立石流德，明其得封，從陰道下山，禪於梁父。

祭祖與喪葬是中國傳統宗教的重要內容。祖先崇拜起源於上古父系氏族社會的男性祖先崇拜，其要義在於明確和鞏固父系的血統，保證宗族、家族和家庭在社會地位、物質財富、政治權力方面的正常繼承和分配。祖先崇拜又可分為遠祖崇拜與近祖崇拜，在近祖崇拜中，除「生事之以禮」屬於社會倫理外，「死葬之以禮，祭之以禮」便屬於宗教範疇。圍繞著敬祖、祭祖和治喪，形成一整套宗法道德觀念和宗教祭祖制度，這就是以孝為本的倫理和宗廟、喪葬之制。《周易．序卦》說：「有天地然後有萬物。有萬物然後有男女，有男女然後有夫婦，有夫婦然後有父子，有父子然後有君臣，有君臣然後有上下，有上下然後禮義有所措。」就自然界萬物而言，天地是本源，就人類社會而言，祖先是本源。先有家而後才有國，欲治其國必先齊家，欲齊其家必敬重父兄，「生則敬養，死則敬享」（〈祭義〉）。《論語》說：「慎終追遠，民德歸厚矣。」慎終，就是隆重地為父輩或祖輩辦理喪事；追遠，就是舉行祭祀活動，追念有功有德的先祖。於是守孝和祭祖便成為中國宗教禮俗中的頭等大事。做官的人父母去世，要辭官回家居喪，成為歷代通制。祭祖更是社會上下普遍經常的宗教活動。

從理論上說，祭祖在祭天之後發生，如〈禮器〉所說：「天地之祭，宗廟之事。」又說：「祀帝於郊，敬之至也；宗廟之祭，仁之至也；喪禮，忠之至也。」祭天、祭祖、喪葬這三件大事為社會所公認。但事實上敬祖比敬天還要重要，這是因為：第一，天神的觀念抽象而模糊，祖先的觀念卻具體而確定；不敬天者歷代多有，怨天罵天者亦不乏其人，但不敬祖者世所罕見。祖先受辱，祖墳被掘，最為人所不堪忍受。「不孝有三，無後為大。」所以中國人極重後嗣，又熱心於修祖墳、續家譜，確認門第宗系，有極強烈的尋根意識。第二，祭天活動限於朝廷皇室，祭祖的活動則遍及社會各階層。國有太廟，族有宗祠，家有祖龕，貧困之家也有個祖宗牌位。喪葬儀節雖有厚薄之差，但在感情上都是強烈的。第三，祖先崇拜的精神深深滲入天神崇拜之中，如視天神與君王的關係如父子，故王稱天子，如將天看成眾人之曾祖父（董仲舒語），人們常用家族的眼光看待天人關係，視宇宙為一家。

社稷崇拜的地位大致與祖先崇拜相近，是天神崇拜之下的國家祭祀的重要組成部分，政權賴之以維持，法統賴之以延續，皇室賴之以穩定。中國是農業大國，對農業祭祀一直給予特殊重視，而社稷就是最高級的農業祭祖。早在春秋時期它就成為國家政權的代名詞，與宗廟並重。社是土神，稷是穀神；但社不是一般的大地崇拜，稷也不是一般的植物崇拜；社只是祭拜特定管轄範圍內的地和耕地，與特定的社會組織相聯繫，稷只崇拜人工培育的糧食作物，即稻、麥、菽、稷、黍五穀。一般的土地崇拜是與祭天相配的祭地，常在北郊設祭壇，向來與社祭相區別。

山川之祭也是中國傳統宗教的重要內容。古人認為雲雨興於川谷，出於高山，影響氣候的變化，同時山川蘊藏著森林、果實、動物、藥材，是民生的重要來源，所以崇敬祭拜，祈求好氣候好年景。《禮記．祭法》說：「山林川谷丘陵，能出雲，為風雨，見怪物，皆曰神，有天下者祭百神……此五代之所不變也。」山川之神，天子不能遍祭，只能祭祀名山大川，後來集中祭祀五嶽四瀆。五嶽是東嶽泰山，南嶽衡山，西嶽華山，北嶽恆山，中嶽嵩山。四瀆就是長江、黃河、淮河、濟水。東嶽泰山處於文化發達的魯地，且於四周平原之中突兀高峻，登泰山而小天下，於是逐漸受到特殊優待，成為天子舉行封禪大典的唯一場所。

聖賢崇拜從祭祀英雄祖先的傳統中發展而來。〈祭法〉說：「夫聖王之制祭祖也，法施於民則祀之，以死勤事則祀之，以勞定國則祀之，能禦大災則祀之，能捍大患則祀之。」於是黃帝、炎帝、堯、舜、禹、湯、周文王、周武王及周公都被推崇為古聖賢，隆重地加以祭祀。後來陸續出現了姜太公崇拜、老子崇拜、武侯崇拜、伍子胥崇拜、關聖崇拜等等。其中最為持久，影響最大的是祭拜孔子。孔子在先秦時期是大思想家，他的學生已經視之為高不可及的聖人，但還不是神。隨著儒學定於一尊並成為正宗經學，孔子的地位一日高於一日，漸漸具有了神性，成為膜拜的偶像。西漢元帝起，封孔子之後以爵號，奉祀孔子。

中國的宗法性傳統宗教有如下特點：

第一，起源古老。它直接繼承原始宗教而來，源頭相當久遠。它不像一些世界性宗教有確定的創教教主或相應的創教故事。天神崇拜起於原始社會末期，祖先崇拜發生於氏族社會，男性祖先崇拜盛行於父權制氏族社會。中國進入私有制社會以後，非但沒有拋棄氏族組織外殼，反而強化和擴大了氏族血統網絡，使之與政治經濟等級制度相結合，祖先崇拜也因之更加系統發達，成為宗法性傳統宗教的核心內容。

第二，連續發展。前一個特點是源遠，這一個特點是流長。和世界一些文明古國相比較，希臘、埃及、波斯、印度等國，在其原始社會和早期國家的基礎上，也盛行著祖先崇拜、天神崇拜和自然崇拜，但進入中世紀以後，其古代宗教傳統都發生了較大的轉向甚至斷裂。古代的希臘宗教為基督教正教所取代，埃及與波斯都轉而信奉了伊斯蘭教，印度則有佛教的崛起；在大的文明古國中，唯有中國，其古代宗教傳統沒有中斷，進入中世紀以後在某些方面更加興旺和嚴整。朝代的更替，沒有動搖它的正宗地位；道教的興起、佛教的傳入，也不曾改變它的國家宗教的性質。對於多數中國人來說，包括貴族與平民，敬天祭祖是第一義，佛道信仰在其次，可以信，也可以不信。這種情況一直延續到辛亥革命前後，說明傳統宗教具有極大的穩固性。清代康熙時，羅馬教廷干預中國天主教徒敬天祭祖、祭孔，其教士被排逐。證明中國具有信仰和禮儀的不可侵犯性。

第三，神明多樣。傳統宗教是典型的多神教。從崇拜的偶像來說，神靈雜多而又有主脈體系，大致可以歸結為天神、地祇、人鬼、物靈四大類。天神以昊天上帝為最高神，其次有五帝五神，再次有日月星辰、風雨雷電、司命司中司民司祿等，共同組成天界。地祇有后土、社稷、山嶽、海湖、江河、城隍等，共同組成地界，以便與天界相配。人鬼有聖王、先祖、先師、歷代帝王賢士等。物靈有司戶、司灶、司靈等。這四類神靈共同組成大的鬼神世界，凌駕在人間之上。從祭祀的級別來說，依祭天、祭祖、祭社稷日月的次序，形成一套由高到低的宗教祭祖制度。明代嘉靖皇帝說：「天地至尊，次則宗廟，次則社稷。」這大致反映了宗教祭祀的等級序列。

第四，宗法內容。中國的宗法制度成熟於周代，秦漢以後宗法制度不再與政治制度直接合為一體，但對於社會政治生活和日常活動仍然具有支配性的作用。所謂宗法，就是鞏固父系家族實體的一套制度，它以男性血統的繼承關係為軸心，形成上下等級和遠近親疏的人際網絡，決定著財產與權力的分配與分工。嫡長子繼承制是宗法制的關鍵所在，由此而有大宗小宗、嫡子庶子之分。由於宗法制最重父權和父系血統，所以它最需要、仍有強烈的親祖觀念與感情，因而不能不熱心於祖先崇拜，藉此以培養孝道。國是家的擴大，君為民之父母，孝道推之於君便是忠道。忠道的維護，一是借助於祖先崇拜，君父同體，移孝作忠；二是借助於天神崇拜，君權天授，敬天順君。傳統宗教的基本信條就是「敬天法祖」，這恰恰要落實為忠孝之道。忠孝乃是宗法等級社會的主要倫理規範，所以直接為培育忠孝恩性感情服務的傳統宗教，便具有強烈的宗法性。從宗教的組織活動上說，傳統宗教沒有獨立教團，神權與君權、族權、父權結為一體，宗教祭祀活動由國家、宗族、家族來兼管。天子獨攬主祭天神和主祭皇族先祖的神權，祝、卜等禮官只發揮助手和司儀的作用；族長和家長握有主祭本族本家先祖的權力。既無另設宗教組織的必要，也就沒有入教的手續及教徒非教徒之分，宗法等級組織屬下的成員都是傳統宗教的信徒，除非他明確信仰了別的宗教。所以傳統宗教是接近於全民性的宗教。傳統宗教的泛世性導致如下後果：公開背棄敬天法祖信條者固然罕有，虔誠而狂熱的信徒也在少數。總之，與宗法等級制和宗法倫理的緊密結合，是中國宗教性傳統宗教的最大特點。

第五，教化功能。宗法性傳統宗教滿足於天命鬼神的一般觀念和經典說明，並不特別追究鬼神世界的具體情況和個人靈魂解脫，不去詳細論證鬼神的存在及其如何顯靈，它最看重的是宗教的社會功能，在諸社會功能中，又最看重宗教祭祖發生在政治和倫理方面的教化功能。《周易》有「神道設教」的說法，最能概括宗法性傳統宗教的宗教觀。所謂「神道設教」，就是通過累建神道來設立教化，宗教祭祀被當作基本的教育手段，所以有「祭者教之本也」（《禮記．祭統》）的提法。傳統宗教為達到神道設教的目的，要求人們祭祀神靈時要敬肅誠摯，如同見到、聽到、感到神靈就在眼前。但有時過分看重設教，而把神道當作單純的教育手段，便會為無神論開啟方便之門，產生異端思想。荀子說：「君子以為文，而百姓以為神。」在這種思想影響下的宗教祭祀，其禮俗意義和紀念意義大於宗教意義，從而使祭祀活動流於形式。

第六，農業祭祀。中國地處溫帶，土地肥沃，氣候適宜，中原地區早就出現發達的鋤耕農業。在農業的基礎上發展出中國古老的文明。在數千年中，中國以農立國。農業是社會經濟的命脈，與此相適應，農業祭祀十分發達，成為自然崇拜的核心。對於土地和穀物的崇拜形成社稷崇拜，社是土地，稷是穀物，代表著最重要的農業生產資料和勞動成果，一向享有殊榮。從很早的時期起，社稷成為政權的代名詞，其地位僅次於祭天和祭祖。明清兩代的國家祭壇，按照「右社稷而左宗祖」的古訓建築於皇城近側，列為國家祭祀大典。州縣以下以至鄉里，皆立社為祭。此外還有祭先農，與耕籍禮相配合，亦隆重盛大。對於山川日月風雨等自然神靈的祭祀，主要是為了祈求風調雨順、五穀豐登。在祭天與祭祖的活動中，亦經常列入祭祀農神祈求豐收的內容。如祭天中的年祭和祈穀，祭祖中的時享，都與農業生產直接有關。明堂祭中的祀五帝三神，亦是適應於農業季節而舉行的節氣祭典。只要中國還是農業大國，還要靠天吃飯，農業祭祀必然具有崇高的地位。

宗法性傳統宗教在中國社會的發展中發揮著下列各種重要的作用：

第一，這種宗教的神權與君權結合在一起，而且直接受君權的支配，所以教統與政統一向是一體的、共存共生的。在執政者的國事活動中，宗教祭祀占有重要的地位。歷代君王在取得最高統治權力以後，必須實行祭天祭祖祭社稷，才能表示正式繼承了華夏正宗的神統、政統和禮統，成為合法的統治者。而佛教道教在魏晉以後直至明清，受到多數執政者的支持並取得很高的社會地位，但它們一般不具有國家宗教的性質，皇帝及貴族成為佛教道教信徒是以個人身分加入的，對於臣民沒有法定的約束力，佛教道教的宗教活動一般也不列入國家官方朝典祭儀之中。

第二，這種宗教在社會中下層與族權、夫權相結合，沿襲既久，成為一種民間宗教習俗，宗教祭祖活動成為人們世代相傳的一種生活方式。特別是祭祖、祭社、祭江河湖海風雨雷電諸神，普及於窮鄉僻壤。從禮與俗的關係上說，上層貴族的一套宗教禮儀，逐漸下移，影響到民間風俗，如祭祖國、祭社、蜡祭等，在禮儀方面大體上是下層學上層而損減規格，民間祭禮不得違背國家典制；另一方面，也有些民間宗教習俗逐步影響到上層，被貴族所吸收，變成國家的正式祭典，如祭灶、祭戶、祭關帝、祭武侯等。這樣形成上下交流，使得宗法性傳統國家宗教具有了民間風俗的社會基礎，因而能夠盛行不替。

第三，宗法性傳統宗教的教統與歷代政統的直接結合，以及由此而形成的沒有獨立教團組織的狀況，一方面有利於這種宗教的存在和延續，只要宗法等級社會存在一天，它就需要和保護這種宗教，其他宗教的政治後盾都沒有它強大；另一方面，它對政權的過分依賴，也使得它由於缺少獨立性而沒有跨越宗法等級社會的能力，一旦中國封建帝制社會土崩瓦解，傳統宗教便隨之覆滅。辛亥革命之後，中國宗法性傳統宗教的官方郊社制度、宗廟制度及其他重要的祭祀制度便從整體上坍塌。消失得最快的是與皇室相連的祭天、祭太廟、祭社稷等活動，而與家族、家庭相連的祭祖、祭鄉社里社等宗教祭祖活動則保留的時間較長一些，只是逐步在降低規模、減損禮儀，從正規性的宗教轉向民間性習俗。海外許多華人家庭透過祭祖活動，維繫著家庭成員與祖國本土的感情聯繫。祖國就是祖宗之國，祖籍就是祖先生活的地方，這在中國人心目中占據著崇高的地位。

第四，宗法性傳統宗教的歷史作用具有兩重性。一方面它是消極的，它用「君權神授」的信條和祭天活動維護著君主專制制度，用鬼神思想來安撫下層人民，使他們安於不平等不合理的社會現狀，神靈崇拜也影響人民從事改造自然、探索自然奧祕的活動，鞏固了具有狹隘性的宗親觀念，有利於族權和夫權的強化，對於人們個性的發展和婦女的解放有壓抑作用。另一方面，在社會歷史條件還沒有發生根本變化的時代，特別當宗奉傳統宗教的統治集團處在上升時期，或者處在相對健康的狀態時，傳統宗教對於政治秩序的保護作用便具有積極的因素。例如舊王朝覆滅，新王朝誕生之初，執政者蓬勃有生氣，需要盡快穩定局面、恢複和發展生產，這時候天命轉移的理論和祭天的活動能發揮幫助作用，對全社會成員都有程度不等的好處。傳統宗教的制約作用有兩層，一層是制約民眾，所謂「屈民而伸君」；一層是制約君王，所謂「屈君而伸天」。在帝制社會裡，君王的權威至高無上，但貴族思想家和政治家從整個制度的穩定和上層集團的長遠利益著想，又不能放任君王隨個人嗜好而胡作非為，必須使君王的行為有所約束，因此構造出主宰人間的天神，它位於君王之上，是君王的監護者。天意永遠代表著正確的原則和根本利益；君王不德，天命就會轉移，至少天要加以警告或懲罰；君王要想長久保住統治權並傳之子孫，就必須時刻謹慎從事，修德益民。輔佐君王的大臣們也常常用神威天意來勸誡君王，督促他除弊興利，改良社會政治。這樣，歷史上的神權就具有了兩重性：它既是君權的工具，又是君權的限制，許多社會改良的措施都是在敬天的氣氛中實施的。

總而言之，宗法性傳統宗教是一股巨大的保守力量，它保護了帝制社會，但在歷史上也維繫了中華民族共同體的團結、穩定，增強了內部的凝聚力，使得中國人有一種歸向之心，有一種強烈的家國責任感，關心同胞和種族的興旺，因而對於社會道德風尚的改良也有一定的推動作用。基於以上理由，我們應當給予傳統宗教以應有的歷史地位。

五、民族宗教向世界宗教發展

在民族宗教的發展過程中，一些民族宗教突破了民族、國家和地區的限制進行傳教，並能為世界各民族、國家和地區的人們所接受，因而成為世界性的宗教。當今世界，基督教、佛教、伊斯蘭教是公認的三大世界宗教。

世界宗教是古代文明社會發展到一定階段的歷史產物，是在民族宗教的基礎上發展起來的。文明社會之前沒有世界宗教，即使在文明社會中，世界宗教也有一個逐漸形成和完備的過程。世界宗教的產生需要有一定的歷史條件，這就是世界各民族之間的交往和溝通日益增多。從歷史上看，這種世界性的交往和溝通始於封建社會的中興時期，現有的世界宗教大體上都是在這個時期開始形成的。

與民族宗教相比，世界宗教是一種新的宗教形態，具有不同於傳統的氏族—部落宗教和國家—民族宗教的一些特點：

第一，世界宗教的神性和信眾具有普世性。佛教、基督教和伊斯蘭教，越過了血緣的譜系和國家的關卡，在不同種族、不同膚色、不同語言和不同國度裡找到了自己的信眾。佛教的佛和釋迦牟尼、基督教的上帝和耶穌基督和伊斯蘭教的真主和穆罕默德，都不再是原始創教者所屬的特定種族和國家所專有的神聖崇拜對象，他們的神性、功用和權能都具有了超種族、超國家的普世性。

第二，世界宗教的產生有一個相對明確的創建過程。在氏族部落和民族國家中，任何人從其出生之日起，即面對祖先傳承下來的傳統信仰和既有的宗教體制。民眾接受這種宗教信仰，不是發自個人的信念和獨立的選擇，而是既有傳統以及傳統本身的強制所產生的結果。佛教、基督教和伊斯蘭教在這方面則不太一樣，它們的產生不是傳統宗教的複製，而是對它的改革，在基本教義和宗教儀式上具有反對傳統信仰及其禮儀的特徵。它們是某個地域某些特殊的個人，按照自己的宗教信念和宗教體驗創建的新型宗教。這種新宗教在其開始階段透過創建人的傳教活動來爭取人們的信仰和皈依。最初的信徒之所以接受這種宗教，基本上出於個人的選擇。

第三，世界宗教的組織具有相對獨立性。三大世界宗教由教主個人創建宗教，其初期信奉者分別皈依入教。這樣的宗教在開始階段是社會的少數，而且又獨立於傳統的信仰體制之外。為了面對傳統宗教的敵視和維持自己的生存，新宗教的信仰者必須在共同信仰的基礎上建立起自己的宗教團體組織，以便共同表達自己的信仰，舉行自己的宗教儀式，同時形成一種社會力量。釋迦牟尼的皈依者建立了「僧伽」組織，早期的基督教徒建立了教會，穆罕默德的信徒則組織了更為嚴密的具有軍事和政治性質的穆斯林公社。這些宗教組織的出現使宗教有了固定的組織結構，促進了信徒之間在信念和行為上的一體化，加強了宗教首領對全體信仰者的控制力。

為了進一步了解世界宗教，我們將在下面幾講分別講述三大世界宗教。

第四課

宗教與古代哲學

一、宗教與希臘哲學的起源
二、神靈觀念的理性化與希臘理性神學
三、希臘化時期的宗教與哲學
四、基督教接納希臘哲學

哲學的本質是一種理性思維，哲學生來就與宗教有著不解之緣，二者之間關係十分複雜。馬克思曾經指出：「哲學最初在意識的宗教形式中形成，從而一方面它消滅宗教本身，另一方面從它的積極內容說來，它自己還只在這個理想化的、化為思想的宗教領域內活動。」對於這一論斷我們需要結合宗教與哲學發展的歷史做具體的理解。

世界上各個民族的宗教有其獨特的發展史，世界上各民族的哲學思維也有發展程度上的區分。由於西方哲學的源頭是古希臘以及後來的羅馬帝國，而古希臘羅馬的宗教發展與哲學的關係具有非常典型的意義，因此我們在這一課中以古希臘羅馬時期的宗教與哲學為例，探討二者之間的關係。

一、宗教與希臘哲學的起源

西方文化源遠流長。學者們在探討西方文化的源泉時都會不約而同地追溯到它的古代階段，都會把古希臘文化當作西方古代文化的最主要代表。翻開一些相關的著作或文化史專著，學者們對希臘文化的讚頌比比皆是。例如恩格斯說過：「沒有希臘和羅馬所奠定的基礎，也就沒有近代的歐洲。」也有現代西方學者說：「西方精神、現代精神是希臘人的發現，希臘人是屬於現代世界的。」「現代世界與古代世界之區分，西方與東方之區分，在於人們事務中的理性至上的原則——它誕生在希臘，而且在整個古代世界中只存在於希臘一個國家之中。希臘學者是第一批崇尚理性智慧的知識份子。在非理性發揮著主要作用的世界中，希臘人作為崇尚理性的先驅者出現在舞臺上。」這些總體性的論斷無疑道出了人們對以希臘哲學為最主要代表的西方理性精神的推崇。然而，我們在肯定這些論斷的正確性的同時一定不能忘記，理性至上的原則只是希臘人進入古典時代以後的一個時期內的精神文化的主導面，希臘民族的精神世界即使在古典時期也還有它非理性的一面，有它神祕的一面。要完整地把握希臘民族精神，我們還需要深入到希臘宗教中去，藉此了解希臘人的整個精神世界。

西元前六世紀末五世紀初，希臘的文化中心已逐漸從偏遠的位於小亞細亞的殖民城邦轉向希臘本土，雅典成為當時哲學活動的中心。從那時起一直到西元前四世紀四〇年代馬其頓統一希臘各城邦，希臘民族的城邦制度經歷了從繁榮到衰落的歷史過程。與此同時，希臘哲學經歷了大約一百年的早期發展（公認的第一位希臘哲學家泰勒斯（Thales）的鼎盛年為西元前五八五年）階段以後進入了它的鼎盛期，出現了以德謨克利特（Democritus）、柏拉圖和亞里斯多德為主要代表的體系化的理性主義哲學，希臘哲學取代宗教成為希臘民族精神文化的主要代表，或成為其主導傾向。這一歷史階段被學者們稱為希臘古典時代，以區別於西元前八至六世紀的上古時代。人們通常所說的古希臘文化廣義上包括希臘民族在古代各個歷史時期創造的文化，既包括希臘民族形成和發展的上古時代，也包括古典時代結束以後的希臘化時代，然而，由於希臘民族在古典時代獲得的文化成就不僅在西方文化史上，而且在世界文化史上都占有重要地位，因此人們講的古希臘文化最主要是指古典時代的希臘文化。

那麼理性主義或理性至上的原則，能否概括古希臘民族的整個精神世界或基本的精神傾向呢？我們認為不能。在漫長的人類歷史上，宗教幾乎總是居於一切上層建築的頂端，對其他上層建築領域發生支配性的影響；各種意識形態和文化形式往往被納入宗教觀念系列之中，具有宗教的色彩。在哲學產生之前的古代希臘，情況也是這樣。希臘傳統宗教作為一種無所不包的意識形態，把各種文化形式（包括萌芽時期的科學和哲學）置於自己的影響之下。希臘哲學誕生以後，宗教仍在延續，並與哲學結下不解之緣，以不同的形式反映著同一個希臘民族的精神世界。即使到了古典時代，理性主義也只是整個希臘民族精神世界之一極，而不是它的全部。希臘民族的精神文化在古典時期的發展，雖然可用理性主義哲學作為它的主要代表，但包括荷馬宗教和各種神祕宗教在內的希臘宗教，是這種古代文化的底蘊。所以，研究希臘民族的精神文化不可忽略它的宗教部分。希臘宗教在哲學產生以前是希臘民族精神的代表，在哲學產生以後是希臘民族精神的底蘊，直至基督教興起以後逐漸消亡。

古希臘人的宗教在哲學產生以前有其獨立的發展史，它的資格比希臘哲學要老得多。「我們可以很方便地區分四個時期：第一，史前時期，主要是從西元前二〇〇〇年起，到以荷馬史詩為標誌的時代為止；第二，從西元前九〇〇到五〇〇年，始於希臘人的殖民擴張，終於波斯人的侵略；第三，從西元前五〇〇到三三八年，包括希臘歷史的最偉大的那個世紀，終於喀羅尼亞（Chaeronea）戰役和馬其頓霸權的建立；第四，希臘化時期和希臘羅馬時期。」這樣一個漫長的歷史進程中，希臘人信奉的不是一種單一的宗教，而是無數種宗教。這些宗教也不是保持著始終如一的面貌，而是在歷史的長河中不斷發生著變遷。

提起希臘宗教，人們常說的是古希臘人的正統宗教，即按上述分期於第二個時期出現的占主導地位的奧林帕斯教，或稱荷馬宗教。但在古希臘，除了這種正統宗教以外還有其他大量的民間宗教在流行，例如俄爾甫斯教（**Orphic**）、埃勒夫西斯教（**Eleusis**）等等。

荷馬時代（西元前十一到八世紀）及其以後，是希臘社會由原始氏族公社發展為階級社會的時期。戰爭的勝利使氏族首領成為擁有戰俘奴隸的奴隸主，私有財產制的發展又使公社內部出現階級分化。氏族長老成為享有特權地位的貴族，長老會議則逐漸演變為對氏族成員實行控制的國家機構。由於希臘本土被陡峭的群山分割為眾多的小塊地區，各氏族部落便在各自占有的地區，以某個城市為中心，包括周圍的鄉鎮和農村，建立起一個一個的獨立城邦。在馬其頓王朝之前的整個希臘古典時代，希臘全境始終未能成為一個政治上集中統一的國家，地區性的城邦國家為數眾多。但是，從荷馬時代開始，統一的希臘民族意識開始形成，原有的宗教也逐漸融和發展成統一的民族宗教。民族的形成為宗教的統一打下了基礎，而統一的宗教一旦形成，就成為維繫希臘民族情感的最主要的手段。

古典時代的希臘人的宗教信仰本身已經接受了從邁諾斯到邁錫尼，從埃及人到小亞細亞諸民族所信宗教的影響。從起源上說，古典時代的希臘宗教就是古典希臘人所源而出的印歐亞利安人種的傳統宗教，與上述其他宗教的混合物。然而在各種社會因素的作用下，奧林帕斯教逐漸成為希臘城邦社會占主導地位的正統宗教。「荷馬的詩篇為我們呈現了一種發達的多神教，一個體系，各位神祇已經按照某種家長制相互聯繫起來，在一位最高神之下組成一個神聖家族。」這種宗教有著許許多多的神靈。在希臘人的萬神殿中，大神數十，小神成千上百，再加上山精樹怪，不計其數。後來，羅馬時期的詩人瓦羅（Marcas Terentius Varro）曾蒐集神的名字，結果他找到了三萬多個。

希臘宗教沒有權威的聖書，沒有固定不變的教義。詩人荷馬和赫西奧德都沒有為希臘宗教提供一本聖經，而是為希臘宗教進入成熟期整理出一個神靈系統，作為希臘人的崇拜對象。這是希臘宗教的特質。正是在這個意義上，我們可以說，希臘宗教是詩人們憑藉想像力發展起來的。

奧林帕斯教的崇拜對象是以宙斯為首的十二位主神。他們有男有女，相互之間又有親屬關係，形成一個位居諸神和萬民之上的「神聖家族」。荷馬時代開始有了對這個神聖家族的合祭。神聖家族的成員起初有宙斯、希拉、波賽頓、雅典娜、阿波羅、阿特彌絲、阿芙柔黛蒂、荷米斯、狄蜜特、阿瑞斯、赫菲斯特斯和赫斯提亞。後來酒神戴奧尼索斯取代了女灶神赫斯提亞的地位，成為十二主神之一。「神聖家族」作為奧林帕斯教的主要信仰對象，反映了希臘古典社會最典型、最正統的一面。宙斯象徵著希臘民族的統一、公正和法律；希拉象徵著合法婚姻；雅典娜象徵著智慧和城邦文明；阿波羅象徵著光明和音樂；阿瑞斯象徵著勇敢和戰鬥；阿芙柔黛蒂象徵著美麗；狄蜜特象徵著豐裕；波賽頓象徵著航海事業；荷米斯象徵著商業繁榮；赫菲斯特斯象徵著手工工藝……，這些因素綜合起來，反映著希臘人的社會政治理想。在這種宗教的祭儀中，野蠻的色彩逐漸消褪。獻祭已不僅僅是一種賄賂，而是一種與神的友好的交流。祭禮是莊嚴的、美妙的，有頌神詩和舞蹈，有祭壇、神廟和祭司，但還沒有固定的偶像。荷馬以及其他詩人描述的神已不再是粗俗的精靈、飄忽不定的神力，而是有著鮮明人格的、超人的存在。

奧林帕斯教的精神是希臘民族精神發展史上的一個重要階段。在希臘哲學產生之前，這種宗教的神靈觀念體現了希臘民族的理想與超越。希臘哲學誕生以後，這些神靈觀念被改造、吸收到哲學之中，通過理性的提煉而繼續體現希臘民族的理想與追求。美國實用主義哲學家杜威（John Dewey）說：「沒有希臘宗教，希臘藝術和希臘的國民生活，他們的哲學是不能成立的，而那些哲學家所誇耀的那種科學的效果卻是皮相的，無足輕重的東西。」確實，在哲學與科學興起之前，奧林帕斯教的神靈觀念是希臘民族精神的主要體現。它對當時社會公眾心理的影響比後起的哲學更加廣泛。但它在以後的發展中並沒有保持原有的地位。奧林帕斯教的消亡已經由它自身的缺陷所決定。當希臘人的理性思維已經發展起來，有了哲學的時候，這種宗教尚無理性化的教義；

當希臘人除了參與公共生活，還想要獲得個人情感的滿足的時候，這種宗教已經越來越官方化。於是，希臘人探索神祕的生命，想要達到「與神相合」的精神境界的目標，只能由其他神祕的民間宗教來滿足了。

希臘神祕教主要有戴奧尼索斯教和俄爾甫斯教。由於這兩種民間宗教之間有一定的繼承關系，所以我們把它們合在一起論述。戴奧尼索斯教的歷史可以追溯到西元前七世紀，但它到了古典時代迅速崛起，廣泛傳播。這一現象的出現有深刻的社會動因。在古典時代，日益官方化的奧林帕斯教是一種貴族性濃烈的宗教。對普通平民來說，它並不能滿足人們的精神需要。天神在平民們的心目中頗有可望而不可即的感覺，因此只能敬而遠之。他們需要一種比奧林帕斯教更加貼近社會現實的宗教來滿足他們個人精神發展的需要。戴奧尼索斯教就是這樣一種富有平民性的宗教。戴奧尼索斯教徒崇拜的酒神戴奧尼索斯的出身比其他天神要低微。神話中說，戴奧尼索斯是宙斯與凡婦塞墨勒偷情的產物。天后希拉知訊後妒火中燒，設計哄騙塞墨勒，讓她要求宙斯以向希拉求愛的形象與自己相會。宙斯無法自食其言，只能以霹靂的形象出現在塞墨勒面前。結果，塞墨勒被燒成灰燼。宙斯從火中搶出六個月大的胎兒，縫入自己的髀肉。待胎兒長成後，宙斯割開大腿，產下戴奧尼索斯，把他交給荷米斯。荷米斯把戴奧尼索斯變成一隻小山羊，交給倪薩山的神女撫養。戴奧尼索斯在山中長大，發明了酒。希拉認出他是宙斯和塞墨勒的兒子，將他變成瘋子。在一大群山羊神和狂女的陪伴下，他周遊世界，在各處創下輝煌業績。後來戴奧尼索斯返回希臘世界，人們認識到他是神，開始崇拜他。他終於升入天庭，成為十二主神之一。他又下到冥府，迎回死去的母親。這些神話故事描述了他與神聖家族成員對抗的事蹟，象徵著與希臘正統精神相抗衡的一種精神傾向。以這些神話故事為主要依據的酒神慶典中，信徒們扮演這位神靈，由羊人和狂女陪伴，手持長笛和酒杯到處遊逛，喝得醉醺醺的。這種宗教慶典給了信徒們一種與官方祭典不同的新的感受。你想要與神相通嗎？不必去與天神攀親，不靠祖宗和前輩英雄，也不必頂禮膜拜。只要你信奉戴奧尼索斯，只要你按他的處世方式去行事，你自己就是神。這樣，平民們在慶典中與神溝通了，與神認同了。他們體驗到了自身的神聖性，這對平民階層來說，確實是一種精神解放。

戴奧尼索斯教發展到後來有被奧林帕斯教融和的跡象。戴奧尼索斯被納入神聖家族，也有一些城邦尊他為城邦保護神。與此同時，在該教內部也有一些人做了使該教禮儀規範化的努力，從而使該教演變為俄爾甫斯教。俄爾甫斯教因其教祖而得名。在希臘神話中，俄爾甫斯是個半人半神的角色。他是文藝女神的兒子，擅長音樂和詩歌。他美妙的歌喉來自於天賦，能使頑石動情，跟著他聆聽歌聲。他曾去埃及遊歷，後來參加希臘英雄們尋找金羊毛的遠航。他用音樂幫助英雄們克服了許多困難。遠航結束後，他返回故里，娶歐律狄刻為妻。後來他的妻子被毒蛇咬死。為了使妻子能夠復活，他下到冥府，用歌聲讓艄公卡戎給他擺渡，又馴服了三頭狗。冥王哈得斯受到感動，允許他帶妻子的鬼魂去還陽。但有一個附加條件，在走出冥界之前，不能回頭看妻子的影子。結果在快要走出冥界的時候，俄爾甫斯忍不住回過頭去看了一眼，他妻子的鬼魂立即消失。俄爾甫斯最終未能救出妻子。他失去妻子後，致力於宣傳一種新宗教。

俄爾甫斯在歷史上是否確有其人至今尚無定論。但大部分西方學者寧可信其有，不願信其無。我們所能肯定的是，俄爾甫斯或其他一些宗教改革者對戴奧尼索斯教做了一些改革，使一種新宗教得以誕生，或者說戴奧尼索斯教發展到了俄爾甫斯教的新階段。西元前六世紀中葉以前，俄爾甫斯教在南義大利、西西里等地區非常盛行，後來傳入雅典，在希臘本土以至小亞細亞殖民城邦也比較流行，成為一股甚有影響的宗教思潮。這種教義的最後形態經過相當時期才形成。在西元前六世紀出現了該教的《聖書》。它的神祕教義雖然仍舊保持著許多從原始神話和祭儀中得來的成分，但舊的形式獲得了新的內容，原有的宗教表象與新注入的理性思考混合在一起。它的信仰和教義對古希臘哲學有較大影響。畢達哥拉斯學派、愛利亞學派（**Eleaticism**）、赫拉克利特（**Heracleitus**）、恩培多克勒（**Empedocles**）、蘇格拉底、柏拉圖，乃至後來的新柏拉圖學派都烙有這種宗教的深刻痕跡。到了西元後三世紀，一些新柏拉圖主義者在與早期基督教的論戰中彙輯了俄爾甫斯的作品。到了現代，又有一些銘文被發現。

俄爾甫斯教有成文的教義。該教的《聖書》相傳由俄爾甫斯撰寫。奧林帕斯諸神也被該教列為崇拜對象，並排列成五代，但排法與荷馬、赫西奧德不同。它最崇奉的神祇不是天神而是冥神，不是宙斯而是戴奧尼索斯；它最關注的不是現世的福益而是來世的幸福；不是人的肉體，而是人的靈魂；它最崇尚的原則不是理性至上，而是自由狂放；它追求的精神境界不是神聖和莊嚴，而是自由與狂放。這些精神要素都匯聚在戴奧尼索斯身上。他是酒神，是自由與生命的象徵。他每年在隆冬肅殺之際去世，到春天復生，意味著生對死的勝利。

俄爾甫斯教為希臘人帶來了一種與荷馬正統宗教大異其趣的宗教觀念。首先，傳統的希臘宗教偏重塵世，雖然也信仰人死之後的哈得斯冥府，但那個幽暗的地府不過是死後靈魂的集中之地，除帶給希臘人一種恐怖之感以外，並沒有來世幸福的許諾，不能給人以感情上的慰藉。俄爾甫斯教則偏重來世，著重崇拜地府冥神。「按照奧爾菲派（即俄爾甫斯教，作者註）的教義，人生就是贖救泰坦神族罪孽行的一種懺悔。人的不朽部分是被禁錮在他的凡體之中；靈魂被幽禁在他的肉體之中。肉體是靈魂的墳墓。」該教的神話說到宙斯在和巨靈神泰坦的鬥爭中用灰燼創造人，其中既有泰坦的灰燼，因而人生來不完善，有原罪；同時也有戴奧尼索斯的實體部分，因而人生來也有某種神性。泰坦的因素就是人的肉體、感官、慾望部分，戴奧尼索斯的則是人的靈魂或心靈部分。所以，人的肉體是靈魂的囚籠或墳墓。人是神靈的家畜，在神靈認為適當的時候，是會自動地將人從人生的牢獄中解放出來的。人的肉體死亡實際上是一種解放。人死之後，靈魂要受到審判。假使靈魂為肉體腐化到不可救藥的地步，就被押解到塔塔魯斯的地獄中去受永遠的刑罰。假使有法可救的話，那麼加以清洗潔淨之後，會重被遣送到地上，重新開始它的懺悔生活。靈魂在世上經過三世之後，不受肉體玷污，就被永遠開釋，去和天上的快樂神靈共同交遊。這種靈魂肉體二元論的教義引導著人們對來世的嚮往。

其次，正統宗教沒有原罪的觀念，該教則主張人帶有原始的罪惡，因為人帶有邪惡的泰坦的成分。必須透過「淨化」來贖罪，使靈魂在輪迴轉世中變得純潔，從而得到解脫，復與諸神同在，享受至福。這就給希臘人帶來了善有善報，來世幸福的遐想。今生犯罪，來世必苦；今世為善，來世可轉生為富貴之人，甚至成神進入福地。

再次，俄爾甫斯教給個人提供了一條擺脫人生苦難的解救之道。人生在世就要淨化靈魂。淨化的方式則有用清淨的泉水潔身，節食、禁絕殺生和血祭等等。透過這些潔淨禮儀，使靈魂擺脫肉體的污穢，最後與神相合。人生是死亡的演習。只有通過死亡，靈魂才能從它的禁錮之中解脫出來，才能從它身體的罪惡之中得到解救。「奧爾菲主義的核心，是在以巫術為根源和原始成人入社禮為最後根源的神祕教義當中。原始成人入社禮的形式，在奧爾菲派的神祕教義當中，和埃勒夫西斯教、基督教的以及一切神祕宗教的神祕教義一樣，都被保存著，同時還被加上一種新的內容。原始的成人入社禮是被用來確確實實地為成年人準備真正的人生的。神祕的入社禮為入社者所準備的，卻不是這一個世界而是另一個世界，不是為人生而是為死後。被剝奪了天生權利的、被剝削的和喪失了全部所有的人們，在絕望中，脫離了現實世界而轉向到一個未來的幻想世界中去，希冀因此而恢復他們已經失去了的遺產。」

俄爾甫斯教以它獨特的教義和教儀為一部分希臘人提供了精神上的撫慰，代表著希臘民間宗教發展到一個新的階段。它從民間直接產生出來，不受國家的控制。它也只在民間流行，而沒有成為城邦國家的官方宗教。它所實行的神祕主義的儀式使它難以突破相對狹小的入教者的圈子。同時，在希臘古典時代，科學和哲學的世界觀已經出現，反傳統宗教的啟蒙思想對它的發展也發揮著制約作用。

俄爾甫斯教不是希臘唯一的神祕主義宗教，而只是當時流行過的神祕教之一。但它發源於希臘，並一直延續到西元後四世紀才絕跡，所以可以看成希臘古典文化中的神祕主義在宗教方面的主要代表。「由於對他（戴奧尼索斯）崇拜便產生了一種深刻的神祕主義，它大大地影響了許多哲學家，甚至對於基督教神學的形成也發揮過一部分的作用：這種崇拜發展的途徑是極其值得注目的，任何一個想要研究希臘思想發展的人，都必須好好加以理解。」在希臘古典文化鼎盛之際，這種神祕主義可以稱作一股暗流。但是到了這種文化遇到危機或處在一個衰退的時期，這股暗流卻又可以發揮重要的作用。

總之，希臘民族精神在進入古典時代以前，主要是以宗教觀念的形式得到表現的。作為正統宗教的奧林帕斯教的神靈觀念代表著希臘民族精神的一極，象徵著希臘民族精神的主導面，體現著作為一個整體的希臘民族的理想和追求；而俄爾甫斯教一類的民間宗教，則以另一類神靈觀念代表著希臘民族精神的另一極，象徵著希臘民族精神的次要的一個層面，體現著作為個體的希臘人的精神解放的需要和情感要求。這兩類宗教為希臘民族的精神世界都打上了深刻的烙印。正統宗教為希臘人的精神留下的印記，可以簡要地歸納為神聖與崇高，而神祕教給希臘人的精神留下的印記，則是神祕與解脫。把握了這兩個方面，我們就可以從希臘宗教與哲學之間的關係入手，進一步討論希臘古典時代的神祕主義表現形式了。

二、神靈觀念的理性化與希臘理性神學

希臘哲學起源於希臘神話與宗教，希臘神話與宗教是希臘哲學之母。但希臘哲學的誕生卻是希臘傳統宗教，尤其是荷馬宗教，遭受厄運的開始。哲學由於它的本性，無疑要把包括神話和宗教在內的一切現象當作理性思維的運作對象，神話與宗教雖然貴為哲學之母而不能得免。但是希臘宗教與哲學的關係又不是完全敵對的。哲學一方面發揮破除原有的宗教神聖感和神祕感的作用，另一方面卻又在提升宗教的品位，為宗教神學的發展鋪路架橋，其結果就使希臘人的宗教從擬人化的多神論，向非擬人化的一神論方向發展，並產生了希臘人的理性神學。理性的介入一方面使希臘人有可能擺脫原始的自然主義的宗教神祕主義，但又使希臘人陷入新的較為理性化的宗教神祕主義。

上古時代的希臘人對神靈的敬畏、對靈魂的關注、對冥世的想像、對來世的嚮往，基本上是一種世代相傳的宗教信仰，既不可能訴諸於感官經驗的實證，亦非理性推理的邏輯結論，本質上是一種沒有理性基礎的自然主義崇拜。但在這種自然主義的深處卻貫穿著一條思想軸線，即用超自然的和超人間的力量（神）來說明一切。這種宗教觀念是一種思維的抽象，具有「世界觀」的萌芽的性質，是孕育哲學思維的種子。隨著希臘人思維能力的增強，希臘精神的下一步發展就是透過經驗和理性，去探索自然萬物的真正原因和人世間的第一原理。希臘哲學誕生了。

最早的希臘哲學家以萬物的始基或本原為主要的思考問題。他們的出現打破了在精神領域內一統天下的宗教神話。在傳統精神的束縛下，「自然的祕密只許神知道，人類應當安分於人間的知識，不宜上窺天機」。然而，從泰勒斯開始的一批早期自然哲學家從自然本身去說明自然，不僅打破了「自然祕密」這個禁區，而且在對「自然祕密」的解釋中引入了自然物的物理過程。宗教神話賦予天體和天象的神聖性和神祕性被否定了，

神靈本身被降格為「自然」現象或自然物，神性也成了一種自然本性。阿那克西美尼（Anaximenes）說氣就是神。「他將萬物的原因歸於無限的氣，但並不否認有神，也不是閉口不談神；他只是不相信氣是由神創造的，而是認為神是由氣產生出來的。」塞諾芬尼（Xenophanes）說，日月星辰和虹（「伊里斯」）不是神，而是雲（DK21B32，古希臘哲學家殘篇標準編號）；自然的一切祕密，人間的各項技藝不是神指點給人的，而是人們在生活中探索得知的（DK21B18）。就這樣，希臘人傳統的神靈觀念開始注入了理性的成分。

希臘人的神靈觀念和世界上其他地區和民族一樣，經過自然崇拜、圖騰崇拜、動物崇拜到人格化，從多神教到主神教的發展階段。隨著希臘人思維能力的發展，原有的宗教神靈觀念受到理性的責疑。在這個方面，哲學家們是主力軍。塞諾芬尼指出，神話中開天闢地的泰坦諸神是不存在的。「不要歌頌泰坦諸神、巨人或半人半獸的怪物們的鬥爭，這些都是古代人的虛構。」（DK21B1）他從道德角度對傳統神話中的諸神加以討伐。「荷馬和赫西奧德把人間認為是無恥醜行的一切，都加在神靈身上：偷盜、姦淫、彼此欺詐。」（DK21B11）更重要的是，他揭示了傳統神靈觀念的起源。他指出，神話和一般民眾都幻想神和人一樣穿衣吃飯，有著和他們一樣的聲音和形貌。因此，不同民族的人幻想出來的人就有了不同的形象。「埃塞俄比亞人說他們的神的皮膚是黑的，鼻子是扁的；色雷斯人說他們的神是藍眼睛，紅頭髮的。」（DK21B16）可是，「假如牛、馬和獅子都有手，而且像人一樣能畫畫、塑像，牠們就會各自照著自己的模樣，馬畫出或雕出馬形的神像，獅子畫出或雕出獅子樣的神像」（DK21B15）。在這裡，他實際上指出，神的形象是擬人化的結果。不是神創造人，而是人按照自己的形象創造神。這種批判矛頭所指，從根本上觸動了傳統宗教的根基。

每一種宗教都有祭儀。祭儀是宗教的必要組成部分，是宗教意識的具體體現。希臘哲學家對傳統宗教的批判也波及傳統的宗教祭儀。一般說來，荷馬宗教祭儀是哲學家批判的主要對象，但其他宗教祭儀也在掃蕩之列。赫拉克利特對他那個時代流行的各種民間宗教祭儀都有誹言。他說：「他們向神像禱告就像和房子說話一樣，他們並不知道什麼是神和英雄。」（DK22B5）「他們〔希臘人〕向神的塑像祈禱，好像它們能聽見似的，其實它們聽不見，也不能給予回報，正像不能提出要求一樣。」（DK22B128）「〔赫拉克利特向埃及人說：〕如果他們是神，你們為什麼哀悼他們？如果你們哀悼他們，你就是不再將他們看作神。」（DK22B127）「〔愛菲索的赫拉克利特向誰做預言？〕夜遊者、術士、酒神祭司、女祭司、祕密傳教者。〔他威嚇這些人死後要受罰，預言他們要遭受火焚。〕因為人們的神祕的傳教儀式是不虔誠的。」（DK22B14）恩培多克勒猛烈抨擊當時盛行的血祭。他認為動物的軀體中寄居著與人的靈魂有親緣關係的靈魂。他譴責道：「你們還不停止那種瘋狂的屠宰嗎？你們不曾看到，在這種同於你們心裡的輕率和粗鄙所造成的活動中，你們在自相吞噬！」（DK31B136）「父親舉起他自己的已經變換形態的兒子，口中唸著禱詞屠殺了他。這個昏庸透頂的傻瓜！人們在犧牲旁邊向神祈求恩幸，那個父親，是聽不到犧牲呼號的聾子，在殿堂裡屠殺他們，準備了罪惡的祭宴。而兒子呢，他們也以同樣的方式攫住他們的父親，或者兒童攫住他們的母親，撕毀雙親的生命，吃著親屬們的肉。」（DK31B137）

進入古典時代以後，希臘城邦社會發生了巨大變化。在西元前四九二—四四九年的希波戰爭中，希臘人體驗到他們是靠自己的團結、智慧和力量打敗了比自己強大的波斯。生活在這個時代的希羅多德（Herodotus），在記述幾場重大戰鬥時，始終未提神的干預、神的幫助，和荷馬筆下的特洛伊戰爭恰成鮮明對照。西元前四三一—四〇三年爆發了伯羅奔尼撒戰爭（Peloponnesian War），親身經歷這場戰爭的修昔底德（Thucydides）用大量事實證明這是雅典與斯巴達爭奪霸權的結果，在強權面前，神也無能為力，像密提尼等弱小城邦，縱然擁有正義和神的保護也免不了滅亡的命運。神聖不可侵犯的神廟也照樣被踐踏。社會的發展推動著希臘哲學進入鼎盛時期，它的理性批判能力日趨成熟。隨著智者運動這股廣泛的社會思潮的出現，希臘哲學對傳統宗教的批判達到了一個新的高潮。它表現的具體形式有兩種：一種是以智者普羅泰戈拉（Protagoras）為代表的疑神論，另一種是以普羅狄科和克里底亞為代表的無神論。普羅泰戈拉對神是否存在提出了公開的懷疑。他說：「關於神，我不可能感受他們如何存在或如何不存在；我們也不可能感知他們的形象是什麼；因為有許多感識方面的障礙，人們不可能親身體驗到神，而且人生又是短促的。」（DK80B4）他還寫過〈論來世本性〉和〈論陰間生活〉，其主題也是以感覺主義和懷疑主義為武器，懷疑來世，懷疑陰間地府的存在，懷疑靈魂不滅。當然，懷疑還不是否定，但它確實是否定的前導。另一名智者普羅狄科明確地說，「沒有什麼神，是人們的生活需要創造了神。」克里底亞則說，「聰明的聖人發明了對神靈的恐懼，以便嚇唬那些暗中作惡的人。」（DK88B25）應當說，這種疑神論、無神論思潮在當時相當流行，而不僅僅是少數人的看法。當時的悲劇詩人埃斯庫羅斯（Aeschylus）用辛辣的筆法描寫了宙斯的殘暴、威力神的兇狠、河神的怯懦、荷米斯的奴性等等。另一位悲劇詩人歐里庇得斯（Euripides）對希臘人普遍崇拜的阿波羅神的道德醜行做了淋漓盡致的揭露。他認為，如果神的行為卑鄙，他就不是神。「誰說天上有神？不，沒有！如果有人說有，就告訴他不要傻乎乎地相信那些古老的故事了。」雅典民主政治家伯里克利（Pericles）也認為：「神的存在只是一種推斷而已，我們誰也沒有見過。」

古典時代的宗教批判浪潮產生了一些無神論者，但對絕大多數人來說，要他們在那個時代就徹底否定一切神的存在幾乎是不可能的。由於時代的局限性，希臘古典時代發生的這些宗教批判沒能打倒宗教，但它為希臘古典文化的發展帶來了兩個後果：一是使希臘知識階層經歷了一場宗教啟蒙，打破了宗教神話在意識形態中的一統天下，使科學和哲學成為古典時期精神文化發展的主要內容；二是傳統神靈觀念在理性的砥礪下發生了重要變化，品位得到提升，導致一神論觀念和理性神學的誕生。恩格斯在討論神靈觀念的變遷時說過：「由於自然力被人格化，最初的神產生了。隨著宗教的向前發展，這些神越來越具有了超世界的形象，直到最後，由於智力發展中自然發生的抽象化過程——幾乎可以說是蒸餾過程，在人們的頭腦中，從或多或少有限的和互相限制的許多神中，產生了一神教的唯一的神的觀念。」希臘神靈觀念的變遷證明了恩格斯的論斷是正確的。

沒有哲學的介入，宗教也能從多神論發展到一神論。猶太教的發展可以證明這一點。但是希臘宗教的發展在古典時代產生出猶太教那樣的一神教，無論是荷馬宗教還是俄爾甫斯教到了古典時代，仍然還是多神教和主神教。倒是在哲學家的頭腦中出現了一神論的觀念。他們對傳統多神論宗教的批判，把非擬人的一神論觀念給催生了出來。首先邁出這一步的就是生活在西元前六世紀至五世紀初的遊吟詩人兼哲學家塞諾芬尼。他在否定了傳統的擬人化的多神論後，並沒有得出無神論的結論，而是力圖建立一種非擬人的與宇宙同一的一神論。

塞諾芬尼在批判傳統神靈觀念時提出了他自己關於神的理論。他說：「有一個神，它是神和人中間最偉大的；它無論在形體上或心靈上都不像凡人。」（DK21B23）「神是作為一個整體在看，在知，在聽。」（DK21B24）「神永遠在同一個地方，根本不動；一會兒在這裡，一會兒在那裡對它是不相宜的。」（DK21B26）「神用不著花力氣，而是以它的心靈的思想使萬物活動。」（DK21B25）這就是塞諾芬尼的一神論理論。他的神性觀擺脫了希臘傳統宗教的神性觀，把擬人而生、具有人形人性的神，變成了一位與人形人性毫無相同之處的理性神。塞諾芬尼的思想本質上是一種哲學理論，然而以後的宗教神學家可以利用它來建立神學體系。「希臘神話為希臘哲學的產生創造了條件，現在，神話要向神學過渡卻要依靠哲學了。」

同樣的過程在另一位哲學家恩培多克勒那裡也能看到。他也對傳統的希臘多神教進行了嚴厲的批判，但沒有完全否定這些人格神。他的〈淨化篇〉還保留著一些早期希臘神話和宗教中的人格神。不過他認為，在這些人格神之上，還有一個更高的、神聖的、非人格的理性神。「在他的軀體上並沒有人的頭，沒有兩肢從他的雙肩迸生出來，他沒有腳，也沒有反應靈敏的膝蓋，也沒有毛茸茸的部分；他只是一個神聖的不能言狀的心靈，以敏捷的思想閃耀在整個世界中。」（DK31B134）這樣的神是沒有形體只有智慧的。後來，原先是智者一員，後來成為犬儒派創始人的安提西尼（Antisthenes）用自然與約定俗成的理論去解釋神。根據風俗習慣和人為約定有許多神，根據自然本性，只有一個神。這個理論為後人解決一神與多神、上帝與偶像神的爭端開闢了新的道路。

「宗教的本質特徵，在於對神的信仰。」神學是「關於神的理論或論述」（奧古斯丁語）。希臘神話與宗教是希臘哲學誕生的溫床，但希臘人的神學卻是哲學的產兒，是希臘人的理性思維對傳統神話宗教的改造和提煉。一神觀念或理性神觀念的出現為希臘理性神學的誕生奠定了基石。它的系統化是由蘇格拉底、柏拉圖和亞里斯多德完成的。西元前一世紀的羅馬多產作家瓦羅曾把神學分為三類：神話神學、政治神學、自然神學。神話神學指詩人們對神與神聖世界的描寫；政治神學是官方的國家宗教理論；自然神學則是哲學家的創造，是一種關於神的本性的理論。後來的基督教教父奧古斯丁把神學分為自然神學和超自然神學兩類。在他的心目中，基督教產生以前的異教神學理論可以稱作自然神學，言下之意，基督教神學是高於自然神學的超自然神學。奧古斯丁承認他的自然神學概念來自瓦羅。但他認為，瓦羅所說的三種神學只有自然神學才屬於宗教的範疇。詩人們的神話的神學只代表一個使人相信的美好世界，官方的神學只表明瓦羅希望用國家的權威拯救衰落的宗教，而真正的宗教是人類社團社會生活的一種基本形式，不應限制在某個國家，神本質上是普遍的。只有希臘哲學中才有真正的神學，因為它基於理性對神的存在本身的直覺。

瓦羅和奧古斯丁的神學分類有一定的意義。希臘人的宗教神話以形象思維和詩性語言為基本思維工具。一旦人們用概念和理論說明萬物的本原和生成過程時，哲學的思維方式就誕生了。過去人們用神來說明自然和社會，現在用抽象概念來說明，並使用邏輯證明。原始人面對變幻莫測的自然形象，靠狹隘的體驗和豐富的想像力，塑造了擬人的神的形象。現在哲學家們依靠廣闊的生活體驗和理性去思索神及神人關係，構思理性神的觀念。這樣也就有可能掙脫神人同形同性觀念的束縛，體驗到神是單一的精神實體。這種由哲學家的理性思維產生的神學理論可以稱為「理性神學」。它是希臘宗教意識的理性化，是希臘宗教思想發展的主要趨勢之一。在整個社會還不能拋棄傳統的神靈觀念的時候，當哲學家自身也還不能對宗教問題有科學的認識的時候，用理性去構造新的神觀，建立系統的神學是很自然的。希臘理性神學是希臘古典時代哲學的一項副產品。

首先是蘇格拉底。他在當時雅典公眾的眼中是一個無神論者，並因此受到指控，被迫上法庭辯述，但他自己並不這樣認為。他說，我從來就敬奉神明。「從幼年起就有一種聲音降臨於我心中」，「經常降臨的神的意旨不時地警告我，甚至極小的事如不應做，都要阻止我做。」這位神委蘇氏以重任——拯救雅典人的心靈，召喚他們的良知，洗心革面，重振城邦。蘇氏自稱是神賜予雅典人的禮物，以便「不時地喚醒、勸告、責備你們」。蘇格拉底聲稱，自從他參加過三次征戰以後，就根據神的指令肩負起「指導哲學生活，審察我自己和他人的職責」。他說，如果安尼圖斯的指控得逞，一下了撲殺了他的話，雅典人將執迷昏睡直至生命終結，神也會派另一個人來代替執行他的哲學使命。然而，由於雅典人的固執、偏見和無知，最後竟投票處死了蘇格拉底。他沒有最後的晚餐，但是他說他的遭遇是神的旨意，而且是「神暗示所發生於我的好事」，「大有希望我此去是好境界」。由此可見蘇格拉底是有神論者，而不是無神論者。不過，他信仰的神不是宙斯也不是傳統神譜中的任何一位。它不像舊神住在奧林帕斯山，而是蘇格拉底自己體驗到的神。這位神的本性是智慧。「真正的智慧是屬於神的，神諭只是告訴我們，人的智慧微不足道，沒有價值。」「我認為『智慧』這個詞太大了，它只適合於神；但『愛智』這個詞倒適合於人。」

在蘇格拉底之前，塞諾芬尼和恩培多克勒已經孕育了理性神的思想，但他們只留下了簡短的論斷。蘇格拉底則明確地展開論述了神的本性就是理智。按照塞諾芬尼的記載，蘇格拉底認為，全智全能的神是宇宙萬物普遍體現的最高理智，這種神就像人身體中的努斯能隨意指揮身體一樣，「充滿宇宙的理性也可以隨意指揮宇宙間的一切」，「唯有那位安排和維繫整個宇宙（一切美好善良的東西都在這個宇宙裡面）的神，他使宇宙保持完整無損、純潔無疵、永不衰老，適於為人類服務；宇宙服從神比思想還快，而且毫無失誤。這位神本身是由於他的偉大作為而顯示出來的，他管理宇宙的形象卻是我們看不到的。」蘇格拉底認為人是萬物之靈，神最為關懷人、眷顧人。神「為供給人們的需要而操心」，他的一切作為「都是為了人類的緣故而發生的」。神為人的視力提供光，為人的休息提供黑夜，星月照耀使人能分辨晝夜時分和月令，提供土地和水使人能生產食物，提供火使人能為保全生命策劃一切有益的事情，提供氣使人維持生命。神使「其他生物的生長也是為了人類」。他還認為，這位理性神為了人類，合目的地設計和創造了宇宙萬物，它們都是「由一位願意萬物都生存下去的神特意設計的結果，是神憑智力造出來的」。這個神是最關懷人類的「聰明仁愛的創造者」，不僅創造了人，還為人造了各種器官，使人能夠生存和繁衍，還給人安置了靈魂，使人能追求知識。神「能夠同時看到一切事情，同時聽到一切事情，同時存在於各處，而且關懷萬有」。

由於信仰這樣一位理性神，蘇格拉底可以勇敢地面對死亡。他在雅典監獄中臨刑服毒以前還在和他的朋友、學生就哲學家如何對待生死問題進行討論。他雖然已經知道自己即將死亡，但他表現的非常從容安靜，因為他認為一個真正愛好哲學的人是不會害怕死亡的。雖然如此，他又認為不應該自殺。自殺是不合法的，因為有一種祕傳的學說認為人生正如一個囚犯，自己沒有權力逃脫。蘇格拉底說他對於這種祕密傳說並不理解，但他寧願相信這種說法。我們人是屬於神的，神是我們的主人，如果沒有神的召喚，我們不能自己去死。他還認為，自己現在已經得到了神的召喚。「我認為我死去是到更智慧、更好的神那裡去，這是好事而不是壞事，所以我對死並不悔懼。」

可以說，蘇格拉底提出了一種完整的理性神論。這種理性神學的理論是古典時期希臘哲學對宗教的滲透。在理性思維的作用下，傳統的人格化的多神宗教被哲學揚棄了。希臘神學的發展進入了理性神階段。它的產生一方面使希臘宗教的品位得到提升，發揮破除傳統宗教神祕主義的作用，但另一方面，它引入了理性神，主張通過沈思默想達到與神的溝通，因而又給希臘人的理性世界披上了一層新的神祕面紗。蘇格拉底的目的論哲學合乎邏輯地要求他承認有一位最高的神主宰宇宙和人類社會。他從理智主義出發，悄悄地給宗教意識注入精神和道德的因素，使傳統的人格神上升為理性神，使已經不適應時代需要的非道德宗教向道德宗教嬗變。在此意義上，蘇格拉底是當時希臘人的耶穌。「在基督教以前的整個古代時期，連希伯來人的古代時期也不例外，找不到一個比蘇格拉底和基督更相近似的人物。在蘇格拉底以後，在提高希臘文化的風格，使之可以和希伯來宗教相頡頏，從而為基督教做好準備方面，也沒有一個希臘人比蘇格拉底的弟子柏拉圖做得更多的了。」不過，蘇格拉底畢竟不是耶穌，神也沒有和希臘人立約。希臘的文化背景及經濟政治制度、倫理規範、風俗習慣、民族特徵不同於猶太人。希臘人從來不是靠神和先知引路，而是依靠城邦，過著城邦的政治生活。蘇格拉底的思想沒有能與社會實踐結合。蘇格拉底的門徒沒有去建立宗教團體，而是按各人對老師學說的理解建立各自的哲學派別，在自己的哲學原則基礎上闡明新的神學觀念和理論。

柏拉圖繼蘇格拉底之後繼續朝著建構理性神學的方向邁進。西文「神學」（Theology）一詞來源於希臘文Theos（神）和Logos（知），意為關於神的知識、道理、論述、學問或學科。柏拉圖是西方最先使用「神學」這個詞的人。他在《理想國》第二卷想為神學確立幾條原則或規範，並當作法律確定下來。他提出，為了建立一個理想的城邦，詩人們應避免荷馬、赫西奧德以來的希臘詩學傳統，把他們對諸神的解釋提高到哲學真理的水準。人們應當「始終按照神的真相去表現神」。這也就是說，要用理性思維去思考神的問題，不能把神說成是一切事件的原因，不能描寫神帶來了災禍，不能把惡歸於神；神不是魔術家，不會變化形體，也不會騙人，凡是與此相悖的故事應當一律禁止。在他眼中，以往詩人們對神的描寫充斥著謊言，建立真正的神學有待於哲學家們的努力。

柏拉圖理性神學的核心篇章是他的〈蒂邁歐篇〉。「無論是在中世紀，還是在更早一些的新柏拉圖主義裡，這一篇都比柏拉圖的任何其他作品具有更大的影響。」在這篇對話中，柏拉圖發表了和以往神話中的宇宙生成論不同的，同時又和自然哲學相對立的宇宙創造論。對話中的主要發言人蒂邁歐說，要闡述宇宙的生成最好先說明它的創造者和原型。宇宙的創造者就是神。他是善的，沒有妒忌，希望萬物都像他自己一樣只有善沒有惡；他將混亂無秩序的運動安排得有秩序，因為這樣是最好的，這也就是宇宙的創造；他看到理性比非理性好，所以將理性放入靈魂，將靈魂放入軀體，將宇宙造成一個帶有理性和靈魂的生物。我們的這個世界，上至日月星辰，下至地上萬物和人類自身，都是生成的，因而必定有一個生成萬物的最終原因；它們又都是被創物，因而必定有一個創造者，它就是神，萬物之父。那麼這個創造者是怎樣創造世界呢？柏拉圖用自己的理念論做了解釋，說是按永恆不滅的原型（理念）創造同一母體的摹本，猶如工匠按床的範型製造一張張具體的床。創造者願最初的這個混沌體成為有序的、美好的、合目的的世界。為了避免發生紛爭，他只造了我們這一個世界。在這個世界中它先創造了水火氣土四種原素和可見的天體。他為了使自己所創造的世界更像他自己而且處於永恆的狀態中，因而設法創造了時間，從此有了白天與黑夜、年月日之分。之後他致力於按原型創造宇宙中的生靈。它把生靈分為四個等級：神的後代（諸神和人類）、鳥類、魚類、陸地和兩棲動物。

〈蒂邁歐篇〉中的神學具有以下幾個明顯的特徵：第一，肯定作為宇宙創造者的理性神的存在，否定擬人的諸神具有真正的神性；第二，始終以理性的目的因解釋宇宙和人的產生，反對自然哲學家用物質的必然原因做解釋；第三，不排斥自然科學方面的內容，而是將它們納入一個統一的神學理論，使自然科學知識服務於神學。綜合起來看，柏拉圖對神的體驗和舊約〈創世記〉的神觀有相似之處。他像〈創世記〉的作者一樣，認為太初是混沌一體，神按自己的意願從混沌中創造萬物，而且賦予美好的秩序；這個序列的最高點是人，人分享神的智慧，管理世界；人們可以從被造物中體驗到神的偉大、完滿和愛心。柏拉圖在對話結束處說，我們關於宇宙的討論現在可以結束了。有了不朽的生物和有死的生物，這個宇宙也就成為一個完滿的、可以看見的、有生命的東西；它包括一切可見的東西，即理性的影像，它成為一個可見的神，它是「最偉大的、卓越的、美好的、完滿的」。

作為關於神的理論和論述的神學畢竟是一種理論，有濃厚的理性思辨意味，不可能為世人所廣泛接受。可是宗教要想在一個理性化的世界中生根、發展，卻非要有一套神學理論不可。柏拉圖在他的最後一篇對話〈法篇〉中指出，當時年輕人的第一條不法行為就是不信神，反對普遍崇拜的神聖的東西。他們認為：第一，神不存在；第二，即使有神也不關心人的事情；第三，神很容易滿足，只要向他們做點祈禱就可以了。為了掃清這些宗教信仰的思想障礙，他竭盡全力論證神的存在，為希臘人信仰一位理性的思辨的神奠定基石。他對後世西方宗教神學的影響是深遠的。

柏拉圖的神學理論體系化程度不高。在他那裡，神學理論淹沒在哲學對話的汪洋之中，使人很難辨別他的真實思想。隨著學術門類的分化，這種狀況在亞里斯多德那裡得到了改觀。他明確地提出一套體系化了的神學理論。他認為，研究自然生成原理的學問是「第二哲學」，而研究原理和原因本身，研究實體及其本性的是「第一哲學」。第一哲學與神學有相通之處，因而又可叫「神學」。這個相通點主要是實體問題。實體可分三種，一是可感的有生滅的自然物，二是可感的無生滅的永恆運動的天體，三是不可感的、永恆不動的最高實體。唯有最高實體是單一的、純形式的（不含質料的），永遠現實的、至善的；它自身不動卻推動萬物運動，故稱之為「第一推動者」；它是純理性的，純精神的，以自身為認識和追求的對象，因而在它那裡精神與精神的對象是同一的。它顯然就是神。研究它的第一哲學也就是神學。

既然神學和哲學的最高原理是同一的，那麼亞里斯多德的神必然是理性神、哲學神，神的內涵全靠哲學範疇來表述，靠邏輯推理來論證。神人關係被忽略了，神與自然的關係僅僅是動因與被動的關係，而沒有柏拉圖的創造與被創造的關係。這種神比之柏拉圖的理性神更有理性，但卻沒有情感和體驗。然而亞里斯多德的神學自有他特殊的意義。正是他十分明確地將神看作單一的、至善的、理性的精神實體，這就與希臘人的神人同形同性論最後劃清了界線。這種神學在當時雖然不被希臘人所理解，但到後來中世紀的時候，當基督教的神學理論遭到理性和科學的挑戰，基督教神學家可以用這種理論來回敬理性對信仰的挑戰，建立嚴密的神學體系。托馬斯（Aquinas Thomas）就悟到了亞里斯多德神學的真諦。不過，正因為如此卻又給神學帶來災難。因為信仰的問題更多的是依靠信念和自身的體驗。從本質上說，二者有一個不可逾越的界線，否則信仰也就化為理性了。它是無法全靠理性來認識，用邏輯來證明的。越是靠理性證明，就越誘使人們靠邏輯和理性去思索，於是就愈陷入困境。這就是後來經院哲學的煩瑣的邏輯論證的命運。

綜上所述，希臘人的神靈觀念之所以能不斷更新、深化和發展，哲學發揮了重要作用。要想在神學理論上有新的建樹必須借助當時的哲學。希臘哲學家的宗教神學思想經過長期的發展，在古典時代行將結束之時，終於達到了「一神」和「理性」神的階段。首先是蘇格拉底以前的自然哲學家的對傳統神話宗教的批判，但擺脫不了神話的思維方式，基本上還停留在自然神學的水準上；其次是智者的疑神論思想和蘇格拉底以人生體驗和理性為依託的神；最後是被柏拉圖和亞里斯多德發展了的、高度思辨的、體系化了的神學理論。

三、希臘化時期的宗教與哲學

西元前四世紀劃時代的大事件是喀羅尼亞戰役和亞歷山大東征。它標誌著希臘古典城邦文化的發展走到了盡頭，也標誌著一個新的歷史階段——希臘化時期的開始。這是一個東西方文化大融和的時期。「在亞里斯多德時代，希臘文明走出了本土疆界，進入了偉大的總體潮流，住在地中海沿岸的古代各民族，透過他們的觀念的相互交流、調整，融和成為統一的文明。這個過程是在亞歷山大繼承人的希臘城邦裡，透過東方和希臘的思想交融而開始的。希臘文明、羅馬文明和基督教文明，就是從古代發展到世界未來文明所經歷的三個階段。」當然，這裡說的東方還主要是近東。東方文化的真正代表，中國文化在這個時期還沒有進入這個文化融和的場景。我們把這一章的任務規定為描述希臘化時期東西方思想融和的宏大場景、刻畫希臘化時期的主要哲學流派對宗教浪潮的回應，並交代古希伯來民族文化的概況及其在希臘化時期與希臘文化的融和。我們的敘述仍然以宗教與哲學、理性與神祕為主線，而不是刻板地遵循外在的歷史順序。

西元前四世紀以後，古希臘城邦社會盛極而衰。城邦內部各種矛盾的發展促使了社會的分裂，城邦之間的爭戰造成了城邦國家實力的削弱。此時，處於希臘本土邊陲之地的馬其頓王國崛起了。

馬其頓位於希臘半島北部。當希臘各邦已經有了燦爛的文化和高度發展的政治組織時，馬其頓人還處在從氏族公社轉變到國家的過渡階段，其文明程度大約相當於荷馬史詩中所描述的「邁錫尼文明」時期的那些希臘人。西元前六世紀，馬其頓人有了自己的國家組織。在希波戰爭期間，波斯人曾威脅馬其頓人去攻打希臘；但馬其頓人認為自己與希臘人有同族之親，實際上站在希臘人一邊。後來，馬其頓與希臘各邦之間的來往逐漸增加，吸收了希臘各邦較為先進的文化。及至伯羅奔尼撒戰爭期間及戰後那段時間，馬其頓和希臘各邦的關係變得更加密切。西元前三六〇年，雄才大略的馬其頓國王腓力二世即位。他仿照底比斯的軍事體制招募牧民和農民，建立了一支強大的軍隊，大量使用騎兵作戰。從此，馬其頓成為希臘半島上武力最強的國家。西元前三三八年，腓力在喀羅尼亞地方徹底擊潰雅典和底比斯的聯軍。從此結束了希臘半島上城邦林立的局面。喀羅尼亞戰役被史家視為馬其頓統一希臘半島的起點。希臘古典城邦文化的發展告終，希臘文明的發展進入了希臘化時期。

腓力統一希臘各邦以後，原擬興兵對波斯帝國進行復仇戰爭，但他在宮廷事變中被刺殺。他的事業由他的兒子亞歷山大繼承下來。西元前三三六年，亞歷山大繼承馬其頓王位，開始用武力征服地中海世界和波斯帝國，想要建立一個世界性的大帝國。亞歷山大征戰的結果是締造了一個地跨歐亞非，版圖達到兩百萬平方英里的大帝國。馬其頓人的武力征討成為希臘文化傳播的導體，軍威所至，希臘文化亦隨之傳到那裡。為了鞏固統治，亞歷山大大帝採取了一系列措施，想要在他征服的區域內，把希臘文明與東方各國的文明熔於一爐。亞歷山大攻下底比斯城以後，用極暴虐的手段把底比斯城付之一炬，但留下了它的神廟和詩人品達（Pindar）的一所住宅，以表示他自己對宗教的寬容和對希臘文化的尊重。埃及是個文明古國。當亞歷山大領兵踏入埃及時，埃及的大金字塔和獅身人面像已經屹立在尼羅河畔兩千五百多年了。當時埃及人因苦於波斯帝國的暴政，對亞歷山大的入侵幾乎未加抵抗，而亞歷山大也採用羈縻政策來籠絡人心。他親自前往埃及西部沙漠綠洲中的阿蒙神廟頂禮膜拜。他模仿古埃及的法老，自稱是「日神」阿蒙之子，利用埃及人的宗教信仰和祭司階層來維繫他的統治。他徵用埃及的人力物力，在尼羅河口建造了一個新的海港，以他自己的名字命名為亞歷山大里亞城（**Alexandria**）。後來這座新城發展迅速，成為地中海世界商業和文化的中心。他先後在他的占領區內建立了七十座大小不等的城市，那些城市成為馬其頓人、希臘人與東方人雜居之地。他還鼓勵馬其頓人與波斯人通婚，他自己先是娶了巴克特里亞王公之女洛葛仙妮娜為妻，後來又與大流士（**Darius**）三世的遺孤、長女巴西尼結婚；他部下的官兵和波斯婦女結婚的在一萬人以上。這些措施對於促進民族文化的融和有積極的促進作用。

亞歷山大用武力締造的大帝國沒能維持多久。隨著亞歷山大的突然辭世，帝國分裂成若干個王國。其中主要有埃及的托勒密王國、塞琉古王國、馬其頓王國（包括希臘的大部分）、帕加馬（**Pergamum**）王國，以及短命的利西馬科斯（**Lysimachus**）王國。這些國家已經是新型的國家組織，是專制的君主國家。除了這些國家以外，地中海、西亞以及中亞地區的許多國家參與了希臘化世界文化交流的範圍。史家一般把希臘化時期分為兩個階段：早期和晚期。從西元前四世紀末葉到西元前二世紀初是早期，這是大部分希臘化國家經濟與文化高漲的時期，而希臘本身雖然掌握著高度的文化知識，但它在古代世界的經濟與政治發展中喪失了主導作用。西元前二世紀至一世紀是晚期。那些主要的希臘化國家暴露出日益顯著的危機跡象，而希臘化世界的一些周邊國家卻出現了政治與文化的高漲。

希臘文化的東傳為東方各民族文化帶來了巨大的衝擊，產生了許多新的結合點。「在長期的持續中，同時產生出一種東方思想的緩慢的回流；它的蹤跡，若干世紀後出現在希臘哲學中。在希臘母邦著名學術中心的旁邊，產生了若干適合形勢、居民和特殊環境的新的學術中心；把東方和西方的文化聯結起來，把不同種族的理智力量，融和成為一種同質的群體。」希臘共同語的形式，對希臘文化的傳播發揮了重要作用。埃及人曼內托（**Manetho**）和巴比倫人貝羅索斯（**Berosus**）用希臘文寫成了關於本民族歷史的著作。亞美尼亞國王阿塔瓦斯德斯（Artavasdes）二世，也用希臘文撰寫了他的歷史著作與文學著作。在亞歷山大里亞，東方文化和希臘文化的融和過程，不但開始得最早，而且進展得最迅速。這裡的猶太人熱中於研習希臘哲學，並把它移植到猶太教的母體中去。早在托勒密六世（約西元前一八六－前一四五年在位）時的猶太神學家阿里斯托布魯斯（Aristobulus），就從哲學角度對《摩西五經》加以註釋，其中明顯可以看出亞里斯多德的影響。

希臘化時期各民族文化長期碰撞和融和的結果，形成了地中海世界範圍內的政治、經濟、科學、哲學和宗教。來自希臘化國家的特殊文化，最終成為一種世界性文化的重要支柱。由於希臘古典文化所取得的輝煌成就，以及從亞歷山大東征開始造就希臘化世界這一歷史事實，希臘化時期的文化本質很容易被人們理解為希臘古典文化的擴展和延續。然而文化擴展從來就不可能是單向的。希臘化不是希臘文化單向地影響東方國家的文化，也不只是希臘人把他們的文化輸往非希臘文化的東方國家，而是東西方文化的匯集和融和。希臘化時期文化的本質是希臘文化和東方文化的綜合。那些在亞歷山大帝國的廢墟上所形成起來的各個希臘化國家，一方面具有東方的特徵，一方面又具有希臘的色彩。那些「希臘化」大都市，如埃及的亞歷山大里亞、敘利亞的安條克（即安提阿）、小亞細亞的帕加馬等，成了新文化的淵藪，成為東西方文化融和的中心點。

那麼，在希臘化時期精神文化的發展歷程中，為什麼以理性主義為主要標誌的希臘古典哲學沒能保持其原有地位，成為新文化綜合體的主導層面呢？換句話說，為什麼在希臘化時代，哲學沒能成為占主導地位的思想意識形態呢？原因是多方面的。亞歷山大大帝國的建立，加速了東西方文化交流的進程。希臘的文學、藝術、科學和哲學在西亞地區和埃及流傳開來，但東方的宗教由於有其悠久的傳統和深厚的根基，並沒有被希臘文化所征服。亞歷山大夢想的種族融和並未實現。在帝國廣大疆域之中，各民族仍然講他們本族的語言，信奉其祖傳的神靈，保持其習慣已久的生活方式。社會的上層是受希臘文明薰陶的希臘馬其頓人，而社會下層卻是亞洲和埃及各民族大眾。希臘化世界的生活方式和宗教信仰，不可避免地是各種不同文化習俗混在一起的大雜燴。古典時代希臘人對智慧的熱愛，對傳統的理性態度，一旦時過境遷，在希臘本土尚難持續發展，對東方民族，就很難談得上改變他們的性格，征服他們的心靈了。實際情況正好相反。隨著時間的推移，東方文化薰染而成的東方思維方式漸漸滲入西方。東方的宗教神祕主義浸透了希臘的哲學；巴比倫的占星術破壞了希臘的天文學；東方的君主專制制度比希臘的民主制更為強有力。首先是亞歷山大大帝，而後是希臘和羅馬的歷代帝王，差不多都按照東方皇帝和埃及法老的方式把自己宣布為神，並建立了一套崇拜自己的宗教儀規。東方諸神和相應的崇拜儀式差不多都被希臘人接受過來。相比之下，希臘人的文化氣質過於理性化，對宗教和神並無深厚的信仰，而東方人則信得非常深沈。似乎可以這樣說，在精神文化層面，希臘化時期東西方文化交流的特點是：希臘人的哲學傳到東方，東方人則把宗教獻給希臘。哲學的深奧性，使它只能成為少數知識階層的奢侈品，而宗教的神祕性，則撥動了社會大眾的心弦，激發起普遍的共鳴。

希臘化時期的宗教發展有兩個主要特徵：宗教混合主義和神祕教大流行。前一特徵表現在各個民族崇敬的神祇大量混同和各民族奉行的祭儀互相借用；而後一特徵本來就是東方宗教的主要特點，而在希臘化時期，這些神祕教極大地氾濫起來。

隨著馬其頓人的武力征討，希臘人的神祇和被征服民族的神祇發生混合。亞歷山大在討伐波斯王朝的途中，在埃及接受了稱號「希臘和埃及的最高神祇宙斯——阿莫恩的兒子」。以後埃及托勒密王朝的歷代統治者努力推行希臘神靈崇拜。例如，托勒密四世（西元前二二一—前二〇四年在位）自稱是酒神戴奧尼索斯的後裔，迫使猶太人舉行崇拜酒神的祭儀，把自己打扮成赫利俄斯（太陽神）、宙斯、波賽頓的形象。在推行對戴奧尼索斯等希臘神靈崇拜的同時，他們又改造了對埃及固有的主要神靈薩拉比斯（Sarapis）及其妻子伊希斯的崇拜。薩拉比斯神本身，就是由孟斐斯人所崇拜的阿匹斯（Apis）神牛和俄西里斯混合而成的，托勒密一世為了溝通其統治下的希臘—馬其頓人和埃及人之間的關係，把希臘主神宙斯和俄西里斯神的特徵，融和進薩拉比斯神之中，成為彼此都能接受的亞歷山大里亞的主神；而伊希斯女神，則是從希臘人的狄蜜特女神演變而成的地中海沿岸國家的最高女神。當時，對埃及女神伊希斯的崇拜盛行一時。屬於這種崇拜的碑銘在希臘化世界比比皆是。如果說對伊希斯的崇拜還帶有自發性質的話，那麼，對薩拉比斯的近乎一神教的崇拜則是人為的，是由托勒密一世索忒爾（Soter）確立起來的。他力圖通過重建崇拜、在宗教的基礎上把埃及人和希臘人統一起來。為了制定新崇拜的信條和儀式，托勒密延請了埃及人曼內托和希臘人提摩太（Timothy）。在托勒密時期的埃及，國家正式的宣誓儀式都必須以「薩拉比斯、伊希斯和其他所有男女神祇」的名義舉行。伊希斯作為薩拉比斯的妻子受到崇拜。後來羅馬共和國入侵埃及的大將馬可·安東尼（Marcus Antonius，約西元前八二—前三〇年）和埃及托勒密王朝的末代女皇克麗奧佩脫拉（Cleopatra）七世的結合，被說成是新戴奧尼索斯神和新伊希斯女神的天作之合。神靈觀念的混同必然反映到祭祀儀式中去。薩拉比斯的祭儀把埃及神祇阿匹斯、奧西里斯的特徵和希臘的宙斯、波賽頓以及哈得斯的特徵合而為一。神靈觀念的合一和祭儀的合一也就完成了宗教的融和。在西元前三至二世紀，宗教混合主義達到了高度發展的程度。

神祕教在希臘古典時代的宗教中早已有之，但神祕主義宗教沒有發展成為文化的主流。然而在希臘化時期，神祕主義宗教大有氾濫成災的趨勢，迷信色彩也日益濃厚。占星術在巴比倫很早就發展成一個成熟的體系。西元前二八〇年左右，巴比倫的僧侶貝羅索斯把占星術傳播到希臘，然後占星術就在希臘化國家中傳播開來。巫術在希臘宗教中原已有之。到了西元前二世紀，原先在亞述、巴比倫、小亞細亞、波斯、巴勒斯坦流行的巫術，匯集到埃及這個接受器裡來，一個巫術浪潮席捲了整個希臘化國家。埃及的神祕教是建立在史前期的模仿和通神儀式基礎上的。它想透過保護神附身而得救，進而可以使人死而復生。密特拉（Mithra）原是上古印度—伊朗的神靈之一，西元前六十七年傳入羅馬，形成一種神祕教，成為羅馬國家官方崇拜的神靈，直到羅馬帝國基督教化以後，才開始衰退。可以說，從西元前二世紀起到基督教興起以前，社會公眾的宗教需要大體上是依靠各種神祕教來滿足的。

東方神祕教的大流行與希臘傳統宗教走向沒落有直接的關係。古典時期哲學的啟蒙，文學的嘲諷，使希臘傳統宗教在知識階層中成為笑談的話柄；有關城邦保護神的神話，雖然還殘留在愚昧的民眾心裡以及官方奉行的宗教祭儀之中，但無情的歷史事實啟發人們加深對傳統神靈的懷疑，加速傳統宗教的衰微進程。但是社會的動盪，人生的苦難，仍然需要某種宗教幻想為失去希望的人們提供精神上的安慰。一種宗教失去了人們的信仰，另一種宗教就會趁機而起，填補信仰上的空白。這就是宗教神祕主義和神祕教大流行的主要原因。

這個時期的哲學怎麼了？東方宗教神祕主義在希臘社會的流傳不可能不觸動希臘知識界的神經，引起理性的迴響。在這股宗教大潮面前，哲學不得不做出回應。文德爾班（Wilhelm Windelband）說：「哲學陷入這潮流越深，就越明顯地顯示出：哲學不能用倫理的生活理想滿足有教養的人——不能向他們保證預許的幸福。因此結果是（首先是在亞歷山大里亞），宗教各種觀念混雜的、澎湃的洪流一股腦兒地湧進哲學中來；這一下，哲學在科學的基礎上不僅力圖建起倫理的信念，而且力圖建起宗教。哲學，利用希臘科學的概念澄清和整理宗教概念；對於宗教感情迫切的要求，它用令人滿意的世俗觀念來滿足它，從而創立了或多或少與各種相互敵對的宗教緊密相連的宗教形而上學體系。」不過，這種概括只說出了一部分哲學流派對宗教大潮的回應，而非所有哲學。作為一個整體的哲學從來不是體現統一性的工具。希臘化時期最有代表性的三個流派，伊比鳩魯學派、懷疑論學派、斯多葛學派，對宗教潮流的回應是不同的。一般說來，懷疑學派和伊比鳩魯學派可以看成是對宗教神祕主義的懷疑和否定，而斯多葛學派則可看成是希臘古典時期形成的理性主義神學的進一步發展。換言之，伊比鳩魯學派是這股宗教潮流的抗擊者，懷疑學派是旁觀者，斯多葛學派是迎合者。

伊比鳩魯學派由「最偉大的希臘啟蒙思想家」（馬克思語）伊比鳩魯（Epicurus西元前三四一—前二七○）於西元前三○六年在雅典創立，並一直延續到西元後羅馬帝國時期。它是整個晚期希臘哲學中最重要、影響最大的學派之一。該學派在雅典開辦的哲學學校以一座著名的花園為校址，由此又被稱為「花園學派」。這所學校頗有全民教育的氣概，平民百姓、婦女兒童，乃至奴隸、妓女都可以在這裡學習。學校的成員組成一個「神聖的團體」，過著簡樸的生活。

伊比鳩魯有一個宏大的哲學體系。它由三部分組成：準則學（關於認識的學說）、物理學（關於自然的學說）、倫理學（關於人生目的的學說）。在這個體系中，準則學為物理學確定了認識的前提，準則學與物理學一起為倫理學奠定了基礎。整個體系的中心是倫理學。這個體系被恩格斯稱作「希臘古典哲學的最終形式」。

伊比鳩魯認為哲學不是消遣手段，也不是精神修煉。哲學的高尚使命是通過對自然和人的認識，醫治人的精神疾病，從而達到自我意識。「不能醫治人的任何痛苦的哲學家的言談是空洞的言談。藥物如果不能驅除精神疾病，也就沒有任何用處。」這是一種反映出希臘化時代特徵的哲學觀。他的哲學體系可以看成是一種對抗當時宗教潮流的思想武器。他從原子論出發，用原子的運動來解釋一切現象，否認超自然的原因，直接導致了無神論的結論。由於時代的局限，他沒有直接否定神的存在，但卻十分聰明地「把諸神趕到太空中去，也就是趕到無人居住的宇宙空間中去」。他說：「神靈是有的，因為我們關於神靈的知識是明顯的。」但神也是由原子構成的，他居住在各個世界之間，是一個不朽的實體，從不干涉自然事物和人間事務。神對我們居住的這個世界絲毫也不發生影響，我們對神也不必抱著敬畏、恐懼的心理。因此，伊比鳩魯的觀點實質上是一種無神論。他號召人們從對神的恐懼中解放出來，這對於抗擊當時流行的宗教潮流和宿命論思想發揮著積極的作用。

伊比鳩魯哲學在西方歷史上一直給反宗教的啟蒙思想以激勵，但在希臘化時期，卻並未消除社會大眾的宗教恐懼，當然也不可能阻止東方宗教向西方世界的推進。同時我們也要看到，任何思想都有時代的特徵。伊比鳩魯的無神論觀點主要矛頭指向傳統宗教，即擬人化的多神教，這種批判是古典時期希臘理性哲學批判宗教的延續。但隨著時代的變化，在宗教狂潮面前，在一神論的宗教和由哲學家發展出來的理性神學已經出現的時候，伊比鳩魯的思想還沒有進到徹底否定一切神的地步。另外從適應時代需要的角度來看，伊比鳩魯學派在滿足社會大眾的精神需要方面顯然無法與宗教相比。在一個大多數人還愚昧無知而又迫切需要撫慰的時代，要某種理性哲學去滿足人們的精神和情感需要，實在也是一種過高的要求。伊比鳩魯學派後來的發展說明了這一點。

懷疑論學派創立於西元前四世紀後半期。它也像伊比鳩魯學派一樣，一直延伸到羅馬帝國時期。這個學派的起源可以追溯到亞里斯多德的同時代人希臘埃利斯（Elis）的皮朗（Pyrrhon，約西元前三六〇—前二七〇）。但是，這位懷疑論學派的創始人以繪畫為生，生前並未撰寫過著作。他的學說主要透過他的學生提蒙（Timon，約西元前三二〇—前二三〇）的諷刺作品保存下來。在認識論上，他堅持不可知論觀點，認為事物的本性是不可知的、不可理解的，無所謂美醜、正義或不正義；因為，以同樣的理由可以提供相應的論據，所以對任何事物只能是不置可否的「懸擱判斷」。他還把這種觀點貫徹到社會倫理生活中，對人類生活的種種外界環境採取漠不關心的態度，認為哲人面臨任何際遇，都應保持心靈的完全寧靜，不要讓任何事物妨礙他的這種寧靜。「最高的善就是不做任何判斷，隨著這種態度而來的便是靈魂的安寧，就像影子隨著形體一樣。」以後各個時期的懷疑論者在理論上雖然有不同程度的發展，但其追求所謂「不動心」的心靈寧靜的主旨沒有變化。

從不可知論出發，自然會引導人們對宗教信仰採取一種不可知論的立場。然而，懷疑論學派中雖然也有人把懷疑主義哲學指向宗教信仰，如卡涅阿德斯（**Carneades**，西元前二一三—前一二九）曾批評宗教中的獨斷論，但就總體上來說，他們對當時的宗教浪潮並沒有像伊比鳩魯學派那樣予以抗擊，而是採取了一種「不動心」的旁觀態度。這種態度影響到社會，一方面削弱著人們對傳統宗教的信仰，至少是在知識階層的心目中，神聖宗教的根基動搖了，成了可疑的對象；但另一方面，它又因為不能滿足社會大眾的精神和情感需要，而為東方宗教的傳播掃清了道路。羅素（**Russell**）對希臘化時代的懷疑主義的社會作用有這樣一段評論：「懷疑主義儘管繼續打動著某些有教養的個人一直到西元後三世紀，但是它卻與日益轉向教條化的宗教和得救學說的時代性格背道而馳。懷疑主義者有足夠的力量能使有教育的人們對國家宗教不滿，但是它卻提供不出任何積極的東西（哪怕是在純知識的領域內）來代替它。自從文藝復興以來，神學上的懷疑主義（就它大多數的擁護者而論）已經被對於科學的熱忱信仰所代替了，但是在古代卻並沒有這種對懷疑的代替品。古代世界沒有能夠回答懷疑派的論證，於是就迴避了這些論證。奧林帕斯的神已經不為人所相信了，東方宗教入侵的道路已經掃清了，於是東方的宗教就來爭取迷信者的擁護，直到基督教的勝利為止。」

在整個希臘化時期影響最大的哲學流派要數斯多葛學派。這個學派由芝諾（**Zeno**）於西元前三〇一年創建。由於他在雅典市場北面的「斯多葛」講學，因此這個學派就被稱作斯多葛學派。「斯多葛」的意思是「畫廊」，所以斯多葛學派又名「畫廊學派」。

在思想體系的傳承上，斯多葛學派是希臘古典哲學的延續。「斯多葛學派的自然哲學大部分是赫拉克利特的，而它的邏輯學與亞里斯多德的邏輯學相似。」但是在希臘化時代東西方文化融和的背景下，斯多葛學派的思想體系本身就是一種東西方思想的混合體，是希臘哲學與東方宗教的混合體。這個學派的奠基人和主要代表，幾乎都來自希臘化了的東方國家。他們雖然都接受了希臘文化，卻不可能完全擺脫原有的文化背景。在希臘化時代的宗教狂潮面前，他們採取了迎合的態度。「沒有一種早期的哲學體系像斯多葛學派那樣，如此緊密地和宗教銜接起來……，一般地講，他們的哲學帶有一種明顯的宗教的調子。在斯多葛學派的體系中，幾乎沒有一個簡單的突出的特徵，不是或多或少和神學連接起來的。」

從總體上看，斯多葛學派的思想體系是一個宗教神學化的體系。哲學與宗教在這個體系中是融為一體的。在斯多葛學派成員本身看來，真正的宗教和哲學沒有什麼差別。他們對希臘傳統宗教進行過批評，認為「種種擬人的信仰」是不純潔的，有關諸神和英雄們的神話是無價值的，傳統的宗教儀式是愚蠢的。但另一方面，他們又積極倡導一種由智慧的人掌管的更高級的宗教。他們認為，宗教之所以被普遍接受，就是對神的智慧的證明。「只有有智慧的人，才能做僧侶、祭司，因為他們研究過獻祭，研究過建造廟宇，研究過淨化，研究過所有其他有關神的事項。」中期斯多葛學派的帕奈提烏（**Panaetius**）把神學分為三種：第一種是詩人的神學，是擬人的和虛妄的，充滿荒唐的、毫無價值的無稽之談；第二種是哲學家的神學，是合理的和真的，但不適宜流行；第三種是政治家的神學，堅持傳統的崇拜，它對公眾進行教化是必須的。有學者說：「斯多葛學派可以按兩種方式來解釋，我們在其中，或者能看到對神的『世俗化』和物質化的解釋；或者是恰恰相反，在其中能看到對物質的神化和精神化的解釋。」這正是後人對這種哲學宗教聯合體的兩種不同角度的剖析，而且這兩種分析是不可能截然分開的。

斯多葛學派的物理學就是一種神學世界觀。斯多葛學派認為，整個宇宙是由天地及其中的自然界組成的體系，或是由諸神、人類，以及一切為人類而創造的東西組成的體系，整個宇宙是受理性、天命、神的意志支配的，神不生不滅，是萬物的秩序和創造主。那麼按希臘理性主義的傳統怎樣證明這種世界觀呢？斯多葛學派認為，宇宙有兩種本原：被動的本原和主動的本原。被動的本原是沒有規定性的物質，它是不動的和不成形的，但能接受一切運動和形式；主動的本原是指內在於被動的物質的本原，是理性、理性的力量、邏各斯（**Logos**，中文譯為道）。理性的力量是能動的，是運動的源泉，和物質結合在一起；這種在宇宙中發生作用的力量也就是神，神是永恆的，是物質的創造主。宇宙之所以是美的，是因為它只能來自能思維的心靈，從而證明神的存在。他們溝通哲學與宗教的方法是喻意解經法。斯多葛學派致力於從古代作者的作品和古老的傳說中尋找哲學的解釋，使古老的宗教信仰和哲學見解聯繫起來，對荷馬和赫西奧德的詩篇，他們認為其中的奧祕不能單從字面上來理解，而應找出其中的哲學涵義。他們把宙斯解釋為神聖本原、唯一的原初存在、產生和吸引萬物的神；天神宙斯就是原初的火、世界精神、普遍的宇宙理性、規律、法律、命運。就這樣，他們把神靈觀念和理性論證，把宗教神話典籍和哲學思辨結合起來了。這種喻意解經法對後來的神學家發生過深刻的影響。「這是古代標準解釋學的方法的起源，後來希臘化的神學家和基督教神學家，為了解釋《聖經》的經文，欣然使用了這種方法。」在東方宗教的影響下，斯多葛學派日趨神祕主義。有些斯多葛派的代表人物還提倡巫術、占星術、見靈術（顯靈術）。例如，克律西波深信一切事物都是按照命運發生的，占卜是對神的存在和天命統治的最有力的證據。他還提倡交感巫術，認為人和精靈是相互交感的，精靈注意人間事務。

以上，我們已經簡述了希臘化時期的三個主要哲學流派對當時盛行的宗教狂潮的基本態度。由此可見，整個希臘化時期的哲學由於時代的急劇變更和社會公眾心理的迫切要求，把目光轉移到倫理問題、道德問題與宗教問題上來。當時雖然有以伊比鳩魯學派為代表的無神論哲學在發揮著抗擊宗教潮流的作用，但並未能遏制這股東方宗教西傳的勢頭。而其他派別或是旁觀，或是迎合，宗教與哲學的融和在斯多葛學派中得到了最明確的表現。作為希臘古典哲學的延續，這些流派還保留著理性原則，但在東方宗教向希臘哲學的滲透下，希臘化時期的哲學也充斥著神祕主義。這種神祕主義傾向的發展是古代社會在希臘化時代晚期所身歷其境的危機的必然結果，預演了未來幾個世紀中猶太宗教與希臘哲學的融和，新柏拉圖主義和基督教神學的融和。

馬克思在他的博士論文中說：「希臘哲學在亞里斯多德那裡達到極盛之後，接著就衰落了，這也沒有什麼可驚奇之處。不過英雄之死與太陽落山相似，而和青蛙因脹破了肚皮致死不同。」希臘古典哲學是理性的英雄，在西方文化的發展史上有其不朽的地位。然而，適合它生存發展的文化環境變了，東方式的大帝國取代了城邦，君主制取代了奴隸主民主制。「由於希臘生活的理想世界已分崩離析，由於民族的宗教日益淹沒在客觀世界的習俗中，由於被剝奪了獨立性的和破碎的政治生活不再喚起虔誠，每個人的心靈深處深感到只有依靠自己；因此更迫切需要人生目的的科學理論，更迫切需要保證個人幸福的智慧了。這樣，處世哲學，繼希臘哲學之後，變成了哲學的基本問題。」適者生存，希臘化時代的各種哲學不得不適應一個宗教日益占上風的時代。於是乎，該時期的哲學派別「一方面，它們不再有原來的為理論而理論的興趣，只沿著處世哲學觀點所決定的方向發展；另一方面它們缺乏獨創性，它們自始至終只不過是改頭換面的舊傳統，受基本的實踐思想的支配。甚至像斯多葛學派和新柏拉圖學派那樣全面的體系，也不過利用希臘哲學概念以謀求獲得實踐理想的理論基礎而已」。而此時的宗教卻取得了一個大發展的機會。「在希臘化時期的宗教和國家關係中，最意味深長的事情是，我們看到，為區域性的國家創造一種宗教和政治領域的新聯合，邁出了最初的步伐。」它不僅為社會上層統治者所利用，而且可以發揮滿足社會心理需要的作用。希臘的民眾在遭受苦難的折磨。「悲觀是這個時期希臘的狀況。」「希臘哲學已經取得的進展，以及希臘哲學對於通俗宗教越來越激烈的公開對抗，帶來了這樣的後果：亞里斯多德以後的哲學所探索的處世哲學的特殊任務，就是要找到宗教信仰的代用品。」哲學與宗教神學在斯多葛學派那裡完全合流了。希臘理性哲學這位英雄不得不日落西山。

四、基督教接納希臘哲學

基督教興起之時，希臘哲學已經有了數百年的歷史。德謨克利特、柏拉圖和亞里斯多德的宏偉思想體系盡現希臘哲學鼎盛時期的輝煌與風采，至今令人矚目；隨後出現的希臘化時期的各種哲學流派雖然銳氣漸消，出現了嚴重的實用化、倫理化、宗教化趨勢，但仍不失為與東方宗教抗衡的一股精神力量。羅馬帝國建立以後，從共和時期延續下來的對希臘傳統的仰慕，以及帝國最高統治者對希臘文化的倡導，使得帝國境內出現了全社會性的希臘文化熱和哲學熱。希臘哲學的發展從外觀上呈現出一派繁榮景象。原有的各種希臘哲學流派得以延續和發展。伴隨著帝國都市化運動的進程，哲學講堂成為城市裡的常見景觀。貴族青年從小接受包括希臘哲學在內的文化教育，哲學家們出入宮廷，參與政事。尼祿（Nero）的宮廷顧問塞內加、羅馬皇帝馬可．奧勒利烏斯（Marcus Aurelius）都成為斯多葛學派的重要代表。柏拉圖夢寐以求的「哲學王」的理想，在羅馬帝國變成了現實。

然而希臘哲學好景不長。在短短的一個世紀裡，基督教迅速崛起，以一種強勁的姿態開始了它對地中海世界的宗教征服。得益於大批有希臘文化背景、精通希臘哲學的知識份子的皈依，基督教迅速地改變了自己神祕教的原始狀態，擁有了自己的神學與哲學。在一個傾心於宗教的時代，哲學自身在向宗教靠攏。斯多葛學派是羅馬帝國的官方哲學，但在東方宗教的影響下，其學說越來越多地顯露出宗教因素，在愛比克泰德（Epictetus）和馬可．奧勒利烏斯身上，斯多葛學說完全變成了一種解脫哲學或拯救哲學。羅馬帝國雖然出現過像盧克萊修（Lucretius）、琉善這樣反宗教的哲學家，但他們對宗教的批判說到底是對傳統擬人化多神論宗教的批判，面對後來吸取了希臘哲學的一神論的基督教，這類批判就無能為力了。從西元二世紀開始，基督教的教父們對羅馬帝國的各種多神論宗教進行批判，矛頭所指，兼及倫理化、宗教化趨勢日益嚴重的各種希臘羅馬哲學。各種哲學流派與各種非基督教的宗教一道成為基督教思想家批判的靶子，並在與基督教的論戰中敗下陣來。新柏拉圖主義的出現似乎給這種局面帶來一絲轉機。「新柏拉圖學派的成長，不只是作為羅馬帝國中的一個學術機構，而且還是一個宗教時代的一種精神運動。」普羅提諾以柏拉圖哲學為基礎，以宇宙精神化的手法，把一個廣泛接納各種希臘哲學、猶太神學和早期基督教神學內容的龐雜的思想體系，當作整個希臘哲學發展的終極結果奉獻給世人。普羅提諾思想體系的形成，使古典柏拉圖主義有了「新」意，使它超越斯多葛學派成為羅馬統治者最青睞的哲學，成為批判基督教的主力。然而，基督教的思想家已經搶先把柏拉圖主義納入了基督教的思想體系。新柏拉圖主義者在與基督教思想家的抗衡中，除了與羅馬皇帝的親密關係以外，已無理論上的優勢可言。隨著羅馬帝國政局的變化，基督教上升為國教。到了西元五二九年，東羅馬皇帝查士丁尼（Justinian）下令關閉雅典所有的哲學學校，希臘哲學的發展在外在形態上走向了終結。

以上所述就是羅馬帝國的基督教與希臘哲學抗衡的宏觀場面。如果我們能夠客觀地看待這一段思想史，不以哲學本身之興衰為唯一權衡，那麼不難看出，基督教與西方哲學的關係在這一時期主要表現在基督教思想家對各種希臘哲學所做的有選擇的接納，而不是該時期的思想家站在希臘哲學的立場上對基督教進行接納。當然，這樣說並不否認希臘哲學家對基督教思想的汲取，例如諾斯替主義（Gnosticism）哲學家對基督教信仰的汲取和改造，也不否認希臘哲學與基督教思想家在某些方面達成共識，例如希臘哲學中的理性神觀與基督教的一神觀。學者們常說：「基督教思想家汲取希臘哲學的理解、辯護方式，為基督教的信仰做辯護。」然而，汲取就是有選擇的接納。馬克思當年在談到柏拉圖與基督教的關係時說：「說基督教裡有柏拉圖的成分比說柏拉圖那裡有基督教的成分要正確得多。」同理，解釋基督教與西方哲學的關係重要之點，不在於它們之間在思想觀念上有無相互汲取的地方，而在於這種汲取是站在什麼立場上進行的，亦即以何者為本位的問題。包括查士丁（Justin）、克雷芒（Clement）、奧利金（Origen）、德爾圖良（Tertullian）、奧古斯丁（Augustin）等一大批基督教思想家，在汲取希臘哲學時從未偏離他們的基督教立場，有著十分明確的護教目的，這是一個不爭的事實。

基督教與希臘哲學的關係是在具體的文化環境中生成的。解釋兩者關係的最佳途徑是依據史實做具體的說明。在羅馬帝國文化的大熔爐中，基督教的對手不僅有形形色色的宗教，還有歷史悠久的高度理性化的希臘哲學。作為一種新宗教的基督教能否在自身中包容這樣一份歷史遺產，是基督教能否征服同時期其他宗教和哲學流派的關鍵。

基督教在其初始階段並不具備一套抽象的神學理論體系。使徒們在傳道中要闡發神的啟示和耶穌基督的啟示，對啟示的內容做過一些理性化的解釋，這就是所謂的新約神學思想。然而基督教思想並沒有到此止步，而是在與各種哲學思想的交鋒中繼續發展。異教哲學家對基督教的批判越多，基督教教義的理性化程度提高得越快。在基督教與希臘哲學各個流派的思想交鋒中，基督教一方有虔誠的信仰，但無系統的神學理論；而希臘哲學一方有成熟的理性批判能力，但無統一的信仰，而且又在相互攻伐。然而也正是在這樣豐厚的理性批判精神的文化氛圍下，基督教神學思想迅速地理論化、體系化了。完成這項工作的是古代基督教教父。使徒教父們有神學思想，但在理論形態上大體與保羅相仿，還談不上系統化、理論化。而希臘教父和拉丁教父的著作則大大地系統化、理論化了。希臘哲學在羅馬帝國文化中所占的巨大份額，使基督教教父們不得不思考基督教應當怎樣對待希臘哲學，並在面臨希臘哲學家對基督教的批判時發表自己的見解，由此構成了羅馬帝國精神文化領域內與希臘哲學家對峙的另一個陣營。

古代基督教哲學與基督教神學是合二為一的，它確切地說來是一種神哲學，或者說是一種以神為主要思考對象的哲學。在古代教父思想家的努力下，原始基督教的經驗被理性化，基督信仰的主要觀念有了哲學的支撐，一元論的基本立場得到確認，一種系統的以基督神學教義為外觀的哲學產生了。源於原始宗教與神話的希臘哲學滋養了這種新神學和新哲學，而它自身亦與其他希臘羅馬宗教一道走向終結。反之，古代教父哲學在希臘羅馬哲學的哺育下，開創了基督教哲學的歷史。它本身是西方古代哲學發展的一個重要組成部分，同時又是基督教哲學的初始階段和中世紀經院哲學的先驅。

在古代基督教思想家那裡，占上風的觀點是將基督教教義解釋為真正的、最高的哲學，並企圖證明基督教教義已經把可以在希臘哲學中發現的那些具有持久價值的所有學說融和於自身。「天下的一切至理名言都屬於我們基督徒。」基督被稱為導師，這個導師就是理性本身。通過這種方式，基督教教義便與理性哲學盡可能地接近了。對基督教思想家來說，完全不加選擇地「接納」希臘哲學，或完全不加改造地「使用」希臘哲學的情況並不存在，也不可能。

從狹義的哲學發展看基督教與希臘哲學的關係，往往看不清其意義所在，而若把握了古代西方文化向中世紀過渡的全景，那麼，雙方所處的位置及其作用就可以看得比較準確了。有學者這樣評價奧古斯丁：「奧古斯丁不只是對中世紀人的思想的形成，做出了許多貢獻，而且，透過使用正在崩潰的大廈的材料，有助於使某些古代的成就繼續保持生命，為了在不同的基礎上，締造一種新的文化。」這一評價同樣適用於所有古代基督教教父對希臘哲學的接納和使用。由教父思想家確立的信仰至上原則和包容理解，或知性在內的信仰主義就是中世紀基督教信仰的特點。隨著這一原則的確立，哲學理性只能處於僕從的地位。西方的中世紀就是這種哲學境遇的最典型時期。

第五課

佛教基本知識

一、佛教的創立與發展
二、佛教的基本教義
三、佛教在中國的傳播及其經典
四、佛教的主要禮儀

一般地談論宗教對於初學者過於抽象。為了把握宗教學的基本知識，我們從現在起，用三講的篇幅分別講述三大世界宗教的基本知識，然後再進入對宗教學其他問題的討論。佛教與基督教、伊斯蘭教並稱為世界三大宗教，也是產生最早的世界宗教。它長期以來主要在亞洲地區流傳，十九世紀末開始傳入歐、美、非洲和大洋洲。據二〇〇〇年的一個統計數字，它現在擁有三億五千九百九十八萬信徒。

一、佛教的創立與發展

佛教誕生於西元前六世紀的古印度，由古印度迦毗羅衛國（今尼泊爾南部）淨飯王的兒子釋迦牟尼創立。佛教誕生的時代是一個民族矛盾和階級矛盾十分尖銳、社會動盪不安、新舊思想交替和宗教生活盛行的時代。

西元前二〇〇〇年到前一〇〇〇年間，原先居住在中亞地區的「亞利安人」向東進入印度恆河流域定居，對原來的土著居民實行壓迫和剝削，土著居民絕大多數淪為種族奴隸。到了西元前六世紀，印度奴隸制經濟急遽發展，手工業從農業中分化，商品經濟發展，出現了較大的城市，如王舍城、舍衛城、波羅奈城等。據佛典記載，當時從恆河流域的上游到下游還建立了以城市為中心的十六個國家。其中最強大的是恆河南岸的摩揭陀國和西北邊的橋薩羅國。迦毗羅衛國是居於東北方的一個小貴族政治共和國。由於國與國之間經常發生攻伐與兼併，到了釋迦牟尼晚年，該國被橋薩羅國琉璃王吞併。

當時印度各國通行種姓制度。「種姓」是梵文Varna（瓦爾納）的意譯，也譯作「族姓」。「瓦爾納」的原意是顏色、膚色。「亞利安人」膚色白，土著居民膚色黑。亞利安人從種族上把自己和被征服的土著居民區別為「亞利阿」和「達薩」兩個瓦爾納（種姓）。在社會和政治生活中，亞利阿種姓占統治地位，而達薩種姓則居於被統治的地位。這兩個瓦爾納是職業世襲、內部通婚、不准外人參與的社會等級集團。後來隨著階級分化和社會分工的發展，亞利阿內部又派生出婆羅門、剎帝利和吠舍三個種姓，加上達薩，即第四級種姓「首陀羅」，共為四級「種姓」，也就是社會四個等級。第一級婆羅門，即僧侶。他們自認為是創造宇宙的主宰「梵天」（天神）的代表，地位最高貴、最顯要。當時的印度，凡決定國家大事乃至家庭生活，都要舉行一定的宗教儀式，這些儀式必須由婆羅門來主持，否則就不合法。婆羅門掌握神權，主持祭祀，是人民精神生活的統治者。第二級剎帝利，即武士。他們擔任國王和文武官職，掌握政治和軍事實權，是古印度國家的世俗統治者。僧侶是祭司貴族，武士是軍事貴族。這兩級都是不事生產的貴族奴隸主階級。第三級吠舍，是農民、牧人、手工業者和商人，負有繳納租稅和服徭役的義務。第四級首陀羅，是奴隸、雜工和僕役，他們要替主人耕牧、從事家務勞動，沒有任何權利，備受壓迫和剝削，社會地位極低。以上四個種姓的界限分明，壁壘森嚴，他們的社會地位、權利義務、職責、生活方式和風俗習慣都不相同。而且是世代相承的。

釋迦牟尼的時代隨著國家機器的加強，剎帝利在政治和軍事上的地位越來越高，他們對婆羅門的特權日益表示不滿，要求擴大自己的權利，支持各種非婆羅門思潮。工商業主隨著手工業的發達，商業的繁榮，財富積累的增加，希望提高自己的社會地位，對政治權力也產生了強烈的要求。當時奴隸們也通過逃亡、破壞水利工程和謀殺奴隸主等種種方式，與奴隸主進行鬥爭。這些社會力量的形成、發展；削弱了婆羅門勢力在政治、文化、宗教、思想各方面的控制。這種錯綜複雜的政治鬥爭反映到思想領域；推動了代表各個階級利益的思潮的產生、流行。當時對於社會和人生問題，出現了數以百計的不同見解。據佛典記載，當時佛教以外的思想體系或宗教派別，即所謂「外道」；就有九十六種。歸結起來，主要是兩大對抗思潮，即婆羅門的守舊思潮和沙門（修道人）的革新思潮。

婆羅門教是當時居於統治地位的宗教。它以《吠陀》為天書，奉之為神聖的經典。尊奉梵天、毗濕奴和濕婆為三大主神，這三大主神分別代表宇宙的「創造」、「護持」和「毀滅」。它提出吠陀天啟、祭祖萬能和婆羅門至上的三大綱領。宣揚整個宇宙是一個統一體，主觀與客觀、自我與世界、個人的靈魂與宇宙的靈魂，都結合在這個統一體中。人們所認識的世界並沒有內在的實體，內在的實體屬於「神我」——大梵，這是永恆不變的無始無終的真實存在，人的靈魂是這個存在的一部分。婆羅門教宣稱社會上四大種姓都是「梵」生出來的：「梵」從口裡生婆羅門，從肩上生出剎帝利，從臍處生出吠舍，從腳下生出首陀羅。因此社會上的人也就理所當然地有高低貴賤的等級差別。它還宣揚因果報應、生死輪迴的觀念，認為人的靈魂不滅，而轉世的形態又取決於此生是否按婆羅門教教義行事。如果虔誠奉行婆羅門教，死後可投生天界，相反，就會變為畜生，甚至下地獄。並強調只有屬於前三個種姓的人才有信仰宗教、祭祖鬼神和死後靈魂升天的資格，而首陀羅則根本沒有舉行宗教儀式的權利，自然死後也更談不上靈魂升天了。這就是說，首陀羅不論是在社會生活上還是在宗教生活上都是沒有出路的。

當時反對婆羅門教的教派，著名的如耆那教，信奉業報輪迴、靈魂解脫、苦行主義和清淨與染污的倫理學說。此教認為，人的現世命運是由前世的「業」（思想、言論、行為）決定的，為此就要通過宗教的修持，使靈魂獲得解脫。靈魂是無所不在的，是半物質性的實體，和其所依附的形體相當，並隨體積的增長而增長。靈魂的解脫，也就是道德的清淨。道德上的染污是由不潔淨的微細物質，從皮膚毛孔中進入靈魂內部所引起的，而要獲得道德上的清淨，就必須堵塞進入不淨物質的孔道，以使靈魂最後證得「涅槃」，獲得解脫。為此，耆那教又反對祭祀，而主張嚴守誡律，並提出了五條誡律：不殺生、不欺誑、不偷盜、不姦淫、戒私財。此外還提倡諸如絕食、身臥釘床、日曬、火烤、投岩、拔髮、熏鼻等等苦行，以為這也是解脫的道路。再如順世論，是古代印度著名的唯物論學派，它反對梵天的存在，認為構成世界萬物的獨立常存的元素是地、水、火、風（「四大」）；人和世界都由四大合成。人死後復歸於四大，否定靈魂的存在。它認為人生的幸福不在天堂，也不在下世，而在今生。強調人生的目的在於滿足肉體的各種慾望，即以求得快樂為滿足。它主張種姓平等，反對輪迴、業報、祭掃、苦行。這種學說是對婆羅門教最激烈的批判和反對。還有一種直觀主義學派。此派對一切問題都持相對主義立場，都不做決定說。例如，對於有無來世，有無果報，他們認為，說有就有，說無就無，也可說亦有亦無，還可說非有非無，由此人們稱之為難以捉摸的如泥鰍的學說。以上這些學說的具體觀點雖然各不相同，但是在反對婆羅門教的政治、思想統治方面則是一致的。這就是釋迦牟尼創立佛教時的社會、政治、思想、宗教的背景和環境。

佛教創始人釋迦牟尼姓「喬答摩」，名「悉達多」。人們尊稱他為「釋迦牟尼」（Sakyamuni）。釋迦是他的族名，「牟尼」的意思是明珠，喻為聖人，因此釋迦牟尼的意思就是釋迦族的聖人。佛教徒則稱之為「佛」

或「佛陀」。據說在他創立佛教教義以後，許多人到他那裡詢問他是什麼。人們想問的不是他的名字、出身和家世，而是「你是什麼？」他們問他「你是神嗎？」「不是。」「你是聖人嗎？」「不是。」「那麼你是什麼呢？」他回答說：「我醒悟了。」他的這個回答成了他的頭銜，因為這就是佛的意思。佛陀是Buddha的音譯，用今天的漢語音譯，應當是「布達」。這個梵文詞的詞根budh含有醒來和知道雙重意思。佛的意思就是「啟悟了的人」，或者「醒悟了的人」。當世界上其他的人都處在沈睡中，處於自以為清醒的人生而其實仍在夢境的狀態時，他們之中的一個把自己叫醒了。佛陀一詞是印度早就有的，佛教給它加了三種涵義：一是正覺，即對一切法的性質相狀，無增無減地、如實地覺了；二是等覺或者遍覺，即不僅自己覺悟，而且能平等普遍地覺他，使別人覺悟；三是圓覺或無上覺，即自覺覺他的智慧和功行都已經達到最高的、最圓滿的境界。所以佛陀的意義即圓滿覺悟的人。

關於釋迦牟尼的生卒年代有不同的說法。一般認為生於西元前六二四年，卒於西元前五四四年。享年八十歲。他所處的時代正當我國春秋時代，與孔子同時。他當時是迦毗羅衛國國王的長子。父親名淨飯王，母親名摩耶。根據當時印度的風俗，摩耶夫人生產前回到母家去，路過藍毗尼花園，在樹下休息的時候，產下了悉達多王子。

摩耶夫人產後七天便去世。悉達多王子由他的姨母養育。他自小從婆羅門學者們那裡學習文學、哲學、算學等社會科學和自然科學知識。又從武士們那裡學習武術，是一個騎射擊劍的能手。他父親淨飯王因為他天資聰明、相貌奇偉，對他期望很大，希望他繼承王位後建功立業，成為一個「轉輪聖王」，即統一天下的君主。

悉達多太子幼年就有沈思的習慣，世間許多現象，都會引起他的感觸和深思：飢、渴、困、乏，弱肉強食，人會生、老、病、死，促使他思索如何解脫世界上的這類痛苦。他感覺到從他當時讀過的書上找不到答案，他未來的王位和權力也不能解決這類問題。於是他就有了出家修道的念頭。他的父親淨飯王早就發現了兒子的心思，曾經用各種辦法阻止他，企圖透過生活上的享受來打消其出家的念頭。於是在他十六歲時便為他娶了鄰國的公主耶陀羅為妃，生有一子。但是這一切並沒有能夠阻止他。二十九歲時感到人生無常，在一天夜深人靜的時候，他偷偷地離開皇宮，換去王子的衣服出了家。他的父親曾力勸他回去無效，就在親族中選派五個人隨從他。他先後尋訪三個有名的宗教家學道，仍不能滿足他的解救人類痛苦的要求，便離開了他們，來到尼連禪河岸邊的樹林裡，和那裡的苦行人在一起。為了尋求解脫，他嘗盡了艱苦辛酸，堅持不懈，經歷六年苦行，但都沒有獲得所期望的結果，方悟到苦行是無益的。他於是放棄以前的做法，便一個人來到菩提伽耶的一棵菩提樹下坐禪，並發誓說：「我如果不證得到無上覺，寧可讓此身粉碎，終不起此座。」經七天七夜，最後終於戰勝了煩惱魔障，獲得了徹底覺悟，成了有大智慧的人。時年三十五歲。此後四十五年內，佛陀把自己覺悟的內容向社會各階層宣說，擁有越來越多的信徒。他最初找到他原來的五位侍者，為他們說法，從而組織教團，形成佛教。佛教把佛陀第一次說法的活動，稱作「初轉法輪」。

轉法輪的概念是從印度傳過來的。「輪」，是印度古代戰爭中使用的一種不戰而勝的武器，它的形狀像個輪子。印度古代有一種說法，即征服四方的大王叫「轉輪聖王」。所以，釋迦牟尼出生時，傳說空中出現此輪，預示他的前途無敵。釋迦牟尼創立佛教，是無上乘的教法，因此人們就把戰爭用的「輪」，即不戰而勝的武器比喻佛所說的教法，名曰「法輪」。佛教的理論出現於世，使一切不正確的見解和說法都破碎無餘。所以佛教把佛法的弘揚稱為「法輪常轉」。後來傳到中國，法輪成為佛教的標誌和象徵。因此，有的寺院房子上建有法輪，僧人的香袋上也繡有法輪，表示佛教徒對佛教的無上乘教法的信仰和崇拜。世界佛教徒聯合會將「法輪」的圖案作為佛教的教徽。

佛陀在鹿野苑初轉法輪後到摩揭陀國去的路上，受到他的教化而皈依的人很多，其中有拜火教的婆羅門姓迦葉的三兄弟率領一千多人皈依佛教。他到了摩揭陀國首都王舍城後，皈依的人更多。其中最有名的出家弟子有舍利弗、摩訶目犍連、摩訶迦葉等人。回到故鄉，佛陀的異母弟弟難陀、堂兄弟阿難、提婆達多和他的兒子等都出了家。他的姨母也皈依了佛教，成為僧團中第一位出家的女弟子。根據記載，佛自己足跡所到的地方主要是中印度地區。他的弟子到四方遊化更遠一些。斯里蘭卡和緬甸都有佛曾經到過的足印的傳說。

佛陀最後在毗舍離城生了病，度過雨季後，偕弟子們向西北走，最後到了拘尸那伽一條河，洗了澡，在一處四方各有兩棵娑羅樹的中間安置著的繩床上側臥著安詳逝世。佛陀逝世後，遺體舉行火化。摩揭陀國和釋迦族等八國將佛陀的舍利分為八份送到各地建塔安奉。其中摩揭陀國安奉在菩提伽耶的那一份舍利，到西元前三世紀，被阿育王取出，分成許多份送到各地建塔。在釋迦牟尼創立佛教和他逝世後一百年間，佛教主要在古印度恆河中游一帶流傳，佛教教團比較統一，都奉行釋迦的教法，信徒持戒嚴謹，基本上以乞食為生。歷史上通稱這一期間的佛教為「原始佛教」，也稱「早期佛教」、「初期佛教」。

佛教的創立是東方文明史上的重大事件。它不僅影響了印度宗教和思想的各個部門，影響了後來印度歷史的發展，而且由於它的向外傳播，也影響了亞洲許多國家的宗教、倫理、哲學、藝術、民俗的變化和發展。約在佛滅後一百至二百年，佛教發展迅速。特別是阿育王（西元前二八六—前二三二）在位時，廣建佛塔，支持布教，尊佛教為國教，並派傳教師到周邊國家傳教，使佛教逐漸成為世界性的宗教。由於弟子們對佛陀的教義和誡律理解不同，佛教分為上座部、大眾部二大派。其後又分成十八部或二十部，從此原始佛教發展到部派佛教。部派佛教在印度佛教史上很重要，是通向大乘佛教的橋樑。

西曆紀元前後，有一部分佛教徒根據《大般若經》、《維摩經》、《法華經》、《解深密經》等闡述大乘思想和實踐的經典，進行修行和傳教，形成了大乘佛教中觀派——闡發空、中道、二諦等思想；瑜伽行派——弘揚萬法唯識、三界唯心的理論，構成空宗和有宗兩大系統。而將早期佛教稱為小乘（聲聞乘）。其後大乘（菩薩乘）佛教經過龍樹、世親等人的宣揚，得到較大發展。

七世紀以後，西印度產生了密教。它以《大日經》、《金剛頂經》為基本經典，吸收中觀和唯識學派的觀點、印度民間的宗教信仰，以持誦咒為主要修行方法。九世紀初，密教發展很快，相繼形成金剛乘、俱生乘、時輪乘等系統。十三世紀時，伊斯蘭教的勢力擴張到古印度各地，佛教在印度本土幾乎銷聲匿跡了。

佛教在印度沈寂了六百年之後，於十九世紀末掀起了「復興運動」。一八九一年斯里蘭卡貴族達摩波羅居士在可倫坡創辦摩訶菩提會，次年總部遷至印度加爾各答，上座部佛教又從斯里蘭卡北傳印度，影響頗大。

佛教創建以後，迅速地向周邊國家和地區傳播。一大主流傳播於東南亞一帶，在錫蘭（斯里蘭卡）、緬甸、泰國、高棉、寮國等東南亞國家和我國雲南邊境地區盛行，被稱作南傳佛教。另一主流，經中亞向北沿絲綢之路傳到中國漢地，後來傳到韓國、日本、越南，屬於北傳大乘佛教。據史書記載，漢語系佛教大約在西元前二年傳到中國中原地區，是為漢傳佛教；藏語系佛教從八世紀，沿著喜馬拉雅山脈傳到我國西藏地區，後來又傳到蒙古，又稱為藏傳佛教。

上述兩大主流最大不同之處在於：南傳佛教三藏經典用巴利文書寫，佛教徒重實踐；北傳佛教之三藏經典用梵文書寫，佛教徒重義理的發揮。按其傳播地區的語言畫分，分為巴利語系佛教、漢語系佛教和藏語系佛教。巴利語系佛教即南傳佛教，又稱上座部佛教，俗稱小乘佛教；漢語系佛教即北傳佛教，又稱大乘佛教。

二、佛教的基本教義

廣義的佛教包括它的經典、儀式、習慣、教團的組織等等。狹義的佛教僅指佛陀的教言，亦即佛教徒所說的佛法，包括四聖諦、緣起法、四法印、八正道等教義，解釋人生和世界的問題。

四聖諦指的是：世間的苦（稱作苦諦）、苦的原因（稱作因諦或集諦）、說苦的消滅（稱作滅諦）、滅苦的方法（稱作道諦）。「諦」是真理的意思。佛教經典非常多，其實都沒有超出這四聖諦，而四聖諦所依據的根本原理是緣起法，佛教的所有教義，都從緣起法而來。

緣起即「諸法由因緣而起」。意思是說，世間一切事物或現象，都是相待相持的互存關系和條件，離開關係和條件，就不能生成任何事物和現象。佛曾給「緣起」下了這樣的定義：「若此有則彼有，若此生則彼生；若此無則彼無，若此滅則彼滅。」例如，沒有樹木就沒有森林，而樹木則是由樹的種子發芽後長出來的，因此沒有種子，就沒有樹木。樹木是要靠土壤、陽光、空氣、水分才能成長的，因此，沒有土壤、陽光、空氣、水分等一切條件，就沒有樹的種子的生長。所以，森林、樹木、土壤、空氣、陽光、水分是相待相持的互存關係和條件，離開了它們，就沒有樹木，沒有樹木也就沒有森林。

互存關係也就是因果關係，如種子是因，芽是果，樹木是因，森林是果等。實際上沒有絕對的因，也沒有絕對的果，在前一因果關係中，種子是因芽是果，在後一因果關係中，芽是因，樹是果，在再後一個因果關係中，樹是因森林是果。世界就是這樣由時間上無數的異時連續不斷的因果關係組成的無限的網絡構成的。所以，佛教常說的一個偈語是：「諸法因緣生，諸法因緣滅，吾師大沙門，常作如是說。」

緣起說被視為佛教的根本思想，被認為是普遍的客觀真理。以佛教的法語表示，即是：「見緣起者即見法，見法者即見緣起。」又說：「見緣起者見法，見法者見佛。」這就是說，若能真正理解了緣起法，也就真正理解了佛教。

四法印是佛教教義的另一重要內容。印是印璽，蓋有國王印璽的檔有通行無阻的作用。法印就是「佛教的標記」。「諸行無常、諸法無我、有漏皆苦、涅槃寂靜」是佛教的最基本義理，可以用來印證各種說法是否正確，故稱四法印。印定其說，即是佛說，否則即是魔說。

四法印是判定佛教真偽的標誌，掌握了它，便能對一切佛法通達無礙。理解了四法印，也就理解了佛教的根本的思想。四法印之一是「諸行無常」。這裡的「諸」是指一切事物和一切現象，指宇宙中的萬事萬物，「行」是遷流變動的意思，一切現象都是遷流變動的，所以叫做「行」。「無常」是指沒有恆常的存在，沒有一成不變的事物和現象。「諸行無常」的意思就是宇宙的一切事物和一切現象都是此生彼生、此滅彼滅、相待相持的相互關係，沒有恆常不變的存在。所以任何現象的性質都是無常的，表現為剎那生滅的。「生滅」二字，實際上包括著「生、異、滅」三字或「生、住、異、滅」四個字。這裡每一個字表示著一種狀況：一個現象的產生、發生叫做「生」；當它存在著，發生作用的時候叫做「住」；在它存在或者發生作用的過程中，同時也在發生變化，如動植物的成長和老化等等，叫做「異」；通過變化一種現象消失了，叫做「滅」。「剎那」是個極短的時間單位，佛經中說彈指一下的時間就有六十剎那，一個剎那具有「生、住、異、滅」的過程。一個人有「生、老、病、死」，佛教把人從生到死為一期，在這一期有「生、住、異、滅」，也即是「生、老、病、死」，但從各個組成部分來說，則是剎那的「生住異滅」。一個物體的生住異滅，一個世界的生住異滅，實際上都是剎那生滅相續地存在，佛教認為，沒有什麼事物不是剎那生滅的。

四法印之二是「諸法無我」。它的意思是說，「世界上一切事物和一切現象並無本體論的所謂我的存在。」「無我」的意思是無固定性，亦即無自性。佛教認為，世上一切人和一切有情感的生物都叫做有情。所謂有情，無非是各種物質要素和精神要素的集合。比如，人的身體組織是由地、水、火、風、空、識六大要素所構成的，地為骨肉，水為血液，火為身體溫度，風為呼吸，空為種種空隙，識為種種精神活動。有情的組織分為色、受、想、行、識五蘊。色是指世界上的各種物質，包括人的眼、耳、鼻、舌、身等五根（人的五個感覺器官）以及這些感官的感覺對象；受是感受（感到苦、樂、不苦不樂等）；想是印象（事物的相貌、顏色、大小、長短、方圓等）；行是推動身心活動的力量；識是對所認識的對象進行判斷和推理。世上的一切種種要素的集合，而各種要素又是剎那間依緣而生滅，找不到一個固定的、獨立的有情在支配著身心，也就是找不到「我」的存在。所以佛教說的空，不是平常說的沒有，而是說世界上沒有一個永恆不變的「我」存在，沒有一個自性本體的法存在，沒有一個常恆不變的主宰體存在。

四法印之三是「有漏皆苦」。「漏」是煩惱的意思。佛教認為眾生不明白一切法「緣生緣滅」、「無常無我」的道理，而在無常的法上貪愛追求，在無我的法上執著為「我」，或為「我所有」，這叫惑。惑使人煩惱。煩惱種類極多。貪（貪慾）、憤（仇恨）、癡（不知無常無我之理叫做癡）是三毒，加上慢（傲慢）、疑（猶疑）、惡見（不正確的見解），合在一起為六大根本煩惱。世間有無量的苦，這苦不是孤立的、偶然地自己生起來的，也不是造物主給予的，而是有因緣的。困惑所造的煩惱就是業，因業而有生死苦，就是有漏皆苦。

四法印之四是「涅槃寂靜」。涅槃（梵文Nirvana）這個詞的原意是「熄滅」，意譯「圓寂」。它是佛教全部修習所要達到的最高理想，一般指熄滅生死輪迴後的一種精神境界。佛教認為，人生有著重重煩惱和痛苦，涅槃即是對「生死」諸苦及其根源「煩惱」的最徹底的斷滅。

人生痛苦的根源在於煩惱，那麼如何使人擺脫這個痛苦的根源，達到理想境界呢？佛教在這方面的論述很多，其中最主要的是所謂「八正道」，意謂通向涅槃解脫的正確方法或途徑。八正道的具體內容是：（1）正見，對佛教真理四諦等的正確見解；（2）正思，對四諦等佛教教義的正確思維；（3）正語，純淨語言，說合乎佛法的言論，不妄語、不慢語、不惡語、不謗語、不綺語、不暴語、遠離一切戲語；（4）正業，從事清淨之身業，不殺生、不偷盜、不邪淫、不做一切惡事；（5）正命，過符合佛教規定的正當生活，遠離一切不正當的職業；（6）正精進，勤修涅槃之道法；（7）正念，明記四諦等佛教真理；（8）正定，修習佛教禪定，心專注於一境，觀察四諦之理。佛教認為，按此修行可由凡入聖，從迷界此岸達到悟界的彼岸。

三、佛教在中國的傳播及其經典

佛教何時傳入中國，歷史上說法不一。近年來，中國佛教協會確定以西漢哀帝元壽元年（西元前二年），大月氏使臣尹存口授《浮屠經》給博士弟子景盧為佛教傳人中國中原地區的標誌。自那時起，在長達二千多年的歷史中，由於傳入時間、路線、民族等不同因素，中國佛教形成了「上座部佛教、漢傳佛教、藏傳佛教」三大教派俱全的獨特格局。

西元前三世紀中葉，阿育王之子摩哂長老前往錫蘭傳教，佛教在錫蘭迅速發展，巴利文三藏佛經正式記錄成冊。到了五世紀，覺音法師註釋巴利文三藏，奠定了南傳佛教的基礎。大約到十西世紀，緬甸、泰國、高棉、老撾（寮國）等國，已經完全變成以錫蘭為傳承之上座部佛教。

上座部佛教早在七世紀就從緬甸傳入我國雲南邊境地區，後來情況不明。十一世紀後期，緬甸蒲甘王朝重興佛教，上座部佛教再次從緬甸傳入雲南邊境地區，此後不斷發展。一二七七年開始有傣文的貝葉經出現。雲南省有傣族、布朗族、景頗族、佤族、德昂族、阿昌族等六個民族全民或者部分信仰上座部佛教。所用經典係巴利語三藏的傣語音譯本，重要部分有傣語翻譯。此外，傣語和布朗語的佛教註疏和著述也不少。

漢傳佛教始於西漢。西元前二年，大月氏國派了一個名叫尹存的使者出使中國，向博士弟子景盧傳授佛經《浮屠經》。這部佛經由於年代久遠，戰亂頻繁，已經失傳。東漢明帝於永平十年（西元六七年）派人赴印度求法，請回攝摩騰、竺法蘭二位印度僧人到洛陽白馬寺宣揚佛教，並翻譯出第一部漢文佛典《四十二章經》。

這是現存最早的經文。東漢以後，印度大小乘佛經不斷傳入中國，譯成漢語。

魏晉時期盛行老莊玄學，佛教大乘般若學說在思辨方法上與玄學相似，所以很快風行社會。南北朝時期，後趙石勒、石虎，前秦苻堅，後秦姚興，梁武帝等君主大力支持佛教。同時教內出現佛圖澄、道安、鳩摩羅什、慧遠等高僧大德，講經說法，著書立說，翻譯經典，影響很大。當時出現了許多以研究一部或幾部佛典為中心的佛教學派：有研究《大涅槃經》的涅槃學派，研究《成實論》的成實學派，研究《十地經論》的地論學派，研究《攝大乘論》的攝論學派，研究《中論》、《十二門論》、《百論》的三論學派等。它們為後來中國佛教宗派的成立奠定了基礎。南北朝雖然發生了北魏太武帝和北周武帝兩次滅佛事件，但從總體來看，佛教已經普及到社會各個階層之中。

佛教經南北朝時期的普及發展，為隋唐時期佛教中國化提供了基本條件。隋唐是中國封建社會的盛世，也是佛教在中國發展的一個興盛時期。這個時期出現了一大批高僧大德，例如鑑真和尚、一行禪師、各宗派祖師等等。玄奘法師更是一位傑出人物，他置生死於度外，從印度取回了大量的經卷，進行翻譯，是著名的佛學家和翻譯家。經過長期與中國文化和社會習俗的融通、結合，中國佛教形成了一些具有民族特色的宗派。主要有八宗：（1）天臺宗；（2）淨土宗；（3）華嚴宗；（4）禪宗；（5）律宗；（6）唯識宗；（7）三論宗；（8）密宗。

唐朝是中國漢地佛教的鼎盛時期。自唐武宗滅佛後，佛教開始衰退。唐朝以後中國佛教沒有突破性的發展。宋以後，佛教各大宗派逐步走向融和，直至今日各派很少有門戶之見。元朝時期藏傳佛教興盛。晚清則出現居士佛教。

藏傳佛教也是佛教的一支，俗稱喇嘛教，主要流行於我國西藏、青海、雲南、四川、甘肅、內蒙古、新疆等省區以及尼泊爾、蒙古、哈薩克斯坦、印度等國家。西元七世紀，佛教從中國漢地和印度傳入藏族地區。佛教傳入後與當地苯教發生激烈衝突，而兩教在相互鬥爭中也互相吸收。此後不斷發展，十一、十二世紀，形成帶有藏族地區特色的藏傳佛教。它把以釋迦名義編述的大小乘佛法統稱為顯教，以法身佛大日如來所說的教法稱為密教。所據經典有：《大日經》、《金剛頂經》、《現觀莊嚴論》等顯密經典。藏傳佛教也有不同的宗派，主要有：寧瑪派、噶丹派、薩迦派、噶舉派、格魯派。它們雖然各有特點，但在教義上基本是把顯、密二教結合起來，提倡顯、密兼學兼修。藏傳佛教由於蓮花生大師、阿底峽尊者、八思巴帝師、宗喀巴大師等人的努力，發展迅速，影響深遠，成為藏族人民燦爛的民族文化的組成部分。

中國是北傳佛教的中心。朝鮮半島、日本、越南等地方以中國佛教為祖庭。中國是唯一具有世界三大語系佛教的國家，佛教成為中國優秀傳統文化的一個重要組成部分。

佛教的經典非常之多，按體例的不同，分為「經」、「律」、「論」三藏；按語言的不同，分為巴利語佛經、藏語佛經和漢語佛經。

三藏經典並不是釋迦牟尼佛本人所寫，而是由他的弟子們根據他生前講的法記誦出來的。在佛逝世的那一年，佛的弟子們五百多人進行第一次集結，將佛一生所說的言教經集結（含有編輯的意思）起來，以傳後世。佛逝世一百一十年後，由長老耶舍召集七百位學德兼優的僧眾進行第二次集結。在佛逝世二百三十五年後，阿育王時代，有很多外道混入佛教，擾亂了教義，以國師目鍵連子、帝須為首的一千比丘誦出三藏，清除外道，這是第三次集結。佛逝世四百年後，在大月氏國統治西印度時代，以世友菩薩為首的五百比丘造論解釋「六足發智論」，共三十萬頌，九百多萬言，這是第四次集結。距今九十多年前，緬甸國王邀集眾多比丘校勘巴利文大藏經，並將三藏全文和校勘記刻在石碑上，稱為第五次集結。一九五四至一九五六年，緬甸聯邦政府為了紀念釋迦牟尼逝世二千五百年，發起第六次集結，邀請緬甸、柬埔寨、斯里蘭卡、印度、老撾、尼泊爾、巴基斯坦、泰國等國的比丘二千五百人參加。他們進行了兩年工作，根據各國的版本和第五次集結的校勘記錄，對巴利文三藏進行嚴格的校勘，印成了最完善的巴利文三藏。

在佛經第一次集結時，侍從釋迦牟尼時間最長的大弟子阿難，背誦了釋迦牟尼對佛教教義的許多論述，整理確定下來後被稱為「經」。持律最精的優波離背誦了釋迦牟尼有關誡律的教導，整理確定後被稱為「律」。

在第一次集結除了誦出經與律外，還由大弟子迦葉誦出了不少佛學弟子們發揮佛教教義的論述，被稱作

「論」。

佛經三藏有幾種語言：（1）巴利文經典：巴利語是古代印度的一種語言，是佛陀時代摩揭陀國一帶的大眾語。據說佛就是用這種語言說法的，所以佛的弟子們也用這種語言記誦佛所說的經教。除巴利文三藏外，還有梵文三藏。傳到南方去的用巴利文，是上座部佛教。傳到北方去的用的是梵文，多數是大乘佛教的經典。巴利文經藏分五部，即長部、中部、相應部、增支部、小部。巴利文律藏分三部：分別部、度部、附篇。巴利文論藏有七部：法聚論、分別論、界論、雙論、發趣論、人施設論、論事。（2）藏文經典：藏文經典主要是從梵文翻譯的，彙集為藏文大藏經。藏文大藏經主要分兩部分：一是正藏，即「佛語部」（含經部、律部），名叫「甘珠爾」，即經藏、律藏，共一千一百零八部；二是副藏，「論疏部」，名為「丹珠爾」，共三千四百六十一部。（3）漢文藏經：傳到我國最早的佛經是《浮屠經》，經過戰亂失傳了。漢明帝派人求法，請回來最早的佛經叫《四十二章經》。隨著佛經不斷大量翻譯傳入，佛經越來越多，到了宋代，集中刻印成大藏經，為九七一年（宋開寶四年）刻本。歷代先後有二十餘個刻本。清代雍正、乾隆年間刻的大藏經通稱龍藏，共有一千六百九十二部，六千二百四十一卷。

四、佛教的主要禮儀

佛教徒尊奉佛教創始人釋迦牟尼為本師，而自稱為釋迦牟尼的弟子。佛教徒有四類，稱為四眾弟子，就是出家男女二眾，在家男女二眾。出家男女又有四類，即比丘、比丘尼、沙彌、沙彌尼四眾。出家的男眾為比丘，比丘是梵文音譯，意思是乞食，指僧人托缽乞食，也含有怖魔、破惡、淨命等意思。比丘就是出家後受過具足戒的男僧。出家女眾名為比丘尼，「尼」是梵語中女聲。指出家後受過具足戒的女僧。俗稱比丘尼為尼姑，尼是比丘尼的略稱，姑是漢語。比丘又俗稱為「僧人」。僧是梵語「僧伽」的略稱，意思是眾，凡三個比丘或以上和合共處稱為眾，即為僧伽。

古代印度各教派都提倡人到一定年齡以後，要出家修持。出家者被稱「沙門」，意思是止息一切惡行。

由於印度其他教派沒有傳入中國，這樣沙門也就成為出家佛教徒的專稱了。世俗還稱比丘為「和尚」。和尚是印度俗語・梵文的音譯為「鄔波馱耶」，意譯是「親教師」，即師傅。在中國一般是對佛教師長的尊稱，後又成為僧人的通稱。上述稱呼在書面上多用比丘、沙門，在口語上多用僧人、和尚。對那些佛教界的上層人物，有佛理素養又善於講解經文的，人們尊稱為「法師」。有時為了對一般僧人表示尊敬也稱之為法師。在中國蒙藏地區，人們稱僧人為「喇嘛」。喇嘛為藏語的音譯，意思是「上師」，是藏傳佛教對有學問的高僧的一種尊稱，相當於漢族地區所稱的和尚，同樣是師傅的意思。漢族人則常把蒙藏僧人統稱為「喇嘛」。

在家信教的男眾，稱為「優婆塞」，在家信教的大眾，稱為「優婆夷」。「優婆塞」是梵語，意思是清信士、近事男、近善男，即親近奉事佛、法、僧「三寶」者。「優婆夷」也是梵語，意思是清信、近善女，也是指親近奉事佛、法、以「三寶」者。俗稱在家的佛教徒為「居士」。「居士」是梵語「避羅越」的意譯，原指居積財富的人士，後來轉為居家修道人士的專稱。

佛教信仰者離開家庭獨身修道要經過一定的程序，是有條件的。一般的程序是按照佛教誡律的規定，先到寺院找一位比丘，請求他作為自己的「依止師」。這位比丘再向全寺院的僧侶說明情由，廣泛徵求意見，取得一致同意後，方可收其為弟子。然後再為他剃除鬚髮，授沙彌戒，此後這人便成沙彌了。出家人至少七歲才能受沙彌戒，沙彌至二十歲時，寺院住持、依止師經過僧侶的同意，召集十位大德長老，共同為他授比丘戒，才能成為比丘。受比丘戒滿五年後，才可以離開依止師，自己單獨修行，雲遊各地，居住各寺院中。至於女人出家，也同樣要先依止一位比丘尼，受沙彌尼戒。年滿十八歲時，受式叉摩那戒，成為「式叉摩那尼」（學戒女）。到二十歲時先從比丘尼，後從比丘受比丘尼戒。這樣經過兩度受戒後才能成為比丘尼。

佛教這套出家程序，在不同地區、不同時代的具體做法也有所不同。在中國漢族地區，唐宋時比較嚴格；元代以後就比較寬鬆了。大約自元代開始，受戒者還要在頭頂上燃香，作為終身誓願的標誌。近年來佛教界已在漢族地區廢除了這種陳規。

佛教對出家的佛教徒在服飾方面有著統一的嚴格要求，對於在家的居士則沒有特殊規定。佛教最早規定，比丘穿的衣服只有三衣：一是五衣，即由五條布縫製而成的內衣，日常作業和就寢時穿用；二是七衣，是由七條布縫製而成的上衣，禮誦、聽講時穿用；三是大衣，由九條布以至二十五條布做成，遇有禮儀或外出時穿用。比丘衣服的每一條布，分別由布塊連綴而成。這種式樣叫做「田相」，狀似田地畦壟，縱橫交錯，表示眾僧可以為眾生的福田，故也稱「福田衣」，也就是袈裟。在中國寒冷地區穿這三衣難以禦寒，所以又增穿一種圓領方袍的俗服。後來一般人廢棄了這種衣服的式樣，而僧人卻一直保持著，這樣，久而久之，圓領方袍便成為僧人專有的服裝了。

佛教各派有著非常複雜的禮儀。在原始佛教時期，僧眾的日常行事，除了出外乞食，每日各自修行。修行的方法：一是聞佛說法，或互相討論；二是修習禪定。佛教初傳入中國，弟子隨師修行，也沒有統一規範日常行事。在東晉時代，道安法師創立僧尼規範：一是行香、定座、上經、上講之法，即為講經儀規；二是常日六時行道、飲食唱時之法，即為課誦臨齋儀規；三是布薩、差使、悔過等法，即為懺悔儀規。當時天下寺院普遍遵行。宋明以來又在此基礎上形成了寺院普遍奉行的朝暮課誦，逐漸統一為每日「五堂功課」、「兩遍殿」。並且有鐘、鼓、磬、木魚等法器伴奏。早晚殿課誦成為漢傳佛教寺院修行的重要宗教活動之一。

佛教修行者為在短期內求得較佳的修行成果，常做限期之修行，通常多以七日為期，稱為打七，又稱結七。比如在七日中專修念佛法門，願求往生西方極樂世界，稱為「打佛七」；專修禪宗法門，直接參究心性的本原，稱為「打禪七」，略稱「禪七」。打七活動時間有一七（一個七日）乃至十七（十個七日）的不同。每一禪七的開始與結束，稱為「起七」、「解七」，各有其規定儀式。

佛誕節也稱「浴佛節」，是紀念釋迦牟尼佛的重大節日。據說悉達多太子誕生之日，有九條龍口吐香水洗浴佛身。因此佛教於每年四月八日舉行法會，在大殿裡用一盆供奉太子像（釋迦牟尼佛誕生像），全寺僧人和信徒用香湯為佛像沐浴，作為佛誕生紀念。關於佛誕節的日子，東南亞各國的佛教徒以四月十五日為佛誕節，也是佛成道日、佛涅槃日，中國的藏傳佛教地區也是如此。漢傳佛教習慣以陰曆四月初八為佛誕日，十二月初八為佛成道日，二月十五為佛涅槃日。元代《敕修百丈清規》規定四月八日為釋迦如來誕辰，此後南北均以四月八日為浴佛節，舉行浴佛法會，至今相沿不變。一九九一年，根據趙樸初會長提議，中國佛教協會決定：漢傳佛教將陰曆五月的月圓日作為佛吉祥日，每年舉行紀念活動，其他傳統的佛教節日仍按原來的習慣進行。

盂蘭盆會是漢語系佛教地區的佛教徒根據《盂蘭盆經》，而於每年七月十五日舉行超渡宗親的法會。據《盂蘭盆經》所載，佛弟子目連為了拯救他的母親，向佛陀請求解救之法。佛陀指示目連在七月十五日眾僧自恣時（印度雨季期間，僧眾結夏安居三個月，此日乃安居結束之日），以百味飲食供養置於盂蘭盆中以供養三寶，以這樣的功德使七世父母和現生父母在厄難中者脫離餓鬼道，生人世或天界受樂。

水陸法會的全稱是「法界聖凡水陸普渡大齋勝會」，也稱「水陸道場」、「水陸大會」、「水陸會」、「水陸齋」、「水陸齋儀」、「悲濟會」等，是中國佛教規模最大、最隆重的一種經懺佛事。法會特意標出「水陸」、「普渡」，是指一切眾生都能因經法會之緣而得救渡，「大齋勝會」指此法會是以食施、法施為主而令眾生得到解脫的法會。舉行水陸法會的時間較長，最少七天，多則可達四十九天。參加法事的僧人有幾十甚至上百，法會上設內壇和外壇，以各種飲食為供品，供養聖凡水陸一切眾生，法會上設立法華壇、華嚴壇、楞嚴壇、淨土壇等等壇口，誦經設齋，禮佛拜懺。由於這種法會規模較大，故富者可獨力營辦，稱「獨姓法會」，貧者只能共財修設，稱「眾姓水陸」。

焰口即「放焰口」，又稱「焰口施食儀」，是密教中舉行的一種儀式，來自《救拔焰口陀羅尼經》。「焰口」有時又譯為「面燃」，是佛教經典中所說的鬼王之名。據《焰口施食儀》說，人生餓鬼中，苦難異常，佛陀為了使餓鬼得渡而說施食的方法，體現了佛陀渡人苦厄，普渡眾生的願力。此後，這一施餓鬼食法便成密教修持者每日必行的儀規。中國唐朝末年密教失傳後，施食儀規也失傳了。直到元代，由於藏族喇嘛進入漢地，密教隨之復興，焰口施食之法也得以復傳。

誦戒，又稱布薩，梵文音譯為優波婆素陀、布薩婆沙，意譯為長淨、增長、淨住、說戒。同住的比丘每半月集會一處，或齊集說戒堂，請精熟律法的比丘讀誦戒本，以反省過去半月內的行為是否合乎戒條，如果有犯戒的，則應該在大眾面前懺悔，使比丘都能長住於淨戒中，長養善法，增長功德。

第六課

基督教基本知識

一、基督教的前身
二、基督教的誕生與發展
三、基督教的經典
四、基督教的核心信仰與基本禮儀

基督教是一種世界性的大宗教。「基督教」一詞在英語中稱Christianity，是指信奉耶穌基督為救世主的所有教派，即包括羅馬公教（Catholic）、正教（Orthodox）、新教（Protestant）三大派及其他一些小教派。它與佛教、伊斯蘭教並稱世界三大宗教，但較之佛教和伊斯蘭教，基督教在世界各地分布更廣，占人口比例更高，影響也更大。

「基督教」這一稱謂在中國的使用比較混亂，往往有廣義和狹義之分。廣義的基督教，也就是英語中的Christianity之意；狹義的基督教則是指其中的新教，即英語中的Potestant。這種狀況是由於歷史原因造成的，因為長期以來華人都習慣把新教稱為基督教。大陸的新教教會也從不稱自己為新教，只稱基督教或耶穌教，而將羅馬公教稱為天主教，正教稱為東正教。港、臺華人為解決這一混亂狀況，把廣義基督教稱為「基督宗教」，以與專指新教的狹義基督教相區分。這一用法現已漸被一些大陸學者所採用。我們用基督教一詞專指廣義基督教，而狹義基督教則稱之為新教。

一、基督教的前身

基督教的前身是古希伯來人的宗教——猶太教。希伯來人就是遠古的以色列人或猶太人。西元前十四世紀上半葉，埃及在巴勒斯坦的統治削弱。這時，東方的一個遊牧民族希伯來人從沙漠侵入巴勒斯坦，與當地的迦南人不斷爭戰，逐漸定居下來。現存的歷史文獻記載中，第一次提到以色列，是西元前一二二三年，埃及法老梅尼普塔炫耀戰功的碑文中刻記：「以色列已化為廢墟，但它的種族並未滅絕。」另外還一種說法是：西元前二〇〇〇年左右，希伯來人的祖先從幼發拉底河流域遊牧到了迦南地區（即今巴勒斯坦），當地人叫他們「哈比魯人」（Habiru），意思是從大河那邊來的人；後來以一音之轉而為希伯來人（Hebrew）。西元前一〇〇〇年左右，他們開始自稱「以色列人」，因為相傳他們的族祖雅各被神賜名為以色列。以色列（Israel）是「與神角力」的意思。傳說雅各曾於夜間和天使摔跤，直到天亮，天使叫他改名以色列。這種說法把希伯來人的歷史追溯得更遠。

位於中東的巴勒斯坦是希伯來文化和猶太教的起源地。它的地理位置至關重要。「新月形沃壤」（及肥沃月灣）包圍著阿拉伯的沙漠，東自波斯灣，西至埃及邊境，而巴勒斯坦便位於「新月形沃壤」的西南端。這是一個極易招致鄰近的沙漠遊牧部族和互相敵對的各大帝國侵略的地方。侵入巴勒斯坦的希伯來人，在文化上無異於他們周圍的半開化民族，處於原始遊牧狀態。定居下來以後形成了兩個大的部落聯盟，住在北部和中部的稱為以色列部落，住在南部的稱為猶大部落。以色列部落人數較多，地盤也較大而肥沃；猶大部落人數較少而土地貧瘠。

從西元前十一世紀末葉起，統一的以色列王國形成，進入以色列王朝時期。掃羅統轄以色列部落取得對非利士人（**Philistine**）戰爭的勝利，成為以色列人的第一個國王。大約在同一時期，猶大部落的首腦大衛已經在南部建成獨立的王國。掃羅戰死後，大衛奪取了他的王位，建立了統一的以色列－猶太國，把非利士人逐出巴勒斯坦，建都耶路撒冷。大衛的兒子所羅門當政（西元前九七〇—前九三三年）時，國勢空前強盛，文化繁榮，進入以色列民族歷史上的黃金時代。

所羅門死後，王國分裂為二：北國以色列以撒馬利亞為京城，南國猶大以耶路撒冷為京城。內部的分裂再加以四周強大鄰國的向外擴張，使以色列人長期淪於異族統治之下。西元前七二二年，以色列國滅亡，變為亞述帝國的一個行省，南部的猶大國淪為亞述附庸。國人或被俘擄，或流亡異國。西元前六一二年，亞述帝國亡於巴比倫。西元前五九七年和西元前五八八年，巴比倫王尼布甲尼撒兩次率軍攻陷耶路撒冷，猶大國滅亡。以色列人進入「被擄流亡時期」。人們稱這些流離在外的以色列人為猶太人。這個稱呼是猶大亡國的遺民之意，起初帶有貶義，日後約定俗成，稱呼也就相沿下來。

西元前五三九年到前三三三年，波斯帝國戰勝巴比倫，統治巴勒斯坦達兩個世紀。波斯統治者為了利用以色列人抵擋埃及和新興的希臘人侵，釋放一批被巴比倫人俘擄的以色列人返回故里。這些以色列人在一些先知的領導下重建以色列。這段時間被稱為「波斯統治時期」。

西元前三三三年，巴勒斯坦進入希臘統治時期。西元前三〇一年，埃及托勒密王征服巴勒斯坦，把上萬猶太人運往亞歷山大城。這一時期的猶太人逐漸分布到地中海沿岸各處。這些散居在外的猶太人在希臘文明的影響下，與異族雜居，比巴勒斯坦的猶太人更多地接受了希臘文化。尤其是在亞歷山大里亞城，猶太人大批聚居，經商致富，它成為猶太人吸收希臘文化的中心。同時，希伯來文化也傳播到整個地中海世界，與各民族文化發生融和。

從西元前二世紀起，羅馬開始強盛。當時巴勒斯坦處於塞琉西王國（**Seleucid Kingdom**）統治之下。西元前一六五年，以色列人趁塞琉西王國的衰微發動起義，恢復耶路撒冷聖殿，又靠與羅馬結盟，於西元前一四一年取得以色列的獨立。西元前六三年，羅馬大將龐培進軍耶路撒冷，屠殺一萬兩千名猶太人，扶植傀儡。從此，以色列淪為羅馬帝國的附庸。

羅馬帝國時期，猶太人雖然已成亡國遺民，但猶太人的社團沒有滅絕，猶太教沒有滅絕。猶太人憑藉他們獨特的精神支柱，在廣闊的地中海世界書寫著他們的民族史的新的一頁。

猶太教又稱摩西教，是宗教史上最早出現的系統的一神教，是基督教的前身。猶太人的宗教活動各不相同，但他們一般都具有一個共同的特點，即信仰一個貫穿於歷史事件始終，以某種方式選定猶太人作為自己子民的唯一的上帝。按舊約《聖經》所說，在人類發生了一系列災難以後（亞當和夏娃、該隱和亞伯、大洪水、沒有建成的通天塔等），上帝決定只與一個民族發生聯繫。他選中了亞伯蘭，為他更名亞伯拉罕，與他立約。上帝答應他，只要他做一個完善的人，就讓他成為一個偉大民族之父，擁有一片土地，為所有相信這一誓約的人祝福。他的兒子以撒、孫子雅各，以及雅各的十二個兒子繼承了亞伯拉罕的誓約。這些人就是猶太人的祖先。

《聖經》中的記載表明，猶太人的這些祖先，信仰主導他們命運的唯一的上帝（耶和華），但他們的宗教活動具有明顯的泛靈論色彩。比如，希伯來人有敬拜岩石之風。其主要表現是：奉為聖所，堆石為證，壘石為壇，以石罰惡。再比如，崇拜天體在希伯來人中也是一種比較普遍的現象。在眾天體中，他們對月亮的崇拜尤為突出。再比如，對畜牧的崇拜，特別是對牛的崇拜，在《聖經》中也有多處記載。〈出埃及記〉第三十二章中，亞倫等人在西奈山下鑄造金牛犢，對它進行膜拜。〈列王紀〉上第十二章記載了以色列人把牛的形象當成上帝耶和華崇拜。這種崇拜一直延續到何西阿時期。

多神崇拜和偶像崇拜在希伯來人中也是常見的。王國時期，所羅門在築建耶和華聖殿的同時，也造了巴力神廟。分國後，亞哈王和瑪拿西王也曾為巴力築壇獻祭。希伯來人對巴力的崇拜一直延續到亡國前後。亞斯他錄是一位愛神兼戰神，巴力的妹妹，伊勒神王和阿舍拉海神的女兒。在蘇美和腓尼基的傳說中，她是巴力的妻子。在希伯來人的神話中，她是一個美麗的人間女子，因天使求愛心切，洩露了天機，使她得道升天，成為一位女神。王國時期，所羅門所建的神廟中也有她的神像。

上述情況表明，作為猶太教前身的希伯來宗教是多神教。希伯來一神教的濫觴雖然可以追溯到希伯來人的氏族始祖亞伯拉罕，但在他那裡還只是一種信仰一位主神的朦朧思想。一神教的正式形成大約是在西元前十三世紀的摩西時代，從他誕生之日起，直到西元前六世紀猶大國淪亡的這段漫長時期內，希伯來民族雖長期處於一神信仰與異教信仰的激烈鬥爭中，但一神信仰處於主導地位，並不斷得到鞏固和發展。

猶太教最重要的事件是出埃及。按《聖經》的說法，上帝播下的種子，亞伯拉罕的子孫此時居住在埃及，在那裡受奴役。帶領他們離開埃及，擺脫奴役，返回迦南，這是上帝給摩西的旨意。在這一事件中，上帝向以色列人的領袖摩西顯現了他的名字和律法，最終把他的選民從埃及人的奴役中拯救出來。在這一事件中，上帝耶和華直接插手幫助他的子民。他分開紅海水讓以色列人通過，而當尾隨的埃及人試圖過海時，海水回復原樣，埃及人身陷汪洋。這件事成了猶太教逾越節的來由。穿越紅海以後，以色列人在前往迦南的途中抵達西奈山。此時上帝又透過摩西，向以色列人宣布了他的律法，即「摩西十誡」：①我是神聖的上帝，是我把你們帶出埃及，擺脫奴役，除了我，沒有別的上帝；②你們不要製造任何偶像；③不要妄稱神聖上帝的名字；④記住安息日為聖日；⑤孝敬父母；⑥不許殺人；⑦不許姦淫；⑧不許偷盜；⑨不許做假證；⑩不許貪戀別人的妻女和財產（〈出埃及記〉第二十章第二—十七節）。這些誡律強調了對上帝的服從和忠誠，以及對猶太社會成員的正直禮義行為。「摩西五經」的其他幾部經典，〈利未記〉、〈民數記〉、〈申命記〉，都在此基礎上確立了調節社會生活各個方面的律法。無論這些律法是何時彙集成典的，這些規定成為猶太教《聖經》最重要的組成部分。正因為此，猶太教被學者們定義為一種律法的宗教，猶太人本質上是服從上帝律法的人。

在猶太人的心目中，摩西是他們的民族英雄。從宗教發展的角度來看，摩西此舉創立了人類歷史上最早的一神教。他初步制定了一神教的教義、教規，設立了專職祭司制度，並以律法形式規定了希伯來人的宗教信條和倫理道德準則。然而，一神教的確立和發展不是一帆風順的。摩西的一神教面臨著來自兩方面的嚴重挑戰：一是希伯來人所進入地區的多神崇拜，二是四鄰異族神祇的傳入。耶和華上帝不時遭到本族人的冷遇，甚至被遺忘。

與偶像崇拜和多神崇拜的鬥爭在摩西時期就初露端倪。按《聖經》的說法，當摩西在西奈山與上帝立約時，因他四十晝夜未下山，山下以亞倫為首的希伯來人就鑄造金牛犢，並向它跪拜。摩西下山後，怒摔法版，命利未人處死那些叛教者。希伯來人占領摩押、米甸後，又崇拜當地神祇，不少希伯來人在外族女子的引誘下背棄耶和華，改拜她們的巴力神。一些有才幹的士師（部落或氏族聯盟的領導人）為了增強民族團結，排斥和抵制異神，並搗毀其偶像。其中基甸表現得最為突出，他拆毀巴力的祭壇，砍下壇旁的木偶，另築起耶和華的祭壇。為了抵禦異教神祇和宗教崇拜儀式的影響，希伯來一神教在這個時期建立了聖所，成為希伯來人宗教活動的中心，最大的聖所設在示劍和示羅。這種中心聖所有專門安放約櫃、祀典的器具，設有祭壇的房間，還有歡宴的大廳等。固定聖所的誕生使希伯來一神宗教的崇拜儀式得到鞏固。

希伯來人進入王朝時期以後，王國的統治者為了鞏固民族團結、王國統一，大力扶持希伯來一神教，把它定為國教，並建立起等級分明的祭司制度。大衛繼承了摩西以來用食物獻祭的傳統，並發展了其他崇拜形式，如誦詩、奏樂等。他把供職的祭司分為二十四班，每班都配有歌隊，每逢獻祭時，詩聲朗朗，鼓樂齊鳴，使獻祭儀式呈現出莊嚴肅穆的氣氛。所羅門繼承王位後，在耶路撒冷的錫安山上建起一座雄偉的聖殿，使之成為一神教的崇拜中心。聖殿內壁和室內所有設施都塗上一層厚厚的金粉，顯得金碧輝煌，耀眼奪目。聖殿由門廳、主廳和聖堂三大部分組成，約櫃被安放在最裡層。神祕而幽暗的聖堂內，一般人是不能進去的，祭司長每年也只能進出一次。聖殿的建成，轟動了四鄰各國，來聖殿朝拜者絡繹不絕。

然而，以色列王國的統治者們並非清一色彩的一神論者。所羅門受那些來自不同國度的皇后、嬪妃們的影響，在信奉耶和華上帝的同時也信奉異教神。為了討得那些皇后、嬪妃們的歡心，他在錫安山上也建起了異教神廟，甚至在耶和華的聖殿內為異族神獻祭祈禱。此外，還為亞斯他錄、摩洛、基抹等異神建起了丘壇，讓人敬香獻祭。西元前七二二年，亞述的撒縵以色二世（Shalmaneser II）侵入以色列王國首都撒瑪利亞，以色列王國至此淪亡。這一慘痛教訓使猶大王國多少意識到民族分裂的危害性。國內統治者開始整頓內政，修改律法，以求緩和階級矛盾。這時為鼓舞民族鬥志，加強民族意識，耶和華神被抬高到至高地位。在約西亞國王的領導下，一場影響深遠的宗教改革運動勃然而興。約西亞受同時代先知的影響較大，他宣布耶和華為全國唯一神，廢棄了對各種偶像和「天上萬像」的崇拜，搗毀了與多神崇拜有關的邱壇和神殿，鎮壓了拜物教的祭司，把除耶路撒冷聖殿外的所有神堂改作俗用，修改制定了一神教的教義和教規（西元前六二一年），確立了一神教在國內的絕對地位。

總之，猶太教是在與多神教和偶像崇拜的鬥爭中得以逐漸鞏固的。猶太人所處的生存環境使他們的宗教信仰極易受到外界的影響。在一個多神教和偶像崇拜的汪洋大海中，一神論的猶太教能夠保持下來，不能不說是一個奇蹟。但是，該時期一神教對多神教的鬥爭，更多地表現為宗教實踐的進展，而非教理教義的提升。

波斯帝國征服巴比倫以後，猶太人得以回歸故土，政治上處於從屬地位，但宗教制度幾乎未被打亂。祭司中地位較高的逐漸變得關心政治，對宗教教理則漠然視之。與此有聯繫的是一個由顧問和律法解釋者組成的機構，稱為長老議事會。人數最多不超過七十一人。由於這種管理制度，聖殿和祭司制逐漸代表了希伯來人宗教生活中較為正式的一面。另一方面，猶太人自認為是生活在耶和華的神聖律法之下的神聖民族，他們要求有一種與眾不同的宗教。相對說來此時已不大有先知說預言。上述種種原因促使猶太民族轉而研究律法，而這些律法又按照許多有增無已的傳統來加以解釋。猶太律法既是宗教誡律又是民法。律法的解釋者，即經學教師，越來越成為宗教領袖。猶太教逐漸成為信仰一部《聖經》及對這部《聖經》所做的為數眾多的傳統解釋的宗教。

為了更充分地理解律法，實施律法，也為了禱告和崇拜，凡有猶太教之處，猶太會堂也發展起來。其典型形式是包括某一地區全體猶太人的地方性集會，由幾位「長老」管理，其中以一位「會堂管理人」為首。這些人有權將違犯律法者革出教門或施以懲罰。禮拜儀式十分簡單，任何一個希伯來人都可主領，但由「會堂管理人」負責安排。儀式包括禱告，誦讀律法和先知書，翻譯並有時加以講解（講道），然後是祝福。在猶太人的宗教生活中，祭司制已不具代表性，會堂的重要性日漸增加。在基督時代即將到來時，聖殿在猶太人的宗教生活中已越來越不是必不可少的了，以至西元七〇年時聖殿雖全部被摧毀，卻無損於猶太教的諸要素。

二、基督教的誕生與發展

基督教的興起幾乎與羅馬帝國的發展同步。它起源於猶太教，在一個短暫的時期內僅僅是這種猶太人的信仰的一個流派或支派。

羅馬帝國發端於拉丁姆平原上的小城羅馬。按照羅馬建城的傳說，該城是由它的第一位國王羅慕路斯（**Romulus**）於西元前七五三年建立的。在漫長的歲月裡，它逐漸發展起來，起初擴張到整個義大利半島，進而統治了環繞地中海的廣大地區，乃至極遠之地。羅馬帝國的真正歷史始於第一位「奧古斯都」屋大維（**Octavinus**）。經歷了羅馬共和國末期三巨頭之間爭奪帝國最高權力的鬥爭之後，屋大維成為帝國的唯一統治者。西元前二十七年，他順利地當上了皇帝，被元老院尊為「奧古斯都」，意思是莊嚴、偉大、神聖。在他之後有五十多位統治者擁有皇帝或凱撒的頭銜。

羅馬是帝國的首都，羅馬城的名字也就成為帝國的名稱。歷史學家通常把羅馬陷落（四七六年）以前的帝國歷史分為兩個時期：帝政時期和帝國晚期。兩者以西元二三五年亞歷山大・塞維魯（**Marcus Aurelius Severus Alexander**）即帝位，或者以戴克里（**Diocletian**）先於二八四年即帝位為分期的界限。帝政時期的羅馬帝國不斷地擴張它的疆域。它的邊界東起幼發拉底河，南至撒哈拉大沙漠，西濱大西洋，北至萊茵河、多瑙河。後來它擴展得更遠，把不列顛、米索不達米亞、歐洲東部都置於它的統治之下。它的領土跨越歐、非、亞三大洲。它把那個區域所有開化的民族都聯繫在一起，六千多萬人生活在這個帝國中，有凱爾特人、柏柏爾人（**Berber**）、義大利人、希臘人、敘利亞人、埃及人、阿拉伯人、色雷斯人（**Thraces**）等等。無數的風俗、語言、傳統構成了帝國文化的大拼盤，被征服的各民族在整個帝國時期相互融和，但也保持著自己一定的文化特色。政治上的統一是帝政時期的一個最明顯的特徵。奧古斯都統一全國為這個世界帶來了和平，而在過去，它長期被小國間的紛爭、派別間的爭奪、領導人的野心、層出不窮的叛亂所困擾。在帝國的統治下，這個巨大的區域享有了長達兩個世紀之久的內部和平，而這種和平的程度過去沒有，以後也不多見。

羅馬的最高統治者，無論他們的公開宣言是什麼，總是把國家的統一和穩定看得高於一切。他們對帝國的管理有兩個基本目標：維護法律秩序和徵稅。為了達到這些極為有限的目標，最早的一些皇帝採取了共和國的元老院制度並加以擴充，增加了許多元老席位，但同時又第一次使用非民選的官員擔任公職。這些人屬於騎士階層或者不太顯赫的貴族，更有諷刺意味的是它還使用家奴和自由民來擔負行政管理工作。帝國政府實行的是共和外衣下的集權制。在它的創立者屋大維統治的時候（西元前三十一年－西元十四年），帝國有二十八個行省。以後通過新增和重劃，到了它的再造者戴克里先統治時（西元二八四－三〇五年在位），行省數達到九十九個。在帝政時期，帝國統治者逐漸抹去了羅馬公民和行省屬民的差別，促進了民族同化。公民權不斷擴大，帝國境內的所有自由男子到了二一二年都享有了公民權。原有的民族情結被淡化了，一種更具普遍意義的人類意識能夠被人們比較普遍地接受了。

羅馬帝國早期的文化繁榮，主要是引進希臘的教育制度並積極吸收希臘文化的結果。西元前四世紀末馬其頓的統治崩潰之後，希臘城邦和古典文化走到了盡頭。希臘人經受了一場苦難，於前一四六年被羅馬所滅。羅馬人成了地中海世界的主人，然而與希臘人相比，羅馬人在文化上是落後的，精神上是不充實的。羅馬人擁有武力卻沒有成熟的哲學。它征服了希臘卻又為希臘人高雅的文學、藝術、戲劇所懾服。羅馬民族有自己的民族語言拉丁語，在日常生活中，羅馬人使用的是拉丁語。但是有許多領導人都是由希臘奴隸和家庭教師教育的。他們都認為希臘語更優美，表達力更強。帝國建立以後，希臘人的建築藝術、雕塑和繪畫、圓形露天劇場在羅馬迅速蔓延。那些軍事上發跡的貴族發現自己的舌頭和已有的身分太不相稱了，於是希臘人的修辭學特別走運。總之，文化飢渴、精神貧乏的羅馬人見到希臘的好東西就揀，糅合成一個混雜的體系，為己所用。

在宗教方面，羅馬人的信仰也是希臘式的擬人化的多神，二者有相通之處。許多拉丁神都可找到相應的希臘神。不過有一點值得注意。希臘人不用武力維持自己的宗教和信仰，如前所述它和城邦政治一直保持距離。羅馬卻不一樣。它靠武力征服世界，建立跨越歐亞非的大帝國。可是這時的羅馬還沒有與之相適應的世界性的宗教。官方雖然組織了對羅馬神的祭祀活動，但得不到民眾的普遍支持。帝國內各民族有自己的宗教，許多宗教仍然在發展。為了維護它的統治，它只好尊重無法用武力解決的各民族的信仰，將各民族各地區的神都請進萬神殿。萬神殿成了羅馬世界的神化了的縮影。維護各民族各地方的神就是維護羅馬世界的穩定，維護羅馬的統治。

在哲學方面，希臘古典時期和希臘化時期湧現的各種哲學流派都在延續，其中最重要的就是新柏拉圖主義和斯多葛學派。前者以柏拉圖哲學為基石，吸取赫拉克利特等哲學成分建立了希臘史上最為完備的哲學神學理論。後者是希臘人經歷一番苦難後人生體驗的總結，是早期基督教神學倫理學的重要來源。尼祿宮廷的顧問塞內加、羅馬皇帝馬可・奧勒利烏斯（Marcus Aurelius）成為後期斯多葛學派的代表。新柏拉圖主義則在雅典、羅馬、敘利亞、亞歷山大里亞建立了各自的學園。

猶太人在長期的民族解放鬥爭中，各種政治勢力不斷分化、組合，到西元一世紀二〇年代末期，形成了以下幾個主要派別：撒都該派，是羅馬統治下的既得利益者的代表，其成員全是祭司和貴族，把持著大祭司的職位，控制著猶太人的議會。希律黨人，其成員為堅決擁護希律王朝的猶太人，積極配合羅馬人對猶太的統治。法利賽派，他們強調與異己者完全隔離，成員大部分是平民，接受「祖傳律法」的教育，在文化和宗教方面嚴格維護猶太教的傳統與生活習慣，極力反對希臘化，保持著本民族的特色，是嚴格的猶太正統派，但卻過於追求表面形式，使本來充滿活力的信仰，變成僵化的儀式。此外還有激進的奮銳黨和遁入曠野和山洞的艾賽尼社團（Essenes）、庫姆蘭社團（Qumran）。以色列人自古以來就自命為上帝的「選民」，然而，他們除大衛和所羅門統治的幾十年的興盛外，備嘗民族壓迫與亡國之痛。猶太人的被擄和數百年來歷次反抗都被殘酷鎮壓的命運，使得對彌賽亞（救世主）的期望成為猶太人共同的理想；希臘文共同語為這個廣闊世界中不同思想的傳播提供了一種共同語言；羅馬大道使各民族的交通成為可能；施洗約翰及其悔改運動為一種充滿生命力的宗教運動預備了道路。

按傳統的說法，基督教的創始人和權威大師耶穌出自猶太教。耶穌的直接門徒是猶太人，最早的基督教徒被當作猶太教的一個支派。然而，基督教是一種新的創造。它具有一個世界性大宗教的道德稟賦。在短短不到一代人的時間裡，基督教離開了猶太教的母腹，作為爭先恐後向新建立的羅馬帝國效忠的許多宗教之一，出現在這個古代大帝國中。憑藉它的猶太人的遺產、它的遠見卓識和有進取心的成員、它的創始人的「犧牲與復活」、它的早期領導人的非凡經歷和堅定信念，基督教在三個半世紀內已經在力量上超過了它的所有競爭者，乃至勝利地挫敗了帝國官方要翦除它的企圖，清楚地表明它是勝利者。在五個世紀內，基督教成了帝國的官方信仰，也是希臘羅馬世界幾乎無可爭議的宗教之主。

一種宗教在一個文化變遷、思想混亂的歷史時期贏得大量信眾是常有的事，而這種迅速發展的宗教，又往往與具有社會影響力或政治影響力的一整套觀念聯繫在一起。西元一八〇年以前，基督教的社團相對比較弱小，不太為外人所知。它只是來自古代東方，在帝國大城市的居民中覓得棲身之所的眾多祭儀之一。然後，從羅馬皇帝馬可・奧勒利烏斯逝世到君士坦丁大帝（the Great Constantine）支持基督教的這一百二十多年裡，基督教獲得了長足的進步，教徒數量有了驚人的增長。而此刻的羅馬帝國受到內亂的困擾，苦難和動盪取代了在前兩個世紀那些強有力的皇帝的統治下取得的繁榮。驚恐不安的人們向宗教尋求避難所。為時代所崇尚的社會模式被削弱，傳統信仰發生動搖。在這種情況下，傳播新的信仰變得相對容易起來。各種祕密祭儀到處流傳，新柏拉圖主義的體系成形並流傳開來。得益於這些外在條件，基督教迅速地發展起來。吉朋（Gibbon）把君士坦丁時代的基督教徒人數估計為不超過「帝國臣民總數的二十分之一」。以後的估計大體上在總人口數的八分之一到二十分之一之間。隨著信眾的增加，基督教的成分也變化了。以前的基督教幾乎全部由貧苦階層組成，絕大多數基督徒都是農民、匠人、婦女、兒童、乞丐、奴隸。到了三世紀初，越來越多有文化教養的人士進入教會，其中包括一些著名的學者，比如克雷芒、亞歷山大里亞的奧利金、德爾圖良等等。政府官吏也有許多加入了基督教，有些還是行省總督一類的高級官僚。

基督教向異邦人的世界擴展的時候，它的皈依者主要是講希臘語、有希臘文化背景的民眾。希臘語多年來都是唯一的教會用語，但這種狀況沒能一直延續下去。西元二世紀下半葉，基督教已經在講拉丁語的帝國西部站住了腳。西元三世紀末，在埃及西北部，特別是迦太基周圍的地區（即現在的突尼斯和阿爾及利亞），已經有了可與基督教在小亞細亞的教會相媲美的組織。北非成了拉丁基督教文獻的最初產地，包括一部分《聖經》在內的基督教重要書籍在這裡譯成拉丁文。

儘管基督教的信仰是從北非開始衝擊羅馬帝國文化的，但拉丁基督教要在所謂的「永恆之城」羅馬而不是在北非建立它的大本營也很自然。西元一世紀在羅馬的早期基督徒主要是從帝國東部遷來的講希臘語的人，因此羅馬教會用希臘語進行布道、教義問答和禮拜儀式。西元一五〇年左右，羅馬教會的彌撒使用了拉丁語。此時，克雷芒的第一封信箚已經譯成拉丁文。到了二世紀中葉，《聖經》的主要部分以及其他早期基督教文獻譯成了拉丁文。到了二世紀末，維克特（Victor），一位出生於非洲但有拉丁血統、講拉丁語的人，當了主教。他和其他來自非洲的基督徒進一步加強了羅馬教會的拉丁成分。三世紀上半葉，原先在禮拜儀式中使用希臘語的教士變成以講拉丁語為主了。一些對「拉丁基督教」的形成至關重要的早期基督教作家，在羅馬辛勤地耕耘著。基督教的信仰與占主導地位的拉丁文化在羅馬結合起來，羅馬教會逐步拉丁化了。

在我們分別講述了羅馬帝國文化的成形和基督教的興起的一般情況以後，讀者就可以明白我們為什麼要說這兩者是同一個問題的兩個方面了。在羅馬帝國建立之初，基督教及其所代表的文化可以說是無足輕重的。它只是帝國初期數百種宗教之一，絲毫也看不到有成為宗教之主的希望。然而，羅馬帝國文化的成形期也就是基督教的上升期。帝政時期結束，羅馬帝國文化由盛而衰，基督教成為帝國晚期文化發展的主流。原先處於以希臘羅馬兩大傳統為主的多民族文化共生狀態的羅馬帝國文化，進入了新的融和階段。此時的帝國文化經過長期的量變而質變為基督教文化，長期以來一直進行著的東西方文化融和，此時真正整合為一個有機的整體。基督教成為羅馬帝國晚期以降的西方文化的代表。

基督教的創始人是耶穌。歷史對耶穌的記載是有限的，而且歷史上的耶穌也並不等於信仰中的基督。歷史資料對耶穌記載的真實性與可靠性，並不因《福音書》中記載的重複性與宗教性而削弱。從《福音書》中我們可以知道一些耶穌的情況：馬利亞由聖靈感孕懷耶穌，羅馬政府的人口普查使耶穌得以降生在伯利恆，為躲避希律王的迫害，他的父親帶他逃亡埃及直到希律王死後才返回。我們對耶穌童年的認識現在還無法超越《福音書》中的記載，歷史資料對耶穌的關注不因於他的出生，而在於他的傳道和死亡。耶穌受洗表明他已成為基督，是上帝的兒子，為要拯救世人而執行上帝賦予他的使命。《福音書》中記載的有關耶穌基督的言論行為，甚至他的神蹟奇事都是圍繞著他的這個使命。耶穌的影響力並沒有因為他的受難而消失，他的門徒反而將福音「傳到地極」。

西元一世紀中葉，當時基督教還是猶太教內部的一個小社團。使徒們把「福音」的內容集中為報告耶穌的言行、受難及復活的資訊，「福音」一詞遂成為專有名詞。《福音書》中的耶穌沒有提出當時有教養的猶太人所不熟悉的教義，也沒有形成全新而完整的宗教理論和道德學說，但他針對當時的現實問題所發表的各種議論與猶太教正統派有著明顯差異。猶太人認為，猶太教的神是最完美的神，耶路撒冷城是上帝在地上的居所，聖殿是上帝的聖殿；因此，世人當「歸」上帝之聖城——耶路撒冷城。基督教則認為，上帝的救恩已來臨，上帝就在信徒心中，信徒當去萬國萬邦傳福音、做見證。承認耶穌是「彌賽亞」成為基督教與猶太教的重要區別之一。

耶穌在傳教的過程中揀選了十二門徒，曾稱彼得為「磯法」（Cephas，阿拉米語的譯音，意為磐石），為眾門徒之首。但當耶穌受難的時候，門徒由於軟弱而部分的離開了。事後，他們發現羅馬當局無意株連他人。按照耶穌在世時的教訓，使徒們又重新聚集，並增補馬提亞為使徒，以替代賣主的猶大，並和耶穌的母親和弟兄及一些婦女聚會，這些人成為初期教會的核心。

初時基督教作為猶太教的一個異端派別出現，在窮苦的猶太人中傳播，約在一世紀中期由於保羅等人的努力，將這種信奉耶穌為基督（救主）的信仰傳到東地中海沿岸各地的非猶太人中，並最終與猶太教徹底分離，走向世界，成為一個獨立的新宗教。初時基督教主要成員是窮苦的貧民和奴隸，曾引起羅馬統治者的懷疑和敵視，但隨著一批知識份子和富裕階級的加入，基督教在羅馬帝國的影響擴大，一些明智的統治者更注重對它的利用。西元四世紀，羅馬皇帝君士坦丁大帝大力扶植基督教，使其得到更為迅速的發展，西元三九二年羅馬帝國最終將基督教定為國教。

基督教從創立起，就存在著東西方兩種文化的分歧。東部教會以希臘文化為基礎，神祕主義色彩濃重；西部教會以拉丁文化為基礎，注重律法。這種分歧體現在對教義神學的理解上，三二五年「尼西亞信經」的通過就因這類神學分歧而頗費周折。三三〇年君士坦丁大帝將帝國的首都從羅馬遷往君士坦丁堡，從此更加深了東西部教會爭奪教會首席權的鬥爭。由於羅馬遠離君士坦丁堡，皇帝難以控制，尤其是四七六年西羅馬帝國滅亡之後，羅馬主教在西部教會的地位更為突出，最終發展為天主教傳統的教皇制。而東部教會則始終依附皇權，發展為以君士坦丁堡牧首為首席地位的正教傳統。一〇五四年東西兩部分教會，終因權力之爭和神學分歧而導致徹底分裂，羅馬教皇與君士坦丁堡牧首都將對方開除教籍，從此西部教會正式稱為羅馬公教，東部教會則稱為正教，又稱東正教。其後隨著東羅馬帝國的衰亡，東正教按民族和地區分化為十五個相互獨立的教會，而君士坦丁堡牧首保持名譽上的首席稱謂，即「普世牧首」。

中世紀天主教在西歐是封建制度的支柱。在一〇九六至一二九一年的近二百年中，教會以收復耶路撒冷聖地為名進行了八次十字軍東征，給東西方人民都帶來了巨大的災難，但它在客觀上促進了東西文化的交流，東方燦爛的文化使當時落後的西方人耳目一新，大大開闊了他們的眼界，為日後西歐文藝復興運動的產生奠定了基礎。十四世紀起歐洲興起了文藝復興運動，對羅馬教會神本主義思想進行了衝擊，人文主義抬頭，與此同時，新興市民階級力量逐漸壯大，這些都為十六世紀宗教改革運動創造了條件。一五一七年德國的馬丁・路德首先拉開了宗教改革的帷幕，他高舉《聖經》的絕對權威，反對教皇和神職人員的特權，從此新教從羅馬天主教會內脫穎而出。於是基督教由原來的兩派變為三大派：東正教、天主教、新教。隨著時代的變化，新教形成了越來越多各不相同的教派。

自一四九六年哥倫布發現新大陸，隨著歐洲殖民主義勢力向海外擴張，基督教各派，尤其是天主教和新教各派加強了傳教工作。天主教成為拉丁美洲人民的主要信仰，新教在北美洲取得主導地位。十九至二十世紀以來，基督教各派又進而在亞非等非基督教傳統的國家進行了大量的傳教活動，並在有些國家取得迅速發展。

二十世紀，由新教首先發起的世界基督教合一運動有所進展，在此基礎上於一九四八年在阿姆斯特丹正式成立了世界基督教聯合會（又稱世界基督教協進會），新教主流派和一些東正教教會參加了這一組織，羅馬大主教會雖沒有參加，但在其後與之有一定的聯繫。該組織只是聯誼性的，對任何參加的教會組織都無行政上的制約作用。

一九六二至一九六五年羅馬天主教會為適應現代社會的發展，召開了舉世聞名的第二次梵蒂岡大公會議，進行全面改革，積極開展與其他教派以及不同意識形態間的對話等活動，使天主教以新面貌出現，擴大了天主教在現代社會的影響。

基督教的歷史可以分為古代、中世紀、近代和現代四個時期：

一、古代基督教，從西元元年至西元五九〇年，亦即從基督降生到大格里高利（**Gregory the Great**）。

二、中世紀基督教，從西元五九〇年至一五一七年，亦即從大格里高利到宗教改革。

三、近代基督教，從西元一五一七年至一八七八年，亦即從宗教改革到現代主義興起。

四、現代基督教，從一八七八年教皇利奧十三世（**Leo XIII**）即位至今。

由以上四個時期組成的整個基督教歷史又可以分為以下十個階段：

第一，基督的生活與使徒教會，時間上是西元元年至一〇〇年，從《聖經》中所說的基督「道成肉身」到使徒約翰之死。

第二，遭受羅馬帝國迫害的基督教，從西元一〇〇年至三一一年，亦即從使徒約翰之死至君士坦丁大帝（**Constantine**）。

第三，與羅馬帝國和解並處於蠻族大遷徙風暴之中的基督教，從西元三一一年至五九〇年，即君士坦丁大帝至教皇格里高利一世（**Pope Gregory I**）；第四，在條頓人（日耳曼人，**Teutonic**）、凱爾特人（**Celtic**）和斯拉夫人（**Slavonic**）建立的民族國家中傳播的基督教，從五九〇年至一〇四九年，即從格里高利一世到格里高利七世（**Gregory VII** 或 **Hildebrand**）。

第五，處於教皇統治下並產生經院神學（**the Scholostic Theology**）的基督教，從一〇四九年至一二九四年，即從格里高利七世到教皇卜尼法斯八世（**Boniface VIII**）。

第六，處於中世紀天主教衰落與宗教改革前醞釀時期的基督教，從一二九四年至一五一七年，即從卜尼法斯八世到馬丁·路德（**Martin Luther**）貼出著名的《九十五條論綱》。

第七，處於宗教改革時期的基督教，從一五一七年至一六四八年，即從路德發起宗教改革到英國議會下令實施《基督教信綱》。

第八，處於天主教正統教義受到挑戰時期的基督教，從一六四八年至一七九〇年，即《基督教信綱》實施至法國大革命。

第九，處於福音在歐洲和北美復興、基督教福音向全球傳播時期的基督教，從一七九〇年至一八七八年，即從法國大革命至教皇利奧十三世（**Leo XIII**）即位。

第十，處於現代與後現代主義時期的基督教，從一八七八年至今。

在歷史上，基督教先後有四次大規模傳入中國。第一次是在唐貞觀九年（西元六三五年），稱為景教。會昌五年（八四五年）唐武宗滅佛，基督教被殃及，由此基督教在中原消失。第二次是西元十三世紀末至十四世紀中葉的元代，稱為「十字教」或「也里可溫教」，但隨著元代在中國的衰亡，基督教也消失了。第三次是在十六世紀的明清之際，以利瑪竇為代表的一批天主教會內的耶穌會傳教士來華傳教，獲得一定的成果，後因來華傳教士中有人對利瑪竇的在華傳教方針進行攻擊，引發了「中國禮儀之爭」，而羅馬教廷則支援後者，導致康熙禁止基督教在華的傳教活動。第四次是鴉片戰爭之後，基督教憑藉不平等條約在華傳教，引發了大量的教案和二十世紀二〇年代的非基運動。與此同時，愛國的中國基督徒在二十世紀初，發起了中國基督教自立運動以及其後的本土化運動。解放後，中國基督教會繼承了這種愛國傳統，切斷了與外國修會和差會的聯繫，發起了自治、自養、自傳的三自革新運動，有力地推動了中國教會的本土化。

三、基督教的經典

基督教各派都以《聖經》為其經典，《聖經》也稱《新舊約全書》，由《舊約全書》和《新約全書》這兩大部分所組成。《舊約全書》所包括的經卷是基督教從猶太教經典繼承而來。猶太教視這些經卷為其聖書，但不承認基督教創立之初所產生的《新約全書》為其聖典。猶太人認為《舊約全書》記載了上帝與世人所立的「契約」，並把本民族視為「上帝的選民」。他們聲稱上帝最早與義人挪亞及其後裔以「虹」立約，後來又與猶太先祖亞伯拉罕立約，訂立「割禮」，最後則與猶太民族英雄摩西訂立「十誡」律法，讓猶太人永守其「約」。

猶太教的「立約」之說對基督教產生著深遠的影響，基督教依此而認為其救主耶穌基督降世意味著上帝與人重新立約。由於有了這一「新約」，過去上帝與猶太人定立的律法之約則稱為「舊約」。這就是《舊約全書》和《新約全書》名稱的來歷與涵義。

除新舊約全書外，基督教還有「聖經後典」（外典、次經、旁經）。「聖經後典」一詞的原文是**Apocrypha**或**Deuterocanonicals**，共十五卷，約一百八十二章，但其卷數在歷史上說法不同，而且各卷的排列次序也不完全相同。天主教《聖經》中的《舊約全書》一般包括《後典》的大部分經卷，但宗教改革家馬丁・路德不承認這些《後典》經卷是「神聖的經典」，而僅視其為「有益的讀物」。這樣，新教的《聖經》一般不包括《後典》各卷。直至現代基督教普世運動和對話運動開展以來，人們才對《後典》採取重視和承認的態度，將之收入新版《聖經》之中，作為單獨部分排列在《舊約》與《新約》之間。

西文「聖經」（Biblia，英文的Bible，法文的la Bible，德文的dieBibel）一名則與古代腓尼基人的商業貿易有著淵源關係。「腓尼基」（Phoenicia）在希臘文中意指「紫紅之國」，原為地中海東岸（今敘利亞、黎巴嫩沿海地帶）一盛產紡織品和染料的古國，因其擅於從一種海生介殼動物中提取出紫紅色的染料，故被古希臘人稱為「腓尼基」。古腓尼基有一名為「比布魯斯」（Byblos）的城邦，當時曾以從事埃及出產的紙莎草紙（Papyrus）貿易而遠近聞名，這樣，「比布魯斯」一詞常被古希臘人用作「書」的同義詞。後來，Byblos就衍化為希臘文中性複數詞tabiblia，就為「諸書」。當猶太教的經典被大量譯為希臘文本後，希臘人遂用tabiblia來專指這類經典。在拉丁文中，該詞又衍化為陰性單數詞Biblia，遂有「唯一之書」的涵義。到西元五世紀初，君士坦丁堡主教克利索斯頓（John Chysostom）將Biblia用作基督宗教正式經典的專稱，從此沿襲至今。所以從詞源上來講，Biblia一詞實乃出自古腓尼基城名Byblos。西方傳教士來華後按中國人稱重要著作為「經」的習慣，遂將其經典之名亦漢譯為《聖經》。

（一）《舊約全書》概要

《舊約》共三十九卷，約九百二十九章；但天主教的《舊約》因參照古代《七十子希臘文本》而增補了七卷，合為四十六卷，其他經卷中亦有些增補。人們通常將這些增補的經卷或章節作為《後典》來看。公認的三十九卷《舊約》包括自西元前十一世紀末以來相傳的猶太古代律法、典籍和各種文學作品，於西元前六至前二世紀之間逐漸形成。《舊約》大體可分為「律法書」、「先知書」和「聖著」三個部分。

「律法書」包括〈創世記〉、〈出埃及記〉、〈利未記〉、〈民數記〉和〈申命記〉等五卷，亦稱「摩西五經」，約在西元前五世紀左右彙集成書。其中〈創世記〉介紹了創世的傳說，人類始祖失樂園的經過，該隱與亞伯的命運，挪亞方舟與洪水滅世，以及以色列先祖亞伯拉罕、以撒、雅各的故事和約瑟的傳奇遭遇；〈出埃及記〉介紹了以色列人在其民族英雄摩西率領下離開埃及，到達西奈的經歷，上帝與以色列人立約、授予摩西「上帝的十誡」，以及以色列人的宗教生活；〈利未記〉是一本宗教法典手冊，內容包括獻祭條例、祭司職責、有關不潔淨的律例和聖律等，涉及到其宗教禮儀和倫理說教；〈民數記〉記載了以色列人從西奈東進前後的兩次人口統計，講述了各種律法及利未人的特殊職責，以及以色列人對約旦河以東地區的征服；《申命記》則重申了上帝給摩西的命令，內容包括摩西的三次重要講道和他對以色列人的祝福，並記載了摩西之死和埋葬的情況。

「先知書」共有二十一卷，約在西元前一九〇年編集成書，是關於一些民間「先知」的著作彙編。其中包括「早期先知」六卷：〈約書亞記〉、〈士師記》、〈撒母耳記〉上下和〈列王紀〉上下；「晚期先知」十五卷：〈以賽亞書〉、〈耶利米書〉、〈以西結書》、〈何西阿書〉、〈約珥書〉、〈阿摩司書〉、〈俄巴底亞書〉、〈約拿書〉、〈彌迦書〉、〈那鴻書》、〈哈巴谷書〉、〈西番雅書〉、〈哈該書〉、〈撒迦利亞書〉和〈瑪拉基書〉。

〈約書亞記〉描述了約書亞在摩西死後帶領以色列人渡過約旦河、征服迦南地的歷史，以及以色列人獲勝後按其十二支派來分疆劃界、安居樂業，從而應驗了上帝對之賜福的許諾。

〈士師記〉描述了以色列人征服迦南後的生活與發展，戰亂與墮落，以及其士師俄陀聶、以笏和珊迦、底波拉和巴拉、基甸、陀拉和睚珥、耶弗他、以比讚、以倫、押頓、參孫等人拯救以色列民族的故事。

〈撒母耳記上〉追溯了以色列人最後一任士師撒母耳的生平，論及了撒母耳膏掃羅為王，隨後又另選大衛為王等歷史。〈撒母耳記下〉則重點講述了大衛的生平、其成功與失敗、統一以色列王國並建都耶路撒冷以及其統治末期的諸事。

〈列王紀上〉記載了以色列人神治政體的歷史，從大衛王之死、西元前九七〇年所羅門繼位以來以色列王國的鼎盛。一直敘述到所羅門死後王國的分裂和西元前八五三年亞哈王之死。

〈列王紀下〉則從亞哈之死敘述到西元前五八六年耶路撒冷失陷、猶太人開始巴比倫之囚這一時期以色列、猶太諸王的生平歷史。

〈以賽亞書〉是先知以賽亞對猶太人的警告、預言和教誨。以規勸人們嫉惡如仇、從善如流、悔罪信主、受恩歸道。

〈耶利米書〉是通過先知耶利米的預言，來展示上帝對猶太人所犯罪惡的嚴厲審判，指出猶太人因背棄上帝才遭到巴比倫人兵臨城下、尼布甲尼撒王毀城擄人的厄運。

〈以西結書〉是被擄往巴比倫的先知以西結對所見異象的講述，和對亡國後產生絕望的同胞們的告誡、撫慰、勉勵與期望。

〈何西阿書〉是以先知何西阿對北方以色列王國十個支派說預言的方式，來表明上帝並沒有遺棄其犯罪而忤逆的百姓，對之仍有著無限的憐愛。

〈約珥書〉是先知約珥對以色列民族的勸告，他號召人們謙卑悔改，在其期盼的「主日」來臨之前就應悔罪歸主。

〈阿摩司書〉是先知阿摩司勸以色列人迷途知返、痛改前非、悔罪自新、敬神歸主的號召，阿摩司原為南方猶大王國的牧羊人，後來蒙召去北方以色列王國說預言，被視為最早的先知。

〈俄巴底亞書〉是先知俄巴底亞譴責以色列南部鄰居以東人的預言集，因為以東人在耶路撒冷失陷時曾對太發人的苦難幸災樂禍。《約拿書》是描述先知約拿去尼尼微城布道警世的故事，約拿先是違抗主命、乘船逃往他施躲差，後因海中遇險，誤入魚腹三日，後回到出發地，這才去尼尼微完成使命。

〈彌迦書〉是先知彌迦在南方猶大王國所說的預言，以北方以色列王國的覆滅作為前車之鑑，來勸告南方猶太人及早改邪歸正。

〈那鴻書〉是先知那鴻為慶祝尼尼微城傾覆而作的詩歌，其目的是安慰因懼怕亞述人而驚惶不安的猶太人、振興其民族精神。

〈哈巴谷書〉是先知哈巴谷因其民族蒙難而發出的抱怨、哭訴和祈禱，以及上帝的回答使哈巴谷堅定了義人將憑信仰而存活的信心。

〈西番雅書〉是先知西番雅對猶大王國百姓們的警告，和關於上帝審判即將來臨的預言。

〈哈該書〉是先知哈該對流放後重返家園的猶太人齊心協力重建神殿的號召。

〈撒迦利亞書〉是先知撒迦利亞應召在耶路撒冷對人們的布道，他透過異象來解釋上帝的啟示，做出有關未來命運的神諭。

〈瑪拉基書〉是先知瑪拉基勸誡民眾停止欺瞞上帝、恢復敬神守律義行的號召，以及關於上帝將對世人施行審判的預言。

「聖著」包括十三卷，分為三部分。一為〈詩篇〉、〈箴言〉、〈約伯記〉；二為〈路得記〉、〈耶利米哀歌〉、〈傳道書〉、〈以斯帖記〉、〈雅歌〉；三為〈但以理書〉、〈尼希米記〉、〈以斯拉記〉和〈歷代志〉上下兩卷。其中〈詩篇〉、〈雅歌〉和〈耶利米哀歌〉為詩集，〈箴言〉、〈約伯記〉和〈傳道書〉為文藝體裁的哲理書，〈路得記〉和〈以斯帖記〉為宗教故事，〈以斯拉記〉、〈尼希米記〉和兩卷〈歷代志〉為歷史記載，而〈但以理書〉則為「啟示文學」的代表作。「聖著」中許多卷章都反映了西元前三至二世紀流行的猶太「智慧文學」，和西元前三世紀末以後流行的猶太「啟示文學」，它們曾對早期基督教以及《新約全書》中的〈啟示錄〉等卷的形成產生過巨大影響。

〈詩篇〉傳統上歸為大衛所作，全卷共蒐集一百五十篇詩歌，代表著五個不同的集子，其內容包括讚美、抒情、訓誨、祈禱、懺悔、哀輓、慶頌等詩篇聖歌。

〈箴言〉由七集箴言彙編而成，取自以色列歷史上的不同時期，其中許多箴言被歸為所羅門的作品，屬於猶太文化中的「智慧文學」，其特點是以文學描述的體裁，用簡潔精闢的言詞來表達睿智古奧的哲理、啟竇人之靈性、為人們提供教誨和忠告。

〈約伯記〉是包蘊哲理、深沈含蓄的文學名篇，它用義人約伯的經歷來抒懷，以一種超然的審視來探討人生苦難及其意義，提出並回答「為何義人也會受苦遭難」的問題。

〈路得記〉以大衛的曾祖母路得乃一摩押女子，來主張猶太人可以與異族通婚，全書透過路得的故事來說明真正的宗教是超越國界的。

〈耶利米哀歌〉是五首哀嘆耶路撒冷被毀的哀歌，傳統上歸為耶利米所作，其形式為古代希伯來詩歌中流行的字母順序詩，其內容則是傾訴對耶路撒冷淪陷和猶大神權政治覆亡的悲哀與痛心，祈求獲得民族的拯救與復興。

〈傳道書〉也是猶太「智慧文學」中的一部，其主題為「凡事皆空」，反映出猶太人經歷「巴比倫之囚」後，在悲觀和沮喪中談論人生的虛無、總結人生的經驗、提出對人生的箴言和勸訓、找尋人生之謎的真實答案。

〈以斯帖記〉講述猶太美女以斯帖設法拯救流落波斯的猶太人免遭仇敵陷害謀殺的故事，用來解釋猶太人確定「普珥節」的來歷，說明上帝在冥冥之中對其選民的保護和救贖。

〈雅歌〉又名「所羅門之歌」，傳統上被歸為所羅門的作品，其形式為六首情歌或六幕愛情歌劇，源自古代希伯來人的愛情詩歌，但世人對其內容則是仁者見仁、智者見智，基督宗教通常對之加以寓意性解釋，認為它是上帝愛以色列人，以及基督愛教會的比喻，其中以色列人或教會喻為新娘，她為新郎所愛，又緊緊追隨新郎。

〈但以理書〉屬猶太文化中的「啟示文學」作品，描述了但以理及其朋友在巴比倫時所發生的事情，並以但以理「見異象」、「傳啟示」的方式預示了猶太人的歷史發展和將來的得救。

〈尼希米記〉記述了猶大總督尼希米兩次返鄉，在耶路撒冷推行各種改革，以及對以斯拉宗教改革工作的支援。

〈以斯拉記〉也記載了猶太人於西元前五三八年，從流放地第一次返回家鄉的情景和伴隨的事件，並論及猶太文士以斯拉發起的宗教改革和重建神殿活動。

〈歷代志上〉是複述以色列人的族譜，及從亞當至西元前九七〇年大衛之死這段歷史，以其祭司活動為重點。

〈歷代志下〉則複述了從西元前九七〇年所羅門統治，直至西元前五三八年波斯王古列允許流亡巴比他的猶太人返回耶路撒冷這段歷史。

（二）《新約全書》概要

《新約》共二十七卷，約二百六十章，最初用希臘文寫成，約在西元一世紀下半葉至二世紀末定型，於四世紀初確立。《新約》按其內容可分為「福音書」、「使徒行傳」、「使徒書信」、「啟示錄」四個部分，其中〈帖撒羅尼迦前書〉、〈哥林多前書〉和〈啟示錄〉等為最早的作品，形成於西元五〇年與七〇年之間，〈彼得後書〉乃最晚的作品，約於一二五年形成。

「福音書」包括〈馬太福音〉、〈馬可福音〉、〈路加福音〉和〈約翰福音〉四卷，亦稱「四福音」。其中〈馬可福音〉、〈馬太福音〉和〈路加福音〉因取材、結構、故事、觀點大體相同而被稱為「同觀福音」，〈約翰福音〉則風格迥異，具有希臘哲學和諾斯替教派思想的烙印。

〈馬太福音〉傳為馬太所寫，內容是以報「福音」的方式來陳述耶穌基督的家譜、生平、教誨和對人世的拯救，其中包括重要的「登山寶訓」和每個基督徒必須熟記的「主禱文」（第六章九－十三節），是基督教會中應用最廣、引用最多的一卷。

〈馬可福音〉傳為約翰·馬可所寫，一般認為是「四福音」中的最早一卷，而且是〈馬太福音〉和〈路加福音〉的藍本，全文簡要敘說了拿撒勒人耶穌的生平，突出了耶穌的傳教實踐及其救世的業績。

〈路加福音〉傳為路加所寫，其內容以預言施洗約翰的誕生為開端，詳述了耶穌的誕生和生平，最後以耶穌死後復活升天為結束，並特別強調了基督對罪人的仁愛及其救贖的普遍性。

〈約翰福音〉傳為約翰所寫，因深受希臘哲學的薰陶，形成較為完備的神學形態而被稱為「神性福音」，其內容主要以耶穌生平來強調上帝之道，宣揚「道成肉身」的神蹟。

〈使徒行傳〉據傳為〈路加福音〉的作者路加所寫，其內容與「福音書」相呼應，記載了耶穌升天後使徒們的信仰生活；主要描述了早期教會的創建以及彼得和保羅的傳教生涯。

「使徒書信」共有二十一卷，前十三卷被稱為「保羅書信」，即〈羅馬書〉、〈哥林多前書〉、〈哥林多後書〉、〈加拉太書〉、〈以弗所書〉、〈腓立比書〉、〈歌羅西書〉、〈帖撒羅尼迦前書〉、〈帖撒羅尼迦後書〉、〈提摩太前書〉、〈提摩太後書〉、〈提多書〉、〈腓利門書〉。其他七卷書信為〈雅各書〉、〈彼得前書〉、〈彼得後書〉、〈約翰一書〉、〈約翰二書〉、〈約翰三書〉、〈猶大書〉。

〈羅馬書〉是保羅寫給羅馬朋友的書信，在這些書信中陳述了他對耶穌基督之福音的理解，闡明了基督教神學中的許多理論問題，並指出基督的救贖不能只限於猶太人，而應包括外邦人。

〈哥林多前書〉是保羅寫給希臘哥林多教會的書信，以解答歌林多人提出的各種具體問題，並闡述和註釋基督宗教的基本教義、倫理、律法和要義。

〈哥林多後書〉是保羅訪問哥林多教會後所寫，以闡明自己的使徒地位、彌合該教會出現的分裂。

〈加拉太書〉是保羅寫給加拉太基督徒的書信，以幫助其擺脫猶太教中狹隘民族主義的束縛。

〈以弗所書〉是保羅被囚禁在羅馬時寫給小亞細亞各教會的「公函」，概括了教會的本質與目的、揭示了基督教救贖的奧祕、闡述了上帝、基督和教會的神學意義。

〈腓立比書〉是保羅寫給以異族人為主的腓立比教會之信，以勉勵其按照基督的榜樣來生活、使教會興旺發達。

〈歌羅西書〉是保羅對歌羅西基督徒發出的警告，以防止他們被散布錯誤學說的假教師引入歧途。

〈帖撒羅尼迦前書〉是保羅寫給當時馬其頓省會帖撒羅尼迦教會的書信，既讚揚其在艱難之中保持了信仰，又告誡其防止對基督復臨、信徒復活等教義的誤解，消除教會內部的爭議。

〈帖撒羅尼迦後書〉則是保羅為糾正帖撒羅尼迦教會關於基督即將復臨之觀念所寫，以鼓勵信徒在日常生活中拋棄惰性、堅持純正的信仰。

〈提摩太前書〉是保羅所寫的第一封「教牧書信」，即為教會和其負責人（教牧人員）以耶穌基督之名，行使傳教職責提供教義理論和傳教實踐上的準備。

〈提摩太後書〉則是保羅對提摩太作為福音傳播者和教師而進行的工作所給予忠告與勸勉。

〈提多書〉是保羅寫給其伴侶提多的「教務公函」，為教會監督等教牧人員的資格及其行為規範提供基準和告誡。

〈腓利門書〉為「保羅書信」中的最後一封，乃保羅勸說已皈依基督的歌羅西城富翁腓利門，領回其逃掉的奴隸，並對之以愛心相待而寫，此卷常被稱為「基督自由的宣言」或「教會釋奴宣言」。

〈希伯來書〉可能為第二代保羅派教徒所著，寫給稱為「希伯來人」的猶太基督徒，全文闡述並強調了耶穌基督空前絕後的救贖意義，旨在使基督教擺脫猶太教傳統的束縛。

〈雅各書〉傳為「耶穌的兄弟」雅各寫於耶路撒冷，行文頗有猶太「智慧文學」的風格，論及信仰、智慧、道德、宣教等方面的教誨。

〈彼得前書〉傳為使徒彼得所寫，旨在鼓勵人們過聖潔的生活，以忍耐之心來承受人世的苦難、並持守對基督堅定不移的信仰。

〈彼得後書〉亦為託名「西門彼得」之作，旨在反對諾斯替異端學說對教會的影響、強調「真知」只能來自耶穌基督。

〈約翰一書〉傳為使徒約翰所寫，文中論及生命之道、耶穌救世的福音、光明與黑暗之爭、教徒的愛心與信德等，並對諾斯替異端加以反駁。

〈約翰二書〉亦稱約翰所寫，旨在鼓勵教徒堅持真理、以愛心為大、抵制任何虛假的說教與蠱惑。〈約翰三書〉傳為約翰所作，全文稱讚了該猶，尤其是表揚他對旅人們進行的傳教工作。〈猶大書〉傳為「耶穌基督的僕人、雅各的弟兄猶大」所作，其內容是對基督徒提出的警告、反對那種否定基督真實人格的異端學說「幻影說」。

〈啟示錄〉的作者為約翰，故稱〈約翰啟示錄〉。此乃《聖經》中最後一卷，體現出猶太「啟示文學」的典型風格，其內容是通過一系列「異象」來揭示上帝終將戰勝邪惡勢力、實施其末日審判、給世界帶來新天新地。

四、基督教的核心信仰與基本禮儀

基督教各派有不少共同的信仰，例如都信奉「三位一體」的上帝，即相信上帝是唯一的真神，而它有三個位格——聖父、聖子和聖靈，這三個位格互不混淆，但其本質相同、本體相通、神性相通，由此聯結成一體，世界萬物都由這一上帝所創造和主宰；都相信人類始祖亞當和夏娃因偷食「禁果」而犯了罪，這種罪世代相傳，被稱為「原罪」，它使整個人類陷入罪中，無法自拔；上帝愛人類，不惜派遣其愛子耶穌道成肉身，降世為人，代人受過，被釘死在十字架上，以救贖人類，人們因信基督而罪得赦免，由此得永生。因此耶穌的降生和犧牲是上帝與人立的新約，宣告上帝與猶太人所立舊約的結束，從而帶來上帝救贖全人類的福音。基督教各派教義神學基本內容都大體相似，包括上帝論、基督論、聖靈論、人論、教會論、聖事論、終極論等方面。而對這些的解釋基督教各派則不盡相同，各有所側重，有時甚至完全相左。東正教和天主教較重視聖母論，而新教則無此論。所有這些神學論證都力圖闡明人與上帝的關係，而當代基督教神學則越來越重視闡述上帝—人—自然三者間的關係。

在聖禮方面，新教只有洗禮和聖餐兩件，而天主教和東正教除了這兩件外，還有其他聖禮。在教會建制方面，基督教各派都有較嚴密的組織形式，都有神職人員主持教務工作，但對神職人員所發揮作用的理解有所不同。在這方面天主教和東正教比較一致，認為他們發揮著神與人（信徒）交往的中介作用，而新教則否定這種作用，強調人人都可與上帝直接交通，無須神職人員做中介，牧師只是具有牧導、為信眾服務的作用。各派具體的組織形式也各不相同，天主教是教皇制，即教皇為全世界天主教教會的最高領袖，下設有各級主教，再下一級是神父、執事等，組成了金字塔型的教階制，有時這種建制也稱主教制，因為教皇也稱羅馬主教；東正教是牧首制，即由牧首—主教—司祭組成教階制，但它不像天主教有自上而下的統一的世界性組織，而是基本以國家民族為單位建成各自獨立的東正教會，現全世界有十九個獨立機構，君士坦丁堡的牧首享有普世牧首的稱號；新教所包括的教派眾多，各教派都自成體系，其體制複雜多樣，有長老制、公理制、主教制、聯邦制等等，在實施主教制的一些教派中，其主教的許可權遠不如天主教和東正教大，新教絕大多數教派的神職人員只有牧師，僅少數教派中有主教，此外這三派還有不少其他差別，例如天主教神職人員不能結婚，新教的牧師（或主教）則都可以結婚，東正教主教不能結婚，但一般司祭則可以結婚等等，這些較小的差別在此不一一列舉。

第七課 伊斯蘭教基本知識

一、伊斯蘭教的誕生與發展
二、伊斯蘭教基本信條
三、伊斯蘭教的禮儀
四、伊斯蘭教的經典
五、伊斯蘭教在中國的傳播與發展

伊斯蘭教是當今世界信徒最多的三大宗教之一。七世紀初興起於阿拉伯半島，距今已有近一千四百年的歷史。「伊斯蘭」係阿拉伯語譯音，字面意思為「和平」、「順從」等；作為一種宗教指順從獨一無二的主宰阿拉。信仰伊斯蘭教的人被稱為「穆斯林」，意為順從者、和平者。

伊斯蘭教在中國歷史上沒有統一的譯稱。元明清各代雖曾有人將其音譯為「伊悉蘭」、「阿昔蘭」、「伊斯略目」、「伊斯蘭」等，但未能通用。在宋元時代中國將居住在蔥嶺東西信仰伊斯蘭教的民族統稱為「回回」。隨元軍遷入中原內地的回鶻人、中亞人、波斯人和阿拉伯人，因其宗教信仰和生活習俗與回回相同，故也被稱為回回，他們所信奉的宗教隨之被稱為「回回教」，簡稱「回教」。到了明代，「回教」便成了伊斯蘭教的通稱。同時，中國穆斯林依據自己宗教教義的某些特點或起源地域名稱，也稱之為「清真教」、「真教」、「天方教」等。新中國成立後，考慮到回族已是中國一個少數民族，信仰伊斯蘭教的也不僅限於回族，為把回族與回教區別開來，中國國務院於一九五六年頒發通知，正式將回教更名為伊斯蘭教，恢復了它的本來名稱，現已全國通用。但在港、澳、臺和境外華人中仍稱為回教。

伊斯蘭教自興起以來，一直保持著向世界各地傳播和發展的趨勢，並以其獨特的精神活力影響著當代國際政治關係。據統計，二〇〇〇年全世界穆斯林約有十一億八千八百二十四萬人。它的神學思想體系、社會制度、道德規範、生活方式、飲食禁忌、文化藝術等等，對伊斯蘭教各民族的文化思想產生過深遠的影響。由於它的教義簡明、教規嚴謹、主張人類平等、反對強暴、扶助弱小，贏得了人們特別是被壓迫民族和人民的信仰，所以被認為是一個發展最快的宗教。

一、伊斯蘭教的誕生與發展

伊斯蘭教興起前的阿拉伯半島，社會動盪不安，經濟生活落後，多神崇拜盛行。各部落社會之間戰爭連綿不斷，仇殺迭起，劫奪不斷。而拜占庭和波斯兩大帝國，對這塊半島上富饒的農業區和商道的爭奪，更加劇了阿拉伯社會的動盪。阿拉伯人的經濟生活以遊牧為主，只有南部葉門地區從事農業生產。當時的阿拉伯半島面臨嚴重的社會危機，人們普遍希望打破部落和氏族間的壁壘，消除相互間的仇殺，實現政治統一和社會安寧。

伊斯蘭教正是適應這種特殊歷史的需要，在阿拉伯半島西部地區應運而生。伊斯蘭教的創始人穆罕默德於五七〇年出生於麥加古萊什部落（Quraysh）哈申（Hassan）家族，父母早喪，他十二歲便隨伯父艾布．塔利卜出外經商，曾隨商隊到過敘利亞、巴勒斯坦等地。他二十五歲時與海底徹結婚，婚後經濟狀況大為改善，使他有更多的時間和精力去思考一系列的社會問題。他開始對阿拉伯人因貧困活埋女嬰、虐待婦女和奴隸等惡習感到不安，對好強鬥勇、掠奪仇殺、蒙昧迷信的行為感到憤恨。他常在僻靜處沈思。他最常去的一個地方，就是後來著名的希拉山洞。此山洞位於麥加郊外以北五城里處的希拉山上，他每年定期到那裡靜居隱修、求索人生的真諦。約在六一〇年的一天夜晚，他在希拉山洞裡突然接到了天啟——他聽到一個聲音命令他宣讀：「你當奉你的創造主的名義而宣教，他曾用血塊創造人。你應當宣讀，你的主是最尊嚴的，他曾教人用筆寫字，他曾教人以人所未知。」（《古蘭經》九六：一－五）。時年四十歲的穆罕默德，從此以「阿拉使者」的身分，開始了他的宣教生涯。

麥加時期（六一〇－六二二），穆罕默德的宣教活動是祕密進行的。他號召人們放棄多神崇拜，只崇拜唯一神阿拉。他宣稱，他是阿拉從阿拉伯人中選派的使者和先知；除了阿拉外再沒有神，阿拉是獨一的，是宇宙萬物的創造者和主宰者；將來會有一個審判的日子，服從阿拉命令者將入天國，違抗其命令者將下火獄。幾年後，穆罕默德的宣教活動由祕密轉向公開，經過不懈努力，信仰者穆斯林日益增多。麥加統治階層的古萊什部落的某些成員，從一開始就反對穆罕默德宣傳。起初他們認為這是一種異端邪說，不屑一顧；對穆罕默德是「阿拉的使者」的說法嗤之以鼻，並對其追隨者加以斥責。但當穆斯林人數與日俱增時，他們對穆罕默德及其追隨者由攻擊、嘲笑和刁難變為迫害，許多穆斯林因此慘遭殺害。於是，在六一四年和六一五年，先後有兩批穆斯林，遷徙到阿比西尼亞（今埃塞俄比亞），以躲避麥加貴族的迫害。六一九年海底徹和艾布．塔利卜相繼去世，穆罕默德的處境更為艱難。在麥加貴族中頗有影響的人物歐麥爾（'Umar）皈依伊斯蘭教，更使麥加貴族感到恐慌和不安，迫害也更加劇。六二二年九月初，穆罕默德歷經艱險，成功地避開了麥加貴族對他的追殺，於九月二十四日抵達葉斯里卜，受到當地居民的熱烈歡迎。葉斯里卜城從此改稱為「麥迪那納比」（意即先知之城）。這一遷徙是伊斯蘭教發展史上一次重大的戰略轉移，被稱為「希吉萊」。十七年之後，第二任哈里發歐麥爾，將這一年定為伊斯蘭教曆紀元元年。

先知穆罕默德遷到麥迪那後，把軍事、經濟和宗教結合起來，而不是以部落血緣為樞紐的社團，同時積極倡導「穆斯林兄弟」的精神，加強內部凝聚力。從此，伊斯蘭教的傳播進入一個新時期——麥迪那時期（六二二—六三二）。

麥迪那穆斯林政權建立後，麥加貴族經常侵擾麥迪那周圍地區。為了反擊麥加貴族的侵襲，穆罕默德決定組織穆斯林武裝，進行「聖戰」。六二四年五月，經過白德爾一戰，穆斯林軍隊以少勝多，繳獲了大量戰利品。此次戰鬥的勝利，增強了麥迪那穆斯林的信心。六二五年，穆斯林在伍候德之戰中雖然失利，但成功地保衛住了麥迪那。六二七年的壕溝之戰，穆斯林成功地防禦了麥加聯軍的進攻。隨後，穆罕默德著手清除麥迪那內部動搖份子和敵對的猶太部落，鞏固了政權。六二八年，穆斯林與麥加人簽訂《侯德比葉協議》，雙方同意停戰十年，使穆斯林獲得了休養生息的機會。六三〇年一月，麥加古萊什貴族破壞《侯德比葉協議》，穆罕默德即率軍三萬，兵臨麥加城。麥加貴族中頗有影響的首領力卜蘇福揚在與穆罕默德見面後，宣布皈依伊斯蘭教。這樣，先知穆罕默德兵不血刃，進入麥加城，並搗毀了天房內的所有神像。規定克爾白四周為禁地，禁止非穆斯林入內。

征服麥加後，在候奈因山谷一戰，粉碎了多神教部落的聯合進攻，接著又領兵北上，與北部的基督教部落和猶太部落簽訂協約，同意以繳納人丁稅為條件，換取保持原來的信仰。由於這次軍事行動沒有發生大規模流血衝突，史稱「和平之戰」。當先知穆罕默德率軍返回麥迪那時，聲威大震，沿途許多部落紛紛皈依伊斯蘭教。甚至遙遠的阿曼、哈德拉毛（Hadhramaut）和葉門等地，都派來代表團表示皈信伊斯蘭教，這一年史稱「代表團年」。六三〇年，先知率眾赴麥加朝觀，發表著名的辭朝講演，其中包括一段啟示說：「今天，我已成全你們的宗教，我已完成我所賜予你們的恩典，我已選擇伊斯蘭教作為你們的宗教。」（《古蘭經》五：三）

辭朝後返回麥迪那不久，先知便染病不起，於六三二年六月八日歸真，享年六十三歲。

至此，先知穆罕默德的傳教使命，也基本完成，伊斯蘭教開始傳遍整個阿拉伯半島。伊斯蘭教的興起與傳播，成功地解決了當時半島上的社會危機，使四分五裂的阿拉伯民族，團結成為一個整體，統一在伊斯蘭旗幟之下，進而躍入世界文明民族之林，為日後阿拉伯民族的進步、伊斯蘭文明的發展奠定了堅實的基礎。

先知穆罕默德去世後，艾布·伯克爾被推選為第一任哈里發。艾布·伯克爾之後由歐麥爾、奧斯曼、阿里三人先後繼任哈里發，史稱「正統哈里發時期」（六三二─六六一）。這個時期，他們平息了阿拉伯半島上的反叛活動，進行了大規模的對外征戰。第二任哈里發歐麥爾執政時，穆斯林軍隊在不長的時期內，迅速擊敗了拜占庭帝國和波斯帝國。六四〇年全部攻占敘利亞、伊拉克、巴勒斯坦等地；六四二年滅波斯薩珊王朝，占領波斯全境；同年征服埃及，占領亞歷山大港。第三任哈里發奧斯曼，繼續西征北非，並東征亞美尼亞，平定波斯和呼羅珊（**Khorāsān**）地區的叛亂。哈里發國家的疆域，此時東至阿富汗，西抵埃及和北非一帶。由於哈里發國家對新征服地區，實行以繳納低於拜占庭帝國時期稅賦的人丁稅為條件的宗教信仰自由政策，大量被征服地區的居民紛紛改信伊斯蘭教，當地上層顯貴為維護自身利益，也皈依伊斯蘭教。隨著這一時期對外征戰活動的展開，伊斯蘭教衝出阿拉伯半島成為世界性宗教。

六六一年，第四任哈里發阿里遇刺身亡，出身於伍麥葉族（**Umayyad**）的敘利亞總督穆阿維葉（**Mu'āwiyah**）奪得哈里發職位，並把哈里發選舉制改為世襲制。從此，哈里發國家變為世襲的君主制國家。伍麥葉王朝（六六一─七五〇）發動了更大規模的對外征戰。東線，穆斯林軍隊沿地峽繼續前進，在阿富汗及中亞大部分地區建立了自己的統治，勢力直達帕米爾高原；並征服印度西北部的信德（**Sind**）和南旁遮普（**Punjab**）。西線則徹底清除了拜占庭帝國在北非的殘餘勢力，控制馬格里布（**Maghrib**）地區（包括今突尼斯、阿爾及利亞、摩洛哥等），並使當地的柏柏爾人很快接受了伊斯蘭教。七一一年，擁有大量柏柏爾人的穆斯林軍隊遠征西班牙的西哥特王國，不到十年，征服整個庇里牛斯（**Pyrenees**）半島，伊斯蘭教由此傳入西南歐洲。七三二年，穆斯林軍隊又遠征今法國高盧地區，在高盧西南部的普瓦提（**Poitiers**）一戰中受挫，遂撤回比利牛斯山以南。伊斯蘭教向西方傳播的強勁勢頭，到此陷於停頓。在此期間，穆斯林軍隊還曾三度圍攻君士坦丁堡，但均未得手。到八世紀中葉，阿拉伯帝國最後形成，疆域東起印度河流域，西臨大西洋，北至裏海，南抵撒哈拉，成為一個橫跨歐、亞、非三大洲的大帝國。帝國對新征服地區居民的宗教信仰採取寬容政策，穆斯林繳納人丁稅，就可以保持自己原來宗教信仰和人身安全。新統治者的賦稅，一般比原拜占庭和波斯統治者要輕。同時，伊斯蘭教教義簡單，沒有嚴格的教階制，易為廣大群眾理解和接受，伊斯蘭教在新的地區得到了迅速的傳播，穆斯林的人數急遽增加。

七四七年，呼羅珊一帶爆發了大規模武裝起義，艾卜·阿拔斯（Abu al-'Abbas）奪取了哈里發職位，建立了阿拔斯王朝（七五〇—一二五八）。阿拔斯王朝一度政治局面安定，經濟發展。在這樣一個和平安定的環境中，以阿拉伯語為基礎，由信仰伊斯蘭教各民族共同創造的伊斯蘭文化，出現前所未有的黃金時代。學術領域內，百花齊放，爭奇鬥豔。穆斯林學者們翻譯和研究古代希臘、羅馬、敘利亞、波斯及印度的古老文化遺產，進一步豐富和拓寬了伊斯蘭文化的內涵。古蘭經註學、聖訓學、教義學、教法學等都有很大的發展，並形成了不同的學派。同時，在哲學、醫學、數學、天文學、化學、地理學、文學、歷史等自然科學和人文科學方面人才輩出，成就輝煌。同時，由政治主張和宗教學說的差異產生了帶有政治性質的教派。由於長期和平繁榮的生活，統治者中滋生出奢侈享樂之風，政治日趨腐敗。九世紀中葉後，帝國衰落，各地總督割據一方。十世紀末，帝國出現三足鼎立局面，與巴格達的阿拔斯王朝（中國史書稱為「黑衣大食」）並存的，有開羅的什葉派（Shiah）法蒂瑪王朝（Fātimids）（九〇九—一一七一，中國史書稱為「綠衣大食」）和西班牙科爾多瓦的後伍麥葉王朝（九二九—一〇三一，中國史書稱為「白衣大食」）。十世紀末，塞爾柱（Seljugs）突厥人興起，一〇五五年進入巴格達，控制軍政大權，阿拔斯王朝名存實亡，哈里發成為塞爾柱人手中的傀儡。後經歐洲十字軍東侵，加上蒙古西征，阿拔斯王朝在成吉思汗之孫旭烈兀率領的蒙古軍隊猛攻下徹底覆亡。雖然伊斯蘭教的哈里發國家已不復存在，但伊斯蘭教的傳播並未因此而停止，大批蒙古人改信伊斯蘭教，伊斯蘭教仍在不斷地向各地傳播。

十三世紀中葉奧斯曼土耳其人崛起。一二九九年，酋長奧斯曼（一二五八—一三二六）自稱「土耳其王」，並在統一小亞細亞以後，正式建立奧斯曼帝國（十三世紀中葉—十八世紀末）。一四五三年穆罕默德二世在位時滅拜占庭帝國，將君士坦丁堡改稱伊斯坦布爾。其間，由於基督教勢力的振興，伊斯蘭教的勢力被逐出西班牙，但信奉伊斯蘭教的奧斯曼土耳其人卻占領了全部巴爾幹半島，在東歐獲得巨大的發展。十六世紀，蘇萊曼一世（Süleyman I）在位時，奧斯曼土耳其已成為一個橫跨歐、亞、非三大洲的大帝國。與此同時帖木兒（Timur）的六世孫巴布林率兵馬已從阿富汗攻入印度北部，占領德里，建立了伊斯蘭教的莫臥兒（Mughal）帝國。這一時期，遂成為伊斯蘭教再一次大規模傳播時期。約在十八世紀中葉，莫臥兒帝國趨於衰落，版圖迅速縮小，最終在一八五七年的印度大起義中覆亡。十八世紀，奧斯曼帝國由於對內實行高壓政策，加劇了國內的社會矛盾和民族矛盾；加上歐洲列強的相繼入侵，一七九八年，法國拿破崙一世占領了埃及，沙皇俄國先後在一七三六、一七六八年占領原屬奧斯曼帝國的亞述和克里米亞等大片領土，英國還唆使阿拉伯各省起來反對奧斯曼帝國的統治，帝國遂走向崩潰。一九一九年國內爆發了由凱末爾（Kemal Atatürk）領導的資產階級革命，一九二二年宣布廢除奧斯曼蘇丹。之後又宣布廢除了延續千餘年的哈里發制度，帝國遂最後覆滅。

伊斯蘭教傳播較晚的一些地區，構成了伊斯蘭教世界的「周邊」或「邊緣」地區。其中最重要的是西非、東非、東南亞等地區，伊斯蘭教在這些地區的傳播，經歷了一個漫長的歷史過程。在西非和中非，自八世紀就有穆斯林商人、學者和傳教士自北非穿越撒哈拉沙漠，把伊斯蘭教傳入內地部落，但直到十七世紀後才有較大的發展。在東非，伊斯蘭教的傳人比西非要早得多，阿拉伯商人與東非的商業貿易原本十分頻繁，而在伊斯蘭教興起後也從未中斷。十九世紀後半葉在東非獲得進一步的發展並產生了斯瓦希里語（Swahili，這種語言帶有大量的阿拉伯語），這對伊斯蘭教在非洲的進一步傳播，發揮了不可低估的作用。伊斯蘭教傳入南非則得力於印度和馬來半島穆斯林的移民。伊斯蘭教在東南亞的傳播，主要是穆斯林商人活動的成果。十三世紀末，印度古吉拉特（Gujarāt）的穆斯林，首先把伊斯蘭教帶到蘇門答臘和爪哇等島嶼，中國穆斯林對伊斯蘭教在爪哇的傳播也做出了自己的貢獻。到十七世紀左右伊斯蘭教在馬來半島已取得優勢。在十四—十五世紀，伊斯蘭教傳到了菲律賓南部，在西班牙人入侵前，蘇綠群島（**Sulu Archipelago**）和棉蘭老島，曾建立過政教合一的伊斯蘭蘇丹國。在歐洲，八世紀阿拉伯人征服西班牙後，伊斯蘭教曾得到很大發展。十五世紀末，穆斯林勢力被逐出境，當地居民大都恢復了原先的基督教信仰。二世紀以來，伊斯蘭教主要是透過移民、勞工、商業貿易等活動傳入西歐、北美、南美和日本、朝鮮等地。

先知穆罕默德所建立的伊斯蘭社會統一局面持續不到四分之一世紀，便出現分裂，第三任哈里發奧斯曼遇害後，穆斯林因哈里發問題發生分歧，出現內訌。第四任哈里發阿里執政期間，紛爭不斷，導致內戰，於是造成伊斯蘭教的第一次大分裂，隨之出現了一些教派。延續至今並影響較大的有遜尼派（**Sunnah**）、什葉派、哈瓦立吉派（**Hawārij**）和蘇菲派等。

（一）遜尼派

全稱「遜尼和大眾派」。「遜尼」係阿拉伯文譯音，意指先知穆罕默德的道路和教訓，故該派被認為是伊斯蘭教正統派。由於該派在政治上擁護現有的統治秩序，曾得到歷代哈里發的承認和支持，故有「主流派」之稱。在宗教上它尊崇《古蘭經》的神聖地位，認為它是天啟語言，為立法和解決一切問題的首要依據；同時強調《聖訓》是立法、立論第二位依據，也是穆斯林的言行標準。遜尼派在和哈瓦立吉派、什葉派的鬥爭過程中，建立了自己的政治思想體系，後來又在和反伊斯蘭教正統思想的各種學說鬥爭中建立並完善了自己的神學、哲學和教法學的體系。隨著哈里發國家的衰落，該派逐漸從最初的政治派別轉變為宗教派別。

遜尼派中教法學上基於對宗教功修和解決社會問題的不同意見而形成四個學派：哈乃裴學派、（**Hanafiyah**）沙斐儀學派（**Shafiyah**）、馬立克學派（**Māliliyah**）、罕百里學派（**Hanābilah**）。遜尼派歷來是伊斯蘭教中人數最多的一派，約占世界穆斯林人口總數的百分之九十左右。

（二）什葉派

什葉派是伊斯蘭教第二大教派。它是在第四任哈里發被刺後爭奪哈里發職位的鬥爭中，擁護阿里後裔為哈里發的穆斯林，與奪得哈里發地位的當政者之間的對抗中形成的。什葉派的形成經歷了一個漫長的歷史過程。後在發展過程中，逐漸形成有別於遜尼派的神學、教法學及聖訓。但什葉派內部並不統一，曾分裂為許多支派。主要有：十二伊瑪目派（Ithnā Ashariyah）、裁德派（Zaydiyah）、伊斯瑪儀派（Ismā'īliyah）等。什葉派在伊斯蘭世界有著較廣泛的影響。特別是在伊朗，十二伊瑪目派占主導地位，其人數約占該國人口總數百分之九十以上。

（三）艾巴德派

亦稱「易巴德派」。伊斯蘭教其他各派歷來將此派列為哈瓦立吉派的一支。但該派則稱，儘管在對哈里發問題和反對伍麥葉王朝等方面和哈瓦立吉派有共同之處，但無隸屬關係；並說該派的雛形早在奧斯曼時代就已出現，而哈瓦立吉派卻是在阿里與穆阿維葉的鬥爭中形成的。

艾巴德派在哈里發問題上的主張是：伊斯蘭教的理想時代是先知及第一、二任哈里發時期，故應用實際行動恢復那個時代的純樸面貌，對第三任哈里發後期執政和第四任哈里發在綏芬之戰（Battle of Siffin）中，接受「依《古蘭經》裁判」而和穆阿維葉妥協持否定態度。並認為伍麥葉和阿拔斯王朝絕大多數當政者不具備擔任穆斯林領袖的資格。同時主張穆斯林領袖的職責是執行教法、主持正義、忠於阿拉、領導教眾抗拒敵人、保護教民、反對領袖的世襲制。

該派在神學主張上近似遜尼派。在教法學方面主張，以經訓和「公議」為立法依據，但奉行變通、易行的原則。該派的思想家和學者多為阿曼人，主要流傳阿曼等地。

（四）蘇菲派

嚴格地說，蘇菲派不是一種教派，而是七世紀末八世紀初產生於伊拉克南部的一種伊斯蘭神祕主義哲學思想。禁慾主義、安神思想及印度的神祕思想對蘇菲主義產生了很大的影響。經過兩三個世紀的發展，蘇菲主義又陸續建立起了自己的特殊組織門宦（即道門，也譯為教團），各個門宦都以其創始人命名，並以其創始人或他的繼任人的陵墓為中心，建立了規模不等的道堂、札維亞或拱北。各門宦有自己的領袖、信仰以及獨特的活動儀式，但也有一些共同的特點。

蘇菲主義首先認為伊斯蘭教法只能約束人們外在行為，而不能激發人們內在嚮往阿拉、親近阿拉的自覺性。因此，必須用修道方式淨化人們的心靈，調動人們內在的宗教熱忱。其次認為阿拉不僅是偉大的造物主，而且是永恆的美。因此，人們要通過發自內心無私的真情去熱愛、嚮往、親近阿拉，追求阿拉的愛，從而實現愛者與被愛者融和的最高境界。再次是崇拜賢者（亦譯為聖徒崇拜）。伊斯蘭教信仰的阿拉和人間唯一的聯繫渠道，是先知穆罕默德的接受啟示，傳達啟示；但由於先知的逝世和人們距先知時代越來越遠，蘇菲主義認為有必要在人與阿拉之間建立中介，因而就需要有人通過艱苦修行，淨化心靈，脫離塵世污染，接受阿拉的「真知」，達到顯示「賢微」的品位，成為賢者，由他們充當這種中介。

在歷史上影響並且流傳至今的主要門宦有：卡迪里（**Qādiriyah**）、毛拉維（**Mawlawiyah**）、納格什班迪、庫布熱維、白克塔西、沙茲里（**Shādhliyah**）和提加尼等（**Tijāniyah**）。每個門宦在發展過程中，又分化出一些小的支系。我國西北各省的伊斯蘭教門宦多是源於卡迪里耶和納格什班迪耶等門宦，但它們又受到中國傳統文化的影響而有自己的特色。

二、伊斯蘭教基本信條

先知穆罕默德傳教初期，在麥加傳達阿拉的啟示說：「你們的神是唯一的」，「除了阿拉外，再沒有神」。以此申述反對多神崇拜、強調崇拜唯一神阿拉的基本信仰。此後透過與多神教、猶太教及基督教在神學問題上的爭論，這一基本信仰進一步得到完善。後在麥迪那接受的一段啟示中明確地提出：信阿拉、信大使、信啟示、信眾先知和信末日（中國穆斯林稱此為五大信綱）。伊斯蘭教的神學家，根據《古蘭經》有關經文的精神和聖訓明文，提出「信前定」為第六項信仰，故又有「六大信綱」之說。現將這六項信綱歸納為以下六個論點加以說明。

（一）唯一神論

伊斯蘭教堅持嚴格的一神論，認為阿拉是唯一應受人們崇拜的神。阿拉係阿拉伯語的音譯，是古代閃族人對造物主的稱呼。伊斯蘭教繼承了這一稱呼，並確認阿拉是宇宙的最高主宰。中國回族穆斯林將其譯稱為「真主」。波斯語、烏爾都語（Urdu）和突厥語稱阿拉為「胡達」（意為「自有者」）。伊斯蘭教認為：①阿拉是獨一而固有的真實存在，不是抽象的概念。②阿拉是萬能的，具有絕對的權威，天地萬物的創造、日月星辰的運行、晝夜的往復、風雨雷電的發生、動植物的生長等自然現象，以及人類的產生和繁衍、人生的富貴貧賤和人類社會發展演變等現象，無一不是阿拉的意志所決定。③阿拉是永恆的，先於萬有而存在，萬有毀滅之後仍存在；「前無始，後無終」，「任何東西都要消亡，而阿拉的本體永存不滅」。④阿拉是絕對完美。「任何東西都不與他相似」，因而不能用形象描述他，不能為他造像、設像和畫像。⑤阿拉造化了人類並賜予了其理性，使他們優於其他被造物，並為人類創造世間的一切，因而人們不僅要信仰阿拉，順從他的意旨，而且要崇拜他。

（二）造化論

這是在相信阿拉具有固有的創造德性的基礎上產生的一種認識，伊斯蘭教認為，無論是宇宙的形成還是人類的產生，均不是偶然的巧合或自然的機緣，而是阿拉意欲造化的必然結果。因而伊斯蘭教倡導人們，觀察人類的自身，觀察宇宙萬象及其奧妙變化以認識阿拉的存在及其所具有的偉大能力。

（三）先知論

信仰先知是古代閃米特人的宗教思想內容之一。伊斯蘭教繼承和發展了這一思想，認為阿拉為引導與勸誡世人擺脫苦難與邪惡，在不同的時代、不同的地區對不同的民族，派遣一些受其恩寵的人作為先知（也稱「阿拉的使者」，中國穆斯林也譯「聖人」）在本民族中傳達阿拉的啟示，並引導人們棄惡從善、遵循正道、信仰一神阿拉。所有先知均是由阿拉從人類中挑選出的品格完美且節操高尚的優秀者，並相信這些先知所宣傳的宗教，是一脈相承的一神教。他們忠於自己的使命，絕不違背阿拉的命令，是可以信賴的。先知雖為阿拉所選之優秀者、勸誡者和報喜者，備受人們的尊敬和愛戴，但卻無資格受到人們的崇拜。

伊斯蘭教既號召人信仰阿拉所派遣的所有先知，同時指出其他先知的使命已經結束，而穆罕默德的使命是針對全人類的，他不僅是繼承以往先知使命，集眾先知之大成者，而且是阿拉派給世人的「封印至聖」即最後先知。伊斯蘭教認為以任何方式否認穆罕默德「封印先知」地位者都不是穆斯林。

（四）啟示論

伊斯蘭教所說的啟示（也譯為「默示」），是指阿拉以特殊而隱微方式，教給他所選擇的先知以宗教原則和治世濟人的知識。阿拉在不同時期選派過許多先知，他們根據阿拉的啟示救人於苦難，導人於正道。伊斯蘭教傳說先知有十二萬四千之多，但接受啟示的為數並不多，《古蘭經》只提到了降給易卜拉欣（Ibrahim）的經典、降給穆薩的《討拉特》、降給達吾德的《則甫爾》、降給爾薩的《引吉勒》和降給穆罕默德的《古蘭經》。啟示的集錄被稱為「天啟經典」或「天經」，統稱「經典」。「信仰經典」就是信仰它的天啟神聖性。並且說天啟經典雖多，但在主張一神論這一點上是一脈相承的，「後降之啟示是證實先降之啟示的」。啟示論與先知論相輔相成，密切關聯，同為伊斯蘭教神學思想的重要內容。

啟示論雖承認《古蘭經》及其之前所降的一切啟示，但《古蘭經》說，已往的啟示有的業已失傳，如易卜拉欣的經典；有的被遺忘、「隱瞞」或遭竄改，已失原貌，如《討拉特》、《引吉勒》等。只有《古蘭經》是證實前經、包容前經的，並且「受阿拉之保護不會變更」。因此，啟示論的核心就是信仰《古蘭經》為阿拉的語言，是穆罕默德的最大奇蹟。

（五）兩世論

「兩世」，即指人類生活的現實世界（今世）和現世終結後的彼岸世界（後世）。兩世論是以相信後世存在為前提，並認為今世與後世有必然聯繫，提倡「兩世兼顧」（或「兩世並重」），以達到「兩世吉慶」的目的。伊斯蘭教認為，人類生命並不以死亡為終結，死亡只是今世生活的了結；在今世生活結束後，還有一個與之完全不同的後世生活。今世生活是人類生活的必經之路，是通向後世生活的橋樑。而後世生活是人類生活的必然歸宿，是今世生活追求的目標。因此要求人們在今世生活中勤奮耕耘，努力進取，積極創造物質和精神財富，建設安定、和平的生活。只有今世的物質生活具有一定保證時，才能有條件履行追求後世的精神生活。所以今世生活又是後世生活的基礎。正如聖訓所說：「今世乃為後世的栽種之場所。」因此，伊斯蘭教反對出家、禁慾與苦行。伊斯蘭教對今世生活堅持積極進取的態度，並允許人類滿足自身的各種正當慾望。

但同時伊斯蘭教認為，今世生活是「短暫的」，後世生活才是「最好和最永久的」，是「人類的最終歸宿」，反對依戀今世生活和沈迷浮華享受，並告誡人們不要因今世享受，而忘卻追求後世生活的努力。同時嚴禁因企盼後世或因今世的苦難、失敗、挫折而消沈墮落甚至輕生自殺。主張生死、苦樂「唯有主命」，用為阿拉對人類的考驗，鼓勵人們應以「堅韌」、虔誠信主、勇於犧牲、樂於奉獻的態度對待現實，同時懷著「恐懼與希望」的心情迎接後世的來臨。

（六）前定論

「前定」就是認為「阿拉在萬象未顯之前預定了萬事萬物的有，並預定這些事物在一定時間、以一定形式、按一定數量而發生」。並相信這是由阿拉意志決定的必然，人類的意志無法改變。《古蘭經》在提到伊斯蘭教的五項信綱時，沒有直接提到信前定的問題。將它列為伊斯蘭教的信綱，是根據《古蘭經》中有關精神和聖訓而定的。

人類的善惡行為，是否全屬阿拉前定，伊斯蘭教的神學家意見不一。絕對前定論者強調《古蘭經》中阿拉創造一切、預定一切的內容，認為人的一切，包括富貴貧賤、生死存亡、凶吉禍福、美醜善惡，甚至人的一言一行，皆不出阿拉的預定，因此說人類的行為是受制被動的，宛若空中飄浮的羽毛無任何自由可言。人類犯罪也屬前定，不必由己負責。此派被稱為「被迫論者」，也稱「定命論者」。同時還有一些人主張相對前定，他們根據《古蘭經》中有關每個人都要為自己行為負責，行善者有賞，作惡者受罰的經文內容，強調人類在總體的前定範圍內有選擇自己行為的自由。他們反對「被迫論」，主張阿拉創造了人類的意志，同時給人類以意志自由。人類犯罪是自取的，阿拉懲其罪行是公道的。這部分人被稱為反宿命論的「能動論者」，也稱「自由論者」。自稱為「遜尼大眾派」學者兼顧經訓中關於前定思想中的相對與絕對論者們提出：在信仰阿拉是萬事萬物的創造者和定奪者的同時，承認人類有意志和行為的自由。人類可以運用阿拉給予自己的理智判斷善惡，選擇正道，每個人都要對自己的言行負責。因而行善有賞，作惡受罰；阿拉前定是絕對的，人的自由是相對的，「前定如大海，自由如舟楫」。他們認為，信仰前定能使人在受挫折或不幸時自我慰藉，而不致暴戾或氣餒，有助於渡過難關；同時能使人在順利和獲得意外成功時，相信此乃阿拉之默默預定，不致使人得意忘形，忘乎所以。相信人有行為自由便是承認人的主觀能動性，要求人們發揮這種能動性，凡屬有益之事要盡自己的努力求得預期的結果，先「盡人事」，而後「聽天命」，不能完全聽天由命。

三、伊斯蘭教的禮儀

伊斯蘭教要求人們信仰並服從阿拉，從心靈深處感覺到阿拉的存在和偉大，同時要求在行為上表現出對阿拉意志的服從，須履行一定的宗教功修，把信仰和行為的實踐結合起來。伊斯蘭教認為，信仰若無實踐的支撐，便失去了活力，變得慘白無力。伊斯蘭教對每一個穆斯林規定的基本功修稱之為「五功」，簡稱「念、禮、齋、課、朝」，此五功為「主命」功課，是每個穆斯林都必須履行的義務。

（一）念功

這是穆斯林心存阿拉和非穆斯林立誓皈依的一種方式。所誦念的內容是「除了阿拉，再沒有神，穆罕默德是阿拉的使者」（簡稱「清真言」）以及「我作證除了阿拉，再沒有神；我作證穆罕默德是阿拉的奴僕和使者」（簡稱「作證詞」）。「清真言」和「作證詞」不只是新入教者必須宣讀的誓詞，每個穆斯林須經常誦讀，以表示對自己信仰的重新肯定和加深。

（二）拜功

這是穆斯林身體力行的主要功修之一，因為《古蘭經》多次強調拜功對穆斯林的重要意義和作用。履行拜功前必須進行沐浴，保持身心上的潔淨。沐浴有「大淨」和「小淨」之分。「大淨」即用清潔的水，按一定的順序、方式沖洗全身；「小淨」時洗淨身體的局部，如手、臉、口、鼻、足等。宗教意義上的沐浴，不僅可清除身體上的污穢，而且可以蕩滌心靈上的不潔。拜功的儀式主要由端立、誦唸《古蘭經》文、鞠躬、叩頭、跪坐等動作構成。主要拜功有一日五次拜，每週一次聚禮拜（即主麻拜），一年兩次會禮拜功（即古爾邦節和開齋節的拜功）。

由於拜功被認為是伊斯蘭教的「支柱」和區分是否穆斯林的主要標誌，因此穆斯林每到一地都設法修建禮拜場所——清真寺。清真寺的主要建築為禮拜殿，殿內除設有一宣講台外，不設神龕、聖壇，也無任何人物或動物的畫像或塑像。每個穆斯林不分尊卑貴賤，無論國王還是乞丐，進殿後一律席地跪坐，以體現伊斯蘭教所號召的穆斯林一律平等的精神。世界穆斯林禮拜時均以麥加的天房為朝向。中國在麥加之東，故中國穆斯林禮拜時面向西。

（三）齋功

即成年穆斯林在伊斯蘭教曆的萊麥丹月（齋月），白晝戒飲食和房事一個月。齋戒時，不起妄念，不與人爭，「舉心唯敬，默語唯恭」。但封齋有困難者，如病人、年邁者和出門旅行者、孕婦和哺乳者可以暫免，或過時再補，或納一定的濟貧施捨。

齋月逢大月為三十日，逢小月為二十九日。齋月的起訖均以見新月而定。齋月結束之次日即教曆十月一日為開齋節。

伊斯蘭教不主張禁慾或苦行，而且鼓勵人們享用阿拉賜予人類的各種合法潔淨的食物。但是伊斯蘭教教導人們要節制各種物慾和情慾。而齋戒是有助於人類控制物慾與邪念的一種重要方式。同時認為，齋戒還可以激發人們對飢餓者、貧困者的同情惻隱之心。

（四）課功

也稱「納天課」，是伊斯蘭教對占有一定財力的穆斯林規定的一種功修。伊斯蘭教認為，財富係阿拉所賜，富裕者有義務從自己所擁有的財富中拿出一定份額，用於救危濟貧等慈善事業。「營運獲利」的金銀或貨幣，每年抽百分之二點五，農產品抽十分之一；各類放牧的牲畜各有不同的比例的天課。

天課取之於穆斯林，用之於穆斯林，是一種用以緩解貧富對立的宗教課稅。與一般意義上的施捨、捐贈不同。因納天課者必須有一定的資財，具備此條件者則必須按比例繳納，故帶有一定的強制性；而且天課有明確的用途，《古蘭經》對此有明確的規定，不能轉贈或挪他用。而一般的施捨和捐助則是一種自願行為，所捐之數額、種類均無任何限制。

（五）朝功

指穆斯林在規定的時間內，前往麥加進行的一系列宗教儀規的總稱。六二六年，穆罕默德根據啟示並參照古代阿拉伯的朝聖儀式，規定了朝覲制度。朝覲者經過親身體會和深刻反省以達到返璞歸真、純潔心靈、滌除罪過、安度餘生的目的。

伊斯蘭教規定，教曆的每年十二月七日至十日為法定的朝覲（即「正朝」）日期。在此期間之外去麥加瞻仰天房稱之為「到朝」，可隨時舉行。所謂「朝覲」係指「正朝」。凡身體健康，有足夠財力的穆斯林在路途平安的情況下，一生中到聖地麥加朝覲一次是必盡的義務。不具備條件者則沒有這個義務。

朝功的主要儀規有：①受戒。②巡禮天房（克爾白）七圈。③在禁寺內的「索法」與「麥爾臥」之間奔走七次。④駐米那山谷宿營。⑤小駐阿拉法特山谷。⑥返米納射石打鬼。⑦宰牲濟貧。宰牲日為伊斯蘭教曆十二月十日，故將此日稱為宰牲節或古爾邦節。朝覲者在此日開戒，參與麥加穆斯林大聚會。未能參加朝覲者可就地宰牲，舉行會禮慶祝節日。

四、伊斯蘭教的經典

伊斯蘭教興起時阿拉伯民族處於蒙昧時期，是一個沒有文化的「文盲民族」，穆罕默德是產於這個民族中的一位文盲先知（見《古蘭經》三：二十，七：一五六—一五七，六二：二），所以勸化這個民族，使其擺脫愚昧是這位先知的首要任務。因而他受到的第一段《古蘭經》啟示就是要人學習文化（九六：十五），號召人們學習知識（二十：一一四）。用心觀察宇宙萬象以便取得確切的知識（二：一六四）。並且還說：「有知識無知識的人不一樣。」（三九：九）獲得知識者的品位高於無知的人（五八：一一），先知穆罕默德說：「求知始自搖籃而終至墳墓。」又說：「求知是男女穆斯林的天職。」甚至有「學者的墨汁勝於烈士的鮮血」的論述。這些經訓說明了伊斯蘭教對於文化的重視和鼓勵；也正是在這類有關經訓的指導下，中世紀哈里發國家的文化事業得到全面發展。最後形成了以《古蘭經》、聖訓中的思想為指導，廣泛吸取古代阿拉伯、希臘、羅馬、波斯和印度的優秀文化成果，並以阿拉伯語為主要表達工具的伊斯蘭文化（也稱阿拉伯—伊斯蘭文化）。對人類文明的繼承和發展做出了巨大的貢獻，並與中國文化、印度文化、希臘及羅馬文化並稱為四大文化體系。

《古蘭經》與聖訓是這個文化的指導思想，也是其主要淵源，故在這裡加以簡要介紹。

（一）《古蘭經》

《古蘭經》是先知穆罕默德在二十三年傳教期間，陸續宣布的阿拉的啟示。他在接受啟示初期，並未設有專人記錄，而是透過他的弟子的背記和個人自發的紀錄保存的。先知遷徙麥迪那以後，才設專門記錄，將啟示記錄在椰棗樹葉上、石片、骨板、羊皮等物上，同時鼓勵人們背記。先知逝世時，啟示的全部紀錄雖經官方收藏，但還未整理成冊，社會上流傳著不同的個人紀錄本。直至第三任哈里發奧斯曼時期，為了保證啟示內容和編排的權威性和統一性，防止啟示因背記者的陸續謝世而散失，才正式組織專人將個人抄本蒐集起來，和官方收藏的紀錄進行核對，彙編成統一的《古蘭經》抄本。並下令焚毀其他紀錄本，這個統一抄本被稱為「奧斯曼定本」。至今全世界穆斯林通用的《古蘭經》即為此定本。

《古蘭經》包括一百一十四章，各章長短不一，全經均等地分為三十卷。其主要內容包括如下：

①與多神教徒、有經人（猶太教徒、基督教徒）之間的鬥爭和論爭。論爭的焦點主要是關於阿拉的唯一性，《古蘭經》的天啟性，穆罕默德的先知地位和末日報償的必然性等問題。

②關於伊斯蘭教的根本信仰。《古蘭經》號召人們放棄多神崇拜，獨尊唯一神阿拉。透過爭論闡述伊斯蘭教的基本原則和確立以「唯一神論」為核心的信仰綱領。

③關於穆斯林的基本宗教義務和社會義務。

④關於伊斯蘭教的倫理道德規範。

⑤關於穆斯林的生活規範和飲食禁忌。

⑥關於教法律例。民事方面如借貸、財產繼承、家庭婚姻等；刑事方面如對偷盜、姦淫、誣衊、叛亂等罪的刑罰。

⑦人物故事和傳說。主要是關於歷代先知的故事和穆罕默德傳教的有關事蹟，說他們所宣傳的同是信仰一神阿拉的宗教，讓人們學習他們，聽從他們的教誨，才能得到善果。同時提到一些反面人物，他們一般有錢有勢，狂妄自大，利用各種手段反對當時先知們傳教，遂招來天怒，遭到誅滅，要人們引以為鑑。

《古蘭經》所包含的內容，涉及的方面極其廣泛，它對伊斯蘭─阿拉伯文化思想史的深遠影響，是古今學者一致公認的。它既是一部宗教經典，是伊斯蘭立法的首要依據和伊斯蘭教信仰學（即神學）、倫理學以及歷史學等宗教學科賴以建立的思想基礎。而且阿拉伯語的語言學、修辭學、語法學也源於《古蘭經》，是為了理解《古蘭經》原文的原義、行文結構而建立的。它是阿拉伯文學的最高範本，其獨特的韻律與行文風格一直是阿拉伯文人和詩人效仿的典範。《古蘭經》也是一部研究伊斯蘭教先知和當時阿拉伯半島社會情況的文獻史料，它所反映的具有深遠意義的社會變革，不僅改變了阿拉伯民族的歷史走向，而且對當今世界仍產生著巨大影響。

目前《古蘭經》在全世界約有七十多種語言的譯本，英、法、德等語的譯本各達數十種版本之多。我國漢譯本現今約有十多種，比較著名的有王靜齋、馬堅的譯本，八〇年代出版了買買提賽萊和阿卜杜．艾則孜分別譯出的維吾爾文和哈薩克文版本。

（二）聖訓

聖訓是先知穆罕默德在二十三年傳教期間發表的言論和示範行為，以及他默認的門弟子的重要言行的總稱。中國穆斯林意譯為「聖訓」或「聖諭」。先知在世時，由於擔心門弟子將他的言論與《古蘭經》啟示混淆起來，所以只讓人們記錄啟示，不許記錄他的言論。先知逝世後的一個世紀左右的時期是伊斯蘭教迅速發展的階段。哈里發國家在政治、經濟和法律等領域遇到先知生前從未出現的一些問題，需要將阿拉的啟示《古蘭經》和先知一生的全部言行作為治理社會、解決問題的依據，於是出現了蒐集、傳述聖訓的活動。而這個時期，也是哈里發國家政治、教派、民族、氏族鬥爭甚為劇烈、各種學說最為活躍的時代，各種勢力和思想均企圖借助先知聖訓來標榜自己的主張或行為是正確的，隨之也出現了藉先知名義偽造「聖訓」的現象。加上先知去世年代已久，人們的記憶逐漸模糊，口頭輾轉相傳的聖訓，不免發生差訛，這就給辨別聖訓真偽造成了很大的困難。為了保存真聖訓並防止假聖訓進一步擴大，八世紀初，伍麥葉王朝哈里發歐麥爾二世（七一七—七二〇）命人開始輯錄、整理、彙集聖訓的工作。最早輯錄成書的是教法學家馬立克·本·艾奈斯（Malik Ibn Anas）輯錄的《穆宛塔聖訓集》，這是八世紀中葉的事，到了九世紀才陸續出現了較多的聖訓集，其中以遜尼派的「六大聖訓集」最有權威性，即：《布哈裡聖訓實錄》、《穆斯林聖訓實錄》、《艾卜·達烏德聖訓集》、《鐵爾密濟聖訓集》、《奈薩儀聖訓集》、《伊本·馬哲聖訓集》等。同時，什葉派注重蒐集阿里及其後裔所傳述的聖訓。他們輯錄的聖訓集，其中最著名的有「四大聖訓集」，亦稱「四聖書」：《宗教學大全》、《教法學不求人》、《聖訓辨異》、《教法修正》以及阿里言論集《辭章典範》等。此外，艾巴德派的《穆斯奈德聖訓實錄》亦相當出名。

聖訓是對《古蘭經》的闡釋和發展，所以每一種著名聖訓實錄的內容都相當廣泛，既包括關於對伊斯蘭教信條、功修、道德修養、生活規範、家庭婚姻、學習知識等問題的具體解釋和論述，也包括關於政權、軍事、經濟和民事、司法等方面問題的論述，同時還包括關於創世、古代聖賢人物傳說，以及穆罕默德本人及部分弟子事蹟的記載，所以聖訓集既是伊斯蘭教的重要典籍，也是研究伊斯蘭教不可不讀的文獻。

五、伊斯蘭教在中國的傳播與發展

（一）傳入的時間

伊斯蘭教興起後不久即傳入中國，傳入的具體時間，史料無確切記載，歷來說法不一。據《舊唐書》載，永徽二年（六五一年）。大食國遣使來唐朝貢。於是，中國伊斯蘭教研究者多以此年為伊斯蘭教開始進入中國的標誌。據考，實際傳入時間比這要晚。天寶十年（七五一）唐朝軍隊在中亞怛邏斯之戰中為阿拉伯軍隊所敗，被俘人員杜環，在阿拉伯境內漫遊十年，回國後寫了一本《經行紀》（該書已佚，作者之叔杜佑在《通典》中曾轉錄其中一部分），將伊斯蘭教稱為「大食法」。此為迄今所見最早介紹伊斯蘭教的史料。

（二）穆斯林蕃客

伊斯蘭教在中國的傳播經歷了一個漸進的過程，是伴隨著中、阿通商貿易的發展逐漸展開的。信仰伊斯蘭教的阿拉伯和波斯商人，陸續由海陸兩路來華，海路由波斯灣經阿拉伯半島到達廣州、泉州和杭州等港口城市；陸路從阿拉伯半島經西南亞和中亞到新疆天山南北進而到達長安。自唐永徽二年（六五一）至貞元十四年（七九八）的一百四十七年間，大食國以朝貢使者名義來華經商者達三十七次之多；在宋代自開寶元年（九六八）至南宋乾道元年（一一六五）的二百年間，這類朝貢使者多達四十九次。說明當時哈里發國家和中國官方的友好往來是相當頻繁的。這些來華朝貢的使者中大部分為商人，也有傳教士。他們被指定在長安、廣州、泉州、杭州、揚州等地居住。其中有些人與當地人結婚，永留不歸，被稱為「蕃客」。中國朝廷選擇其中德高望重者任「蕃長」，負責管理他們的日常生活和宗教事務。他們在住地修建清真寺，進行宗教活動，並建有自己的墓地。在長期居留過程中，逐漸成為中國早期的穆斯林群體。

（三）元時回回遍天下

伊斯蘭教透過通商和外交途徑開始傳入中國，但唐天寶年間為平安祿山之亂借來的回紇兵留居內地，和成吉思汗西征引入大批穆斯林則與戰爭有關。十二世紀末十三世紀初，成吉思汗建立蒙古汗國後，進行了持續近半個世紀的西征，後回師東征中原，迫使中亞居民和波斯、阿拉伯人充當士兵和工匠，並被編成龐大的「西域親軍」，東遷到中國各地。同時，由於當時與中亞各國的邊境開放，陸路交通暢通，西亞、中亞穆斯林商人大量入華，與元軍中的穆斯林一起，和漢、維吾爾、蒙古等族人民相處雜居，當時統稱「回回」，隨後，回回多已變僑居為定居，「皆以中原為家，江南尤多」，故《明史．撒馬爾傳》中有「元時回回遍天下」之說。伊斯蘭教在中國扎下了根。

（四）伊斯蘭教在新疆取得主導地位

伊斯蘭教在新疆的廣泛傳播得力於十世紀建立的喀拉汗（Karakitai）王朝和十四世紀建立的東察合台汗國。喀拉汗王朝第三代君主沙圖克早年皈依伊斯蘭教，並在王族中傳播該教，即汗位後，遷都於喀什噶爾（Kaxgar，即今喀什），取號布格拉汗（?—九五五），在位二十三年，在南疆大力推廣伊斯蘭化。其子穆薩阿爾斯蘭汗繼續推行伊斯蘭化政策，宣布伊斯蘭教為國教，實行伊斯蘭教法。從而，使伊斯蘭教分南北兩路向內地傳播。南路沿大戈壁入葉爾羌（今莎車）向東伸展，北路傳播到阿克蘇和庫車，進而在新疆得到廣泛的傳播。在十三世紀初該王朝衰落之際，成吉思汗第七世孫圖赫魯·帖木兒（一三二一—一三六一）皈依了伊斯蘭教後，在北疆建立了東察合台汗國，並下令其部屬臣民改宗，曾有十六萬蒙古人同時改信伊斯蘭教。他的後繼者繼續奉行其政策達兩個多世紀，使伊斯蘭教在新疆取代佛教成了占主導地位的宗教。

（五）從明代到民國時期的發展

在明朝建立過程中，不少被稱為色目人的回回將領為其建功立業。建立後，回回又在發展地方經濟、保衛疆土當中做出了重要貢獻，朝廷遂視回回為一支不可忽視的力量，對其採取「優容撫治」的策略，明朝幾代皇帝都盛讚伊斯蘭教，資助修建清真寺，並對「蒙古諸色目人」中「果有才能，一體授用」，不少回回進入明朝文吏武官行列，在政治上占有一定的地位。在這時期，以唐宋時的蕃客、元時的色目人為基礎，以伊斯蘭教為樞紐，不斷融會改信伊斯蘭教的維吾爾、漢、蒙古等民族成員，形成了一個新的回回民族（簡稱為回族）。回回民族的形成，更進一步促進了伊斯蘭教在中國的繼續傳播與發展。穆斯林透過與其他民族的聯姻，人口也有較快的增長，清真寺普遍建立，經堂教育出現，用漢文編著介紹伊斯蘭教的經籍以及維吾爾、哈薩克民族全部皈依伊斯蘭教，是該教在明朝取得發展的重要表現。

清朝建立後，前期的幾代統治者對「華夷之別」一類觀念極為敏感，尤其對明朝以來出現的大漢族主義保持一定戒心，故對少數民族的宗教信仰和傳統習慣採取尊重和寬容的態度，實行「齊其政而不易其俗」的政策，允許伊斯蘭教存在和發展。例如先後發生過廣西、山東、北京等地地方官吏誣陷伊斯蘭教、歧視回民製造冤案的事件，朝廷最後都能據實處理，而且通令全國防止此類事件的發生。同時由於清朝前期全國統一，社會安定，各族穆斯林得到休養生息，經濟情況改善，人口自然增長，從東北到江南，新建了不少清真寺，通過經堂教育不斷培養了一些教職人才，使伊斯蘭教在穩定中有所發展。清朝中後期，由於朝廷腐敗，社會矛盾激化，有些地方官吏利用回教派系之爭和回漢個人糾紛，煽起民族矛盾，先後引發了十七和十八世紀陝、甘、滇、新等地穆斯林的反清起義，結果數以百萬計的穆斯林或被逐出家園，流離失所，或戰死於清軍的刀下，從而使這些地方的伊斯蘭教蒙受慘重的損失。

辛亥革命時期，孫中山提出「漢滿蒙回藏五族共和」、「五族一家立於平等之地」和信仰自由的主張，因而在當時被稱為「回族」的我國信仰伊斯蘭教的各族穆斯林，對推翻腐敗透頂的清王朝十分擁護，「翊贊共和，厥功甚偉」。北洋政府和民國政府對伊斯蘭教和穆斯林所奉行的政策骨子裡都是利用、限制和同化，但同時都宣稱「尊重各民族之宗教信仰自由」，對伊斯蘭教的存在和穆斯林習俗都表示認可和尊重。在時代潮流的推動下，中國社會情況和清朝相比已發生了重大的變化。穆斯林在民主革命鬥爭和反抗外侮戰鬥中，做出了自己的貢獻，從而在政治舞臺上形成了一支力量，他們在各地開始興辦教育，普及文化，建立回教文化團體，促進內部聯繫和團結，出版經籍和報刊，宣傳伊斯蘭文化，從而使伊斯蘭教的發展具有了時代的特點。

（六）新中國帶來的新局面

新中國成立後，伊斯蘭教得到相應的發展。儘管中間遭到極「左」路線的干擾破壞，但從一九七九年中國大陸改革開放以來，經過撥亂反正，重申了宗教政策，恢復了遭受破壞的宗教設施，而且新建了一些清真寺，使中國大小清真寺達到了三萬四千餘座，並且興建了九所伊斯蘭教經學院，培養宗教後繼人才，目前在清真寺和經學院內學習的人達二萬多。除建國初期建立的全國性伊斯蘭組織——中國伊斯蘭教協會外，還陸續成立了二十六個省級伊斯蘭教協會和四百個縣級伊斯蘭教協會，協助政府貫徹宗教政策管理伊斯蘭事務，因而可以說，這是中國伊斯蘭教史上最盛的時期之一。

伊斯蘭教在中國經過一千三百多年的發展，迄今人口已達二千多萬。回、維吾爾、哈薩克、烏孜別克、柯爾克孜、塔吉克、塔塔爾、東鄉、撒拉、保安等十個少數民族均信仰該教。而且在歷史上幾乎是全民信教的。其中回族和維吾爾族人口較多，分別約為九百萬和八百萬。伊斯蘭教的文化思想及教義教規，對這些民族的歷史、文化思想、倫理道德、心理狀態和生活方式均產生過深遠的影響，特別對回族、東鄉族、撒拉族和保安族來說，沒有伊斯蘭文化就沒有這些民族的自身文化。另外，在漢、蒙古、藏等民族中，也有少數人信仰伊斯蘭教。伊斯蘭教傳入中國後，不同程度地受到中國傳統文化的影響，為了適應不斷發展變化的中國社會，形成了具有中國文化特色的支派和門宦。因而可以說，伊斯蘭教的傳播不僅是一種宗教的傳播，也是一種文化思想的交流和傳播。

第八課

宗教的基本要素

一、宗教意識
二、宗教組織
三、宗教禮儀
四、宗教器物

我們在討論宗教定義的時候講過，宗教之所以能夠持久地存在與發展，其根本原因在於它能夠滿足人們的特殊需要，對個人、群體、民族、國家，乃至全人類發揮獨特的功能。而一種成熟形態的宗教由若干種基本要素構成，簡要說來可以分為宗教意識、宗教組織、宗教禮儀和宗教器物。這四個方面可以作為我們把握某個具體宗教的四個向度或方向。在把握了三大世界宗教的概況以後，我們在本講中進一步說明宗教四大基本要素的主要作用。

一、宗教意識

宗教意識對宗教的其他層面有著決定性的意義。宗教發展的歷史過程和事實已經充分表明：宗教禮儀的規範化及其文明程度，宗教組織的狀況，宗教器物的使用狀況，都首先取決於宗教意識的發展。由於原始社會的人類還不具有高度的抽象思維能力，因此原始宗教還不可能具有系統的神學理論。因此，其宗教禮儀完全依靠直觀感受來確定。這就使得原始宗教的禮儀常常帶有不文明的野蠻性，人祭和血祭就是這種狀況的典型表現。社會發展到了文明時代後，宗教由原始形態發展到了神學形態，開始有了系統的神學理論，理論思維在宗教意識中發展起來，取代了原始宗教的直觀感受，宗教禮儀逐漸擺脫了原始宗教禮儀的野蠻性和殘忍性，而變得越來越具有文明的規範化的特點。現代宗教禮儀的文明程度比起古代神學宗教的禮儀更要文明得多。這雖然要歸功於整個社會文明的進步和發展，但宗教神學思想和理論思維的提高，則是直接起作用的因素。

宗教作為人類社會的產物，必定要能適應社會環境。基督教、伊斯蘭教和佛教之所以能夠成為世界性的宗教，最根本的一條就是因為它們的宗教觀念和思想的發展程度較高。這三大宗教均有較為系統的宗教理論體系，不僅有世代相傳的聖書經典，而且還有以經典為依據的適應時代變遷的系統教義。它們的信仰文明程度較高，這主要表現為三大世界宗教都擁有能為眾多國家和民族接受的崇拜對象和信條，從而超越了民族、地域宗教的狹隘性。這三大宗教的信仰都有雄厚的道德基礎，不主張野蠻殘忍的宗教禮儀，也不以追求眼前個人實利為目標，所以其迷信和巫術成分在其歷史過程中逐漸淡化。因此與世界上其他宗教相比，基督教、伊斯蘭教和佛教在宗教意識方面具有較高的素質。

宗教意識也決定了宗教組織的發展程度和形式，這主要表現在宗教組織的制度規範化程度有賴於宗教意識的水準。世界各國的宗教組織發展史都表明，宗教組織制度規範化的程度，總是與宗教意識相適應，宗教組織制度的規範化程度隨著宗教意識的變化而變化。神學理論的每一重大進展，往往都會推動宗教組織向更完善化方向發展。今日的宗教組織的完善程度，是原始時代和古代文明時代的宗教組織無法與之相比擬的。世界三大宗教具有完備的經濟、政治、文化、教育等方面的組織系統，這對於一個沒有較高宗教意識的宗教來說是根本不堪設想的。宗教觀念從其形態來看，可以分為感性和理性兩個層面。它們都為宗教的產生和發展發揮了自身的獨特作用。一般說來，發展程度較高的宗教，其理性因素便較高；發展程度較低的宗教，其理性因素便較低。世界三大宗教是目前理性因素最高的宗教，而各種原始宗教（包括目前現存的原始宗教），則是理性因素最低的宗教。

宗教觀念的理性因素，在維持宗教的生存與發揮宗教的功能的過程中，常常表現出其固有的保守性和穩定性與其變化的適應性的矛盾。任何一種宗教，為了維護其生存和保持其固有的宗教特徵，必須要有相對穩定的神學理論和教義。這對於發達的高級宗教尤為重要。如基督教的存在及其特徵，便是以《聖經》為標誌的；伊斯蘭教的存在及其特徵，是以《古蘭經》為標誌的；佛教的存在及其特徵，是以「佛經」為標誌的。如果世界三大宗教沒有這些穩定不變的神學經典和聖書，那麼，它們的存在則是難以設想的，更談不上鞏固和發展。這世界三大宗教的經典和聖書已承傳了近兩千年，其內容甚至連詞句都保持不變，而且正是由於這樣，才保持了這些宗教的穩定性及其固有特徵。如果這些宗教的經典和聖書經常變幻不定，那麼，這些宗教體系的穩定性及其固有特徵也喪失了，當然也就不復存在了。

但是，宗教是社會歷史的產物，它也必須隨著人類社會在經濟、政治和文化方面的變化而變化，否則它們也會被社會歷史所淘汰。為了避免這一命運，許多宗教都在不斷改變自身，其中就包括改變它們各自的神學理論。世界三大宗教之所以能長期地一直保持到現在，除了其有穩定不變的宗教經典和聖書外，還在於它們有解釋這些經典和聖書的教義。這些教義可以根據時代的要求並以新的涵義來解釋各自的經典和聖書，以便適應時代的要求，能為不同時代的人們所接受，從而使自己的功能得以較好發揮。所以，儘管這三大世界宗教的經典和聖書連字句都沒有變，但解釋這些經典和聖書的教義已有變化。特別是在當代，這世界三大宗教都出現了各種具有適應時代要求的新的教義理論，以便能夠在當今世界經濟、政治和文化科學迅速發展的社會歷史過程中求得生存和發展，否則就難免有被歷史淘汰的危險。

宗教觀念的理性因素，雖然在維持宗教的生存與發揮宗教的功能中具有極其重要的意義，但任何宗教都不可能把理性主義貫徹到底，否則就會導致對宗教本身的自我否定。因為這樣一來，就會打破宗教所固有的神祕主義性質，宗教就不成其為宗教了。因此，我們還要闡述一下宗教神祕主義問題。神祕主義是宗教學家、哲學家、神學家、社會學家、生物學家、心理學家共同關心的一類現象，但究竟什麼是神祕主義，各種定義莫衷一是，學者們基於自己的立場和研究方法而各執一詞。然而，相比而言，神祕主義與宗教的關係最為密切，宗教學的研究頻繁地使用這個概念。我們似乎可以說，在現代學術研究中，神祕主義首先是包括宗教心理學和宗教社會學在內的宗教學研究的問題，而這些研究的結果對解釋宗教至關重要，因此，宗教學家、神學家和哲學家對神祕主義現象的關注是可以理解的，學術界加強對宗教神祕主義的研究也是必要的。

神祕主義一詞的英文**mysticism**、法文**mysticisme**、德文**mystizismus**，皆源於拉丁文**mysterium**。這個拉丁語詞的涵義有：祕密祭神禮、奧蹟、奧義、神祕等。這個拉丁語詞又源於希臘文**mysterion**，詞根**Muein**，意思有引導、介紹入會、祕密的東西、放棄肉體感覺，代之以超驗的啟示等等。

mysticism一詞以及它的一些同源詞有多種涵義：

mysticism：（1）神祕主義：神祕主義者們所傳說的神祕交融或與最高實在直接靈交的經驗。（2）神祕教義：關於神祕知識的一種理論；一種教義或信仰，認為對上帝、精神真理、最高實在，或類似事物的直接認識可通過直覺、直觀或啟發獲得，而且不同於一般感知和推理的方式。（3）玄想：一種缺乏基礎的信念、謬論，以對無法表達的知識或力量的直接獲得和直覺為先決條件，或以這種可能性為基礎的任何理論。

mystery：（1）上帝所啟示的宗教玄義，人不能單憑理智去理解，而且經過啟示仍不能完全理解的宗教玄義。（2）基督教的禮儀或聖事。（3）基督教以外的其他祕密宗教儀式，其特點是向信徒出示神物，叨唸讖語，演示儀式（如洗手、吃喝、殺牲），旨在使信徒們在今生過得更好，並保證讓他們死後由於這樣的祈禱能與所崇拜的上帝同在。（4）神祕。沒有或不能被解釋的事物，也就是說大家所不知的事物。指一件難以解釋或怎麼都說不清楚的事，或指不為外人所知，但又有趣因而促使人們去猜測之祕事。

從上述釋意我們可以看出，神祕、神祕主義及其同源詞基本上是在宗教範圍內使用的，具體所指又涉及宗教意識、宗教禮儀、宗教組織等各個層面。人們在非宗教的意義上也在使用神祕一詞，但那基本上可以看作是「祕密」的同義詞。請看下面這則廣告詞：「鑽石，在大自然中經過億萬年光陰，方才煥發出醉人的華彩，每一顆都是獨一無二，彌足珍貴，給人一種神祕莫測的感覺。然而要衡量一顆鑽石的價值與品質，卻一點也不神祕。」在這種世俗的意義上，神祕的意思等於不了解、不懂、尚未被認識，等於祕密。所謂神祕的對象一旦被人們了解了，也就不再神祕了。然而，在西方宗教傳統或宗教學研究中，神祕主義是指宗教的某些組成部分或要素，用作形容詞時則用於描述某種宗教的特徵或宗教思維的類型。當然，在這個詞的宗教意義中，世俗的一般涵義仍然保留著。也就是說，一種宗教被人們了解得越多，它就越不神祕；反之，人們對某種宗教越不了解，也就越覺得它神祕。神祕主義是一種十分普遍的宗教現象，與宗教的各個層面和包括基督教在內的各種宗教都有關。所以，怎樣界定「神祕主義」對我們的研究是前提性的，亟待回答的。在西方國家，神祕主義作為一種普遍的宗教現象早已引起學者們的關注。為神祕主義下定義者不乏其人。定義是進行理論探討和學術研究的重要起點。當學者們對神祕主義看法各異、定義紛呈的時候，分析一下已有的定義，對我們認識神祕主義研究的複雜性是有幫助的。

「神祕主義是融修行術與祕傳知識為一體的一門學科，是上升到最高水準的個人宗教。神祕主義可以與宗教有關聯，但並非必然如此。神祕主義者往往是宗教團體（例如教會）並不培養也不知如何對待的人物。」這一定義從學科分類的角度描述了神祕主義的所指。但實際上，至今為止還沒有一門學科願意給自己冠上「神祕學」的稱號，相反地，倒是那些很難登上科學殿堂，或至今仍在科學的門檻邊徘徊的類科學或準科學，經常被人們貼上神祕主義的標籤。更何況，這個定義將某種宗教現象，即修行術，定為神祕主義的主要內容，這樣一來，對神祕主義的研究也就被局限在宗教的一個要素之中了。在這樣的定義下，我們很難看清宗教意識與宗教體驗的關係，更無法弄清宗教神祕主義的發展。我們認為，神祕主義是一種普遍的宗教現象，是與宗教的各個層面都有關係的一種性質，而不是一個獨立的可做研究對象的實體。宗教意識、宗教禮儀、宗教組織和宗教體驗都有神祕與不神祕之分。學術界在使用神祕主義這個詞時，更多地也是用於屬性判斷，而不是用作實體陳述。當然，我們這樣說並不意味著反對研究修行術，而是認為修行術是宗教的重要內容，也是我們在研究宗教神祕主義時要加以關注的。

與上述定義類似的一類定義是把神祕主義限定為一種宗教體驗，即所謂神人合一的體驗。美國《哲學百科全書》「神祕主義」詞條的作者，列舉過一些現代西方學者為神祕主義下的定義。例如，「神祕主義是個人與神合一時的直接感受」；「神祕主義是這樣一種心靈的態度，在心靈中所有的聯繫都被心靈與神的聯繫所吞沒」，「真正的神祕主義是這樣一種意識，我們所經驗到的每一樣事物都是一種成分，並且事實上只是一種成分，亦即在存在的本質上，它只是別的事物的符號」。不過詞條作者指出：「顯然，這樣的對神祕主義現象做宗教和哲學解釋的定義不會被所有沈思者所接受。例如，不相信一個人格神的佛教神祕主義者，會排斥這些定義中的前兩個；他也會對第三個定義產生懷疑，在什麼意義上可以把涅槃的體驗理解為其他別的事物的符號？」其他類似的定義還有：「總體說來，神祕主義是一種在現世透過個人的宗教體驗，而獲得的關於神的間接的知識。它原來是一種祈禱者的狀態，從得到程度不同的各種短暫而又罕見的神聖，觸及到在所謂的『神祕的合一』中達到實際與神永恆的聯合。神祕主義者自己為他們的體驗真實性，提出最確定的證明是它的效果，亦即在謙卑、仁慈、甘願受苦這類事情上的增長。神祕主義是一種廣泛的體驗，不僅在基督教中有，而且在其他許多非基督教的宗教中也有，例如，佛教、道教、印度教和伊斯蘭教。」「神祕主義就是人與神的心靈合一。」這些定義表明，在現代西方宗教學和哲學研究中，神祕主義主要是被理解為一種特殊的宗教體驗，即人神合一的心靈體驗。這種理解是一種狹義的神祕主義。它表現了當代宗教學研究的一個重要趨勢，但並不表明對宗教神祕主義研究的全部範圍。

用作屬性詞的神祕主義實際上有廣義和狹義之分。在最廣泛的意義上，宗教就是神祕主義。因為，無論從何種學科、何種角度界定宗教，都與對神的信仰有關。而從理論上說，所謂神：「是指人類的這麼一種觀念，它的內容或對象可能被認為具有超自然的、超存在的、精靈的、人格的、高於人的、無限的、絕對的、神聖的、神祕的、終極的（或根本的）性質，也可能被認為具有內在於自然的、泛在的、物質的、非人格的、有限的、相對的、非神聖的、非神祕的、非終極的（或非根本的）性質，但無論如何，它總被認為是一種超人間的力量。」所以，宗教可以定義為：「對超人間的力量的信仰以及與之適應的思想觀念、情感體驗、行為活動和組織制度的體系。」在宗教的諸種要素之中，對神的信仰是核心。由於神的觀念所具有的上述性質，可以說宗教之為宗教，本身就是神祕主義的。神祕主義與宗教的本質特性緊密聯繫，不可分割。然而由於各種宗教信仰對神的理解有不同，與之相應的思想觀念、情感體驗、行為活動和組織制度也千差萬別，要對不同的宗教做神祕宗教和非神祕宗教的區別也是可以的。但是，這樣區分出來的非神祕宗教與神祕宗教只有神祕程度上的差別，而不能做絕對意義上的理解。我們透過解剖具體宗教的各個層面或要素，能夠區分它們的神祕程度。在次一級的意義上，神祕主義指的是宗教信仰者的宗教感情或宗教經驗。由於個人經驗所具有的差異性，它必然帶有神祕性。尤其是所謂與神合一這樣一種宗教體驗，很難說它具有非神祕性。正如美國《哲學百科全書》「神祕主義」詞條的作者所說：「為神祕主義的體驗下定義，就像解釋和評價它的意義一樣意見紛呈，而各種看法又彼此衝突。這並不奇怪，因為用來表達和描述神祕主義的體驗的語言是極為悖理的、象徵性的、詩意的。即使一位神祕主義者選擇看來像是嚴肅而又精確的形而上學術語來表達，那也只是一種對邏輯的表面上的讓步，因為他會在一種遠離通常涵義的意義上使用這些術語。」這種神祕主義的體驗是宗教神祕主義的最直接的意義。在對神祕主義的涵義做了這樣幾個層次的畫分以後，我們在具體的語境中就比較容易區分它的所指為何了。

人類的精神生活，不僅有理性的因素，而且還有大量的非理性因素。情感、慾望、激情、意志，都是非理性的因素。當人們在理性的精神生活中找不到所需要的應答和要求時，往往就傾向於到非理性的精神活動中去尋求補償，而宗教則常常是獲得這種補償的處所。宗教感情、宗教情緒和宗教激情就是宗教非理性因素的基本表現形式，它們在實際的宗教生活中具有重要的作用，許多宗教功能是通過它們而得以發揮的。宗教感情在宗教意識形態中具有十分重要的地位，它對於維護宗教信仰的凝聚力具有不可缺少的引力作用。這種宗教感情是在特定的宗教環境中長期薰陶培植出來的。當人們反映現實生活所具有的依賴感、有限感、恐懼感、感恩感、需求感、崇拜感、罪惡感和孤獨感等的心理活動，一旦與宗教信仰結合在一起，就會很自然地把自己的命運和敬神和利己、愛神和愛己緊密地聯繫在一起，並在宗教環境和宗教群體的感染力的推動下，產生一種特有而穩定的宗教感情。這種感情如果與特有的民族文化、民族習俗、民族生活、民族感情結合在一起，就會更具有極大的穩定性、專一性、狹隘性和不可傷害性。誰要傷害這種感情，往往會引起嚴重的衝突及至流血鬥爭。這種非理性的宗教感情，在強化宗教共同體、增強其內部凝聚力方面，具有十分重要的意義。沒有這種感情，宗教團體是很難維繫與鞏固的。

宗教感情也不是凝固不變的，它常以宗教情緒的形式反映出來。這種情緒總是隨著人和自然關係的變化、人與社會關係的變遷，以及隨著人與人之間關係變動和個人的遭遇的不同而波動起伏與變化，因而具有較大的變動性和不穩定性。一般說來，在人遭到天災人禍或陷入絕望的時候，往往會引起人們宗教情緒的高漲，甚至會出現群體性的求神禳災的集體性行為，在階級對抗的社會中，如果被剝削、被壓迫階級無法生活下去和陷入絕望時，宗教情緒往往也會產生向上的波動。這種情緒如果在宗教的引導下，往往會產生社會動盪和社會革命，這種情況在人類的歷史上屢見不鮮的。在當今時代，宗教情緒也會隨著社會經濟、政治和文化的變化而變化。

宗教情緒如果持續地向上發展，必然會導致宗教激情。這激情是宗教情緒達到了高昂狀態的一種宗教感情。它往往是在種特殊的情況下，為了維護宗教利益或體驗到神恩和受到宗教同體的極大恩惠，以及宗教感情受到激化而產生的。宗教利益常常由宗教共同體來代表和體現。宗教團體是宗教信徒表達宗教情感和過宗教生活的地方。共同體在經濟、政治、情感等方面都不容外來勢力的干涉和傷害，如果一旦有危害於共同體的現象出現，這一共同體的教徒就會被激發出高昂的宗教激情而為之鬥爭，甚至不惜流血犧牲。在印度，印度教與錫克教及伊斯蘭教之間的衝突；在愛爾蘭，基督教的新教與天主教之間的衝突；在黎巴嫩基督教徒與穆斯林之間的衝突，伊斯蘭教內遜尼派與什葉派之間的衝突等等，大都是屬於這樣一類的衝突。宗教感情發展到極端，便會出現宗教狂熱。這時，人們的宗教感情便具有完全非理性的特徵，並為毫無理智的宗教偏激情緒所支配，從而使其做出喪失理智的行為。例如；為表達對神的虔誠而自殘，或為報答神恩而宰子獻神，或切割自身某個器官來敬神。一九八八年印度少女魯尼亞剪下自己的舌頭祭印度中央邦賴普爾的一印度教神。這種宗教狂熱若以群體現象出現，則危害性更為嚴重。宗教狂熱若被引入政治領域，會給人類社會帶來災難性的後果。

宗教意識的非理性因素，要受各宗教的基本學說與教義的規範與制約，故又總是在確定的宗教意識的理性因素控制與指導之下表現出來和發生作用的。完全不受宗教意識理性因素約束的宗教感情、情緒和激情是沒有的。正因如此，宗教感情、情緒與激情才能始終服務於確定的宗教目標，並由既定的宗教信仰所引導，從而對宗教發揮出應有的作用。

二、宗教組織

宗教組織是構成宗教的基本要素，對宗教組織的界定要區別於其他社會組織。它是一種與統一的宗教信仰目標與行為體系相聯繫的、共同遵照一定的制度規範的宗教信奉者所結成的社會群體。

群體生活是人類生存的基本方式。宗教徒作為具有宗教信仰與體驗的人尤其離不開群體。具有各種不同宗教信仰、宗教體驗和宗教感情的信教者組成各種宗教群體。在宗教群體的共同活動中，宗教信徒不僅獲得了實現個人信仰的宗教意義，而且透過群體內個體角色在共同目標與規範的指導下，相互溝通與認同，也獲得了群體意義。宗教群體的規模大小不等，小至家庭，大至跨國界的教會組織。宗教群體透過信教者的宗教活動與實踐，在社會生活中發生一定的影響，使之獲得了與其他社會群體發生相互作用的社會意義。

宗教群體具有宗教性與社會性這兩重性。任何宗教都有某種組織形式，在宗教要素中具有核心意義的宗教意識，也只有通過宗教組織才能形成一個宗教的社會實體，規範化的宗教禮儀也只有在組織中才能得以實現。從這個意義上講，宗教組織乃是宗教其他構成要素發揮自己作用的組織保障。宗教作為一種客觀存在的社會實體，又是社會組織系統中的一個子系統。宗教信徒不是游離於社會實際生活之外抽象的人，也不可能不食人間煙火，而是活動於現實社會之中。信教者由於具有某些共同的信仰和期望、感情和志趣、行為規範和價值取向，有著同樣宗教生活與滿足宗教心理的需要，形成各種宗教群體，並為了達到這些特殊目的而有意識地建立起各種宗教團體，這些團體一旦建立，就要有一定的制度與手段加以維繫。宗教組織一旦建立，就對宗教自身和社會產生積極的或消極的作用。

宗教組織是社會生產和分工發展到一定階段的產物，是宗教制度化發展的結果。在各種制度化宗教中，宗教組織的形態各異，具有不同的表現形式。不同名目和形態各異的宗教組織成為不同宗教的象徵，例如，寺庵代表佛教、宮觀代表道教、教堂代表基督教、清真寺代表伊斯蘭教。這些宗教組織不但具有作為一般社會組織的結構性要素，如權力機構、制度、經濟資源、成員資格，還具有不同於其他社會組織的一些特徵。首先，任何宗教組織均認為自己具有「神聖性」，從組織的象徵體系到其行為和活動都籠罩著神聖性的光環；其次，任何宗教組織都是宗教徒的聯繫樞紐，發揮著培養、維護和實踐宗教信仰的作用；再次，宗教組織以宗教信條、教義和經典為依據，建立起組織的價值規範和道德約束機制，以此指導和約束其成員的行為與活動。

宗教社會學的奠基人之一馬克斯．韋伯將宗教運動的創始人稱為具有「卡里斯瑪」品質的先知，卡里斯瑪是英文Charisma的音譯，意為超人的品質與人格魅力（感召力）。韋伯將創立宗教的先知視為個人具有卡里斯瑪靈性的人，可分為多見於西方宗教中的作為神與人中介的倫理先知，和多見於東方宗教中的以個人德行為榜樣的楷模先知兩種類型。不論哪種先知，均為獨具超凡品質與魅力的卡里斯瑪式人物，即卡里斯瑪領袖。宗教運動一般由宗教領袖憑藉其吸引力與感召力建立起最初的信仰崇拜團體。信徒對卡里斯瑪領袖存在一種神祕感和敬畏感，甚至認為卡里斯瑪領袖與神具有特殊關係，可以通神或與超自然力量溝通，因而宗教創始人的言行往往在信徒心目中被視為真理。卡里斯瑪領袖及其言行通常成為宗教運動最初勃興的原動力。但單憑這一點還不足以推動宗教的發展。

在宗教組織中，宗教領袖或領導人的確立是宗教組織制度化的首要環節。大多數宗教在其初創時尚未制度化，因而其組織較為鬆散。然而當宗教發展到一定階段，組織與制度趨於形成時，各種宗教組織一般均尊崇或追認其最初創始人為其領袖或教祖，享有崇高的威望，其言行和著述則往往成為各宗教組織制度和規範的濫觴。一些宗教組織的領袖或權威來自師徒相承制度或祖師制度。例如印度流傳的耆那教是祖師制的代表，傳說耆那教有二十四祖，其真正創始人是被教徒尊稱為「大雄」的第二十四祖筏馱摩那。錫克教的名稱源自梵文錫克（**Sikha**），意為門徒，因其信徒自稱是祖師的門徒而得名。該教一創建就建立了祖師制，教團組織的法定領袖被教徒們奉為神明。佛教各宗源組織的寺院組織也是典型的祖師制。禪宗初祖菩提達摩，二祖慧可，三祖僧璨，四祖道信等。大的寺院設有掌管全寺的最高領導人方丈，其繼承人通常為衣缽相傳的傳法弟子。

宗教組織的形式與結構受制於該組織的信仰內容和社會目標，並為之服務。在人類早期社會中，宗教的組織結構與機制往往與社會的組織結構職能交叉，甚至合一或重合。在氏族社會中，原始宗教和氏族社會組織融為一體。在特定的歷史階段或特定的歷史條件下，宗教的組織機構和政權機構、司法機構、文化教育機構全部或部分重合的情況也是常見的。比如西方中世紀基督教的教階制及其相應的一套組織設置，是西歐封建等級制度在教會內部的反映。基督教新教出現於近代，其教會機構設置又不同於天主教。明清之際，在中國伊斯蘭教內，出現了蘇菲神祕主義與中國封建制度相結合的門宦，採用集政治、經濟、宗教於一體的封建宗法制度，內部建立了以清真寺為中心畫分若干教區，等級森嚴的宗法管理制度。中華人民共和國建立後經過民主改革，廢除了教主的封建特權與宗教特權，組織情況也隨之發生了根本變化。

現有正式的宗教組織主要以兩種形式出現：一種是像基督教、伊斯蘭教那樣入世型的宗教社區組織；一種是像佛教、道教那樣的出世型的注重個人修行得道的寺院宮觀組織。

從中世紀起，羅馬天主教會為了統治羅馬帝國的需要，模仿世俗官僚等級體制建立起羅馬教廷組織和教會組織，與之相配套的是教階制度。這種組織與制度是到目前為止，世界上各大宗教中世俗官僚化色彩最濃、制度化發展最為完備的宗教組織權力體系。羅馬教廷是以教皇為君主的政教合一的城市國家（梵蒂岡），不僅有一套嚴密的組織管理和執行機構，而且擁有法庭等組織監督機構和司法機構。羅馬教皇（教宗）被稱作是基督、聖父在世間的代表，是羅馬教廷的最高統治者，對整個教會和教徒擁有管轄權。二十世紀六〇年代中期，梵蒂岡第二屆大公會議召開後，為適應時代需要，羅馬教廷成立世界主教團與教宗共同行使教會的最高權力。羅馬教廷目前由國務院、九個部、三個神聖法院、十二個委員會及若干行政辦事機構組成，每一部門都有由教宗任命的樞機主教為首，下設由教宗任命的祕書和助理祕書。樞機團是教宗的顧問團和高級助理，由樞機主教組成。

羅馬教廷採用主教制（教區制）管理世界各地的天主教徒。主教制相當於教廷在世界各地的地方性教務行政組織，以主教為主體管理教會，其基本單位是大主教區和教區。大主教區是天主教固定的地方組織，有地域性大主教區和全國性大主教區，由總主教或樞機主教以及相應的國家或地方性主教團統一管理。教區是主教管轄的特定區域，其中央機構是主教公署，下設副主教、法官、書記和教區參議等負責各種教區事務的人員。與主教制相應的是制度是教階制，主體由司祭（主教和神父）、助祭和副助祭三個正級品位組成。

由上可見，在羅馬天主教教會組織中居主導地位的，是與教徒宗教生活密切相關的教會教區組織和教廷機構，這是一個龐大的跨越國界的宗教組織。

佛教組織的主體是以寺院為中心的出家的修行組織。在佛陀時代，出家修道已在印度成為風俗，佛祖釋迦牟尼本人出家，使出家風氣在佛教中得到鼓勵，建立了最初的佛教僧團，開創了僧伽制度。後來佛教分化出來的大乘佛教和上座部小乘佛教均具有出家修行的傾向。

佛教在不同的國家和地區形成了各不相同的寺院教組織，例如在中國漢地佛教為叢林寺廟制度，藏傳佛教為喇嘛寺廟制，南傳佛教在泰國為僧王制度。

出家人組成的僧團稱為僧伽。在北傳漢地佛教中，自唐代以後僧侶居住修道都在寺院。各寺院大多採用了禪宗的組織形式及叢林制度，並採納了禪宗的叢林清規。「叢林」原初指禪宗寺院（「禪林」），如樹林叢集，現泛指佛教僧眾聚居之處。佛教傳入中國內地後，中國的僧團組織除誡律外，還制定了其他一些約束僧尼言行的「清規」，並就寺中各機構和職能做出規定。叢林清規誡律就成為與中國佛教叢林組織相配套的管理制度。

漢地最早的清規由東晉僧人道安創立。他要求僧人住寺修行。唐代僧人馬祖道一創立了十方叢林制度，其嗣法弟子百丈懷海禪師制定了禪宗的清規，編了《百丈清規》一書（現已佚），遂後漸成中國漢地佛教各派僧團組織的管理制度。在大的寺院中組織體系較為完備，一寺之主稱為寺主、住持或方丈。「叢林」分為子孫叢林和十方叢林。前者寺院主持或方丈由師徒相繼，不傳外人。十方叢林的主持或方丈是在僧眾監督下，由十方名宿大德中選賢擔任。當代某些佛寺做了革新，住持由寺院僧人用差額選舉方式民主選舉，任期有明確規定。在較大的寺院中建有職責分明的管理制度。住持或方丈為一寺之首，下設四大班首，八大執事，各司其職，分管各類事務。四大班首管理或指導宗教修行活動。八大執事的職責是：「監院」綜理全寺事務及財務；「知客」負責接待外來賓客；「僧值」管理僧眾威儀及治安；「維那」主掌宗教儀式的法則；「典座」分管齋堂伙食；「寮元」負責管理雲遊來寺僧侶及眾寮事務；「衣缽」輔助住持個人事務與協調關係；「書記」執掌寺院文書。較小的寺院一般設職較少，有的一身兼數職，情況不等。

宗教組織制度化對於宗教的持續發展是必要的，但與此同時也會對宗教產生消極影響。宗教既需要制度化，又最容易受到制度化的損害。宗教組織的制度化既可以發揮保障宗教延續性、穩定性和有效性的作用，保障成員在交往過程中具有倫理性或強制性的規範，增強內部的凝聚力與依賴性，又有可能產生出某種僵化的機制，從而限制教徒的創造力和靈活性。

一般而言，在宗教組織制度化形成前後，其成員皈依宗教組織的信教動機會有所變化。在制度化之前由第一代宗教領袖所領導的第一代成員中，其信教動機往往較為單純，他們對宗教領袖及其傳述的「啟示」或「預言」表現出絕對的信奉與忠誠，並願意為此做出個人的奉獻乃至犧牲。歷史上許多宗教運動在其初創期所表現出的虔誠、統一與團結甚至宗教狂熱可為佐證。然而，隨著穩定的制度化結構的出現和發展，宗教組織漸趨穩定，利益衝突成為角色衝突的主因，而複雜的信教動機又使利益衝突加劇。入教動機的複雜化影響了成員對宗教組織的虔信程度，進而對宗教組織的發展產生了消極影響。原先統一的宗教組織會由於目標不一而分裂、分化出更小的組織，如宗派、教派或某些膜拜團體。而保留了原先單純信仰動機的組織，則遵循原有宗教領袖的啟示或教誨，表現出原教旨主義傾向。

宗教的感性象徵體系是教徒在組織中共同崇拜時，為了表達共同的信仰而形成的一套符號標誌，在宗教組織的早期對其成員具有有效的崇拜意義。然而隨著制度化的發展和成熟，某些宗教象徵符號漸漸成為司空見慣或乏味的東西，因而被後來的教徒所淡忘。崇拜儀式的規範程序也隨著連續不斷的重複，對一些教徒失去了昔日的興趣與吸引力。原本借助集體崇拜儀式來體現終極性意義的東西，變成了一種呆板的例行公事，導致了宗教意識的削弱。

宗教組織在行政管理上也會發展出一套具有科層結構的機構和制度。這些機構和制度發展到一定程度，常常形成類似世俗行政機構所常見的繁冗的機構和複雜的辦事程式，官僚化現象滋生。官僚主義作風會導致組織功能的喪失，從而影響其工作效率和組織對社會變遷的適應性，宗教組織亦不例外。

宗教信仰原本是人的精神需要，參加宗教組織是個人建立在宗教體驗基礎上自發自願的行為，也是宗教制度的根本依靠。但是在制度化過程中，宗教組織採用高壓手段與嚴厲的懲治性措施，既在一定程度保持了教徒信仰的一致性與組織的團結，同時也失去了自發自願的初衷。隨著制度化的進展，一些成員會對新領導集團由於制度化而獲得的權威地位和特權，提出異議和發難。為了保持宗教組織機構的完整性和權威地位，新的領導集團往往會採取強迫性的組織控制措施。例如天主教中開除教籍（即絕罰）就是一種維護宗教組織制度化的合法性和權威性的排除異端的措施。在天主教歷史上，異端成員還受到宗教裁判所的酷刑。

宗教組織為了謀求發展，總是尋求與所處時代的社會制度及文化價值觀相聯繫，與世俗的統治階級聯手，盡力用世俗法律權威與公眾輿論及情緒支撐信徒對宗教信仰的忠誠。在西方中世紀，宗教組織上層與世俗統治者相互利用，以維護統治秩序和宗教的權威，共同強化宗教的一致性。這種聯盟通常建立在強力威懾的基礎上，使宗教組織與世俗政權更趨於保守。在這種情況下，對宗教的皈依及表面上的對宗教組織的忠誠，掩蓋著某種深層的對社會與宗教組織日益增長的不滿或懷疑情緒。其結果，政治上的反叛與社會的動亂必然變成宗教上的對抗，歷史上無數內亂與宗教戰爭就是明證。

總而言之，宗教組織的制度化發展不是一帆風順的，它往往會不斷產生並盡力克服某些制度化所招致的消極後果，以及對社會發展適應性調節能力的退化和滯後。宗教復興運動、新興教派以及其他革新或改革運動，都是宗教組織尋求克服上述機能失調或功能障礙的途徑。對制度化的宗教組織的反叛是新興教派發展的重要原因之一，宗教組織中多數內部衝突和分裂，都可歸結為對制度化弊端的反感和對組織再生的渴望。一個新的宗教組織的產生雖然主要是各種社會因素的產物，與社會結構及社會變遷的過程緊密相連，但也有不少宗教組織是在舊的宗教組織軀體內，在制度化所帶來的消極後果的驅使下產生的。顯而易見，制度化對宗教組織是必須的，但同時也在不斷增長和加劇宗教組織內部、宗教與社會的關係中原有的那些張力和衝突。這就是宗教組織制度化發展的必然結果。

三、宗教禮儀

宗教禮儀是構成宗教的基本要素之一，是宗教意識的行為表現，是信教者用來溝通人與神之間關係的一種規範化的行為表達方式。各種宗教都按照各自的信條和教義以及已經形成的傳統方式，進行各種崇拜活動，借助符號化的象徵手段，構成一套嚴格規定的程式，以顯示宗教的神聖性和莊嚴性，並在人們心理上造成極為嚴肅敬穆的宗教氣氛，培養宗教感情，堅定宗教信仰。宗教禮儀的主要類型有獻祭、祈禱、節慶等等。有學者認為：「無論從歷史上說還是從心理學上說，宗教的儀式先於教義，這看來已是現在公認的準則。」然而在具體的宗教發展中，要想辨清這一先後是極其困難的。

獻祭是向崇拜對象祭獻貢物，宗教信仰者透過這種形式來表達自己的敬畏和意願。貢物具有宗教象徵意義，宗教信仰者把這種象徵物作為和神溝通的媒介，這是宗教徒的虔誠意識和祈求意識的物化表現。這種行為具有強烈的功利意義，宗教徒有求於神，故必須以貢物來表達虔誠。這樣，貢物實際上就是人與神之間實行互補的媒介物，人的貢物越貴重，從神那裡得到的補償也就越多。正因如此，古代和中世紀的一些國家統治者對祭神的規模都有具體規定，只有國家的最高統治者才能對神進行最隆重的物祭儀式，而一般臣民則不允許。

宗教的物祭形式種類繁多，歸納起來大致可以分為人祭、血祭和食祭。在人祭中，人被認為是最富有生命活力的祭獻象徵物，施祭者或為增進部族的活力和生殖力，或為保持土地肥沃和豐饒，或為復仇而安慰死者的亡靈，或為贖罪和祈求作戰勝利以及免除各種災害等。人是最高貴的祭獻物，人祭具有非人道的殘忍性，因此已被文明社會所淘汰，但在現代社會裡也偶有發生。比如一九八三年一月十七日在印度中部某地，村民們為求豐收，竟然殺死一名十四歲的男孩，將他的鮮血灑在農作物上，祈求豐收。血祭要比人祭文明，只用宰殺的牲畜、動物來祭獻神靈，以血的神祕感和珍貴感為人神之間的契機。這種祭獻方式在原始時代、古代和現存原始宗教以及有些民間宗教中較為盛行。由於血祭多少還帶有一種不文明的蒙昧意識，故一般不為現代文明素質較高的宗教所採用。食祭的祭獻方式比血祭更為文明一些，它用糕餅瓜果或葷素菜肴來敬神靈，這在民間信仰中最為盛行，在低層次的佛教信仰者中也被採用。儘管食祭比人祭、血祭要文明，但也是以物祭神，故不為基督教、伊斯蘭教和高層次的佛教信仰者所採用。

獻祭是一種以物為象徵符號的禮儀，透過奉獻貢物來向神表示虔誠、意願和祈求，而祈禱則是以特定的言行規範來達到這一目的。祈禱透過信教者以具有規範化的符號動作來表示意願和表達對神的崇拜，擺脫了獻祭所具有的那種神和人之間物物交換的關係，賦予宗教禮儀更為崇高的神聖性，使宗教禮儀更加符號化和象徵化，提高了宗教禮儀的層次性，成為一切宗教體系所不可缺少的重要組成部分。

各種宗教的祈禱方式豐富多彩，宗教禮儀的演化有一複雜的社會過程。它由各民族在特定的自然環境、社會條件和持久的民間習俗中逐漸形成，並由宗教人員加以提煉和規範，而非由宗教信仰者任意自行設計的。為了把握宗教禮儀的演化，我們以早期基督教為例來說明這一過程。

據《聖經》記載，基督教的創始人耶穌受難，給他的門徒很大的打擊。當他被捕時，他的門徒便四散逃命；連彼得也矢口否認耶穌是自己的老師。耶穌去世後，他的門徒便去了加利利，在那裡等待耶穌的復活。「我們素來相信，要拯救以色列人的就是他，但今天卻是他遇難的第三天了」。但當門徒們相信耶穌已經死而復生出現在他們面前時，他們的焦慮消失了。這些使徒們的體驗是最初在巴勒斯坦出現的耶穌崇拜的心理起點，是現已自動發展成一種組織的那種基督崇拜共同體得以出現的真正前提。「隨著這些體驗而來的，便是將耶穌視為『復活的基督』的信仰和禮儀；早期基督教會就是在此基礎上建立起來的。」

這種早期基督教社團主要關心的就是每天舉行集會。不久，這種集會改在「主日」這一天舉行，會上進行禮拜儀式，包括聖訓、布道、祈禱和分食麵包。這些聚會充滿著期待情緒，信眾們盼望他們的主在不久的將來會第二次降臨。他們通過聖餐「獲得與基督直接而又親密的結合」。這種儀式隨著儀式中「基督的降臨」而達到高潮，「基督經過蒙難和復活已把自己和他的信眾團體結合在一起，並藉此把他的信眾團體和自己的血肉融為一體」。

基督教誕生的時代無疑是一個神祕教最盛行的時代。因而有學者認為基督教也是當時的一派神祕教，或至少在教義和禮儀上，有許多地方竊取了或仿效了當時流行的神祕教。另一類觀點則認為，基督教與其他神祕宗教在禮儀方面有共同點，但形成這些共同點的原因可以到宗教的共性中去尋找，而不在於基督教的竊取或仿效，重要的不在於這些宗教行為的外在表現的相似性，而在於這些行為所體現的宗教信念和情感。

基督教與猶太教有淵源關係。猶太教的教義與祭儀對基督教都有影響。《聖經》中記載的耶穌和他的門徒都是猶太人或猶太教徒。耶穌在完成他的教訓和傳道活動以後，他的直接門徒曾經四散。然而耶穌死而復活這個信念使他們重新聚集起來，為復活做見證。到了五旬節那天，他們有了所謂聖靈降臨的體驗，從而使他們的信念進一步堅定。他們相信，如果門徒透過信仰、悔改、洗禮，明白承認歸順那升天的基督，基督將賜他以聖靈。這個聚集在耶路撒冷的基督教社團就是最早的教會。這些人仍然到聖殿禮拜，遵守猶太律法。十分明顯，基督教教堂禮拜的形式來源於猶太教教堂的禮拜形式。耶路撒冷教會在西元七〇年城市被毀之前，一直存在並發揮著領導管理作用。使徒保羅無論走到哪裡，第一件事就是去猶太教堂布道。無疑，早期基督教禮拜的儀式也就是猶太教的禮拜儀式。早期基督教與眾不同的儀式，是聖餐的神祕儀式或聖事（Sacrament），這個詞就是從希臘文「神祕」中譯出來的，即領主的肉和血。起初這是在教堂晚餐結束時舉行的，後來一些教會把這種儀式與晚餐分開，列入主要是白天舉行的禮拜儀式中，成為最莊嚴的一部分儀式。大約在二世紀中葉，護教士查士丁在護教書中描述了羅馬基督徒的禮拜儀式，內容大體如下：「禮拜日的集會是誦讀一段使徒的回憶錄（福音書），或先知的著作；接著，主持人（主教）開始講道，告誡他的聽眾，要照他們剛才聽到的這些好的教導生活；然後全體會眾起立，共同禱告。這部分儀式結束後，便舉行聖餐禮：餅和摻水的酒送到主教那裡，由他以聖子和聖靈的名義，對萬有的父奉獻讚美的榮耀，最後感謝上帝賜給我們這些恩惠，接著大家齊聲應和：阿門！執事們即把切成小塊的餅和酒，分給出席的人，也帶給缺席的信徒。」

洗禮很早就成為基督教的一種禮儀。這種儀式由猶太教的法利賽派首創，他們在接受新成員時舉行洗禮儀式。施洗者約翰在約旦河為人們施行洗禮，作為懺悔的象徵。耶穌傳教時，他的信徒們都進行了洗禮，保羅不論到哪裡，都為新皈依者洗禮。洗禮最初可能用浸水方式，全身或半身浸入水中。《十二使徒遺訓》寫道：「奉父、子、聖靈之名，在流水中施洗，但是設若沒有流水，用別的水中施洗亦可；設若不能在冷水中受洗，也可以用溫水。假如水不夠用，那麼只拿一點水，奉父、子、聖靈之名，三次澆在頭上也行。」這就說明，基督教的洗禮在很早就施行了。施洗前，受洗人要嘗一點混合的奶與蜜，以象徵基督新生嬰孩。隨後在頭上抹油，行按手禮，藉以表明領受聖靈之意。中世紀以後，西方教會行注水禮日增，十二世紀以後全用注水禮。東方教會仍用浸禮。

早期由猶太教徒轉變而來的基督教徒，除了繼續參加猶太公會的禮拜儀式外，還有自己的特殊儀式。他們每日在私人家中一起禱告，互相勸勉和「擘餅」。這種儀式的目的有兩個：它既是維繫團契的樞紐，又是幫助窮人的一種方式。然而通過這個儀式所要表達的意義是，這是主的晚餐的繼續。基督教以此紀念耶穌基督在受難之前與門徒共進晚餐。因此這個儀式一開始就具有聖禮的意義。聖餐禮又稱聖體禮。在最後晚餐時，耶穌拿起餅和葡萄酒祝禱後分給門徒說：「你們拿著吃，這是我的身體。」「你們都喝這個，因為這是我立約的血，為多人流出來，使罪得赦。」天主教的聖體禮稱彌撒，分為祈禱和領聖體兩部分。第一部分稱預祭，包括誦讀經文和講道。第二部分為聖體聖事，包括奉獻餅和酒、彌撒正祭的祈禱和領聖體聖血。

聖餐禮可以看作是猶太教與基督教在禮儀方面的最大分歧或起點。這種禮儀在那些城市基督教社團中奉行有良好的基礎。在古代羅馬帝國，大城市的下層民眾，往往組成同行業的社團。這些組織是勞動者的互助組織，它的成員按月付費作為公共基金，辦理成員的救濟和殯葬。它有一種半宗教性的入會儀式，還有集會與活動。這類團體為初期基督教的活動提供了條件。初期基督徒相信彌賽亞很快降臨，輕視財產，又沿襲猶太教傳統，把每天公共用膳作為一項宗教活動看待，稱作「愛筵」。西元二世紀初期，在敘利亞基督徒中間流傳的《十二使徒遺訓》是經基督徒刪改的猶太著作，其中描述信眾一起吃餅、飲酒，在飯前飯後向救主謝恩並祈求神的國降臨。羅馬帝國奴隸的食品通常是每人每天半公斤麵餅，半公升變酸的葡萄酒。初期基督徒社團的公共用膳「愛筵」也只能供應這類微薄的食物。但此時的餅與酒還不曾用以象徵救主的身體和血。

初期基督教進一步發展後，共同吃餅、喝葡萄酒，象徵吃喝救主的身體、血液，成為象徵與基督一體的「聖餐禮」。西元二世紀中葉，羅馬教會的護教士殉道者查士丁在他的著作中寫道：「在太陽日，我們的人聚集舉行禮拜，因為那是諸日中的第一日，神從黑暗中創造了世界；還因為在那一天，我們的救主耶穌基督從死中復活。他被釘死在星期六晚間，次日即太陽日，他向門徒們和信眾顯現。」這表明，基督教的定期集會已經與它的信仰核心聯繫在一起。

奴隸制的羅馬帝國在它的開始階段，即基督教誕生的時候，在民眾的思想上大都傾向於其他包含較濃的神祕色彩，具有救世意味和較為注重儀式的東方宗教。如發源於小亞細亞的大母神（賽比利）與阿提斯崇拜、埃及的伊希斯崇拜與薩拉比斯崇拜、發源於波斯的密特拉教等等。尤其對下層民眾來說，「現狀不堪忍受，未來也許更加可怕。沒有任何出路。悲觀絕望，或從最下流肉體上的享樂中尋求解脫——至少那些有可能讓自己這樣做的人是如此，可是這只是極少數人。除此以外，就只好俯首帖耳地服從於不可避免的命運。」在這個時候，唯獨基督教卻宣揚「信徒因基督的犧牲而得救」這樣一種信仰。這是初期基督教的最本質的特徵。當時各種宗教，包括猶太教都已流於形式，獻祭儀式以及十分煩瑣的飲食和潔淨的清規誡律成為宗教的主要內容。而在基督教的信徒們看來，「一切時代的、一切人的罪惡，都可以通過一個中間人的一次偉大自願犧牲而永遠贖掉。這樣一來，以後就沒有必要再做任何犧牲，許許多多的宗教禮儀也就隨之而失去依據；而擺脫這些妨礙或禁止與異教徒交往的禮儀，則是世界宗教的首要條件。」基督教的宗教禮儀實際上是通過簡化猶太教的宗教儀式，擺脫煩瑣的飲食和潔淨的清規誡律而建立的。這種簡化有利於它的廣泛傳播，也使「信徒因基督的犧牲而得救」這個信念更加突出。由此而來的一個後果，當然也是使它的神祕主義色彩得以淡化，或者說，與當時的其他神祕教相比是不太神祕的宗教。

在基督教思想家中，使徒保羅最先對聖事的意義做闡述。他說，人奉耶穌基督的名受洗，就是經歷了基督的死和復活；他與基督同死，同埋葬，又與他一起復活，獲得新的不滅的生命。從主晚餐的餅和酒中，領聖餐者分有基督的肉體和血，這不是比喻或象徵，而是真的。保羅用代替已經死去的、還不認識基督的親友受洗的事例，用吃主的餅，飲主的杯，但不「分辨這是主的身體」（即不與普通的餅和酒區別開來）的人的不幸後果，突出地說明他那些觀念是真實的。他稱基督教的福音為奧祕，在他的聽眾看來，這確實是名副其實的奧祕教義。它包含一位神的神聖事蹟，他在世上度過悲劇的一生，戰勝了死亡，因而為人開闢了不死的道路。拯救要靠與他融和一致，與他一起受難，一起復活，只有承認基督是主，加入他的教會的人，才能得救。

基督教入教的儀式是洗禮，這是基督教與一些神祕教相同的地方。吃主的肉體與血，使人分有他的神性，因而取得不死的保證，這種聖事與神祕教也有類似之處。此外，基督教也像某些神祕教一樣，向一切人敞開拯救的大門，而不論他們的種族、性別或地位如何。確實，基督教是在類似神祕教的外表下，以注重個人得救的宗教團體的面貌出現的。它一開始就在最早傳播的地區獲得成功，這是因為它向人們提供了他們所能憧憬的最美好的事物——不死的保證；也為這種保證提供了最容易理解的方式——與神的融和一致。

儘管我們說基督教的思想和祭儀與當時各種神祕教有相似之處，但是斷言基督教的思想和儀式是從神祕宗教中剽竊而來可能過於大膽了。應該說，基督教最早的傳教士在向外邦人傳教的時候，在非基督徒眼中，傳教士們的福音及其獨特的宗教儀式確實帶有神祕的色彩。但是，基督教與當時其他神祕宗教又大不相同。它演出的拯救戲劇，不是一個縱慾和狂暴的野蠻神話，而是一位神的故事；這位神是上帝的兒子，他降臨人世，自願捨身拯救眾人，又用他的復活，賜予他們永恆的生命。它之所以與神祕宗教很不相同，也由於它淵源於猶太教。他從猶太教接了獨一上帝的思想，這位上帝便是宇宙的創造者和統治者，因而使它的救世計畫能與更廣泛的一神論神學理論相適應，而這也是神祕宗教所沒有做到的。上帝和人的關系，特別是把上帝看作天父的思想基本上也來自猶太人的想像。這些因素與通過主耶穌獲得拯救的神祕教義結合起來，便構成了基督教的特色。在神祕主義宗教中，英雄的死只是毫無意義的災難；唯有基督的復活才具有宗教價值。

以上的情況表明，基督教禮儀的產生與猶太教社團有一定的關係。它最初的形式與猶太教有類似之處，但它體現的宗教信仰已經有了區別。這些禮儀本身並無多少神祕可言，它的神祕在於它所體現的信仰。聖事（**Sacrament**）是基督教最重要的禮儀，而奧祕一詞的有一個意思就是聖事。

除了上述洗禮和聖餐禮以外，天主教、東正教信奉的聖事還有堅振、告解、終傅、神品（授職禮或祝聖神父）和婚配。新教則大都只承認聖餐與洗禮兩件聖事。我們將這些聖禮略述如下：

堅振，受洗後一段時間，再接受主教所行的按手禮、敷油禮，據說可使聖靈降於其身，以堅定信仰，振奮人心。

告解，亦譯為神工。認為是耶穌為赦免教徒所犯的罪，使他們重新獲得上帝的恩寵而親自定立的。由教徒向神父告明對「上帝」所犯的罪過，並表示懺悔，神父指示他應如何做禮贖而為之赦罪。禮贖指以懺悔、修行的方式贖罪。

終傅，在教徒病危時，由神父用經主教祝聖過的橄欖油，敷擦病人的耳、目、口、鼻和手足，並誦唸一段祈禱經文，認為藉此可以幫助受敷者忍受病痛，赦免罪過，安心去見上帝。

神品，通過主教祝聖儀式領受神職，也叫授神職禮或派立禮。即按照特定儀式，誦念規定的經文，主教把手按於領受者頭上，以使之聖化而奉獻上帝。新教派如聖公會也稱授主教職為祝聖。授一般聖職為派立禮。

婚配，教徒在教堂內，由神父主禮，按規定的禮儀進行。

上述聖事都被基督徒視作與耶穌基督直接或間接相通的途徑。以聖餐禮為例。當時羅馬帝國東西部的教會都認為上帝的大能使基督降臨在聖餐中，但何時降臨，雙方有分歧。東部的基督徒認為是在祝禱，這時祈求聖靈降臨，使經過祝禱的餅酒發生變化。西部的基督徒認為，在聖餐禮中讀到那句經文，「這是我的身體……這杯是上帝的新契約，用我為你們所流的血而設立的」時，變化就實現了。尼斯（Nice）的格列高里和亞歷山大的奚利耳（Cyril）認為，聖餐是化身成人的重演，正如基督曾與人的肉體合一那樣，他使自己和酒和餅合為一體。聖餐既是獻祭，同時又是溝通。東部教會把溝通置於突出位置，它的聖餐教義與其拯救理論一致，聖餐被視為根本上賦予人生命的大奧祕，領餐者領受的是具有改變其生命能力的主的身體和血。這種觀點也得到西部教會的贊同。但西方的拯救觀念認為得救即是與上帝建立正當的關係，所以西部教會強調獻祭這一面，傾向於認為上帝只對基督為之捨身獻祭的那些人施恩。一般而論，東方舉行聖餐禮傾向於把它加以戲劇性地神祕化。在儀式中，神性、永恆性，在賦予人生命的精力中顯現出來。到五世紀時，這種與祝聖相聯繫的神祕意義，透過用帷幕在儀式進行到最莊嚴的部分時掩蔽祭台的方式表現出來。以後到了八世紀的時候，拜占庭教會舉行聖餐禮時用上面繪有聖像的聖障遮住祭壇，神父在聖障後面舉行「使人敬畏的奧祕」儀式，而與此同時，站在外面的執事帶領會眾進行各種祈禱。

總之，基督教在其初創階段的教儀以它的簡潔和精神象徵的力量為主要特徵。基督教在最初產生的幾個世紀裡，在思想上是憑藉著信仰，在實踐上是憑藉著道德而最終戰勝了深陷於外在性的律法主義禁錮中的猶太教，和囿限於同樣外在性的自然主義藩籬中的羅馬多神教的。而在基督教成為官方宗教以後，基督教教儀的官方化與模式化，則將早期發展階段具有的外在形式上的神祕主義大大淡化。早在三世紀的時候，基督教的崇拜分成兩部分。第一部分是向慕道友和一般公眾開放的，包括讀《聖經》、唱詩、講道和祈禱。第二部分是基督教的真正奧祕，包括念信經、主禱文和聖餐禮。到了六世紀，全民皆為基督徒，慕道友不復存在，基督教崇拜中的公開部分和祕密部分的區別也就消失了。但與此同時，基督教信仰的「奧祕」也因各種禮儀和節期而大大加強了。

基督教成為羅馬帝國的國教，這一事件是基督教發展史上的大事，不僅對基督教思想有重大影響，而且對基督教的禮儀有直接作用。人們一般把三二五年尼西亞宗教會議看作是基督教成為羅馬國教的標誌。但更準確地說，這一事件在基督教發展史上是一個重大轉捩點，它使基督教獲得在社會上公開合法存在的地位，但是，三一三年的米蘭敕令並未做出禁止異教的決定，尼西亞會議同樣也沒有這樣做，直到狄奧多西一世（Theodosius I）於三九二年頒布法令正式禁止異教，把基督教作為羅馬國教，基督教才正式成為羅馬帝國的國教。至於基督教被羅馬帝國統治者推行到全國，取代舊的羅馬國教則又經歷了更長的時間。

尼西亞（Nicaea）宗教會議給基督教教會組織深深地打上了羅馬帝國的烙印。由君士坦丁的宗教顧問何西烏（西班牙柯爾多瓦教會主教）主持，由君士坦丁親致訓詞的尼西亞宗教會議制定了教會法規二十條。其中規定：按帝國行省畫分教區，每二年召開一次宗教會議；主教由皇帝任命，其主要職責是監視異端；主教權利得到加強，禁止神職人員從一個教會轉入另一個教會。西元四世紀的羅馬皇帝繼續支持和利用基督教。在他們的支持下，基督教教會在城市中已壓倒羅馬神廟。反基督教法令的廢除，君士坦丁及其繼承者給予教會的優待，導致基督徒人數激增，各種舊宗教也相應衰落。從四世紀末葉到五世紀初，基督教與其他宗教信徒不斷發生流血衝突。基督教教會由於有了羅馬帝國統治者的支持，已經發展到以暴力鎮壓其他宗教了。四三五年，東羅馬皇帝狄奧多西二世頒布法令，除重申拆除異教神廟外，還規定信奉異教者判處死刑，對基督教會則進一步授予各種政治、經濟特權。西元四世紀末，教會已把城市異教勢力根除，勢力由城市伸入農村。此時的農村還有大批的世俗大莊園主。於是由皇帝下令把大片地區撥贈教會，莊園主則應強制他們的奴隸和隸農信奉正統基督教。如此一來，地方教會與世俗領主渾然一體。

在這個過程中，基督教禮拜的主要特點沒有變，但是查士丁在西元二世紀中葉所描寫的那些簡單儀式，終於逐步變成了堂皇壯麗的典禮。一切宗教儀式本來都有這種傾向，但《舊約》的影響使它的發展大為加快，因為基督教的聖職人員被看作繼承了從前體制中的祭司的地位。大祭司的華麗服裝，其餘祭司的禮服，莊嚴的儀仗，利未族唱詩班抑揚頓挫的歌聲，吊爐中升起的繚繞香煙……，這一切似乎都成了宗教禮拜的神聖典範，只有這樣才能確保教會可以和古代宗教儀式的排場並駕齊驅。

聖餐是基督教禮拜的中心。在基督教尚未成為國教之前，各地的聖餐禮已經形成了各地的特色。起初人們並沒有給予這類事情以重要意義，因而把它們定為聖禮，規定它們的程式。後來習慣逐漸成了儀式，而後又逐漸發展為多少是堂皇和複雜的典禮。與此同時，祈禱和講道的主題被固定了下來。整個聖禮就成為固定的儀式。當全體人民都成為基督徒以後，從前專為尚未領洗的皈依者安排的誦讀長篇經文和詩篇的儀式得到簡化，從而把公眾禮拜全部包括於彌撒之中。彌撒可以補贖受洗後所犯的罪，由此保證悔改的罪人得赦免。彌撒就是悔改的罪人為取得上帝的諒解而舉行的贖罪祭，它不但對活人有效，對煉獄中的死者也有效。

在基督教中，最早只向聖父上帝和主耶穌基督禮拜。後來才有了從屬的禮拜對象，產生了對聖徒的次要的禮拜儀式。殉道者是一向受到尊敬的。每年到了他們殉道的一天，總在他們的墓旁舉行紀念儀式，以及祭宴，這種祭宴和異教風俗沒有什麼兩樣；實際上是繼承了後者的做法。祈禱本來是替殉道者祈福的，但這好像降低了他們的身分，因此又為他們築起了小教堂，還把他們的遺骨供奉在教堂裡。這樣，在殉道者的神聖傳說以外，又出現了一些關於聖徒顯示奇蹟的故事。

基督教在與舊宗教論戰的時候，堅決反對偶像崇拜，教會崇拜儀式中當然也盡量避免任何類似偶像的東西。但這個階段過去以後，圖像開始進入教會，描繪聖史或聖徒故事的畫，既可以做裝飾又有教育意義。開頭，表現基督的畫帶有象徵性質，最普通的就是十字架底下一隻羔羊。不久，開始時作為祈禱中的輔助物的圖像，變成了祈禱的對象。到了西元六世紀，聖像崇拜在正統的東方教會已很普遍。神像造成的奇蹟傳說層出不窮。修道士對這種崇拜和神話也極盡渲染之能事。基督教在成為國教以後，它的禮儀在各種因素的作用下有神祕化的趨勢。改宗的異教徒在數量上大大超過了基督徒。他們習慣於富麗堂皇的崇拜以及大量神祕的禮儀。福音書中除了洗禮和聖餐禮外，沒有其他任何禮儀的前例，但後來，各種異教的神祕儀式加了進來。熱心的羅馬皇帝們建立了大教堂，並把異教的廟宇、聖所、寺院或禮拜堂交給基督徒們使用，並且掛上十字架的標記以保證它們屬基督所有。連同僧人、祭司、占卜師都給了教會，連白麻布袈裟、法冠等等都保留了下來。在基督徒中也產生了對預兆、前兆、星兆的信仰，也產生了偶像、祭壇、音樂、教堂獻祭。總之，在基督教成為國教之後，基督教的崇拜儀式也全部建立，並極大程度地公開化、世俗化了。

各種宗教都有其節慶和相應的儀式。宗教節慶不僅綜合了大量繁多的宗教活動，而且還包括了世俗的盡可能多的娛樂方式。從參與者的範圍來說，它往往不僅超越了宗教教派的界限，而且往往還超越了信教者和不信教者的界限。例如耶誕節和中國的廟會就是這樣的宗教節慶。所以，宗教節慶禮儀是宗教性、世俗性、娛樂性和群眾性融為一體的宗教禮儀活動。這對於激發宗教感情、強化宗教意識和擴大宗教影響，都具有異常特殊的意義，所以各宗教組織都非常重視宗教節慶禮儀活動。宗教的節慶禮儀是一種節日形式的宗教禮儀活動，它把崇拜、紀念和娛樂融為一體，其內容主要是崇拜、紀念和歌頌崇拜的對象。節慶禮儀的內容大致可分為三個方面：一是紀念崇拜對象的降世和升天，誕生和逝世。例如，佛教有紀念釋迦牟尼誕生的佛誕節（農曆四月八日）和紀念他逝世的涅槃節（二月二十三日）；在基督教中有紀念基督誕生的耶誕節和迎接耶穌誕生的降臨節，有紀念耶穌被釘十字架而死的「受難節」；在伊斯蘭教中有紀念穆罕默德誕生的「聖紀」（三月二十五日）等等。二是紀念有關崇拜對象的聖事的奇蹟、聖蹟。在基督教中有紀念耶穌被釘死後復活的「復活節」，有紀念天使告知聖母馬利亞由「聖靈」感孕而生耶穌的「聖母領報節」；在伊斯蘭教中有紀念穆罕默德升天遨遊朝覲耶路撒冷聖地的「登霄節」，有易卜拉欣受阿拉「啟示」宰羊代子獻祭示忠誠的「古爾邦」節；在佛教中有紀念釋迦牟尼示現神變、降伏邪魔的「燈節」等等。三是紀念崇拜對象的成道、降經和傳經事蹟。比如，佛教有紀念釋迦牟尼在菩提樹下沈思成道的「成道節」（農曆十二月八日），有紀念佛陀在鹿野苑首次講經的「轉法輪節」；在基督教中有紀念聖徒受靈後開始傳教的「五旬節」；在伊斯蘭教中有紀念阿拉降經文的「大赦之夜」。這些豐富的宗教內容同唱歌、舞蹈、塑像、繪畫、遊戲等娛樂活動結合在一起，就會產生一種巨大的宗教感染力。

上述禮儀主要是以規範物的符號形式來表示信教者的宗教意識，相對來說比較容易和粗淺。對於虔誠的宗教信徒和神職人員來說，更重要的宗教行為在於遵循教規、恪守教義和專一修行。教規是以宗教內部立法的方式，要求信教者必須自覺遵守的一種宗教行為規範，並以此表達對神的虔誠和對教會的忠誠。廣義的教規包括內容眾多的宗教禁忌、宗教誡律和宗教組織的行政法規等，但其核心內容主要是宗教誡律（其中包括宗教禁忌）。宗教誡律的內容很多，但對於一般教徒來說，其內容概括起來大致有崇拜、生殺、婚姻、財物、飲食和倫理等幾個主要方面。這種不同誡律內容的深度和廣度，都會產生不同的宗教效應。從崇拜誡律方面來看，基督教和伊斯蘭教堅決禁止偶像崇拜和多神崇拜，這對於維護最高萬能之神的神聖權力是至關重要的，並使上帝和真主真正地成為世界性的神，這也恰恰是基督教和伊斯蘭教成為世界性宗教的重要原因之一；佛教把釋迦牟尼作為最高的主神來崇拜，也達到了同樣的效應。

從殺生誡律方面來說，佛教以「普渡眾生」為宗旨而禁忌殺生，這種禁忌殺生觀能把人們對生命具有的惻隱感，放大延伸而昇華為人生觀和世界觀，從而產生極大的宗教效應。

從宗教的倫理誡律方面來說，一般宗教都主張去惡從善，提倡博愛和仁慈，這對於厭棄人間弊惡和飽經社會風霜的人們具有很大的吸引力，加之宗教的去惡從善本身具有升入天國和求得來世幸福的補償性，這就產生了極大的宗教效應。遵守教義比起遵循教規在禮儀的宗教意識上更深入了一個層次，它不僅限於以宗教內部律法的意義上盲目恪守教義，更重要的是要求從理性層面把握宗教教義，並以高度自覺的態度來遵守。恪守教義比遵守教規較少外在的強制性，但從維護一個宗教體系的生存來說，恪守教義具有更加嚴肅的內在的強制性，因為整個宗教體系的大廈是以教義為立教之本的。恪守教義之所以重要，乃是因為教義是每一種宗教自我設計而得以確立、存在、發展和獨立的藍圖，其中包括宗教的世界觀和人生觀、信教的宗旨和目的、宗教的任務和要求，以及宗教禮儀和行為規範等，所以任何一個宗教體系如果一旦失去這樣的藍圖，這種宗教也就難以生存。

宗教修行是宗教禮儀中的最高層次，它要求修行者擺脫世俗事務，透過特定的內省禮儀形式（如佛教的坐禪等）從事修道、修心和修身，全方位地把人的思路封閉在宗教意識的範疇中，引導意識脫離現實而達到與外界隔絕的「感覺遮斷」式的狀態，經過內省從「自我否定」而達到「自我新生」，使修行者的言行意超脫世俗而達到昇華的神聖境界（如佛教的「涅槃」境界），並從中獲得種種特有的宗教體驗。宗教的修行可以分為兩種：出世修行和在俗修行。出世修行者，無論從形式到內容都過著出世性的修行生活，這主要集中在宗教的神職人員中；在俗修行者主要集中在少數具有較高宗教修養的虔誠教徒中，他們在生活方式上是在俗的，但在思想上則保持高度自覺的宗教修道、修心、修身意識。修行方式還有內修和外修之分，內修主要通過內省方式，外修主要通過善德行為的方式。實行宗教修行者雖屬少數，但它們是信教者中的中堅、榜樣和典範，特別是一些高僧更享有這方面的權威，他們那種出俗不凡的思想境界和行為規範，對於創教立教、樹立宗教形象和擴大宗教影響具有難以估價的力量。因此，宗教修行是最富有宗教意識自我表現的一種最高層次的宗教禮儀。

四、宗教器物

宗教器物是宗教實體的物化標記，是基本的宗教要素之一。宗教器物廣義上包括宗教場所（廟宇、寺院、教堂、聖地、修道院）在內，狹義上僅指神像、聖物、法器等宗教特有的器物。宗教團體需要有一個舉行宗教活動的空間場所。廟宇、聖地、修道院這些宗教器物的最大特點就是：為宗教團體提供一個宗教活動的空間，把宗教神職人員和信徒結合在一個特定的、充滿宗教氣氛的空間中舉行各種禮儀活動。這個空間首先是一個具有藝術性的宗教建築。宗教建築的宏偉和精巧，為教徒提供了一個參與宗教禮儀的空間，引發宗教意識，使人有一種置身於神聖殿堂的內心感受。在這些宗教場所，每當舉行宗教禮儀時，都伴有音樂、讀經和唱詩，為信教者提供了一個最佳的宗教聽覺空間。佛教、道教禮儀活動中的那種肅穆悠揚唱腔和打擊音樂融為一體，會使人有一種魂魄出竅漂移不定的內心感受。基督教禮儀活動中的聖經唱詩班的那種自然輕盈的聲韻和管風琴的悠揚聲和諧共鳴，會使人油然產生一種天使般的愉悅心理感受。伊斯蘭教寺院聖職宣禮員在領唸帶有節奏的專門經文，教徒隨聲應召入寺禮拜，會使人有一種隨應阿拉感召的內心感受。宗教場所把神職人員和信眾組合在一起，通過誦經、聽經、講經、釋經和各種宗教禮儀活動，互相交流宗教體驗，加強教友之間的宗教情感交流，使參與者產生宗教神聖親和的內心感受。

廟宇寺院對於舉行宗教活動有著至關重要的作用，此外它還是宗教組織力量的物化顯示。廟宇、寺院、教堂建築規模的大小和建築藝術高低，都可以表現宗教組織的實力大小及其盛衰之勢。梵蒂岡的「聖彼得大教堂」是世界上最大的教堂之一，相傳為使徒彼得的墓地，歷代教皇的葬地，是教廷的重要活動場所，是教皇發布通諭的地方，因此該教堂已成為天主教的物象標記。紐約的「神聖約翰大教堂」是世界上最大的新哥特式教堂，是基督教新教實力的一種體現。我國西藏的「布達拉宮」是世界上最大的佛教寺廟，它象徵著藏傳佛教的宗教實力。位於麥加的「聖寺」是伊斯蘭教最著名的清真寺，擁有七萬多平方米的空間，寺中的朝拜中心「天房」據說是阿拉創造的人類祖先阿丹依照天上宮殿原形建築的。宗教組織總是千方百計地籌集資金來建築具有標記意義的大寺院和大教堂。摩洛哥國王耗用了六億美元的鉅資，在海上建造了一座舉世無雙的「哈桑二世清真寺」。我國的佛教寺院和道教宮觀大都建立在風景優美之處，把自然美和神性美融為一體，使信徒產生一種「天人合一」和「返璞歸真」的心理感受，正是由於這種觸及內心的感召力，使千百萬善男信女不怕路途遙遠去朝山進香。

宗教聖地一般都是宗教聖人的誕生地和墓葬地，或為宗教重大事件的發生地。有著悠久歷史的宗教聖地對信教者有著一種特別神聖的空間感受。耶路撒冷之所以成為猶太教、基督教、伊斯蘭教信徒的聖地，乃是因為基督教相信上帝的聖子耶穌在此釘死於十字架並復活，伊斯蘭教相信阿拉的使者穆罕默德在此登霄，並以該城為禮拜的朝向；猶太教的「哭牆」也在這裡。麥加之所以成為伊斯蘭教聖地，乃是因為該地是穆罕默德的誕生地和伊斯蘭教的發源地，世界各地穆斯林每年都來此朝聖。麥迪那因為是穆罕默德的葬地而成為聖地，穆斯林常來此謁陵。麥加的朝聖規模宏大，每年朝聖人數有數百萬之多，可稱世界之最。

中國佛教四大聖地也是世界聞名。五臺山據說是文殊菩薩顯靈說法的道場，現有隋唐歷代皇帝敕令建寺的遺址百餘處。五臺山方圓五百里，五峰環抱。金代建築佛光寺的文殊殿內有五百羅漢壁畫，真有「佛光翠綠五峰中」的神祕感。普陀山據說是觀音菩薩的聖地。唐代大中年間有一印度僧人來這裡觀見觀音，遂傳該地為觀音聖地。北宋以來相繼建普濟、法南、慧濟諸寺，再加上眾多寶塔名勝，曾是僧侶雲集之地。普陀山四面環海，海景變幻莫測，給人一種「四海普渡眾生觀世音」的神聖感。九華山是地藏菩薩顯靈的聖地。傳說釋迦牟尼涅槃一千五百年，地藏菩薩降生於新羅國，唐代時渡海至此，傳戒於此。建有肉身塔、百歲宮等古剎八十餘座，百歲宮供有「應身菩薩」即無暇禪師的肉像，至今仍顏面如生，在這二百里九十九峰的「天河綠水」之中，身入其境，真有「人入仙山雲霧中」的感覺。峨眉山是普賢菩薩的聖地，相傳是普賢菩薩顯靈說法的道場。萬年寺造有普賢騎白象的塑像，方圓十里藏有佛像一百餘個，有報國寺、伏龍寺等大小寺院百餘座，皆坐落於美麗多姿的雲海中，金頂更有奇妙的「佛光」普照。可以說中國的佛教聖地把神靈和地上的環境美結合在一起，形成一種獨特的神聖美。

神學院、佛學院、修道院是宗教組織培養宗教神職人員的地方。目前我國佛教有佛學院、道教有道學院，天主教和基督教也有自己的神學院，分別培養自己的神職人員。這些宗教團體自辦的學校為宗教神職人員的生存和發展，提供了一個特定的宗教場所。

神像、聖物、法器等宗教器物都具有特定的神性象徵意義，神像本身就象徵著被崇拜的神，聖物則是一種被賦予神性神意的象徵物，法器是用示意動作的符號形式來體現神性神意的一種工具。這些器物對於強化宗教意識具有重要作用。

神像為信教者直接地提供了象徵性的崇拜對象。佛教的神像極多，但最重要的是大雄寶殿的釋迦牟尼佛像，被稱為「大雄世尊」，佛有大力的德號，成為體現佛力的最高象徵，也是佛教信徒皈依的最高象徵。耶穌被釘十字架的聖像，體現了聖子耶穌為替世人贖罪被釘十字架而死的奉獻精神，教徒掛上這種「十字」項鍊，表示對耶穌的崇敬皈依之意。道教的神像更是繁多，有道教的尊神像、神仙像和俗神像數百種，而具有人間特徵俗神中的門神、財神、關帝、媽祖等在民間廣為供奉。門神多貼於門上，有避邪驅鬼、禳災迎福之象徵功能；財神趙西元帥是財富的象徵；關帝具有降神助威、降魔伏怪而又忠信仁義的象徵功能；媽祖具有千里眼和順風耳察奸報信的護航功能。印度教的神據統計有一億多，但被供奉最多的神像是三大主神之一的濕婆神，她是既有宇宙萬物的毀滅功能又有創造功能之神。伊斯蘭教不供奉神像，但作為無所不在、無處不在、無所不能的真主阿拉，在信教者的心目中有其自身特定的意念形象。總之，宗教器物與宗教場所的結合，為宗教活動的開展提供了物質基礎，發揮了激發和堅定宗教信仰的巨大效應。

第九課

宗教的社會功能

一、社會整合與控制功能
二、社會心理調節功能
三、社會化與交往功能
四、宗教社會功能的兩重性

我們在前面指出過，宗教的各種基本要素都有一定的作用，發揮著不同的功能，從而使得宗教作為一個整體存在於社會之中，成為社會結構的一部分。研究宗教的社會功能可以從各種宗教要素出發，分析它們對個人和社會的具體作用和作用途徑，並做出價值判斷，但也可以把宗教作為一個整體，研究宗教與其所處的世俗社會的相互影響，闡述宗教在社會系統中的作用。研究宗教的社會功能是宗教學的重要內容之一。

社會是一個大系統，由很多要素組成，我們把這些要素稱作社會的子系統。宗教作為整個社會大系統中的子系統，依附於整個社會，受社會大系統的控制和影響，但也有其相對獨立性，可以獨立進行運作，這種運作的優劣會對其他社會子系統或整個社會大系統產生影響。作為一個社會子系統的宗教與社會整體的關係密不可分。社會整體對宗教的作用是制約性的，但從另一方面來看，宗教對社會整體的作用或功能也很明顯。社會功能指某一社會子系統或社會現象在維持社會秩序、保護社會系統正常運作方面所具有的影響力。一個社會系統，是有其工作目標的，較低的目標是保證社會各部分的正常運作，較高的目標則是促進社會向更好更完善的方向發展。任何一個社會子系統，必須具有為達到這個目標服務的特殊社會功能，否則，它便不可能在這個社會中長期存在。宗教在社會系統中的功能就是我們在這一講中要加以詳細說明的內容。

一、社會整合與控制功能

社會整合是指將社會存在和社會發展的各要素聯繫在一起，使它們一體化。宗教能夠使社會的不同個人、群體或使各種社會勢力、集團凝聚成一個統一的整體，從而有利於社會的發展。法國社會學家涂爾幹最早論述了宗教這一功能。他指出，原始宗教都有促進原始氏族、部落內部的團結一致的重大作用。

宗教的整合功能主要通過宗教信仰來發揮。宗教信仰首先使接受了它的個人、群體、社會集團形成一個具有共同意識的宗教共同體，並進而產生組織上的整合。在此基礎上，宗教信仰又能以其不同於世俗思想觀念的特點，在宗教共同體內喚起一種強烈的認同意識，從而增強和促進共同體內部的團結與一致。宗教的整合功能建立在宗教信仰能在信徒中喚起共同的思想信念的基礎之上。一種宗教如果不能喚起這種共同的思想信念，便不會產生整合的功能；如果它在這方面顯得很弱或者變得越來越弱，其整合功能也就會很弱和越來越弱。

宗教的整合功能還要透過宗教的其他要素才能產生和發揮。宗教組織透過不同等級、不同層次的神職人員，不僅具有傳道布道的媒介作用，而且通過他們把具有共同信仰的信徒組織起來，從而發揮了凝聚的作用。宗教組織透過特定的教規約束宗教信徒的行為，促使宗教組織成為相對穩定的社會實體，從而使宗教成為社會系統中強有力的子系統，並影響世俗社會。

宗教的整合功能發生於信奉同一宗教的個人、群體和社會集團之中；信奉不同宗教的個人、群體和社會集團，不僅常常難以整合，而且極易造成對立，即使這些個人、群體和社會集團屬於同一民族或國家。近幾十年黎巴嫩、阿富汗、北愛爾蘭的宗教教派紛爭情況，便典型地說明了這一點。

宗教領袖一般都是宗教意識和宗教組織的最高體現者，他們的宗教權利總是被廣大宗教信徒普遍認同，從而產生特殊的號召力與凝聚力，成為宗教體系中的核心力量。宗教領袖在發揮宗教的整合功能方面能發揮重大的作用，傑出的宗教領袖更是如此。佛教的釋迦牟尼、伊斯蘭教的穆罕默德、基督教新教中的喀爾文和路德等，都發揮過這樣的作用，其歷史影響一直延續至今。

宗教的整合功能在不同的情況下會產生不同的後果，從而對社會歷史的影響也是不同的。例如：當宗教的整合功能發生在宗教共同體與民族或國家共同體相一致的條件下時，它就會促進民族或國家內部的一致和團結；而當這種整合發生於宗教共同體與民族、國家共同體不一致的條件下時，它常常會破壞民族與國家的一致和團結。一個國家或民族的宗教派別越多，而各教派的內部整合程度又很高，這個國家內部的分裂程度便會很大，從而產生宗教糾紛和其他社會衝突。而且，在宗教信仰者與非宗教信仰者之間，由於認同上的差異，也會造成種種糾紛。世界上因宗教不同而造成衝突（包括戰爭）的地區非常多。如中東地區就經常發生猶太教教徒、伊斯蘭教教徒和基督教教徒之間的武裝衝突；英國北愛爾蘭存在著天主教和基督教新教徒之間的衝突；在印度，印度教與伊斯蘭教、錫克教等教派之間的衝突連年不斷，每年有數千人為此喪生；阿富汗、波黑的教派間的戰爭就更加悲慘。凡此種種，都不利於社會的進步和發展。

「所謂社會控制，就是社會對作為社會行為主體的行為的各個方面予以約束。」社會控制以社會秩序的穩定為目標。廣義的社會控制指人們依靠社會力量，以一定的方式對社會生活的各個方面施加影響，協調個人與社會之間的關係，協調社會各部分之間的關係，以保持社會的相對穩定；狹義的社會控制指運用各種手段對犯罪行為及越軌行為進行預防、阻止和處置。社會控制的手段很多，初步分類可以有法律手段、行政手段、習俗手段、道德手段、藝術手段、輿論手段以及宗教手段。而運用宗教手段來實現社會控制就是運用宗教信仰、感情、儀式、教義約束人們的行為。宗教對人能夠發揮到的這種約束就是它的社會控制功能。與其他類型的社會控制手段相比，宗教在社會控制方面的特殊性，在於它可以使統治者的權力獲得神聖的合法性與權威，能夠為人類建構的社會秩序塗上神聖的色彩，從而達到維繫社會穩定的目的。

宗教是超世的，因而宗教對世俗生活、社會文明從根本上是否定的。宗教不會主張用一種社會制度去取代另一種社會制度，在宗教徒眼中任何世俗社會都是有缺陷的，不完美的。宗教想要改變的是人，而不是社會，不是對具體社會不滿，而是超越社會生活本身。正是宗教的這種超越性，使宗教採取了與世俗社會相容合作的態度，在客觀上發揮了穩定社會秩序的作用。在宗教與所處地區或國家的主導意識形態不矛盾的社會中，尤其是在階級社會中，統治者一般都樂意把宗教作為一種主要的社會控制手段，在實踐中加以應用。統治者往往運用宗教來鞏固自己的統治秩序，實現其多層面的社會控制、利用宗教進行社會控制所達到的極至就是國教統治，宗教成為全民性信仰，成為占統治地位的官方意識形態，成為維護統治秩序的最大精神支柱。「君權神授」這一觀念是封建統治者經常用來強化其權威的宗教手段。中國皇帝被奉為天子，羅馬皇帝被奉為神的化身，日本天皇被奉為天照大神之子，在這種時候，人間的權力便獲得了超人間的神聖權威。即使在宗教與社會主體意識形態不相一致的社會中，宗教客觀上仍發揮著維護世俗社會公德和正常秩序的作用，在多個層面影響著社會。這是因為世俗社會的規範對人的約束力是有限的。社會成員萬萬千千，各不相同，面對與社會無利害衝突或心性較為柔順的社會成員，只要對其灌輸社會的行為規範，他們就會規規矩矩地照辦；而另一些和社會有著利益衝突或精力過剩，行為易於越軌者，儘管也知道社會的行為規範，但未必就受其約束，而往往我行我素。誠然，每個社會為保證其社會規範的實施，都有一系列相應的制度、法律、措施來對其成員的行為進行控制和監督，但這些手段無法普及到一切場合，有許多需要進行行為選擇的時刻是在個人獨處之時，這是社會的一切監督、控制工具所達不到的地方。而宗教（許多時候借助於神靈）卻可以作為一種無形的觀照者，時刻監督個人遵守社會的行為規範，因而控制相當數量的越軌或偏離行為並使之避免發生。對少數不軌分子，宗教可以透過其儀式為他們贖罪，使他們從犯罪、越軌而導致的心靈束縛中解脫出來，重新整合到社會群體中去。

美國人類學家塞雷納南達說：「宗教信仰實際上就是以超自然的神祕方式實現社會控制。」一切居於統治地位的宗教，都具有強烈的維護與穩定現存社會秩序的功能，而居於非統治地位的宗教雖然也有這樣的作用，但更多的則會起相反的作用。宗教的社會整合與控制功能在不同的社會歷史條件和不同的社會制度下，其產生的社會歷史後果也是不相同的。這種後果可能是消極的，也可能是積極的，或者是二者兼而有之，又各有所偏重。因此，對具體問題要具體分析，不能一概而論。

二、社會心理調節功能

在歷史上已經有過的任何一個社會中，自然與社會的雙重壓迫一直都在威脅著人們的安全感，使人們生活在對那些強大的異己力量的恐懼中。宗教的一個重要功能就是對社會個體和群體進行心理調節，借助於超人間的力量，為社會成員提供心理上的慰藉和安全感。

社會是由具體的社會成員組成的，多數社會成員心理的穩定與平衡是社會系統正常運行的必要條件之一。一個社會群體的成員如果彼此之間充滿怨恨，或者對社會持有一種不信任乃至仇恨的態度，每個人內心都焦躁不安，疑慮重重，或者充滿莫可名狀的恐懼感，那麼這個社會要想獲得秩序上的穩定，一定會面臨許多困難。人類生活在一個充滿著危機與不確定性的自然環境中。在無情大自然面前，我們常常是軟弱無力的。原始社會由於生產力水準低下，人類對世界的了解、駕馭、控制能力都很差。如今世界雖然已經進入現代文明，但仍有許多不可預料的災禍會隨時隨地向人類襲來。火山、洪水、地震、環境污染、癌症、愛滋病，這些東西的肆虐無時不在威脅人類的生存。在這個充滿危機和不確定性的世界上，人們時時被驚擾，加上現代社會的快速運轉和高度競爭給人帶來的精神壓力，使人們更加緊張。原始人有原始人的煩惱，古代人有古代人的憂慮，現代人有現代人的精神壓力，而宗教，作為一種心理調適機制，在從原始社會至現代社會的若干種社會形態中，始終執行著它的心理調適功能。

馬克思曾經指出宗教是人民的「鴉片」，它指的是：第一，宗教使人超脫現實，在人們的意識中創造出幻想的世界；第二，宗教使人得到寄託於空想的自我安慰。過去我們在理解馬克思這段論述的涵義時，只注重了其批判性，用以為宗教確定性質，而忽略了馬克思在其中首先指出的宗教的心理調節功能。宗教的心理調節功能是指：透過特定的宗教信念把人們的心態從不平衡調節到相對平衡的功能，並由此使人們在心理、生理、精神和行為達到和諧的狀態。宗教的心理調節功能指向人，指向一個個有血、有肉的生命個體。而人不僅是特殊的肉體存在，更重要的是特殊的精神存在。這種精神性的存在寓寄於肉體性的存在之中，既受制於肉體性的存在，又超越於肉體性的存在。人類普遍存在的宗教精神與神聖感，正是人的精神存在的一個重要層面，是人性的一個重要內容。這就是宗教具有心理調節功能的根源。

羅素曾提出過一個觀點，他認為宗教基本上是對無知的事物的恐懼為基礎的，而憑藉科學的力量，人們能夠逐漸掌握、了解事物、能夠戰勝多少世代以來一直生活在其中的怯懦與恐懼。人們再也無須尋求子虛烏有的幫助，再也不幻想天上的救星，而是依靠自己的努力把世界改造成適於生活的地方。然而，豐富且生動的事實卻告訴我們，宗教的命運並非如羅素所言。相反的是人類進入現代社會以來，在科學技術大發展、文化知識大普及的背景下，在戰勝無知、掌握了解事物的過程中，人類不僅沒有遠離宗教，反而是信教人數驟增；宗教不僅沒有消亡，反而是進入了一個新的發展時期。這一普遍的社會現象足以外在地向我們展示了人類的宗教精神。無論用什麼名字稱謂這種普遍的人類精神指向，只要我們承認它在人類全部精神生活中是最重要的、最根本的、導向性的，那麼我們就有必要思考它在現代人的精神生活中的作用，及其對人們的整個生活產生的後果。

人的內在精神需要使宗教的心理調節功能成為可能。當一個人在社會實踐與社會生活中不能實現各種人生需要時，就會感到自己是處於一種被剝奪的地位，在心理上會由此而產生一種相對剝奪的不平衡的心理現象，即本來應該得到的東西而被剝奪從而引發了心靈上的痛苦。宗教則能為人們提供安撫這種心靈痛苦的鎮靜劑和鎮痛劑。英國歷史學家湯恩比說：「逆境的加劇會使人回想到宗教。」當一個人從理性和實踐上難以平衡自身心態的時候，往往會到宗教的神聖領域中去尋找一個「避風港」，求得心靈的安撫和精神的支持，以便消解心靈的痛苦。各種宗教正是透過對世俗價值的貶抑和對神聖價值的推崇，來緩解、擺脫人們對世俗功名利祿的執著，從而達到心理調節。宗教還透過懺悔方式，給犯有罪過的人留下了一條悔過自新重新做人的後路，使他們消除沈重的負罪感，把心態調節到正常狀態。

宗教的心理調節也會引起生理上的良好調節作用。現代心理學研究的成果表明，一個經常受到精神折磨、心情苦悶的人，其生理上的免疫功能會下降，甚至會下降百分之五十。這樣的人得病率高、壽命短，死亡率當然也高；與此相反，一個心情愉快、心胸開闊的人，其生理上的免疫功能就會隨之提高，從而有益於身體健康。甚至本來身體有病的人，也會由於虔誠地篤信神明而消除病痛。因此，我們說正是人性中內在的宗教精神和對神明崇敬的情感，構成了宗教心理調節功能深刻的內在基礎，並因而使宗教所具有的調節功能得以發揮作用。

各種宗教都有一系列的禮儀並通過禮儀激發教徒宗教情感，在宗教禮儀活動中、在物象禮儀的物祭形式中，人以物化的符號形式與神明進行溝通，向神明表達虔誠、意願和祈求等種種宗教心態，並體驗神旨、神意；在膜拜、祈禱、懺悔、祝福等宗教示象禮儀中，人以規範化的特定動作符號來體驗人神之間的溝通；在更高層次的意象禮儀，即宗教修行中，修行者擺脫一切世俗心態，透過特定的內省禮儀形式，全方位地封閉在人神融和的交流體驗之中，達到與外界隔絕的人神狀態。另外，宗教的某些修行方法，透過清靜養心，往往能把修持者的心態調節到非凡的極佳狀態，使人由修心而達到修身強身的目的。在這個方面，道教的內丹和佛教的坐禪就是很好的例子。一旦人們認同了自己所崇拜的上帝和神明，就會產生神與人之間的特定的心理活動和心理感受，其中包括神聖感、聖潔感、敬畏感、仁慈感、德性感、羞恥感、懺悔感、新生感、謙讓感、虔誠感等等。總之，這些宗教情感產生的過程就是心境達到平和、向善的過程。

透過宗教禮儀、修行等活動，在激發、培養宗教情感、淨化靈魂、消解不良心態的同時，還透過宗教象徵符號發揮啟發人們宗教美感的作用。宗教象徵符號是人們意志、願望和目標的物化表現，具有神聖的感召力。至上神是宗教神聖美感力量的最高象徵。此外，教堂、廟宇、聖詩、聖書、聖物等也是宗教美感力量的象徵物。和高度抽象化了的至上神的理性化美感相比，它具有一種生動直觀的感性美力量。當教徒們走進教堂做禮拜時，仁慈的聖像、優美的讚美詩、和善的牧師、可親的教友、講道的教誨、穆靜的祈禱、嚴肅的氣氛、神聖的建築等等，都會讓人們的身心沈浸於神聖超然的情操美感之中。對於一個長期處於為生活和事業而緊張奔波和備受折磨的人來說，這種神聖超然和心曠神怡，這樣肅靜、優美的宗教環境，的確是一個能夠令人享受情操美感而具有吸引力的安撫所，更是虔誠教徒增強情操美感的場所。這就是宗教象徵美的實際效果。

宗教的超越美也是宗教情操美感功能得以發揮的重要因素。人類的精神生活不僅需要理性的實際知識，而且還需要超現實的幻想來豐富人們的精神生活。文學藝術所提供的神話童話固然能夠發揮這一方面的作用，但不能在幻想中為個人提供切身的利益感，而宗教的超越美卻能在這方面發揮它特有的作用。現實生活無論如何榮華富貴，但總不免有生老病死和各種煩惱痛苦，宗教就是要超越這種局限與不完善，試圖去達到一種終極的絕對的完美歸宿。這種超越美在精神上，為人們開拓了一個彼岸樂園的天國世界和佛國淨土的未來世界。在這美妙的天國裡，與神同在，衣錦食美，酒乳成河，林蔭花叢，人人相親，個個和愛。這為現世中備受窮困折磨的人們提供了一個超越的美好世界，也為富有者提供了一個永遠保持榮華富貴的幻想世界。當人們面對神奇的大自然或莫測的內心活動時，總感到在現存世界之後還有一個妙不可言的神聖世界，往往體驗到一種超自然、超人性的宗教超越美。

宗教器物的藝術美不僅在視覺層面有其豐富的象徵內涵，也是超越美的物化，使超越美具有一種實體感，聖像、聖物、聖器、聖地和寺廟教堂等，都是用高超的藝術塑造和製作出來的，把宗教象徵美、超越美和現實的藝術美結合起來，使得宗教器物更具有神聖的美感陶冶功能。寺廟和教堂是宗教器物美的綜合，因此當人們特別是宗教信仰者進入寺廟和教堂時，就會產生一種油然而生的神聖感。

在宗教情感領域中，上帝（真主、佛）是真善美的化身，崇拜和歌頌上帝也自然而然地成為一種心靈美。虔誠的信徒真誠地用神聖的靈光，來洗刷被世俗凡事污染了的心靈，使自己的意念和靈魂純潔。同時他們以神的博愛、仁愛、慈悲和利他主義精神來處理人與人之間的關係，用善思善行來體現情操美。由此，他們會內心神祕地體驗到上帝的愛而感到自信和自豪，獲得了一種自贖和自我完善的滿足感。這種虔誠不懈的教徒往往成為道德上的楷模而被人稱頌。透過他們，宗教情操美感功能體現得更為具體生動和感人。特別是有些虔誠的宗教篤信者，還要運用修道、修心、修身的種種修持方法，做到清心寡慾，把自己的精神和心靈昇華到一個超凡去俗的更高的精神境界。他們是宗教美感功能的巨大輻射點，具有較大的歷史影響和社會影響。宗教的這種美感功能至今還是其他美感功能所不能替代的，它繼續發揮著作用，因為人們在特定的情況和歷史條件下，有的人還需要運用神祕的和神聖的感染力來補充和填補精神上、心靈上、情感上的不足和空白。

情操美和心靈美構成了人性美，概括地說宗教的人性美主要是透過兩方面來體現並引發人們的美感共鳴：一方面是聖徒、傳教士或高僧大師們所具備和表現出來的奉獻精神、仁慈胸懷、自我犧牲、堅忍不拔、忍辱精神等高尚品質，由此散發人性美；另一方面是廣大信眾或教友之間，神職人員、宗教組織與教徒之間的相互愛護、相互關照、相互支持而不計回報的親密和諧關係，由此表現出的人性美。這些人性美是在神性美的光環下開啟的，是以神性美為源泉和依持的，因而宗教人性美有其獨特的堅定性和強大的感染力，對於人們的情操美發揮著不可低估的陶冶功能。宗教正是透過對信眾美感的培養，使信眾的精神面貌和精神品味得到一定改善，使信眾從內心產生一種愉悅感，進而發揮宗教的心理調節功能。

三、社會化與交往功能

在社會學中，社會化是指人成長發展和融入社會，在此過程中，個人通過與社會的互動，形成個人的社會屬性，促使個人與社會保持一致。個人在社會生活中，學習和掌握社會生活的知識技能，熟悉社會的風俗習慣、道德、法律，確立生活目標和道德觀念，取得被社會認可的地位，成為具有「社會資格」的人。

社會化是一個長期的、複雜的過程，它貫穿於人生的各個時期。家庭、學校、職業組織、大眾傳媒都對社會化產生著作用。從世界大多數國家來看，尤其是西方國家和阿拉伯國家，宗教組織至今仍是社會化的主要機構。宗教的社會化功能透過多種途徑來發揮。個人要在社會中生活，首先要學習一些文化知識。透過這種學習，使自己了解人類一些最基本的知識，和自己所在社會一些最基本的文化，促使自己更快地社會化。宗教有自身特殊的體系，也以自己特殊的方式幫助個體實現社會化，宗教教育便是促使個體社會化的基本途徑之一。在現存的若干種宗教教育中，無不帶有傳播人類或本社會、本民族文化的特徵。

學習本宗教的經典著作是宗教教育的基本內容。但由於世界各大宗教經典都包含著極為豐富的、兼顧各方面的知識，因此教徒在學習經典的同時，也是在學習人類古代的文學和文化。中國現在的一些少數民族，如雲南的傣族和西北地方的某些民族，仍把宗教教育作為學習本民族語言，傳播本民族文化的重要手段。

要在社會中生活，還必須掌握社會的行為規範，否則便無法立足於社會。社會規範以一定的社會文化價值為支柱。人類世代積累的文化，提供了決定行為取捨的價值標準，在不斷進行他人評價和自我評價的基礎上，經過肯定或否定的社會裁決，逐步形成社會成員自覺遵守的行為規範。因此，個體學習社會行為規範的過程，就是社會文化滲入人的意識，並內化為人的社會性的過程。宗教不僅為信徒提供信仰，還為教徒制定行為規範，教給教徒該做什麼和不該做什麼。教徒在遵循和習得這些行為規範的過程中，加速了自己的社會化。

在一般情況下，宗教行為規範，尤其是它的道德規範，是支援社會規範並有助於社會整合的。在那些政教合一、國教制和宗教民族化的國家和民族中，宗教規範對個人行為的影響就更為巨大，宗教禮儀、制度往往發揮著法律、法典的作用，甚至影響教民的整個生活習俗。猶太人雖然長期以來一直分散在世界各地，但猶太教嚴格的教儀和教規就是他們共同的行為規範，使他們得以仍然構成為一個猶太民族的共同體。伊斯蘭教的宗教制度、教規、禮儀已經和民族的生活習俗融為一體，使大多數教民具有一種習慣性的遵從意識。即使在主體意識形態與宗教不一致的社會主義國家裡，宗教道德規範仍然和社會公德規範是相通的。教徒仍可透過對宗教道德行為規範的學習，來促進自己的社會化。

宗教還有利於個人在社會上扮演特定的社會角色。角色是指與個人的某種社會身分有關的規定了的行為模式。學習扮演社會角色是社會化的核心內容。每一個社會成員都在社會關係和社會組織中，占有一個特定的位置，處於一定的社會地位。處在一定社會地位的人，都要按照社會規範的要求做出各種各樣的行為。人的社會化主要是通過角色學習和地位的獲得進行的，人的整個社會化過程也可以說是進行角色學習的過程。大多數宗教讓人寬容、隱忍、利他，從而要求教徒學會與他人和睦相處，處理好人際關係。因此，宗教在與其所在社會的主體意識形態不矛盾的情況下，可以充分發揮自己的這種特長與優勢，促進社會的整合，促進個人的社會化。

宗教作為一種制度，有自己一系列特定的不同於其他社會制度的規範和行為準則，其他社會制度是世俗性的，而宗教制度具有某種超自然的「神聖性」，會對其成員施加更為深刻的影響，使人認為某種宗教規範不僅要做，而且必須做，如果不做你將會受到某種「神聖力量」的懲罰。換言之，宗教把自己所定的規範和行為準則說成是來自「神意」而具有「神聖性」，並由此對人們產生刻骨銘心的影響與強大的自律作用。同時，宗教又作為一種社會組織，來具體實施帶有神聖性的行為規範。如果發現教徒有違反教規的行為，就會給以不同程度的懲罰，以此維護宗教制度的神聖性和現存社會的穩定性。

個體社會化的結果是促使人們在思想上趨向於共同的信念和價值觀。各種社會意識形態和社會實體都有這樣的作用，而宗教由於具有至上的神聖性而擁有特殊的認同作用。作為一種社會意識形態，宗教以其非實證的神祕方式來說明神與人、人與人、人與自然之間的關係，並以此規定人的本質、人的價值、人生意義和人類命運。透過使個人接受宗教價值觀以及相關的教理，幫助個人理解「我是誰」「我是什麼」這些問題，從而使具有同一信仰的人們集結成某種宗教群體，達到群體認同。作為一種社會組織結構，宗教把分散的具有同樣信念的宗教信教者組織起來，並用教規約束教徒，使之成為一個相對穩定的社會實體。在社會迅速變遷和大規模流動時期，人們往往產生無所寄託和無所依賴之感。在這種時候，宗教使許多漂泊的心靈有所歸屬，促進他們之間的群體認同，幫助人們渡過因社會劇變而產生的不良的心理。

宗教還可促進社會交往的增加。個人原本是獨立的個體，因著血緣、姻親、朋友或工作關係而有著一些私人間的交往。宗教也能實現人的交往。教堂裡的禮拜、參加聖禮儀式和宗教團體的禱告被視為信教者和上帝及信教者之間交往和聯合的主要方式。宗教凝聚力極強，它用信仰的樞紐把教徒聯繫在一起，使他們彼此認同，感覺彼此屬於同一群體，因而產生出許多親切感。共同的宗教信仰促進了教徒間的交往，共同的追求使他們親密相處並有著永不衰竭的談話內容。

宗教也能促進國際間人民交往的增加。國與國之間本有著許多正式的外交途徑，但那只是官方的。而宗教卻可因為信仰的凝聚力，使居住在不同國家和地區的教徒彼此往來，並把各自的文化帶到對方。久而久之，它就成為增進各國人民往來和友誼的一種途徑。處於沙烏地阿拉伯境內的麥加，是伊斯蘭教的主要聖地，每年都有上百萬的穆斯林從世界各地來到這裡朝覲。早在中國古代，就有名僧玄裝從長安出發，往西天求法取經，歷時十七年，行程五萬里，帶回大小乘佛教經律六百五十七部。中國唐代另一僧人鑑真也曾東渡日本，把律宗傳入日本。他把大量佛教經像和藥物、藝術品帶到日本，對發展日本醫學、雕塑、美術和建築有一定貢獻。今天，宗教作為一種民間交往途徑，已成為增加各國人民之間的友誼與了解，促進中國社會改革開放的一支社會力量。近十多年來，國內外的宗教團體之間進行了大量的互訪和交流，不少在國外的華人教徒捐資修復境內的寺廟。通過宗教還吸引不少外資用於我們的現代化建設。教徒個人之間的國際往來也增多，出訪和來訪絡繹不絕，加之宗教景觀旅遊的開發，有利於促進和密切中國人民和其他各國人民的友好交往。在國際政局中，當某些國家或地區處於緊張狀態中，有時通過宗教交往與對話，推進彼此疏通、相互理解，在一定程度上可以緩衝矛盾，淡化敵意。

四、宗教社會功能的兩重性

對於宗教所能發揮的社會功能，學者們的評價是不同的。宗教對於社會穩定和發展能夠發揮一定的積極作用，僅僅強調宗教的積極作用比較容易走向一個極端，即寄希望於宗教來解決一些社會問題，把宗教的價值追求擴展為全民的目標。然而宗教對於社會穩定和發展也能發揮一些消極的作用，這同樣也是顯而易見的。因此，我們以宗教的功能對其所在社會的影響和作用是積極的還是消極的來畫分正負功能：凡能增進所在社會的團結與合作，使社會各部分趨於和諧一致的功能均為正功能；反之，能造成社會懈怠、緊張萬分乃至解體的功能均為負功能。宗教的正負功能實際上是相互對應的。我們上面已經敘述過的每一種正功能都有與之相對應的負功能。

宗教具有社會整合與控制的功能，但其功能的發揮所產生的結果對於人類社會的影響並非都是積極的。宗教觀念容易使教徒形成保守主義的價值觀，有礙社會變革的進行。宗教雖然天然地具有其他社會子系統所不可替代的整合性傾向，能使社會價值與行為規範神聖化，易對人們的價值觀及行為進行整合，因此，大多數統治階級總是利用它來維護社會現實秩序，取得人們對現實社會秩序的默契與遵守。但也正是宗教的這種至高無上的神聖性，容易造成教徒價值觀念的保守以及對規範理解上的僵化。尤其是宗教強調信仰虔誠、強調神諭的不可變更性，因而容易把人對世界的認識引入歧途，妨礙人們對時代及社會變化的適應。在神聖力量的感召下，一般的教徒都循規蹈矩，忠於現實的政權與社會制度，而不過問該政權和社會制度的性質，但當一個政權或一種制度腐朽沒落到需要推翻或大刀闊斧進行改革時，宗教就容易成為阻礙社會變革的保守力量。

再如教內的改革，宗教的教義教規不是一成不變的，它要隨著時代和社會的發展不斷改革以適應時代和社會。宗教由於對規範制度化的尊崇，往往不能及時改革已經過時的規則而使自己僵化保守，遠遠滯後於時代的發展。歷史上西方很多國家的天主教會有自己的「異端裁判所」即「宗教法庭」，殘酷迫害「異端分子」及「異端嫌疑者」，以及反對封建勢力的人士，包括進步思想家和自然科學家，對他們祕密審訊、嚴刑拷打、沒收財產、監禁流放和火刑。後來，異端裁判所雖然衰落，但一些懲治異端的律條卻延續很久。被以異端罪名處以火刑的義大利自然科學家伽利略，在他所信奉的天體物理學說舉世公認幾百年後，才於一九九二年由羅馬大主教予以平反，宗教規範的某些僵死性使其遠遠滯後於時代，由此可見一斑。宗教越具保守性，對社會的整合程度越高；反過來也可以說，宗教對社會整合程度越高，其保守性就越強。

宗教既能使社會目標神聖化，以此穩定社會現存秩序，但它同樣也可以提出新的社會目標並使之神聖化，促成動亂與革命，動搖和瓦解現存社會。在中國歷代的農民起義中，有很多是假宗教而行的。比如元明清三代流傳很廣的民間宗教白蓮教，曾在農民、手工業者、城市貧民和流民、差役、下層知識份子中廣為流行，一度也曾傳入皇宮。元明清三代常被用來發動農民起義，著名的元末劉福通、徐壽輝等領導的紅巾起義，明末徐鴻儒的起義和嘉慶年間川、鄂、陝的白蓮教起義，都是以白蓮教的名義發動的。宗教感情一般來說是深沈而持久的，而由這種感情所煽動起來的狂熱，可能會造成宗教戰爭，成為一種破壞或變革社會的力量。以宗教為由而引起的教派戰爭，不同宗教之間的戰爭及國家之間的戰爭不勝枚舉，現今世界上許多民族糾紛、民族分裂的根源部分，也在於宗教糾紛、宗教戰爭使人產生大量越軌及偏離社會規範的行為，導致了社會的分化和民族的離散。當然，負功能並不等於非進步，它僅指對當時社會政權的瓦解、破壞與動搖。至於客觀上對社會起進步作用還是非進步作用，要視當時社會政權是革命的、進步的，還是反動的、腐朽的而定。

宗教具有社會心理調節功能，當人們遇到精神煩惱與障礙時，宗教可以通過對超自然力量和對彼岸世界的追求得到慰藉，轉移他們的注意力，降低他們精神緊張度，使之超然於現實之外，以消除他們對現實社會的恐懼、不滿等。但與此同時，宗教也有著相應的負功能。宗教講「前定」、「前世」、「上帝的安排」等等，也容易使人產生宿命思想，消極地去依賴和聽任命運的擺布。宗教固然能夠緩解人們心中的苦悶，但與此同時，它也會使人逃避現實，不去直面人生，不去正視現實中醜惡事物而增加與之鬥爭的勇氣。宗教也可以使人沈浸在對天國的幻想中而盲目樂觀，減少自己可能的行動和改革社會現實的願望。

宗教具有社會化與交往功能，但在這方面宗教也有著很大的局限性。因為宗教主要是利用宗教教育來執行促使個體社會化的功能，通過宗教教育，教給教徒知識、文化、行為規範及處理人際關係、扮演好個人社會角色等等。但宗教教育由於強調學習宗教教義和神學思想，因此必然會造成知識結構上的偏重。另外宗教教育的主要接受者是宗教教職人員階層，而非所有信教者。如中國藏族地區解放前就是如此，民族知識份子全部集中於寺院，廣大群眾卻沒任何機會去享受教育權利。中國另外一些少數民族地區，少數民族學生輟學現象至今仍很嚴重。由於接受義務教育的年齡與進廟學經的年齡衝突，許多人就棄學念經，將學齡子女送去寺廟當僧尼。不願學習漢字和接受普通教育的情況，曾在中國各省不同程度地存在過。這些負面效應顯示了宗教教育在社會化方面的局限性，因此宗教也有延緩、妨礙個體社會化的負功能。

宗教也會阻礙新的認同感產生，容易導致宗教衝突與民族衝突。作為一種社會意識形態和社會組織機構，宗教透過使個人接受宗教價值及信仰，參加宗教儀式和崇拜，極易使他們達到自身認同。但對宗教的信仰會阻止更適合於自我的新的認同感的產生。原有的宗教認同感束縛著個人，使他難以放棄原有信仰和群屬而去皈依更適於他的新的信仰與社群。宗教所提供的認同感也會深深嵌入人的個性結構中，使教徒具有不與對手妥協的排他性格，因而可能導致一些衝突加劇。宗教的認同功能會產生強大的凝聚力，可以使同教者親近，但由於這種認同的專注與執著，也容易引起排斥異教和同教其他教派的情緒，他們認定只有自己真正站在上帝或神的一方為正宗，真正忠實地恪守上帝或神的旨意，而視其他宗教、教派為異己和非正統，極易對其產生排斥心理。在全民族信仰某種宗教的地區，宗教所帶來的認同感往往會導致狹隘的民族主義，因而造成與其他民族與國家的緊張與衝突。

從宗教所具的與其正功能相對應的一些負功能，我們可以看到宗教社會功能這種兩重性的特性。把握住這個特性，我們就會更全面更清楚地認識宗教這種社會現象的複雜性。有了這種認識我們就可以進一步思考影響宗教社會功能變化的主要原因。

宗教這種最遠古的社會現象，之所以能夠長期頑強生存於各個社會和時代，除了因為它對社會具備積極的功能之外，另一個原因就是宗教的社會功能，可以隨時代和社會的進步而做出各種調整與變化。宗教社會功能的變化受多種社會因素的影響與制約，其中宗教所處社會的歷史時期和類型、宗教與所處社會主導意識形態的關係是最主要的因素。社會所處的歷史時期不同，生產力的發展水準也不同，人們認識世界的廣度、深度和方式也不同，這些都影響著宗教社會功能的發揮。比如原始社會的宗教極其簡陋，只是簡單的圖騰崇拜，所適用的範圍也只是自己的部落，因此原始宗教所發揮的認同功能雖然強度較大，但範圍就極為有限；而後來一些宗教隨著社會的前進發展成為世界性宗教，可以想像，與原始宗教相比，它的認同功能自然就要發揮得廣泛、充分和淋漓盡致。又比如中世紀的歐洲，由於生產力與科學技術的不發達，人們對自然界還處於愚昧無知的狀態，宗教當時對社會完全發揮了主宰作用，它的控制與整合功能此時得到最大限度的發揮。但當時代前進，生產力向前發展，宗教對社會的控制也就崩潰，宗教的社會整合功能和控制功能也大為削弱。

以生產方式為標準畫分的農業社會和工業社會，也以其顯著不同的特徵影響著宗教功能的發揮。農業社會是穩態社會，保守、閉塞且發展緩慢，人們世世代代被束縛在同一塊土地上，恪守著同樣的價值觀念和生活方式。這樣的社會生活特徵使宗教的神聖性增強，人們一旦信教，差不多都極為虔誠。由於農業生產方式對人沒有嚴格的時間要求，能充分保證人們有時間過宗教生活，而且幾乎沒有人懷疑宗教的神聖性，因此，宗教的社會整合功能得以充分發揮。同時由於農業社會教育相對比較落後，宗教場所也就成為給人們傳授知識和行為規範的場所，可以較充分地發揮宗教的個體社會化功能。

工業社會是動態的、開放的，一切都發展得極為迅速，充滿活力。由於交通發達、人口流動量加大，人們的視野大為開闊，一切傳統習俗幾乎都不停地在受到衝擊。大工業生產要求人們有嚴格的時間觀念，人們要工作就不能像過去那樣在固定的時間去固定的場所過宗教生活。宗教的世俗化在加強，虔誠教徒的數量在下降，尤其在年輕信教者群中，即使他們有時間也不一定按時去宗教場所過傳統的宗教生活。工業社會由於發展很快，新東西層出不窮，其千變萬化使人眼花繚亂。傳統的價值觀念受到衝擊，人們的價值觀趨向多元，宗教的神聖性也受到一部分人的懷疑，宗教在社會中的價值和道德整合功能的作用力亦隨之下降。另外由於義務教育的普及，宗教的個體社會化功能也逐漸降低。與此相反，宗教在農業社會中作用力不強的交往功能與認同功能，此時反而得到了充分發揮。

宗教與所在社會的主導意識形態矛盾與否，也影響著宗教社會功能的發揮。所謂社會的主導意識形態是指在一個社會中占據統治地位的意識形態。宗教在與它所在社會主導意識形態不矛盾的前提下，宗教可以較多地發揮它的正功能，如它對社會的整合控制功能、社會化與交往功能等等。西方社會一般來說政治組織和其他社團都比較鬆散，對個人進行約束的主要是法律和宗教。法律是「他律」的東西，而宗教則是「自律」的東西。宗教的約束力在一定程度上增加了社會的穩定性。

如果宗教處在與所在社會主導意識形態矛盾的情況下，那麼宗教能否繼續發揮正功能呢？這個問題就較為複雜。在社會主義國家裡，以實現共產主義為最高理想。「從來就沒有什麼救世主，也不靠神仙皇帝，要創造人類的幸福，全靠我們自己。」這段歌詞再清楚不過地表明了共產主義者的世界觀和社會觀是唯物主義的，是無神論的。這種鮮明的意識形態和宗教歷來尊崇的有神論的唯心主義世界觀之間形成了尖銳的對立，因此，每個社會主義國家建立之後，都會著手調適本國宗教，使之與社會主義社會相適應。宗教此時就只是一種次級社會組織，而不再是全社會的精神信仰和占主導地位的上層建築。然而社會主導意識形態與宗教世界觀的不一致並不妨礙它們在政治上的一致性，也不影響信仰宗教的人們參加共同的經濟活動和社會活動。即使在社會主義制度下，要求所有人的世界觀、人生觀都一樣，也是不可能做到的。人民群眾不論信教與否，都有對幸福生活的渴求與建設美好社會的願望。這些共同點比起思想上有神無神的分野要重要得多。因此，宗教在與主導意識形態有著尖銳對立的社會裡仍舊能夠存在下去。只要宗教團體能順應形勢做出必要的自我調整，它對這些社會仍可發揮積極的社會正功能。

再者，每個社會對宗教的態度也影響著宗教社會功能的變化。同樣是社會主義制度，由於國家制定和執行對宗教信仰自由具體政策的不同，對待與處理宗教問題的做法與能力不一樣，也會導致不同的結果。如果能夠切實保護公民的宗教信仰自由，依法管理宗教事務，並加以積極引導，使宗教與其他社會子系統能夠和諧一致起來，使宗教徒能有滿意的宗教生活，就可以為社會減少不安定的因素，增強社會的整合與控制力；若不能制定正確的宗教政策和適宜的宗教法規，則會造成教徒的不滿與反抗，有時甚至於訴諸武力，就會給社會帶來負面影響。應當說，在宗教與主導意識形態有著差距甚至對立的情況下，統治者很容易將自己的注意力集中在防止宗教負功能的方面，而容易忽略盡量創造良好的社會條件讓其發揮為社會服務的正功能的方面。而實際上，只有通過積極引導，充分發揮宗教的正功能，才能抑制它的負功能，人們要把更多的注意力放在對如何發揮宗教正功能的研究上，以有效地避免由於消極限制和打擊而帶來的教徒對社會的敵意和緊張。

第十課

宗教與文化傳播

一、文化視域的形成
二、文化傳播的規律性
三、外來宗教本土化問題

宗教文化是二十世紀八〇年代以來中國學術界的研究焦點之一，宗教與文化的關係是這一研究的核心問題。經過二十年的努力，已有學者將宗教文化視為一門相對獨立的學科，而相關的研究成果更是不勝枚舉。應當說，這些成果反映了中國學術界對宗教和文化的認識深化，是中國社會轉型期文化建設的重要組成部分。

一、文化視域的形成

二十世紀五〇年代以後，隨著西方社會種種社會危機和文化危機的出現，以及兩次大戰給人們帶來的心靈震撼和精神創傷，「歐洲文化中心論」或「西方中心論」的影響已日趨式微，而作為其文化之魂的基督教價值體系亦遇到世俗化、多元化、後啟蒙或後現代化的強烈挑戰。值此機遇，西方宗教學研究的發展進入了新時期。一方面，大多數學者開始以批判的眼光審視近代宗教研究，日益傾向以「宗教史學」來取代「宗教學」或「比較宗教學」，以標明新時期宗教研究的主要特點。即使那些繼續沿用「宗教學」或「比較宗教學」概念的學者，也有許多在比較研究觀念上跨入了新時期，他們盡力彌補傳統橫向意義上的比較方法的缺陷，注重對各種宗教形態進行經驗性的描述和歷史性的比較。與此同時，一些交叉學科，比如宗教心理學、宗教社會學、宗教現象學、宗教語言學、宗教民俗學、宗教考古學等等相繼出現。這些研究與西方整個宏觀文化的研究結合在一起，形成了西方文化研究的熱潮。

西方學術界的宗教文化研究，實際上是二十世紀西方宏觀文化研究的主要部分。西方社會有著深厚的宗教背景，談文化必談宗教，而談宗教又不可避免地涉及到文化。早在二十世紀初，西方學者就已經開始不分國度地把西方世界作為一個文化整體加以反省，思考整個西方文化的前途問題，這種理性的反思延續了整整一個世紀。德國歷史學家斯賓格勒（Oswald Spengler）打破了十九世紀風行的進步觀念，認為西方文化已經完成了自己的歷史使命，正在走向沒落。英國歷史學家道森（Dawson）反對這種歷史宿命論，認為只有重新發現曾為西方文明提供了最初精神動力的基督教，西方文明才有希望得到復興，宗教並不是一種與社會客觀現實無關的個人感情，而是社會生活的核心和現代各種文化的根源。英國歷史學家湯恩比（Arnold Toynbee）的文明形態理論以全面回答西方文化的前途問題為宗旨，認為每一文化形成和發展的基礎都是宗教，西方文化的希望就在於基督精神的再生。德國哲學家凱西爾的文化哲學以整個人類文化為研究對象，想要從人性的根源上去解決文化危機。美國神學家田立克的文化神學也是在文化傳統瓦解、主體意識衰退。永恆真理隱遁的緊要關頭，想要為消解西方文化危機提供一種神學答案。

正因為宗教文化研究與宏觀文化研究的這種相關性，所以二十世紀宗教文化研究的意義絕不限於宗教學，也不限於某一種民族文化，而是具有跨文化的或世界性的特徵。從總體上說，經過多年的研究和思考，西方宗教文化研究終於形成了一種面向未來的新的文化理念。這種新文化理念的具體表現就是一種新文化視域，以及與其相匹配的闡述問題的理論框架和分析問題的跨學科方法。

與「視域」這個詞對應的英文是**perspective**。這個英文詞的中文釋義還有很多，有透視、遠景、展望、觀點、看法、眼力、事物相互關係的外觀、正確觀察事物相互關係的能力等等。我們可以把 **"culturalperspective"** 這個英文短語譯為「文化視域」，用來指稱經由二十世紀多學科文化理論的綜合研究之後學術界形成的文化視野。

文化視域的形成有以下三個標誌：

第一，觀察問題的視野有無覆蓋多個學科，乃至所有學科的研究對象。二十世紀文化研究的對象無所不包，然而囿於人類理性思維的習慣，學老們提出的文化（或文明）定義之雜多，也是人所周知的。學者們在追溯當代文化研究的淵源時大都追溯到泰勒的文化定義。這位學者寫道：「文化或文明，就其廣泛的民族學意義來說，乃是包括知識、信仰、藝術、道德、法律、習俗和任何人作為一名社會成員而獲得的能力和習慣在內的複雜整體。」在這裡，他將文化與文明等量齊觀，在二者之間未做任何區別，實際上開了消融文化與文明界限之先河。界限的消融帶來了研究對象的擴展，在此意義上，二十世紀多學科共同研究文化問題的局面自泰勒始。

第二，對研究對象的解釋有無突顯其文化或人文意義。文化的一般界定在於把文化視為人類創造活動與創造成果的總和，而進一步的界定則是人類所擁有的觀念和精神，或物質、制度、行為中所包含的文化或人文意義。文化是一個高度綜合的統一體，文化精神滲透於民族、社會的各個部門和領域。所以文化研究應當將文化的各個部門、各種起作用的因素作為一個有機的綜合體聯繫起來進行考察。這種聯繫文化的具體表現形式並對其所含人文精神的綜合考察就是一般的文化研究，目前最接近這種一般文化研究的是文化哲學的研究或以宗教與文化之關係為核心問題的抽象理論研究。

第三，能否突破傳統歷史學的機械因果論，提出新的理論框架。自從德國學者斯賓格勒提出文化是有機體的觀點以後，他的文化宿命論的結論沒有被普遍接受，但是他反對傳統的歷史研究方法，即那種簡單地套用自然科學術語及機械因果論的方法，得到了學術界的認可。學者們公認文化是歷時性的、動態發展的，是一種活體，有其自身的發展軌跡。在新世紀的文化研究中，我們有必要綜合現有多學科的理論研究成果，並在此基礎上求得理論上的創新。

文化危機意識引發了學術界的宗教文化研究熱潮。在這樣的學術氛圍中，宗教與文化的關係問題突顯，成為宗教文化研究的核心問題。圍繞這一問題，現代人文社會科學的一些重要成就，像心理學的、人類學的、神話學的、語言學的、符號學的等等，被引入宗教文化研究，深化著人們對「文化」和「宗教」這兩個基本範疇及其關係的認識。

西方社會是一個宗教傳統悠久、宗教影響巨大的社會，西方學者一般認為：宗教與文化的關係，較之其他文化形式與「文化整體」的關係有著更深刻的意義。宗教不只是一種依附於文化整體的文化形式，而且可以有相對獨立性或存在的必然性。也就是說，只要有人，就一定會有宗教的觀念、宗教的情感、宗教性的追求；不論這些觀念、情感和追求是公開的還是隱蔽的，都是客觀存在。所以他們強調，宗教乃是普世的，體現在人性、人的社會性和人的文化性之中。

文化人類學的開山祖馬林諾夫斯基，曾把文化人類學界定為「研究文化的特殊科學」。他的文化概念是傳統的廣義文化，即把文化看作人類社會生活中的物質現象和精神現象的總和，但他對宗教的認識卻完全屬於現代。他指出，宗教絕非超越整個文化結構的抽象觀念，而是一種相伴於「生命過程」，有其特定功能的人類基本需要。這種基本需要既是生理的又是心理的，既是個體的又是社會的，歸根究柢是文化的。韋伯把宗教視為一種基本的文化特性，注重揭示宗教信念在西方近代文化起源過程中，對社會文化心理產生的重大影響，十分謹慎地反覆驗證宗教經濟倫理與世俗經濟倫理之間的歷史關係。湯恩比更進一步，他把人類歷史的載體規定為文明，而宗教信仰則是文明社會的本質體現，是文明過程的生機源泉。這樣一來，文化與宗教的關係問題就被納入文明通史，在全盤涉及文明的起源、生長、衰落和解體的系統研究中獲得了前後關係。田立克接受了現代意義上的文化觀念，進而認為廣義的宗教不是人類精神生活的一種特殊機能，而是整個人類精神生活的「底層」，是貫穿於全部人類精神活動的一種「終極的關切」。他認為，人類文化的統一性就在於宗教，人類文化成果所體現的一切就其內涵來說都是宗教的。宗教構成了一切文化的實質，而文化是宗教的表現形式。文化若無宗教內容會顯得空洞無聊；而當文化與絕對的意義相關時，它則獲得了宗教的尺度。同樣，宗教也要注意與文化的統一，脫離文化的宗教會變得原始低下、荒唐粗俗，會因為與社會主流文化發展格格不入而失去其生命力，在時代的變遷中逐漸不復存在。

西方學術界的這些觀點傳入中國以後，對於中國學術界的宗教文化研究發揮著重要的啟迪作用。我們看到，自改革開放以來，中國學術研究的文化熱和宗教熱也是融為一體的。在這一中外文化交流的新時期，中國學者了解了西方學術界的研究態勢，並相對獨立地展開了自己的研究。而在這一多學科共同關注和研究宗教問題的過程中，宗教與文化的關係問題仍然處在顯要的位置。

中國學者對宗教與文化關係的認識可以高度概括為一句話：宗教是文化（文明）的核心。在人類文化（文明）史上，宗教在特定的時期（比如原始社會或西方中世紀）就是整個文化系統，而經過宗教世俗化的過程，宗教在一般文化系統中的地位仍舊具有核心地位。

在文化視域下，宗教是一種重要的文化現象。宗教意識以特定方式反映著人的社會生活，而宗教意識被實體化而成為一種社會體系和生活方式。誠如牟鍾鑑先生所說，宗教「並非一種孤獨的思想遊魂在空中飄來飄去，它總要附著在某種文化實體上，通過一定的文化系統在社會生活中發生實際的作用，例如通過宗教道德、宗教哲學、宗教文學、宗教藝術、宗教習俗、宗教典籍、宗教活動，影響人們的思想情趣，成為社會精神生活的一個組成部分」。

文化大體上有器物、制度、行為、意識這樣一些層面，而宗教所具有的巨大包容性使之能夠包括所有文化層面。應當說，宗教器物、宗教制度和宗教行為是宗教的外殼，而宗教意識，尤其是宗教信仰或對神（上帝）的崇拜則是宗教的內核。宗教若無器物、制度、行為的外殼，那麼它的內核也就成了與哲學、文學、藝術等意識形式並無多大差別的一種意識形式。宗教的外殼與內核相輔相成，促進著宗教的發展。宗教既不是一個絕對封閉的體系，也不是高度開放的體系。這一特點使之能在文化系統中保持其相對獨立性，又能與世俗文化相互作用。

「宗教是文化的核心」這一命題的具體涵義主要有：①宗教作為文化的一種形式滲透或包容一般文化的各個層面和各種形式，不僅滲透到文化的精神意識層，而且滲透到文化的器物、制度、行為層，不僅包容文學和藝術等文化形式，而且包容其他一切文化形式；②人類各大文化系統均以某種宗教為代表，現存世界各大文化體系均有宗教的背景，均以某種宗教信仰為支柱，西方文化以基督宗教為代表，東方文化以儒教為代表，阿拉伯文化以伊斯蘭教為代表，等等；③宗教為人類社會提供了基本的信仰體系、價值規範、行為準則、組織體制。

美國神學家田立克說過：「正如文化在實質上是宗教，宗教在表現形式上則為文化。」這句話與我們所說的「宗教是文化的核心」語境和立意均不同，但可以與我們的看法相互參照。經過上個世紀的文化研究，宗教是文化的核心這個觀點已經被中國學術界大多數學者接受。人們越來越深刻地認識到，宗教受整個文化體系的制約，它本身也是文化環境的產物和文化的一種表現形式。人類文明史的絕大部分，在各個時代和各個國家，宗教是文化統一的核心力量。它是傳統的保護者，道德法則的維護者，智慧的傳播者，人們生活的教育者，可以把社會控制在一個確定的文化範型之中。不了解處於文化核心的宗教信仰就不能理解這種文化所獲得的成就，撇開宗教就不可能對文化做出完整的解釋。從世界和全人類的範圍來看，宗教作為一種漫長的歷史現象仍將繼續存在，並將在現實社會的發展中發揮重要作用。

然而，在肯定宗教在文化系統中的地位和作用的時候，我們也應當看到，世界上的任何事物都有兩重性，即都有其肯定和否定，積極與消極的兩重性，並在一定條件下相互轉化。我們肯定宗教在文化系統中所處的核心地位，這當然意味著對以往那種全盤否定宗教的態度的否定，例如尼采認為基督教是「有百害而無一利的害人蟲」，或在一些國家由於曲解「宗教是人民的鴉片」的涵義而全盤否定宗教，但並不意味著「存在的就是合理的」，意味著對宗教所發揮社會作用的全盤肯定，把宗教視為解決一切現實問題的良藥。

文化視域的形成也是中國學術界在二十世紀取得的一項最重要的進步，它不僅是以往成就的前提條件，而且規定著新世紀宗教文化研究，乃至於一般文化研究的基本走向。由於文化範疇的廣義性，把與宗教有關的一切研究都納入宗教文化的範圍並無什麼不可，但這是廣義的宗教文化研究；而圍繞宗教與文化關係這個核心問題闡述宗教在文化整體中的特性、本質、地位與作用的研究，則可視為狹義的宗教文化研究。

二、文化傳播的規律性

二十世紀的文化理論研究經歷了諸如文化定義的探討、文化形態的分類、文化系統的描述、跨文化的比較、文化多元主義、文化衝突論與融和論一類的研究熱點或浪潮。但是，現有各種研究並沒有窮盡文化研究的對象，也沒有提出一種能為學者們全然信服的理論體系。隨著時間的推移，經過學術界的長期思考與爭論，現有文化理論中有些觀點已經落伍，而有些觀點則由新論轉化為共識或常識。這些共識就是我們建構新的文化理論的前提。

文化互動轉型論以上述文化研究的理論成果為前提，但重在探討文化傳播問題。在此，我們嘗試性地提出一種文化互動轉型的理論，來解釋宗教與一般文化傳播的關係。這種理論以不同類型文化間的文化傳播為解釋對象，以強調本有文化與外來文化的「互動」與「轉型」為主要特徵，所以稱作「文化互動轉型論」。它的基本立場可以概括為以下幾點：

①跨文化的文化傳播具有雙向性，而非單向性的輸出或輸入。

異質文化之間的交流與傳播是文化發展的動力。「一個群體向另一個社會借取文化要素，並把它們融和進自己的文化之中的過程就叫做傳播。」各種文化組織系統發展到一定程度，必然會發生擴張和相互接觸，會有文化輸出與輸入的現象發生。同類型文化間的交流與傳播可以維繫和強化該文化系統，但不會引起它的質變和型變，而不同類型文化間的交流與傳播則能做到這一點。

文化互動轉型論承認文化傳播是文化發展的動力，但它強調文化交流與傳播的途徑往往是雙向的，在許多情況下是一個互動的過程；交流的雙方總是相互影響，很難分出誰是純粹主動的傳播者，誰是完全被動的接受者；外來文化與本有文化的區分在文化融和階段是相對的，兩種文化的關係及其自身價值要在一個互動的過程中方能得到充分的表現；更重要的是，在雙向性的交流與傳播過程中，雙方都在不斷地改變著自身。這種狀況在文化的制度、器物層面可以得到反映，在文化的精神層面也能得到表現。

②文化衝突和對抗是一種必然，而非文化融和不可能的證明。

由文化交流與傳播引發的文化衝突和對抗是一種普遍現象，文化互動轉型論對文化衝突持具體分析的態度，而不是籠統地賦予其肯定的或否定的評價。文化衝突是客觀存在，不容否認，但對文化衝突之後果和意義的觀察與評價，則囿於人們的民族文化情結而具有強烈的主觀性。文化互動轉型論是打破這種民族文化情結的武器。

波普爾（**Karl Popper**）堅持文化之間的衝突可以導致討論、爭辯、互相批評，從而導致富有成效的後果，不同文化之間的鴻溝越大，討論就越有成效。他否認對話與討論的不可能性，認為儘管這種對話可能很困難，令人不快，引起爭吵甚至暴力行為，但仍然可以訴諸人的理性，訴諸人類趨向真理的善良本性。他呼籲，只有用唇槍舌劍來證明甚至取代刀光劍影，人類才能向一個更好、更和平的世界邁出最偉大的一步。他的觀點具有相當大的啟發意義。

從整個中西文化衝突的歷史來看，以戰爭為文化傳播通道所引起的文化衝突，多於導致討論和批評的文化衝突。但是，文化衝突帶來的不良後果，只能用來證明不同類型文化的差異和文化傳播手段之不恰當，不能用來證明文化融和的不可能，否則西方文化的形成和拓展，東方文化的形成和拓展都將成為可疑的。文化互動轉型論以不同類型文化之差異的縮小來觀察世界文化發展的趨勢，而以自願接受還是強迫接受為判斷文化傳播手段之恰當性的標準。應當說，以往的中西文化衝突造成過巨大的災難，但與此同時，它也帶來了富有成效的積極作用。可以預計，中西文化交流的前景仍將充滿著衝突，但我們看到，前進的道路無論如何迂迴曲折，千磨萬劫，但它在持續不斷地走向一個更合適一些、更寬敞一些的新的文化世界。

③文化融和是可能的，消除一切差異的文化整合是不可能的。

文化互動轉型論承認文化融和是可能的，這不僅是世界各大文化體系成形的歷史告訴我們的事實，而且也是一種世界文化發展的大趨勢；但是文化互動轉型論也否認世界文化的發展能達到無差別的單一文化狀態。這裡的關係就好比理想中的圓與現實中的圓。明白了這個道理可以防止對世界文化的發展趨勢做出錯誤的估計。

斯賓格勒否定文化融和的可能性。他認為，每一種文化代表了各自獨立的象徵系統，這種象徵既是在本質上不同的，也是無法相互通融的，它們是自我幽閉的，只是在表象上存在著「交流」、「融和」之類的現象而已。「兩種不同文化的人，各自存在於自己精神的孤寂中，被一條不可逾越的深淵隔開了。雖然印度人和中國人在那些日子裡都自覺是佛教徒，他們在精神上依舊離得很遠。相同的經文，相同的教儀，相同的信條——但是兩種不同的心靈，各走自己的路。」但是文化之間有所交流、有所接觸並有所影響的事實終究是不能否認的，對此，斯賓格勒提出一個特別的術語——即歷史中的假晶現象。由於火山爆發，熔化了的物質依次傾瀉、凝聚、結晶。這時就會出現內部結構和外表形狀相矛盾的結晶。

然而，內部結構和外表形狀相矛盾只是對融和前後文化的對照觀察，忽略了通過雜交產生新的文化類型這一事實。文化互動轉型論不僅注重對文化類型的考察，更注重文化融和後輸出方與接受方各種文化要素的組合，肯定這種矛盾組合透過調適可以達到和諧，從而比舊文化具有更為強大的生命力。

④肯定文化融和的最後結果不是文化的衰亡，而是文化的轉型。

文化傳播曾被學者們用來說明文化不是衰亡的，而是不斷地由一種文化向另一種文化類型轉移的，而這種文化的轉移又導致了文化的不斷進步，以此反對文化宿命論。但這種反對相當無力，因為文化類型的轉移講的是一種類型被另一種類型所取代，而不是文化的轉型。在以往對中西文化關係的解說中，有兩種主張針鋒相對，然而，無論是主張以西方文化替代中國文化，還是主張用東方文化主宰未來世界，都是期望以一種文化替代另一種文化，實際上講的還是文化轉移，而沒有涉及文化轉型。另一種解說是主張中西文化各有所長，混而配之，構造出一種最優的文化形態。但這種解釋以混合、取長補短為手段，沒有講到外來文化要素與本有文化要素之衝突和融和所引起的文化型變。就其本質而言，只是上述文化替代論在要素層次上的變體。

文化互動轉型論否認文化宿命，承認文化更新。但它把文化延續的希望不是寄託在文化轉移上，而是寄託在文化轉型上。它認為文化轉型是一個歷史過程，它不是外來文化與本有文化之間的簡單取代，而是通過外來文化與本有文化之間的衝突與調和實施重組，從而產生新型文化。當一個社會處在文化轉型時期，從這種社會文化的政治、經濟、社會、思想等各個層面都可以看到這種轉型的發生。文化就其核心內容而言，是不能簡單替換的。但是，通過文化間的相互對話可以拓展文化視野，乃至於在不同文化間形成共同的視野。這種拓展其實是一個雙向運動的過程。一方面，它通過文化之間的對話來發現自身文化的邊界和局限，另一方面，它又通過對自身文化的重新解釋來拓展自身的文化視野。這是一種反覆的循環回答。對外來文化的解讀，實際上是從本有文化的角度向外來文化發問，而從外來文化中得到的回答，又會促使向自身的文化傳統發問，並進一步迫使本有文化以新的方式對外來文化作答，對自身文化做出新的理解。文化視野的拓展，既是一個不斷解讀對方文化的過程，也是一個不斷對自身文化傳統重新解釋的過程。原來的文化鴻溝越大，新的智力視野或文化世界也就擴展得越大。因此，外來文化與本有文化的融和結果，並不是兩者合二而一，而是透過各自的拓展達到視野上的融和。一方面，作為不同的文化體系，外來文化與本有文化將依然保有各自的特性；另一方面，文化視野的融和，意味著兩種文化可以達到彼此理解對方文化的特定問題、評判方式和價值取向，並從自身文化的角度對其可被其他文化理解的內容加以評說。所以，文化的融和並不會創造一種單一文化的一統天下，而只會導致各種不同文化的共同繁榮和交相輝映。

⑤文化適應與外來文化的本土化是文化融和的有效途徑。

文化互動轉型論要思考文化傳播與融和的有效途徑，在武力征服被公認為無效的現時代，文化適應與外來文化的本土化，應被視為世界文化融和的有效途徑。早在上世紀三〇年代，文化人類學家萊底菲爾德提出了「文化適應」（**acculturation**，亦作「文化移入」或「涵化」）這個概念。「文化適應用於理解這樣一類現象，具有不同文化的群體透過不斷的接觸，使雙方或兩個群體最初的文化類型發生變化。」在這個定義中，文化互動的因素已有體現，因為他把文化要素的借取視為雙向的過程。外來文化在與本有文化深入接觸以後則必然發生外來文化本土化、本色化一類的變化。無論現今學者們對本土化持何種態度，但本土化是文化互動轉型論的邏輯推演和組成部分。

有學者指出本土化方法有優點也有缺點。它的缺點在於有可能曲解了原有文化，甚至將一些它原本不具有的涵義強加於它，影響了人們對於原文本做出客觀正確的理解，而它的優點在於豐富了原文本的內涵，有可能豐富和發展了原有文化。這樣的評價若納入文化互動轉型論的視野，那麼應當說是沒有什麼大問題的。因為外來文化與本有文化之融和本來就包含著一個對原文本重新解釋的問題，文化交流的傳播方和接受方都要為這種解讀做出努力。在這裡發揮決定作用的不是外來文化或本有文化自身的性質，而是文化接受方的自主選擇。有了適宜的文化環境和接受方的正確選擇，文化的轉型和更新才會朝著正確的方向前進。

文化互動轉型論的提出不僅是為了克服以往文化理論的一些弊端，而且具有重要的理論意義和現實意義。用文化互動轉型論的視野觀察中西文化交流史，東方文化（或中國文化）與西方文化的相互影響確實是動態發展的，對這種歷史的解釋也必須具有雙向互動的意識。在古代，由於地理環境的阻隔，中國和西方很少發生直接的交往，僅僅是通過一系列中介環節間接地實現相互影響，但即使是在古代那樣的條件下，東西文化之間的影響的雙向性仍不可否認。近代地理大發現以後，隨著全球海路的開通，西方文化挾自身之優勢對東方文化採取一種強態勢的輸出，使該時期的文化傳播以西方文化對東方文化產生影響為主流，然而就在這個時期，東方文化，尤其是中國文化對西方文化的影響仍然是不可否認的現實。

中國大陸社會自改革開放以來，中國人在短短的二十年時間裡，經歷了從引進西方先進的產品和技術，到借鑑西方的各種法律、政治、經濟制度，再到參照西方的價值體系和思想觀念對中國文化進行全面分析，顯示出前所未有的自覺性和主動性。但是如果把這二十年的文化交流視為西方文化對中國文化的單向輸出，仍然是不符合事實的。因為改革開放以來這二十年也是中國文化對西方產生最大影響的二十年，西方人比以往任何歷史時期都更加深刻地理解了中國社會與中國文化，對中國文化精神及其價值的肯定也超過以往。歷史與現實都在告訴我們，儘管在一定的歷史時期內，強勢文化對弱勢文化會產生一種一邊倒的影響趨勢，但每一種具有牢固的精神根基和歷史傳統的文化體系，都不會從根本上被其他文化所取代。

西方文化雖然在近兩百年間形成了一股裹挾全球的勢頭，但是這股勢頭如同西元一五〇〇年以前持續了一千多年之久的「東風壓倒西風」的歷史潮流一樣，並不能成為人類文化的最終格局。與本世紀初全世界都被納入到西方殖民體系之中的情況相比，本世紀末西方文化的影響已經呈現出一種衰退的趨勢。世界各國在越來越大的程度上被捲入到由西方開創的經濟一體化潮流中，但是不同文化所固有的傳統價值體系和宗教信仰卻沒有因此被取消，反而隨著全球殖民體系的瓦解和政治意識形態衝突的結束，而呈現出一種復興的前景。就此而言，持續了兩百年之久的全球西方化潮流，並沒有從根本上結束世界文化的多元化格局，反倒使這種多元化格局在一種新的基礎上，即在文化交融和自我更新的基礎上得以重現。面對這種世界文化發展的大趨勢，文化互動轉型論的提出有助於中國文化的轉型與更新，也有助於確立中國文化在未來世界文化中的重要地位。

三、外來宗教本土化問題

在闡述了文化互動轉型論的基本立場以後，讓我們來分析一下基督教的文化傳播問題。在文化研究的影響下，研究基督教的學者（包括教內的和教外的）把文化傳播學的一些術語移植到宗教領域，用來思考基督教與文化的關係，反思基督教傳播的歷史，確定基督教傳播的基本原則和恰當方法。現有各種文化理論會繼續對基督教傳播問題的研究產生影響，而這種研究成果也必將為文化理論提供例證或否證。

我們看到的是，在基督教與西方文化的關係問題上，人們認識到基督教是西方文化的精神支柱。然而，在基督教與東方文化的關係問題上，否定基督教與東方文化融和的可能性的觀點並不罕見。在中國內地，復興儒學一類的思潮經常成為基督教與中國文化融和的對立面。儘管基督教對中國傳播已有一千三百多年的歷史（從西元六三五年景教主教阿羅本到達長安算起），然而說基督教將在二十一世紀能在中國人心目中徹底摘去「洋教」的帽子也還是不確定的事。因此，我們可以預計，在二十一世紀，基督教傳播的目的、方法與結果，作為上個世紀七〇年代以來基督教文化問題的研究重點仍將繼續。

依據文化互動轉型論的第一條基本立場，即「跨文化的文化傳播具有雙向性，而非單向性的輸出或輸入」，因此我們在看待基督教傳播的歷史與現狀時，我們必須注意到這種雙向性。基督教在中國傳播的歷史，可分為唐朝的景教、元代教廷使節的東來，明清之際耶穌會士在中國的活動，近代天主教的復歸與新教的輸入四個歷史時期。從八〇年代開始，中國內地學術界開始對基督教在華傳播的歷史進行反思，重點放在明清以及近代。由於研究基督教在華傳播已經先在地設定了基督教傳教士為文化傳播的主動的一方，而中國文化則是接受外來文化衝擊的受體，因此學者們單向性地看待基督教在中國的傳播是很自然的。然而，如果我們觀察數次大傳播的細節，就可以發現基督教在華傳播也是一個雙向的過程。也就是說，不僅是基督教對中國文化產生了衝擊和影響，而且中國文化也對基督教產生了重要影響。這種影響不僅表現在教會的組織和禮儀層面，而且也表現在它的精神層面，即神學上。

提到中國文化對教會神學的影響，某些教會學者可能會不以為然。然而，基督教神學在其傳播過程中會受到文化環境的影響而發生形變，是基督教的整個發展史所證明了的事實。當基督教跨越種族與文化的疆界，教會的宗教儀式、道德價值、組織形式，以及神學的類型都在發生激烈的變更。有了文化互動轉型論的視野，無論是西方學者和中國學者都能較好地理解基督教的傳播與中國文化的關係，可以比較深入地考察歷史上各次基督教傳教中所發生的雙向運動。近年來，西方學者比較注重考察這些影響，但是中國學者的著作中對這個方面著墨不多。這是我們在今後的研究中要注意的。

依據文化互動轉型論的第二條基本立場，即「文化衝突和對抗是一種必然，而非文化融和不可能的證明」，那麼本世紀有許多研究著作的結論需要修正。在基督教傳教史上，民族文化對基督教的抗拒常常被誇大。然而，即使在《聖經》中，也有材料證明文化障礙是可以消除的。「對《舊約全書》的檢視即可證明，最廣義的傳教已經有了。以色列人是在許多民族之間產生的，它從這些周圍的民族中任意借用和適應了它們的語言、祭儀和文化。」

基督教在華的幾次大的傳播運動都曾引起過激烈的衝突和對抗。唐朝的景教雖一度呈現「法流十道、寺滿百城」的景象，但是，由於景教教士在釋經時過多地使用了佛教的語言，並將主要精力花費在結納權貴上，因此缺乏下層信眾的基礎。當上層政治鬥爭以滅佛的形式波及景教時，它便迅速地衰亡了。元代東來的教廷使者和天主教教士，以其宗教的熱忱使教堂和十字架重新聳立於從汗八里到中亞細亞廣大的土地之上。但是，元代是一個由蒙古族統治中國的王朝，占全國人口絕大多數的漢族被置為異類。而天主教傳教士的宣教對象主要是蒙古族以及各類色目人，在建立本地化教會和向漢人傳教的工作幾乎是一片空白。所以，當明太祖朱元璋以光復漢室率軍北上，攻陷大都時，天主教很自然地被視為蒙古的文化，隨著元朝的覆亡而消失於歷史的舞臺上。以利瑪竇為代表的明清之際來華的耶穌會士，開啟了基督教與中國社會和文化互相溝通的先河。他們並不想把上帝與中國社會對立起來。其傳道之際，多取徑於教義和儒學的溝通，在漸進之間，不僅獲得士大夫的友情，而且進入了宮廷之中。然而好景不長，隨之而來的保守派士大夫的反教和後來的「禮儀之爭」阻斷了這一進程。歷史進入近代以後，天主教和新教終於在中國獲得了長足的發展。然而近代基督教入華是在一系列由西方列強迫訂的不平等條約保護下進行的，它本身的活動也與西方殖民主義侵華擴張活動緊密結合在一起。這使得中國人因民族矛盾而排教，也使教會無法依靠宗教本身的力量與中國人進行心靈上的溝通。

歷史的教訓值得記取，基督教對華傳播的四次運動都值得我們去認真研究。然而，有些學者以基督教與中國文化之間的衝突和對抗為證，得出基督教與中國文化根本不相容的結論。而從文化互動轉型論的視野來看，它們只能證明文化傳播雙方目的之相左和傳播方法上的不妥。中國文化與西方文化及其代表基督教的文化差異顯著，這就使得雙方的文化吸取變得複雜和緩慢，在一定時期則引起激烈的衝突。但這並不能證明基督教與中國文化融和的不可能。如何看待異質文化傳播中的衝突與對抗，直接影響著學者們的研究結論。

依據文化互動轉型論的第三條基本立場，即文化融和是可能的，消除一切差異的文化整合是不可能的，那麼基督教傳播的目的，絕不應定為使中國文化基督教化；而中國社會接受基督教文化的目的，同樣也絕不是使基督教與中國文化完全同化。這兩種目的實際上都是在希冀使兩種文化達到完全同化的境界。一旦差異完全消失，對立面也就不存在了。而從世界文化發展的多元化趨勢來看，這是做不到的。

在現代社會科學中，學者們一致認為不同文化之間的調和是必然的。在這裡我們要進一步指出，不僅世俗文化是這樣，而且包括基督教在內的宗教文化也是這樣。在與其他文化的接觸中，宗教文化可以吸取自身發展的動力。儘管少有基督徒對此抱肯定態度，但這種吸取在過去發生了，在現在也在發生，並由此豐富著普世基督教的內涵。事實上，每當基督教主動滲入民族文化時，這就不僅僅是一個基督教被吸收到民族文化中去的適應過程，而會產生一種調和過的文化和一種發展了的基督教。「為了基督教能夠長存，原始基督教不得不消失。」

作為一種外來的宗教，基督教自始至終存在著一個如何與中國本土的社會與文化相互溝通、適應與融和的問題。基督教作為一種宗教文化總是處在具體的民族文化的情景之中，與民族文化相互作用，所以世俗社會對基督教的影響是不可避免的。基督教與民族文化之間的衝突、調適與結合，在任何一項基督教的傳教事業中都會發生。承認這一點使基督徒面對一個窘境：他們希望能把福音資訊傳給世界上的每個國家和民族，但同時又希望基督教能保持它的獨立性和純潔性。這有可能做到嗎？

在這個問題上，基督教的基要主義者們把基督教當作不變的，獨立存在的，最終可被外部世界當作一個對象來認識的東西。由於斷定《聖經》的永恆真理，他們反對使他們的宗教觀念和祭儀去適應民族文化。他們在理論上拒絕文化學的許多論斷，言下之意也就不承認他們所處的這個世界對基督教的社會影響。但是，只要基督教與民族文化發生接觸，基督教就會在具體的歷史情景下發生某些變化。當然，我們也必須指出，在保衛基督教方面，所有的基督徒「在一定程度和一定意義上，都是基要主義者」。基督教的歷史在宗教與世俗文化的關係上，就是一部抗拒世俗化的歷史。透過綜合，基督教可以與民族文化達到調和，但不會完全被民族文化消融以至於完全喪失它的獨立性，否則它就不再是基督教了。從基督教傳播的角度來看，基督教發展的目標應當是保持它的相對獨立性，而不是保持它在絕對意義上的純潔性。

依據文化互動轉型論的第四條基本立場，即文化融和的最後結果不是文化的衰亡，而是文化的轉型，那麼基督教的傳播和中國文化對基督教的接納從文化發展的角度看，其積極作用應是促進中國文化的轉型，也促進基督教文化發生型變。從基督教對華傳教的四次運動來看，近代基督教入華給中國人心中留下的記憶最慘痛。當時來華的傳教士多半挾有戰爭打出來的民族優勢，在十九世紀盛行於西方的所謂「進步」觀念的支配下，對中國文化知之甚少，甚至覺得無須尊重中國文化，老是希望接受了教義的中國人與他們一樣西方化。這種傾向，使基督教與中國社會之間的融和成了一個難題。一個世紀過去了，現在中國人和西方人都已經相當深刻地檢討了近代基督教入華雙方存在的問題，因此，在下一個世紀，如何進行文化傳播，如何進行有效的文化對話，對基督教和中國社會來說都是一個嚴肅的課題。

在基督教方面，我們應當看到，基督教在與民族文化調和方面是足夠柔韌的。基督教不是一個僵硬的公式，而是一個靈活機動的能夠使自身適應環境的動力源。而在中國方面，完全拒斥基督教文化既不可能，也無積極作用。從八〇年代起，中國政府已經調整了宗教政策，放棄了「文革」極「左」的做法，採用了比較實事求是的態度。從民族文化的範圍來看，基督教文化已經成為中國社會中的亞文化，成為中國文化的有機組成部分，並將在中國文化的更新中發揮重要的作用，這是無人可以否認的事實。

依據文化互動轉型論的第五條基本立場，即文化適應與外來文化的本土化是文化融和的有效途徑，那麼參與基督教傳播的雙方都應高度重視本土化問題。本土化問題是本世紀基督教傳播研究的一個關鍵問題，在下個世紀它也仍將得到學者們的重視。

學者們對本色化（Indigenization）、本土化（inculturation）這一類術語的界定尚未達成一致看法。例如：比利時學者鍾鳴旦說：「本土化又稱本地化、本位化或本色化。廣義而言，指某一種文化將另一文化的某些原素，吸收為己有。神學上的意思則是：福音生活和它的信息，在某一特定文化中的具體呈現，而該文化的成員，不僅只以該文化表達基督經驗（如此做只是單純的適應），且能使之變成靈感、方向和統一的源頭，以轉變、再造該文化，帶來一新的創造，不僅足以充實此特定文化，同時也充實普世教會。」美國學者凱利爾（S. J. Herve Carrier）說：「本土化是一種把基督信息注入給定的社會文化環境，由此召喚那個環境中與它自身一致的價值的成長，直到它們能與福音信息和解。本土化在各個國家、地區、社會部門中尋求歸化（tonaturalize）教會，而又充分尊重當地的精英和每個群體的特點。因此，本土化這個術語包括與福音信息和社會環境的接觸有關的個人和群體成長和相互充實的涵義。」上述定義和解釋都或多或少地包含著文化互動轉型論的因素，但對這一理論趨勢尚未做出明確的表述。而我們從文化互動轉型論的視野下觀察本土化問題，或將之納入這一理論體系，作為其中的一個組成部分，那麼我們可以用「本土化」這個術語來指稱導致基督教與民族文化綜合的整個過程。它不是基督教在傳播中對民族文化的消極適應，而是一種積極的適應；它也不是基督教被其文化環境的同化，而是基督教與民族文化間的積極調和與融和。基督教傳播到其他民族，與各種民族文化發生衝突與調和，由此基督教的信仰顯現為激勵、引導、改造這種文化的動力，並在這個過程中改造自身。

文化互動轉型論源於對包括基督教傳播在內的文化研究理論的綜合與提煉，因此，文化互動轉型論的提出不僅有助於克服以往文化理論的一些弊端，而且對基督教傳播也具有實際意義。這個問題不是一個教會能否接受或者容忍的問題，教內和教外的人士對這個問題的認識都會給基督教的傳教事業帶來令人驚愕的後果，因為基督教的世界性本質決定了它的福音不能只被封裝在一種文化之中，它想要擁抱所有文化和所有民族，並能通過它們來表達。這既是歷史事實，也是實際需要。

二十世紀下半葉以來的一系列事件給整個世界和教會帶來了深刻的影響。帝國主義的殖民時代走向終結，民族獨立和民族文化意識如同烈火燃遍全球。這些變化也標誌著教會自身的歷史也處在一個深刻的轉變時期。

在原來的那個時代裡，福音幾乎毫無例外地被嵌在西方或歐洲文化之中，而在這個新的時代，教會將開始看到普世性和多元化的真正涵義，這在基督教史上可能是第一次。由梵蒂岡第二屆大公會議簽署的《教會在現代世界牧職憲章》指出：「正如這個世界承認教會是一個社會實體和歷史的一個推動力量，教會也明白它自己從人類的歷史和發展中得到益處。教會從以往世代的經驗中，從科學的進步中，從隱藏在各種文化中的財富中得到益處，由此更強烈的光芒將照耀人性，通往真理的新的大道展現出來。在基督教的歷史上，教會早就學會了用不同民族的概念和語言表達基督教的信息，嘗試著按照他們的哲學家的智慧純清基督教的信息，這是一種使福音適應全人類的理智的嘗試，是有知識的人的需要。確實，這種適應和傳道是一切傳教活動的法則。按這種方式才有可能在每個國家用適當的術語表達基督的信息，才能使教會與不同的文化有實質性的接觸和交流。」因此我們可以說，以適應文化的方式進行傳教已經是教會本身的呼籲和一種實際的努力。而這種努力的成功與否，不僅取決於教會自身，而且也取決於接受文化傳播一方對基督教的認識。正是在這個意義上，文化互動轉型論可以使傳播方和接受方在許多層面達到平衡的意識，從而使基督教的文化傳播得以順利有效地進行。

中國社會自改革開放以來，中國人在短短的二十年時間裡經歷了從引進西方先進的產品和技術，到借鑑西方的各種法律、政治、經濟制度，再到參照西方的價值體系和思想觀念對中國文化進行全面分析，顯示出前所未有的自覺性和主動性。改革開放以來這二十年也是中國文化對西方產生最大影響的二十年，西方人比以往任何歷史時期都更加深刻地理解了中國社會與中國文化，對中國文化精神及其價值的肯定也超過以往。這一現實告訴我們，每一種具有牢固的精神根基和歷史傳統的文化體系都不會從根本上被其他文化所取代，但是隨著時代的變化，任何一種有著悠久歷史傳統的文化體系都不可能不變。中國學術界普遍承認，中國社會正處在一個深刻的轉型時期，它的文化也必將發生深刻的型變。面對這一現實的中國文化的發展趨勢，西方學術界如果能夠認清在下個世紀，基督教及其文化在中國文化系統中的地位仍將處在亞文化的狀態，但它又是一種能夠對中國文化的轉型與更新發揮作用的積極的力量，那麼中西思想界在基督教傳播問題上就可以避免許多極端的論點，進而達成更多的共識。

第十一課

宗教與道德

一、宗教與道德在文化系統中的不對稱
二、以信仰為中介把握宗教與道德的關係
三、宗教倫理的共通準則
四、發揮宗教道德在現時代的積極作用
五、倡導和平與寬容的倫理原則

宗教是一種有著悠久歷史的、複雜的社會文化現象，其最主要特徵是對某種神明的信仰和崇拜。宗教意識發展到一定階段實體化而成為一種社會體系和生活方式，支配或影響著人類社會的發展。宗教受整個社會文化系統的制約，它本身也是文化環境的產物和文化的一種表現形式。在人類文明史的絕大部分，在各個時代和各個國家，宗教是文化統一的核心力量。它是傳統的保護者，道德法則的維護者，智慧的傳播者，人們生活的教育者，可以把社會控制在一個確定的文化範型之中。不了解處於文化核心的宗教信仰就不能理解這種文化所獲得的成就，撇開宗教就不可能對文化做出完整的解釋。從世界和全人類的範圍來看，宗教作為一種漫長的歷史現象仍將繼續存在，並將在現實社會的發展中發揮重要作用。在把握了宗教與文化傳播的關係以後，我們在這一課中進一步考察宗教與道德的關係。

一、宗教與道德在文化系統中的不對稱

宗教與道德的關係在宗教學界和倫理學界都是一個無法迴避的大問題，是一個學者們很想說清楚但又說不太清楚、值得進一步探討的課題。要在文化視域下分析宗教與道德的關係，我們有必要簡單回顧一下中國學術界以往對這個問題的探討。

對宗教與道德關係之較為系統的探索，在大陸宗教學界最早和主要見於呂大吉先生的論著。呂先生說：「宗教與道德都是社會意識的一種，同屬於上層建築的範疇。社會的經濟基礎是二者的共同源泉。宗教是以幻想的超人間形式來表現現實世界中支配人們日常生活的異己力量；道德倫理觀念則是以行為規範、社會輿論和傳統習俗的形式來調節和維繫現實社會中人與人間的社會關係。它們的本質內容都是人們生活於其中的社會關係，而經濟關係則是一切社會關係的基礎。宗教和道德，如果離開這個基礎，就都沒有反映和表現的對象，失去其存在的客觀根據。」

通過具體分析，呂大吉先生得出若干重要結論，第一：「因此，宗教與道德，就其自身而言都不能成為對方的根據和源泉。因此把宗教說成是道德的源泉，無異說一種觀念形式產生另一種觀念形式。這是以觀念自身

說明觀念產生的原因，沒有觸及問題的根本。」「宗教不僅不是道德的源泉，而且在二者發生、發展的歷史層次上，應該說道德先於宗教。」第二：「宗教不是道德的基礎和保證」。第三：「宗教雖然不是道德的源泉，也不是道德的基礎。但這並不意味著二者之間就沒有任何關係。既然宗教與道德共存於同一社會體系之中，共生於同一經濟基礎之上，它們之間就不可能沒有聯繫。在上層建築、意識形態各部門之間，事實上存在著互相影響、互相作用、互相制約乃至在一定條件下互為因果的情況。」

呂先生的觀點具有代表性，是上個世紀後半葉大陸學術界的主導觀點，其觀察問題的視角是單一學科的（即宗教學原理的，或哲學原理的），其基本理論依據是唯物史觀，其理論框架是經濟基礎決定論。這種觀點雖然不能視為簡單的機械因果論，但由於它對經濟基礎的決定性作用給予了過分的強調，因而在特定實踐活動中，它成為某些錯誤宗教政策的理論依據也有其必然性。

任何一種理論的產生都是為了說明和把握複雜的現象，理論的成功與否在於對現象的解說程度、理論體系內部的自圓其說以及它在社會實踐中的作用。一種理論框架的建立使人們獲得了認識某類現象的支柱，但同時也會遮蔽人們的部分視野，看不到這種框架以外的東西。在把握以往觀點的基礎上進行理論創新，是學者們應盡的職責。比照以往傳統觀點，將宗教與道德納入文化視域中加以考察，可以看出二者並不具有傳統觀點所說的那種對稱性（都是一種意識形態，都由經濟基礎所決定，因而解釋任何具體的宗教和道德現象的產生都不能離開對經濟基礎的分析，否則就陷入用意識解釋意識的唯心論），而是呈現出明顯的不對稱性。它們都屬於文化，也都是文化的重要組成部分，但在統一的文化系統中，它們所處的地位和作用方式是不一樣的。

在文化視域下，宗教首先是一種重要的文化現象。它以特定方式反映了人的社會生活，而宗教意識又被實體化而成為一種社會體系和生活方式。宗教在文化系統中處於核心的地位。我們現在要問的是：處在同一文化系統中的道德處在什麼位置上？

按最一般的定義說，道德是人們共同生活及其行為的準則和規範，道德意識形成以後通過社會成員的自覺遵守來調節人們的社會關係，由此保證社會的存在和社會生活秩序的正常有序。

在文化系統中，道德與宗教相比，具有明顯的不對稱性。具體說來就是：①在文化的意識層面上，道德雖然也和宗教一樣，是諸意識形式之一，對其他意識形式也具有滲透性和包容性，但這種關係更多地表現為依賴性，例如受經濟的決定和對政治或宗教的依附，在特定文化環境中，道德可以不依附於宗教，也可以不依附於政治，但我們從歷史上可以看到道德依附性的減弱，恰恰就是無法發揮其正常作用的開始，亦即社會產生深刻的道德危機的時候。西方資產階級革命之後的道德衰退和中國「文革」後的道德危機可以為證。前者使個人道德行為與宗教脫鉤，後者使個人道德行為與政治意識形態脫鉤。②在行為層面上，道德意識的行為化缺乏宗教意識行為化那樣的多重保證，道德意識只提供了一種價值判斷標準，而人們的行為是否符合某種道德，並不能由道德本身來加以保證，而要依靠個人自身養成的道德境界，也就是說，道德實施的唯一保證是人們的「良知」對道德規範的自覺認同。③在體制層面上，道德無法做到像宗教那樣的實體化，因此道德的社會功能無法與宗教的社會功能相比。宗教史上有許多例子可以證明，依據某種道德準則，而不是依據某種信仰（其核心又是對神明的崇拜）建立宗教的企圖最終不會獲得成功。我們現在也能看到企業倫理、行政倫理之類的研究，但要說某種體制或組織是依據某種道德規範建立起來的，這種情況可能不多。

從上可見，道德顯然不具有宗教那樣強大的包容性，也不太可能像宗教那樣實體化，因此，道德無法像宗教一樣貫穿、滲透文化的各個層面，更不能像宗教那樣自成一個文化子系統。又由於道德這種意識形式的依附性大於宗教，即它不僅在發生學的意義上依附於經濟和社會，而且在發揮社會功能時仍然要依附於其他意識形態方能體現自身。因此我們可以說，道德是文化系統的重要組成部分，但在文化系統中並不具有宗教那樣的核心地位。

二、以信仰為中介把握宗教與道德的關係

解釋宗教與道德的關係我們不能陷入「雞生蛋還是蛋生雞」這樣的決定論怪圈，去追問先有宗教還是先有道德，也不能簡單地問哪一個重要，而應當分析具體文化處境中雙方的作用和功能。宗教現象五花八門，但

又自成系統。就宗教這個文化子系統而言，信仰是宗教的核心。這句話的具體涵義是：在宗教意識中（包括教理、教義、誡命等等），宗教信徒對上帝或神明的信仰是宗教意識的核心內容，這種意識統攝、支配宗教現象的各個層面和各個部分，一切與宗教本質相關聯的精神形式或物質形式，講的都是這一意識的表現，比如宗教徒追求的與上帝合一的境界，建造宏偉的教堂或廟宇來表現崇拜對象的偉大，等等。有無這種意識也是區分宗教團體和非宗教團體，宗教徒與非宗教徒的標準。

為了能夠說明宗教與道德的關係，我們先來分析一下包含宗教信仰和非宗教信仰在內的一般信仰的特性。何謂信仰？信仰是人對世界的一種能動的把握，是對人生最高價值和社會最高理想的反映、評價和把握，是一種動態的運作過程，由這種運作過程而構成的人類信仰活動，是在人類精神生活領域中占據核心地位的一種文化價值活動。可以說，對個人而言，它構成個人行為的支柱；對國家而言，它構成國家政治意識形態的核心；對民族而言，它構成凝聚國民心智的民族精神。

就信仰的性質而言，信仰是人類的一種精神現象，表現為社會成員對一定觀念體系的信奉和遵行。信仰的內容以觀念形態出現，但它並非一般的觀念，而是統攝、指導其他一切意識形式乃至社會心理的最高意識形式。歷史上流行的信仰體系，除去原始信仰以外，都是由傑出的宗教大師和思想家對社會文明和時代精神綜合加工的成果，表現為某種形式的學說。通過這些學說，信仰為人們提供一定的宇宙觀、社會觀、人生觀、價值觀，信此為真的人便可得到明確的生存背景、生活準則和生活目的。因此信仰是人的精神支柱和行動指南，喪失信仰不僅會對個人的生存意義茫然失據，而且會在社會生活中無所適從，從而生活在空虛和迷惘之中。

就信仰的功能而言，信仰為人類在無限的空間和永恆的時間中建構精神家園，在茫茫的社會生活中為人們確定行為規範和價值尺度，在盲目的人生中為人們指示目的和歸宿。建立信仰，就是確立世界觀、價值觀、人生觀，確定生活的目的和意義，藉此排除圍繞人生的無知、懷疑、虛無和絕望，得到知識、價值、理想和希望的慰藉，滿懷信心地活下去。就信仰的作用而言，信仰是社會價值、人生價值的定向機制，指導、支配著人們的社會生活和精神活動，並由此對社會發展產生影響。信仰不僅使人在理智上確認為真，還在情感上體驗為真，在心理和行動上追求為真，無論老少智愚都身體力行，世代相傳。人類歷史上各時代的文明成就，就是以不同的信仰為核心，由信奉者們貢獻的勞動、智慧和熱情積聚而成的。

信仰作為一種意識形式還具有以下特性：

（1）形而上學性：作為信仰的意識形式是對人類生存背景、生存條件、生存結局的全面反映，是對人類存在的整體審視與反思，是人類對自身與宇宙關係的自覺體認與主觀調整。雖然在信仰的內容和方式上不免要打上深深的社會印痕，但人類的意識卻不以人的社會存在為限，它把人的社會存在置於廣闊的宇宙背景之中，以此確定它的位置和價值，因此信仰具有的形而上學性，體現在對宇宙本源和人類自身起源的探求和說明上。這在原始信仰中是創世神話，在宗教信仰中是萬能之神的存在，在哲學信仰中是宇宙本體的存在。

（2）超越性：信仰的超越性在於它能把人從他處身的物質世界提升到精神世界，從現實世界提升到理想世界，讓人從一種事實的存在變為一種價值存在。信仰為人提供的生命歸宿則把人從自然的生存中，從世俗的社會生活中解脫出來，使人由一種個別的肉體存在，變為一種普遍的精神存在。信仰的追求表現為與世俗利益無關的對意義的追求。在這種追求中，人便自覺到一種超越塵世、超越自身的精神滿足，個人的特殊存在亦融和到信仰所指示的普遍存在之中。

（3）神聖性：信仰的價值性、權威性要求神聖性給以保證。信仰之不同於相信、信任、信念、理想等心理狀態之處就在於它的神聖性。神聖性使信仰觀念變為信仰者無庸置疑的、堅忍不拔的信念與不屈不撓的、奮不顧身的實踐。信仰所指示的生命歸宿是人生的最高目的，信仰所標定的價值尺度是人的行為準則。這些東西的施行主要依賴於信仰者的自覺，而做到這些信念自覺的最好辦法莫過於把它們與世俗目的、世俗價值、世俗道德相區別，使它們從日常生活的塵囂和世俗瑣事的繁雜中顯露出來，獨立出來，具有新穎、高尚、超越的特徵。這將使奉行者體驗到與眾不同的自豪感，從而激發出更為虔誠的信心和實踐的熱情。

把握了信仰的一般性質，我們可以做出推論：道德的歸宿是信仰，至於這個宿主是宗教信仰還是非宗教信仰，視具體文化環境而定。

原始道德是原始人在聚集群居、共同勞動中，為維護部落或氏族生存及部落之間關係，而產生的調節個人之間、個人與集體之間、集體與集體之間的行為規範。道德起源的邏輯起點是社會分工。只有當社會分工出現，對社會提出了解決個體與群體間調節彼此間關係的要求，才出現最早的道德觀念。原始社會的部落氏族道德可以被視為人類道德的第一個歷史類型。這一時期道德的特徵是，人類還不可能自覺地理性地調整彼此間的關係，而要依靠宗教、禁忌、風俗等外力制約來接受道德調節，形成道德行為。在原始社會中，宗教力量和道德力量是一個不可分割的綜合體。對超自然力量的崇拜與對道德完善的追求緊密結合，兩者互相依賴。人類初期社會的秩序和穩定，就是靠宗教與道德力量共同維持。這種基本關係可以說被以後的各個歷史時期的人類社會所保持。

道德的信仰化和神聖化是一個必然趨勢。在人類誕生之初，就存在人與人之間，人與群體之間的關係規範和調整，這種規範和調整以一些自然形成的傳統、習慣、風俗等形式固定下來。它們儘管極為簡單和粗糙，但卻是人類對自身生活方式有意識的反映和確認，由此構成最初的行為準則和社會規範。通過一定的道德約束與引導造成群體內部的秩序、和諧與團結，會給該群體以更強大的生存能力，在自然和其他群體的威脅下更長久、更興旺地生存下去。經過類似一種自然選擇的進化過程，道德的積極作用被人類明確意識到，並把道德規範的遵行和傳承作為社會成員的首要義務。這就是為什麼在所有的人類學材料中都可以看到的原始部落對傳統習俗的敬畏與嚴格恪守的根本原因。為了有利於道德規範的保持、傳承和嚴格遵守，它的權威化和神聖化是必不可少的。在最初的人類信仰意識和信仰形式中，那些原始的道德規範有的直接成為原始崇拜的儀式，如各種獻祭和禁忌；有的則昇華為神明，如對長老的敬畏、演變為祖先崇拜和英雄崇拜；而原來一些模糊不清的行為規範，則為信仰規定為明確的律條，如由同族相愛的一般義務，到血親復仇的明確責任。這就使道德的保存和遵行變為一種信仰行為，而具有了神聖性和權威性。

道德的信仰化在開始是人類群體為保種求存而選擇的一種自然發展方向，帶有明顯的自發特徵，表現出幼稚、混亂、迷信和刻板，以及天真、質樸、利群和自覺等。由於人類階級社會的出現和與此相應的專職的祭司、巫師等特殊社會成員的產生，道德的信仰化開始了系統化、理論化的過程。統治階級意識到信仰是比道德更為普遍、更為強大的精神力量，作為馴服民眾的思想工具，信仰比道德有大得多的權威性和約束力。在宗教成為社會的主要信仰形式的條件下，把道德意識和道德規範納入宗教體系之內，給它的起源一個神性的說明，給它的施行一個神性的保證，就是方便而又自然的事。

所謂宗教信仰，是指信奉某種特定宗教的人們對所信仰的神聖對象，由崇拜認同而產生的堅定不移的信念及全身心的皈依。這種思想信念經過特定的宗教儀式和宗教活動進一步強化，支配著宗教信徒及宗教團體的個人行為和社會行為。成熟形態的系統宗教（例如佛教、道教、基督教等）均以某種特定的信仰（通常是信奉某種神明）為核心，同時又有一整套倫理規範與之相匹配。「宗教中無論任何方面，也無論任何信條，都不能沒有其倫理方面的相配部分。」宗教家們把道德引來作為信仰者獲得宗教之各種美好許諾的前提和保障，使宗教信仰和道德之間的矛盾，因著人類生存的目標，得到了合乎人類情感邏輯的解決。「宗教既直接在教義中闡述倫理規範，又以教義為依據，間接地制定了各種倫理規範。總之，宗教在現實社會中所表現出的影響力主要在於它的道德規範，另外，道德規範也是宗教的堅實基礎。」

在人類歷史上，宗教信仰是歷史最悠久的一種信仰，道德與宗教信仰的結合是最牢固的一種結合，人類的道德在宗教中找到歸宿是一種必然，而不是偶然現象。道德的出現也許早於宗教、哲學、政治、藝術等意識形式，幾乎與人類的自身同時產生。但在其以後的發展中，它在人類的精神生活中卻越來越失去其獨立地位，靠依附於一定的信仰體系而存在，而施行。這一方面是因為信仰作為人類的最高意識形式，有包容、統攝其他意識形式的奢望和能力，藉此給道德以理論的根據和指導；另一方面是道德作為自身的神聖化，權威性而自覺地趨向於信仰的結果，是在漫長的歷史過程中逐步形成的。在此意義上，我們說，道德的信仰化與神聖化是道德發揮社會作用和功能的必由之路，道德的歸宿是信仰，但宗教信仰不是道德的唯一宿主，因為信仰化與神聖化並不完全等於宗教化。

道德可以宗教化（指道德要在信仰中尋找歸宿，宗教信仰可以成為道德的宿主，道德的實施得到宗教信仰及其體制的保證），那麼宗教能否道德化？在文化視域下，這個宗教學界爭論了多年的問題基本上可以當作一個假問題來對待。歷史上任何一種系統宗教都有其相應的道德規範，而這些規範都已經融入信仰體系。宗教道德之所以能發揮作用，就在於信仰這種意識形式所發揮的保證作用。內在的自我在道德上的努力帶來的生命也就是由拯救帶來的靈魂的昇華。不能帶來道德力量的宗教信仰是不可思議的。沒有道德約束力的宗教信仰絕不能把人由庸俗帶入聖潔，反而能夠把一些庸俗的人變得庸俗不堪，以至於成為社會中一個與人群格格不入的集群。這樣的集群通常代表了社會各個方面落後的勢力。然而道德在宗教的功能體系中所發揮的重要作用並不意味著宗教可以歸結為道德，宗教可以道德化。道德宗教信仰化後已不是原來意義上的道德，宗教信仰也並非全部具有道德的意義。宗教信仰中雖然不可以沒有道德成分，但道德不能成為宗教信仰的全部，即絕對意義上的道德宗教信仰化。

我們可以把宗教與道德的關係概括如下：在文化視域下，宗教是文化的核心，信仰是宗教的核心；道德的歸宿是信仰，但宗教信仰不是道德的唯一宿主；宗教的功能繫於道德，但宗教道德不能取代宗教信仰。

三、宗教倫理的共通準則

宗教倫理是宗教學與倫理學交叉研究的一個領域，具有重要的理論意義和應用價值。用倫理學的範疇和概念來研究宗教道德大體包括兩個層面：①理論層面，研究宗教道德的結構層次，闡明宗教道德與世俗道德的關係，說明兩者之間的異同和相互影響，論述宗教道德的基本特徵，闡明宗教道德在社會歷史進程中的發展變化及其社會作用的雙重性，歷史地和實事求是地來說明宗教道德的正負功能，特別要研究宗教道德在當代社會中的現實作用；②應用層面，透過對一系列宗教道德規範的研究，闡發宗教倫理對解決當代現實問題的作用，如本章所涉及的世界和平、制止戰爭、展開對話、維護宗教信仰自由、正確處理宗教社團之間關係等問題。

當今世界，宗教對國際經濟、政治、倫理新秩序的建立產生著重大影響。因民族、宗教、領土等因素引發的局部衝突時起時伏，世界並不安寧。許多熱門問題的臺前幕後，均與宗教有著或多或少的關聯。有的衝突直接因宗教問題引發，有的衝突又因宗教因素而加劇、擴大，變得撲朔迷離。當代宗教學家們認為：「文化和宗教相遇的單行道時代，至少在理論上已經過去，而且如果依然有過去殖民主義態度的強大殘餘，那麼它們也是由於這樣一個事實而在逐漸消失，即它們自覺有罪。獨白和征服都難以為繼了。搶占戰利品的做法如今不再可能，也絕不可能證明是正當的。認為一個民族、一種文化、一種宗教有權──或有義務──控制其他所有民族、文化和宗教，這樣的想法在世界歷史中已屬於過去。我們當代的意識程度和我們當前的良知，不管在東方還是在西方，都基本上發現這種要求是完全站不住腳的。」在現時代，世界各種宗教都應擺脫自身的局限性，與時代共進，為全人類和平與進步的崇高事業貢獻力量。

從理論上說，在宗教體系內部，宗教與倫理的結合並不存在什麼大的障礙。「事實上，從一開始起，宗教就必須履行理論的功能同時又履行實踐的功能。它包含一個宇宙學和一個人類學，它回答世界的起源問題和人類社會的起源問題。而且從這種起源中引出了人的責任和義務。」但任何宗教都是現實社會的組成部分，任何宗教信仰者都是社會的一份子，因此都無法逃脫一般的社會道德之網。因此從宗教的角度看，面向全球、面向未來、面向世俗社會的開放型的宗教，在宗教與倫理相結合的問題上著重考慮的是：如何涵納和推介那些能夠為全人類普遍接受的某些倫理準則，而非那些與某些宗教或某些意識形態特有的信條直接掛鉤的倫理準則，例如敬仰某種宗教所信奉的神祇或忠誠於世俗領袖；而從全社會的角度看，涵蓋宗教道德在內的一般社會道德，應著重考慮如何吸取和詮釋宗教道德規範的現實意義，從而為推進全球倫理或普遍倫理的形成做出貢獻。在這方面，中外宗教學家和倫理學家已經做了長期的研究，並力圖在實踐中加以推行。問題在於，各種具體宗教如何超越自身的局限性，尋求一種可以為各種宗教和非宗教組織普遍接納的全球倫理或普世倫理。

一九九〇年，德國神學家孔漢思先生率先提出了全球倫理的口號。一九九三年九月，世界宗教議會邁出了歷史性的一步，通過了創始性的《走向全球倫理宣言》。世界上大大小小的宗教以及一些非宗教組織的代表，就一種人人都可以同意的最低限度倫理，簽署並發布了由孔漢思起草的聲明。後來又由聯合國科教文組織哲學與倫理學處出面，在巴黎、那不勒斯、北京召開了關於全球倫理的研討會，引起了學術界的普遍關注。

美國神學家斯威德勒（Leonard Swidler）為使全球倫理運動走出宗教界的範圍，而成為信教和不信教的各國人民的共同事業，另行起草了一份《全球倫理普世宣言》。在其中他不僅把倫理的「基本規則」簡化為「己所不欲，勿施於人」，而且提出了八項「基本原則」和十項「中程原則」，強調每一個人在法律、宗教、言論、決策、財產、男女關係、工作與休閒、兒童與教育、和平以及環境保護等十大方面均負有責任。斯威德勒除了撰寫文章闡釋這一新文本的意義、必要性和理論基礎等等之外，還發起在許多國際學術會議和宗教對話會議上對此宣言進行討論和修改，力求使運動深入到學者、領袖和民眾這三個層面中去。

在學者們的強烈呼籲下，一些重要的退休政治家開始和宗教領袖、專家學者聯合起來推進這一事業。包括前西德總理施密特和前加拿大總理特魯多在內的一些著名政界領袖組成互動委員會（Inter Action Council），聯合一些宗教界與學術界人士，於一九九六年在維也納召集會議，發表關於全球倫理的報告書，提出了一系列重要建議，其中包括由聯合國召開大會來考慮「人類責任宣言」的問題，以補充「世界人權宣言」。

全球倫理運動也引起中國學術界和思想界的積極回應。一九九七年和一九九八年，中國學者兩次聚會北京，對全球倫理的倡議做出了積極的回應。二〇〇〇年九月，孔漢思先生再訪北京，重申他對全球倫理的堅定主張：「沒有一個全球倫理，一個雖然存在著教義差異的全球倫理，就不會有一個新的世界秩序！」

全球倫理運動有著深遠的理論根源和廣闊的社會背景。從性質上看，全球倫理運動是由基督教神學界發起而得到世界各宗教回應，並進而影響全球的思想運動。西方社會從六〇年代西方青年的嬉皮士和造反運動以來，傳統道德和價值觀的危機引起了越來越多有識之士的關注。在努力挽救傳統道德、阻止道德滑坡的社會運動中，基督教成了一支主要的力量。儘管在一些「前沿」的敏感的倫理爭議問題上，基督教中的保守派和開明派有明顯的分歧，但在維護社會基本道德方面，雙方毫無疑問是一致的。這項運動的宗旨，就是要在這個文化危機、道德滑坡的世界上，在宗教的差異會被用來為衝突和對抗辯護的情況下，強調基本道德生死攸關的重要性，展示基本道德在不同宗教中的基礎以及各種宗教平等對話、和平共處的可能性。

經過長時間的理論探討與大量宗教間的實際對話，全球倫理的倡導者們提出了兩條基本原則：

第一，每一個人必須得到人道的待遇！

第二，己所不欲，勿施於人！（肯定性說法為：你想讓人如何待你，就如何待人）

全球倫理的倡導者們進一步指出：蘊涵在這兩條基本原則中的兩個基本價值是人道與共同性（互惠性）。

在此基礎上，他們又發展出四項不可取消的規則：

第一，堅持一種非暴力與尊重生命的文化；

第二，堅持一種團結的文化和一種公正的經濟秩序；

第三，堅持一種寬容的文化和一種誠信的生活；

第四，堅持一種男女之間的權利平等與夥伴關係的文化。

他們還指出，蘊涵在這四項規則中的有八個核心價值：尊重生命／非暴力；團契／公義；寬容／誠實；平等／夥伴關係。

上述四項規則及其涵蓋的八個核心價值實質上都是倫理學「金規則」的某一方面的延伸。金規則高度濃縮化地表達了這一處理人與人之間關係的基本準則，即互惠性原則。面對全球一體化的發展趨勢，當代宗教學家和倫理學家透過對世界各大宗教、倫理思想共性的概括和總結，提出這些規則和價值，視之為「最基本的人類道德共識」。這些認識有著深厚的宗教信念的支撐，也觸及道德的根基。因為人與他人的關係是道德的基礎。「真正說來，意識到他人，感覺他人，然後關心他人是所有道德的基本特徵。它存在於產生了道德並使之成為必要的社會裡。」

「金規則」在世界上各種大大小小的宗教及倫理思想體系中都非常普及，但具體表述不一樣：在中國儒家思想中，「金規則」的經典表述出自孔子（西元前五五一－前四七九年）。當被問到「有一言而可以終身行之者乎？」的時候，他說：「己所不欲，勿施於人。」孔子還用不同的說法表述過同一意思：「我不欲人之加諸我也，吾亦欲無加諸人。」

「金規則」最古老的有記載的說法（以肯定形式表述的）出自於瑣羅亞斯德（西元前六二八－前五五一

年）：「對一切人、任何人、不論什麼人都是好的東西，對我就是好的……我認為對自己是好的東西，我也該認為對一切人都好。唯有普遍性的法則才是真實的法則。」

耆那教的創始人筏馱摩那（西元前五四〇—前四六八年），以「大雄」（Mahavira）知名；然而耆那教的各種經典出於較晚的時期：「人應當到處漫遊，自己想受到怎樣的對待，就應該怎樣對待萬物。」「你認為該挨打的，除了你自己以外便無任何人……因此，他既不對別人施加暴力，也不讓別人施行暴力。」

佛教的創始人悉達多．喬答摩（西元前五六三—前四八三年），以佛陀（「覺悟者」）知名；佛教的各種經典也出於較晚時期：「以己比人日，我如是，彼亦如是，彼如是，我亦如是，故不欲殺人，亦不使人殺人。」「我既愛生而不欲死，喜樂而不欲痛。設若有人欲取吾命……倘我取其命而其愛生……我豈能加之於人？」

印度史詩《摩訶婆羅多》（西元前三世紀）宣稱，其「金規則」（它既有肯定表述又有否定式表述）乃是全部印度教學說的總結：「毗耶婆說：你自己不想經受的事，不要對別人做；你自己想往渴求的事，也該希望別人得到——這就是整個的律法；留心遵行吧。」

在《聖經》的《利未記》（或書於西元前第七世紀，儘管有些材料可能更古）中，希伯來版本的「金規則」是以正面方式表述的：「要愛人如己。」

聖經次經的《多比傳》寫於西元前二〇〇年左右，它包含有反面方式（這是多數「金規則」表述的方式）的版本：「你不願別人對你做任何事情，都不要對別人做。」

拉比猶太教義的主要創立者希勒爾（Hillel）生活在耶穌之前大約一代人的時期，他教導說，「金規則」乃是托拉（律法）的核心；「別的一切都不過是評注」：「你不願施諸自己的，就不要施諸別人。」

遵循這一猶太教傳統，耶穌用一種正面形式表述了「金規則」，並說明它總括了全部的律法和先知教導：「你們願意人怎樣待你們，你們也要怎樣待人。」「你們願意人怎樣待你們，你們也要怎樣待人。這就是律法和先知的道理。」

在西元七世紀，據說穆罕默德曾宣布「金規則」為「最高貴的宗教」：「最高貴的宗教是這樣的——你自己喜歡什麼，就該喜歡別人得什麼；你自己覺得什麼是痛苦，就該想到對別的所有人來說它也是痛苦。」還有：「人若不為自己的兄弟渴望他為自己渴望的東西，就不是真正的信徒。」

「金規則」同樣可見於一些無文字傳統的宗教裡，例如：「一個人要去拿尖頭棍戳雛鳥，就該先拿自己試一試，看能戳得有多疼。」

十八世紀的西方哲學家伊曼努爾．康德在其著名的「絕對命令」或「普遍公平法則」中，提出了「理性」版本的「金規則」：「要按這樣的準則去行動，這些準則同時可以為自身的目的而作為自然之普遍法則……在任何情況下，都要把人作為目的而不僅僅作為手段來對待。」

許多宗教學家把「金規則」視作世界各大宗教的核心。信奉「金規則」並不意味著想要廢除或消除「本真的自我」，而是傾向於為了本真的自我而去關注利他主義的措施。它要求人們「勿維護自我甚於維護他人；要關懷他人恰如關懷自我」。廢除利己主義，就是廢除利他主義；反之亦然。所以，本真的利己主義與本真的利他主義並不相互衝突；前者必然走向後者。達到這種境界乃是人類社會發展的最高理想。這樣的階段不能成為人類社會的基礎；但它必須成為人類社會的目標。人類社會的基礎首先必須是本真的愛自己，但這種本真的自愛也包含著向外的運動，即走向愛他人。

四、發揮宗教道德在現時代的積極作用

上述宗教倫理的共通原則適用於一切個人、團體、民族、國家、宗教。而在一個國家和一個地區中要貫徹人道原則，重要的問題在於切實保障公民的宗教信仰自由。

宗教信仰自由權利作為一項基本人權，作為人權不可分割的重要組成部分，一直受到國際社會的普遍關注。聯合國通過的一些重要人權文件，如《聯合國憲章》、《世界人權宣言》、《公民權利和政治權利國際公約》、《消除基於宗教或信仰原因的一切形式不容忍和歧視的宣言》、《聯合國關於在民族或種族、宗教和語

言上屬於少數群體的人的權利宣言》、《德黑蘭宣言》和《維也納宣言和行動綱領》等等之中，都有明確的有關宗教信仰自由的規定。這些規定或聲明，比較集中地反映了世界上大多數國家和大多數人口對宗教信仰自由的基本看法，為國際社會保障人類的這項基本人權提供了公認的原則和主要依據。

①基本人權原則：宗教信仰自由是一項基本人權。

人人享有宗教信仰自由，不得遭受任何強迫和壓制。屬於少數群體的人、婦女、兒童、殘廢者、無國籍人、俘虜和難民等的宗教信仰，特別應當注意保護。宗教信仰自由包括選擇、維持、改變宗教信仰和以適當方式表達這種信仰的自由。

②不歧視原則：反對基於宗教信仰原因的一切形式的不容忍和歧視。

不容忍和歧視，是指以宗教或信仰為理由的任何區別、排斥、限制或偏袒，其目的或結果為取消或損害在平等地位上對人權和基本自由的承認、享有和行使。國際社會認為，在涉及有關宗教信仰自由的問題時必須促進諒解、容忍和尊重；任何國家、機關、團體或個人都不得以宗教信仰為理由對任何人加以歧視；當在公民經濟、政治、社會和文化等生活領域裡出現基於宗教信仰原因的歧視行為時，有關國家均應採取有效措施予以制止及消除。

③法律保障原則：宗教信仰自由須通過各個主權國家的立法及有關措施付諸實現並加以保障。

行使宗教信仰自由權利不得違反法律規定，不應危害社會公共利益和他人的基本權利，各國政府根據其國際義務，均應致力於制定或廢除法律以及採取適當措施保障宗教信仰自由，禁止任何宗教不容忍行為。同時，人們表示自己宗教信仰的自由，須受法律所規定的以及為保障公共安全、秩序、衛生或道德，或他人的基本權利和自由所必需的限制。

④加強對話原則：提倡寬容，以對話代替對抗，促進世界和平友好。

宗教信仰自由應有助於實現世界和平、社會正義和各國人民友好；應促進各國、各種族或各宗教集團間的了解、容忍和友誼；應加強對話，不搞對抗。各國之間的和平理應受到一切重要的政治、社會和宗教運動的最崇高的尊重。

⑤尊重別國主權原則：不得利用宗教干涉別國內政。

尊重國家主權，不干涉別國內政是處理國際關係的一條普遍準則，其中包括不得利用宗教煽起民族間和國家間的仇恨，或作為外國干涉他國內政的手段。國際社會應站在同樣的地位上，用同樣重視的眼光，以公平、平等的方式全面考慮和尊重各國的宗教信仰自由實踐。

以上五項重要原則，也是中國維護宗教信仰自由的理論和實踐中，一直堅持不懈地奉行的基本原則。在貫徹以上這些基本原則的過程中，中國基於自己的歷史傳統、現實國情和豐富實踐，創造了自己的經驗，為實現《世界人權宣言》的基本精神，做出了應有的貢獻。

中國尊重宗教信仰自由，有深厚的歷史文化傳統作為基礎。中國傳統文化以儒家思想為主流，提倡求同存異、相容並蓄，積極吸納世界上各種思想和文化，主張「和為貴」，「己所不欲，勿施於人」，「慎終追遠」，「以人為本」。中國文化的這種追求和諧互補、多元並存和「以人為本」的傳統，為近現代在全社會提倡尊重宗教信仰自由的精神，奠定了深厚的歷史、文化、人文和社會基礎。雖然由於中國文化的特殊品格，在中國歷來信仰學術意義上的宗教的人，只占總人口的相對少數，但中國歷史上在信教與不信教者之間，在信仰不同宗教者之間，極少因為宗教信仰而發生大規模的糾紛或爭鬥，更沒有發生過西方中世紀那樣的野蠻的宗教戰爭，而是更多地像西方近代著名思想家洛克的《論宗教寬容》一書中所主張的那樣，體現出對不同宗教的理解與寬容。

中國歷代的統治者多倡導儒學。基於儒學的政治倫理信念，一般對各種宗教一視同仁，實行較寬容的宗教政策。同時，各宗教也在不斷與社會的適應、調和中和睦相處，逐漸形成今天中國道教、佛教、伊斯蘭教、天主教和基督教（新教）並存的格局。在數千年的文明發展史中，中國沒有出現政教合一的王朝，沒有產生過占壟斷地位的國教，這也為近現代意義上的宗教信仰自由，提供了融洽的社會環境。

當前國際上一些地區民族紛爭、宗教衝突時有發生，而在中國，民族、宗教方面始終保持著穩定和諧的局面，各個宗教和睦相處，信教的與不信教者，信仰不同宗教、不同教派者互相尊重，友好相待。宗教界人士認為，欣逢盛世，政通人和，現在是中國宗教的「黃金時期」。這固然得益於中國為宗教信仰自由精神所奠定的深厚的歷史、文化、人文、社會的傳統，更有賴於中國在向現代化邁進的過程中，把對公民宗教信仰自由權利的保障，奠定在各種堅實的基礎之上。

在中國，無論是執政者還是社會各界都認為，宗教有其客觀發展規律，宗教問題具有長期性、群眾性、民族性、國際性和複雜性。宗教將長期存在，國家不能用行政力量消滅宗教，也不能用行政力量去發展宗教。中國大陸有一億多群眾信教，還有難計其數的大量人群有自己的民間信仰，以「為人民服務」為宗旨的人民政府，必須尊重和保護如此巨大數量的群眾的信仰選擇，尊重他們的精神需要，真誠地為他們服務。宗教信仰自由政策是一項長期的、基本的，必然要在中國一以貫之、真心誠意實行的政策。像在「文化大革命」中那樣踐踏宗教信仰自由的災難，已經通過中國政府和人民的自我反思和撥亂反正，通過大量的「落實政策」工作，切實加以糾正。在未來的中國，這樣的災難絕不允許、也絕不可能再度發生，因為中國正在走向依法治國，建設社會主義法治國家之路，中國政府在用法律來保障宗教信仰自由政策的實施。

在中國維護宗教信仰自由的實踐中，可以總結出以下五條經驗：

①把宗教信仰自由奠定在國家法律保障的基礎上。

宗教信仰自由真正實現要有法律的保障。除憲法第三十六條有明確規定外，根據憲法的規定，中國的刑法、民法通則、民族區域自治法、義務教育法、人民代表大會選舉法、村民委員會組織法等相關法律中，都有保護宗教信仰自由，不得歧視信仰宗教或者不信仰宗教公民的條文。依法對社會事務進行管理，是現代法治國家的重要標誌。宗教事務屬於社會事務，也需要依據這些法律規定進行管理，即對這些法律規定的實施情況進行行政監督，以切實保障在中國歷來只居人口的少數的宗教信徒的合法權益。

國家法律的保障，使享有宗教信仰自由權利的主體具有廣泛性。中國在強調保護信教自由的同時，也強調保護不信教的自由，把兩者置於同等重要的位置，從而在完整意義上體現了宗教信仰自由。這是對公民宗教信仰自由權利更充分、更全面的保護。

國家法律的保障，使宗教信仰自由權利的實行具有公平性。在我國，法律面前人人平等。我國公民依照憲法和法律所享有的各項權利，不受是否信仰宗教的限制。公平還表現為法律保障各教間的平等。中國沒有國教，也不允許有占統治地位的宗教，國家對各宗教一視同仁。

國家法律的保障，使公民享有宗教信仰自由權利與承擔相應的義務具有一致性。強調權利與義務的一致並不等於限制權利。公民享有宗教信仰自由的權利，侵犯公民宗教信仰自由權利將承擔法律責任。宗教信仰者違反法律規定，同樣應承擔法律責任。這是權利與義務的有機統一，也是維護公共利益、法律尊嚴、民族團結與國家統一的必然要求。

②把宗教信仰自由奠定在國家主權的基礎上。

只有主權國家才能夠對本國公民的人權、包括宗教信仰自由權利提供有效的保護。中國作為主權國家，在《憲法》中規定「國家保護正常的宗教活動」、「宗教團體和宗教事務不受外國勢力支配」。任何國家，如果國家不統一，民族不團結，就沒有社會的穩定，也就不可能實現真正的宗教信仰自由。中國在依法保障本國公民宗教信仰自由的權利的同時，也支持其他國家在國家主權基礎上保障公民的這一基本權利。

現在世界上有些民族分裂主義者所關心的並不是真正的宗教信仰自由，而是企圖利用宗教來實現其政治目的。

③把宗教信仰自由奠定在保障生存權、發展權的基礎上。

作為發展中國家，首要的人權是生存權和發展權，否則其他一切權利、包括宗教信仰自由權利都無從談起。事實上，權利永遠不能超出社會的經濟結構以及經濟結構所制約的社會的文化發展，中國歷史上「倉廩實而知榮辱，衣食足而知禮節」說明的也是這個道理。對於中國這樣一個歷史上曾飽受帝國主義侵略和封建主義、官僚主義壓迫的國家而言，尤其如此。

中國的實踐證明，立足於生存權、發展權基礎上帶領信教和不信教群眾共同發展經濟，改善生活，有助於實現真正的宗教信仰自由。

④把宗教信仰自由奠定在引導宗教與社會文明進步相適應的基礎上。

宗教信仰是公民個人的私事，而維護民族尊嚴，促進民族的發展進步，建設一個富強、民主、文明的現代化國家，實現中華民族的偉大復興，是包括信教群眾和不信教群眾在內的中國各族人民的共同目標和根本利益。實現宗教信仰自由，與實現共同目標和維護根本利益是一致的。

宗教要與其所處的社會相適應，這是宗教存在與發展的普遍規律。在中國，宗教與現階段的社會相適應，並不是要求教徒放棄宗教信仰，不是改變宗教的基本教義，而是要求宗教在法律的範圍內活動，與社會的發展和文明進步相適應。中國各宗教歷來都積極倡導適應和服務社會，多做奉獻，造福人群。

⑤把宗教信仰自由奠定在尊重各宗教自己權利的基礎上。

中國各宗教都自主地成立了自己的全國性的和地方性的宗教團體。各宗教團體按照各自的章程選舉、產生領導機構和領導人。中國各宗教自主地辦理教務，並根據需要開辦宗教院校，印刷發行宗教經典，出版宗教刊物，興辦社會公益服務事業。宗教教職人員履行宗教職務，在宗教活動場所以及按照宗教習慣在教徒自己家裡進行的一切正常的宗教活動，都由宗教組織、教職人員和教徒自理，並受到法律保障。

中國各宗教實行獨立自主自辦的方針，同時在平等友好的基礎上積極與世界各國宗教組織進行交往和聯繫。中國基督教、天主教擺脫了外國教會的控制，走上獨立自主自辦教會的道路，實現「自治、自傳、自養」，成為中國教徒自己的事業，這是歷史性的成就。幾十年來，中國基督教、天主教堅持獨立自主自辦的方針，得到了廣大信教群眾的認同和支持，也使教會的宗教活動得到發展。同時，對和中國友好，尊重中國主權和中國宗教獨立自主自辦的外國宗教組織和個人，中國的大門始終是敞開的。

千年之交，風雲際會，「宗教與精神領袖世界和平千年大會」在聯合國召開。中國各大宗教領袖組團參加了大會。中國代表團向國際社會提出了如下呼籲：

基於國際人權文書中早已確認的有關宗教信仰自由的五條原則——基本人權原則，不歧視原則，法律保障原則，加強對話原則和尊重別國主權原則；

基於中國維護宗教信仰自由的五條經驗——把宗教信仰自由奠定在國家法律保障的基礎上，奠定在國家主權的基礎上，奠定在保障生存權、發展權的基礎上，奠定在引導宗教與社會文明進步相適應的基礎上以及奠定在尊重各宗教自己權利的基礎上；

面對當今世界上對宗教信仰自由精神的歪曲與踐踏，宗教極端主義的崛起與威脅，冷戰結束後因民族、宗教因素引發的局部衝突與危機，多元文化的激蕩與融和，以及霸權主義和強權政治利用宗教問題對別國進行的欺壓與干預；

我們呼籲國際社會在新世紀面臨的挑戰之中，肩負起共同的歷史使命，承擔起共同的歷史責任，消除因宗教而引起的國際紛爭、以宗教為幌子的強權政治、以「反對宗教不容忍」為藉口的「政治不容忍」和「意識形態、價值觀念不容忍」，以及基於宗教或信仰原因的一切形式的不容忍和歧視現象，把《世界人權宣言》所倡導的宗教信仰自由的基本精神，更加堅實、深入、廣泛地向前推進。

我們有以下五點主張：

①面對宗教信仰自由被歪曲和踐踏，我們主張：通過各國立法、司法和行政措施，更加卓有成效地實現和保障宗教信仰自由權利國際人權約法中的有關規定，主要通過國內立法、司法、行政措施加以實施。

各國有責任根據國際條約確立的宗教信仰自由原則，結合本國實際，制定有關保護宗教信仰自由權利的法律。中國歷來重視人權問題，已經加入十七個國際人權公約，簽署了《經濟、社會、文化權利國際公約》、《公民權利和政治權利國際公約》。我們將根據國際公約的原則，在與世界各國共同推進世界人權約法實施的進程中，更好地保障宗教信仰自由。

②面對宗教極端主義的崛起與威脅，我們主張：國際社會共同反對破壞人類和平的宗教極端主義。宗教極端主義儘管打著宗教的旗號，卻是對宗教精神的叛逆，無論其是否具有真正的宗教基礎，無論其是公開或隱蔽的，也無論其採取挑動、支持暴力行為或者以不顯眼的不容忍方式表現自己，都對自由、宗教、人類和平與安

寧構成威脅。國際社會應共同反對破壞人類和平的宗教極端主義。

③面對冷戰結束後因民族、宗教因素引發的局部衝突與危機，我們主張：各宗教、各教派之間相互尊重，彼此寬容，使宗教的發展與人類文明的發展相一致。冷戰結束後，過去因兩極對峙而長期被壓制和掩蓋的民族主義意識和狹隘宗教意識，得以復活並日益表面化。民族、宗教矛盾正越來越成為影響地區和全球不穩定的一個隱患，成為影響世紀之交國際政治和國際關係的變數。

為此，我們主張各宗教、各教派間相互尊重，彼此寬容。如果我們有思想、道德和宗教上的權利，我們就有義務去尊重他人的思想和宗教。對於世界各宗教博大精深的思想，應舒展其海納百川、相容並蓄的胸懷。各民族、各宗教、各宗教派別應以開闊的心胸、開拓的視野、開放的精神面向世界，面向未來。即使有了爭端，也切不可輕易訴諸武力。我們強調宗教信仰自由必須得到保證，但宗教團體的代表也必須負有特別責任，避免對不同信仰發表偏見的看法和採取歧視性的舉動。他們不應煽動仇恨、宗教狂熱和宗教戰爭或使之合法化，應促進人類間的寬容和相互尊重。

宗教的發展離不開社會的發展，宗教的進步也必須與世界文明的進步相協調一致。一個與社會歷史進步背道而馳的宗教，一個阻止世界文明發展的宗教，是沒有生命力的。

④面對世界多元文化的激蕩與融和，我們主張：求同存異，增進了解，加強交流，共同促進人類文明的發展。

不同文化的相互激蕩必然反映在國際政治中的人權問題上。同一種人權原則，在不同歷史條件，或在不同民族、不同國家、不同發展階段、不同文化背景中，當然會有不同的表現形式。在信教與不信教者之間、在不同的宗教派別之間，不同的宗教信仰、宗教教規、宗教習慣也會形成人權概念方面的差異。

文化的不同，正是人類社會相互加強了解、交往和借鑑的動力，而不是所謂「文明的衝突」的理由。世界的文化、包括宗教文化，正是通過相互砥礪、相互滲透而逐漸發展的，也是通過相互交流、相互學習而不斷進步的。任何人，任何國家，任何文化都無權聲稱能獨占人類的智慧和界定人權。世界文化的這種多樣性理應受到尊重。應以宗教本身所固有的雍容大度的精神，求同存異，增進了解，加強交流，共同促進人類文明的發展。

⑤面對霸權主義和強權政治利用宗教問題對別國進行的欺壓與干預，我們主張：尊重各國的主權和保護宗教信仰自由的實踐，以對話代替對抗。鑑於人權問題本質上是屬於主權國家內部管轄的事情，鑑於實現人權的普遍性原則必須與各國的具體情況相結合，因此應允許各個國家從自己的實際出發，採取各自認為適合自己具體國情的政策、方式，來處理好自己國內出現的宗教—人權問題，協調與別國之間產生的宗教—人權問題。以對話代替對抗，以平等代替強權。

各國的事情要由各國人民自己做主，國際上的事情要由大家商量解決。把宗教問題政治化、擴大化，以及以宗教問題為藉口干涉別國內政事務，是與人類的和平與發展的主流背道而馳的。

五、倡導和平與寬容的倫理原則

宗教要發揮促進和平的作用。二〇〇〇年，「宗教與精神領袖世界和平千年大會」在紐約聯合國總部隆重召開，中國各大宗教領袖聯合組團赴會，提出宗教促進和平所需遵循的原則：

「在新的千年，宗教要在國際社會中發揮促進和平的作用，須遵循以下五項原則：

——相容。要相容而不要歧視，胸懷寬廣，相容並蓄，異中求同，同中容異，同則相親，異則相敬。

——交流。要交流而不要排斥，透過交流增進了解，加深理解，消除誤解，取得諒解，增進共識。

——對話。要對話而不要對抗，尊重信仰傳統的差異性，不搞唯我獨尊，不去製造麻煩，不要加劇對抗。

——共處。要共處而不要衝突，主張『己所不欲，勿施於人』，反對『己之所欲，必施於人』。

——進步。要進步而不要倒退。『和平是一切幸福之源』，真正的世界和平建立在寬容和諒解的基礎上，建立在消除貧困和環境保護的基礎上，建立在世界各國人民共同發展進步的基礎上，建立在宗教問的和睦相處上。」

二十一世紀的來臨標誌著人類進入了一個新的世紀、邁入了一個新的千年。在跨越世紀和千年之際，人類不應該只是陶醉於科技發展和應用給人類社會帶來的巨大變化及美好前景，而應深刻認識到人類在認識自我內在、協調人際關係上並沒有真正成熟。人與人之間的隔閡，政治觀念上的矛盾，意識形態上的張力，以及不同社會、民族、宗教之間的衝突，使我們的現代進程並非僅有牧歌相伴，人類邁向新時代的步伐顯得格外沈重和艱難。

冷戰結束後，人們原以為將會迎來一個和平的時代，期盼著一種平等、友善的交往和共融。然而，世界不少地區因政治、經濟、社會、文化等衝突而槍砲轟鳴，打破了世界短暫的寧靜和人類平等和平來臨的夢幻。一些西方學者亦悲觀地預感人類不同文明、種族和宗教之間的衝突將會取代意識形態和其他形式的衝突而成為世界上最主要的衝突形式。不可否認，在當代舊的世界格局被打破、新的世界格局尚未定型的過渡期間，一些地區的矛盾與衝突既有政治、經濟原因，亦有宗教、民族原因。因此，人們對和平的籲求，再次與宗教問題相關聯。宗教與和平的關係已成為人們關注的焦點，世界宗教界，尤其是宗教領袖對和平的態度及其國際合作在此乃顯得格外重要。正如聯合國祕書長科非．安南所言：「世界著名宗教和精神領袖聯合起來呼籲和平，將促進新千年的和平前景。」

在過去的歷史中，宗教領袖為消除矛盾、化解衝突已做出了種種努力。隨著二十世紀下半葉宗教的多元發展和普世對話，不少宗教領袖都認為歷史上「宗教衝突」、「宗教戰爭」的時代應已結束，現代世界應該出現各宗教之間相互對話、理解溝通和寬容合作的全新局面。為此，宗教領袖提倡一種具有普世意義的基本宗教良知和寬容合作的全新局面。為此，宗教領袖提倡一種具有普世意義的基本宗教良知和全球倫理，並以這種「金規則」來求同求和，他們奔波於世界各地，進行艱苦的勸說和斡旋，希望能防止或化解衝突，以宗教和平來實現並維護世界和平。例如，在解決以阿衝突、北愛爾蘭衝突、波黑衝突及整個巴爾幹半島的衝突中，各大宗教的領袖們都曾付出了巨大的努力，進行了積極的調解工作。早在二十世紀七〇年代，宗教領袖就已參與組織並促進北愛爾蘭各宗教團體之間的對話與和解。一九八九年，各宗教界有識之士在聯合國教科文組織支援下在巴黎召開「世界宗教、人權與世界和平」會議，提出「通過宗教和平達到世界和平」的口號。一九九二年，羅馬教皇曾與幾大宗教的領袖們共聚義大利的阿西西，為世界和平，特別是巴爾幹的和平祈禱。一九九二年十一月，天主教、東正教、伊斯蘭教和猶太教領袖在瑞士舉行和平與寬容會議，指出那些利用宗教象徵來服務於民族擴張主義和極端民族主義的做法，乃是對宗教信仰之普遍性的背叛，是對宗教基本價值及道德觀念的傷害和摧殘；與會宗教領袖聯合發表了「伯爾尼宣言」，號召有關宗教應在減少和制止民族糾紛及衝突上做出貢獻，並且強調「以宗教之名而犯下的罪惡，實際上是犯了宗教本身的大罪」。一九九三年八至九月，各宗教領袖和代表雲集芝加哥，召開世界宗教議會，並且發表了「世界宗教議會宣言」。一九九四年二月，幾大宗教領袖在土耳其伊斯坦堡召開和平與寬容會議，為解決巴爾幹半島衝突而尋找途徑；伊斯蘭教、東正教、天主教和猶太教有關方面的領袖簽署了「博斯普魯斯宣言」，再次號召各宗教界起來制止波黑內戰，為和平祈禱。一九九五年，有關宗教領袖組織召開了解決波黑衝突的維也納會議。一九九八年波黑宗教代表團曾在華盛頓和紐約聯合國總部舉行會議。一九九九年三月，有關宗教領袖亦為試圖解決科索沃問題、避免戰爭而在維也納召開了和平與寬容會議。

宗教由人類不同的信仰群體所構成，不同宗教之間的對話、寬容及和解，在人類和平的進程中發揮著極為重要的作用。對此，孔漢思曾指出：沒有各宗教之間的相互了解，國與國之間則很難相互了解；沒有各宗教之間的對話與溝通，諸教之間則很難達到和平與友好；而諸教之間若不能和平相處，諸國之間亦不可能和平相處或安全共存。這種宗教與和平的關係及意義在現代社會尤為明顯，而在宗教信仰團體中，宗教領袖對和平的態度和對其信徒的影響乃舉足輕重，甚至會發揮著決定作用。基於對這一點的清醒認識，聯合國祕書長安南呼籲宗教領袖們開始一種新的合作，以便充分「發揮宗教作為和平使者和撫慰者的積極作用」。談到宗教領袖這種作用及其必要性，安南認為：「問題從來不在於信仰，不在於《聖經》、《摩西五經》和《古蘭經》，而在於信徒，在於人的行為，你們必須再次教導你們的信徒分辨和平和暴力的途徑。」新千年的和平之實現，在很大程度上亦需要宗教領袖積極參與尋求和平解決爭端之道，引導各教信徒在人類信仰、文化之巨大差異性中求同存異、和平共處。從這一意義而言，化解衝突、促成和解將是宗教領袖在新時代對人類和平事業的新貢獻。

宗教對話可分不同的層次：首先是宗教社團內部的對話；其次是不同宗教之間對話；最後是宗教與非宗教意識形態和主權國家之間的對話。

過去一提起對話，人們立即想到與「他者」（敵對方）的對話，似乎自己所屬的宗教社團是一塊整鋼，不需要通過對話來達到內部的溝通。這種認識顯然不符合實際，而且容易產生誤導。比如，舉世矚目的中東和平問題之所以難以解決，原因固然是多方面的和錯綜複雜的，但宗教極端主義的干擾無疑是重要原因之一。以巴和談的焦點和難點是聖城耶路撒冷的最終地位問題，而以巴雙方又都從宗教傳統角度來證明己方對耶路撒冷擁有排他性的主權。可見，中東和平的阻力不僅來自外部，而且也來自內部。如果通過宗教社團內部的對話使各自的立場有所鬆動，中東和平的進程也就可以向前推進了。可見，宗教社團內部對話對於解決地區衝突和爭端是十分重要的。

二十世紀九〇年代以來，宗教的、民族的、意識形態的乃至價值觀的歧異，時常引發一系列地區熱門問題。例如在巴爾幹的波黑和科索沃，在北高加索的車臣，在南亞的克什米爾、在蘇丹、阿富汗、印度、巴基斯坦、印尼等地，不同民族之間、不同信仰的宗教社團之間，乃至同一宗教社團內部不同教派之間，都多次發生過局部性的戰爭或流血衝突。因此，教際之間的對話顯得格外重要。在這方面，德高望重、主持正義的宗教領袖們是可以大有作為的。教際之間的對話要想真正發揮作用，宗教領袖就必須超脫狹隘的宗派意識、宗教歸屬意識，高舉世界主義、人類一體、世界和平的旗幟，呼籲衝突各方化干戈為玉帛，通過對話和協商縮小分歧、化解矛盾。

宗教對話還應從教際擴展到宗教與非宗教意識形態的對話。這類對話要想真正富有意義，首先需要轉變觀念，放棄試圖改變對方的念頭。非宗教意識形態要尊重和審慎地對待人類宗教信仰、宗教文化，宗教也要尊重和正確對待非宗教意識形態的世界觀。

總而言之，參與對話的各方，無論其是宗教領袖，還是一般的信徒都應明確自己的身分和使命，得體地參與對話。宗教領袖和宗教徒的精神世界是複雜的，不僅會受到宗教精神的影響，也會受到母體文化傳統、政治意識形態的影響。因此宗教領袖與宗教徒在對話中既要捍衛宗教信仰自由，又要尊重人類多元的文化傳統、政治理念和價值體系。如果不適當地片面強調和誇大宗教信仰的排他性，就會與世界許多國家和民族非宗教性的意識形態或價值觀發生衝突，造成不良後果。

當今社會的發展已進入資訊時代，全球化的趨勢使資訊互通、知識共用、資源共有、世界共存已不再是一個遙遠的神話，而是一個不可否認、無法迴避的現實。

在當今社會發展中，我們已經看到人類文化在其物質層面和結構層面上出現了接近和共融，經濟合作、社會交流已達成了不少共識，獲得了顯著成果。但在精神層面上，人們卻仍在突出或強調其區別和不同。由於不了解或誤解，不同的社會和宗教之間總存有各種各樣的裂縫和防範戒備心理，從而加強了當代社會的緊張趨勢，影響到人類的理想共存。為了人類發展的美好未來，為了當代世界的和諧共存，這種深層次意義上的社會結合和精神對話就顯得非常必要和重要。對話即人類共在和統一的前提，即文明發展的關鍵因素。

冷戰時代結束後，美國哈佛大學教授，奧林戰略研究所所長杭廷頓（**Samuel Huntington**）發表了〈文明的衝突〉一文，提出未來世界將從以往的政治軍事衝突和對抗，轉向文明的衝突和對抗，其中還特別提到了宗教衝突和對抗，在國際理論界和思想界引起軒然大波。在對杭廷頓文明衝突論，尤其是宗教衝突論的回應中，許多宗教界理論家和思想家對這種「衝突」之說持截然相反的態度。例如，德國天主教哲學家畢塞爾（**Eugen Biser**）就提出了基督宗教應與猶太教和伊斯蘭教展開積極對話的觀點，而在杭廷頓眼中，這兩種宗教正是與基督宗教展開競爭和對抗的主要對手。

反觀人類文明發展的歷史，文明的衝突和融和尤如一個硬幣的兩面而共存。冷戰的結束並不意味著人類必將進入文明衝突的時代。從歷史上來看，所謂衝突更多地展示在政治、經濟和種族等層面，而這種衝突絕非人類文明最根本的本質或最典型的特徵。實際上，在人類文明的精神遺產中亦已包含著化解這種衝突的有利因素。如果僅僅強調文明衝突統治著世界政治，那麼這種思想勢必將人類發展引向歧途。

就當前總體形勢而言，當代世界社會發展的主流，乃是不同政治之間的相互對話和各種文明之間的相互適應。我們應該盡自己最大努力來保持和發展這種有利的態勢，因為不同文明的共融和共在本是人類社會應有的正常狀態，達到這種多元共存亦是各國人民求得共同進步和發展的共識。衝突並不能從根本上解決問題，而只會使衝突雙方兩敗俱傷，並導致人類文明發展受阻。若要順應時代發展的潮流，那麼我們的目標就應是通過相互交流、理解、補充和完善來達到不同文化的共融，並建立一種具有普世意義、多元契合的新文化。所以，與文明衝突論相反，我們必須倡導文化的共融，避免文明的衝突，使人類社會朝著平等、和諧、進步的方向發展。

對話是宗教靈性對人類文明的貢獻，宗教的比較與對話體現出宗教的真實意義和我們時代的積極精神。宗教思想家孔漢思把宗教對話的意義提到實現宗教和平、確保世界和平的高度。對話旨在理解，理解旨在共存。在一個彼此相關的世界中，我們需要對話而不是獨白，我們需要協商而不是對抗。為了這種世界倫理和時代精神，我們必須求同存異，爭取全人類的和諧共存。當今人類擁有同一個地球，處於同一個時代，需要不同民族和文明之間盡可能少有猜忌和敵意，盡可能多有信任和友誼。為避免文明的衝突，我們必須提倡寬容精神，廣傳對話之風，以實現人類的大同。因此，宗教的對話和寬容既是宗教倡導的本真境界，也是人類靈性所追求的理想境界。通過對話來達到相互了解、彼此互補，有助於人類文化的趨同、整合這一必然走向，也有助於各族人民的文化溝通和達成共識。

第十二課

宗教與科學

一、原始時代的融為一體
二、古代的分化與分立
三、近代的矛盾與衝突
四、現代的調適與共存
五、二者關係的若干種模式

宗教與科學的關係隨著人類社會生產力發展水準而變化。概括起來，這種關係的變化大致可分為四個歷史階段：原始時代二者的融為一體，古代二者的分化與分立，近代二者的矛盾與衝突，現代二者的調適與共存。這四個歷史階段反映了宗教和科學關係的發展，有助於我們準確理解現代社會中宗教與科學的關係問題。在本講中，我們試圖對二者關係做一歷時性的闡述，然後介紹學術界關於宗教與科學關係的若干種模式。

一、原始時代的融為一體

當人類社會的生產方式尚處在漁獵採集的原始時代的時候，社會生產力水準十分低下，只能生產最基本的，僅供維持生存和延續後代的極有限的勞動產品。原始時代的人類既沒有較高的思維能力，也沒有認識自然現象的科學手段，只能憑藉極其有限的經驗，通過原始思維的直觀猜測來認識自然現象。當這種直觀的猜測與生命的靈性現象聯繫起來的時候，就形成了原始人類的宗教思維模式，並用來解釋人與自然之關係的這一原始人類生存的主要矛盾。在這樣的時代，整個原始人類的生活都以宗教的思維模式來思考，宗教成為原始人類的總體文化，宗教的思維方式是原始人類把握自然和世界的唯一可能的認識工具。宗教在這之前科學發展的階段發揮著它力所能及的解釋功能，使原始人類解釋自然現象的需要得到一定程度的滿足。在此意義上，我們說宗教與科學在原始時代是融為一體的。

宗教之所以能在原始時代長期起著解釋自然現象的功能，一方面是由於人類在生產力極其低下的情況下，無法產生和形成像現代科學一樣的實證知識，用於認識和解釋他們想要了解的自然現象；另一方面則是由於人類最原始的宗教信仰也都是一種對外在客觀世界的曲折反映，而非絕對的子虛烏有。宗教的知識與經典包含著許多對深奧的自然和社會現象的思考，有一定的合理性。這樣，在科學誕生之前，宗教知識就是人類最早的思維成果，凝聚著人類在生產和生活中對於自己周圍世界的各種探索和經驗的積累，一些處於萌芽狀態的科學知識也包含在內。宗教的解釋功能根源於此。

宗教不僅具有解釋功能，而且還具有某種力圖解決實際問題的實踐功能。這種功能經常表現在原始的法術、巫術和後來各種宗教的巫術性操作活動中。巫術力圖以操縱神力來達到人們想要達到的目的。它的操作性與後來產生的科學實驗有相似之處。原始人類在長期的操作性的巫術活動中逐漸積累了經驗，有時候能夠從錯誤的前提出發，達到了某種程度的預期目的，或者偶發性地得到意想不到的實際結果。我們經常可以看到，原始宗教裡的巫師同時也是最早的醫生；道教中追求長生成仙的煉丹術也就成了原始化學、原始醫學；占星術成為最早的萌芽狀態的天文學。因此我們可以說，原始宗教或其他宗教中的那種控制和操縱神力的巫術活動，既是人類力圖控制自然力的一種最初的嘗試，也是一種具有萌芽性質的原始科學的實際操作活動。

二、古代的分化與分立

當人類社會由原始時代進入農業文明社會以後，社會生產力和思維能力都有了很大提升，產生了古代的哲學和科學。此時人們不再滿足於僅僅用非理性的思維模式來思考問題，而且要遵循理性的原則來思考自然現象，對之做出合乎理性要求的解釋。原先包含在宗教中的哲學發展起來，並從宗教中分化出來。而作為理性思考的科學也被包含在自然哲學家們的哲學體系。古代社會還不可能建立起自己的科學實驗體系，還沒有能力完全獨立地擔當起解釋世界的能力，因此古代的自然科學被包括在自然哲學之中，這就為宗教神學解釋世界留下了較大的餘地。隨著宗教自身的發展，具有理性思維特徵的宗教神學也隨之形成。在這種情況下，古代的科學分別被包含在自然哲學和宗教神學之中，形成了分化與分立的關係。這些自然哲學和宗教神學的解釋雖然並不完全科學，但對於推動科學的發展卻具有一定的積極作用。

在古代，具有濃厚的巫術色彩的宗教解釋往往包含著科學的萌芽。例如，占星術是原始的天文學。二千多年前，我國齊景公時的太卜通過觀測星象的結果預言地震，注意到地球和其他天體之間的關係，考察地震的誘發原因，開了世界地震研究的先河。古人切割動物供奉神靈，並以觀察動物內臟的形態來預卜上蒼的恩寵或冷遇。這樣的宗教活動卻使人了解到動物和人有著相似的器官，並逐步積累了有關人體結構的知識。因此，早在西元前兩千年，埃及人就已經能夠對人體進行手術治療。諸如此類的活動顯然具有促進科學知識積累的作用。

古代有許多宗教神職人員為了踐履某些宗教教義，或追求某些宗教目標而進行科學工作，客觀上為科學發展開闢了道路，或促進了科學的發展。我國春秋時代的許多占星家對天象進行觀察，為後代天文曆法的研究積累了有價值的資料。唐代僧人一行和尚製造黃道游儀，用來測定一百五十餘顆恆星的位置，並進行了世界上第一次測量地球子午線長度的實驗。我國漢代道教煉丹術中的外丹，幻想用爐鼎燒煉礦石、草藥來求得長生不死之藥，但卻成為原始化學的起點。道教煉丹術中的內丹，把人體比做丹爐，融煉體內的精、氣、神，想要獲得長生不死的方術，但客觀上卻為醫學上的養生保健、氣功長壽等開闢了道路，至今仍不失為我國醫學上一項值得研究發掘的重要課題。我國南北朝時期著名道士陶弘景在其修道生涯中，對我國古代天文、曆算、地理、醫藥學和化學都有很多貢獻，由他整理的《神農本草經》到徵收民間名醫新藥而成的《本草經集注》，共記載藥物七百三十種，首創以玉石、草、木、獸、果、菜分類，對本草學的分類頗有影響。古埃及人為其宗教領袖法老修建金字塔，由於建築工程的需要，推動了幾何學和力學的發展。中世紀的基督教僧侶羅吉爾．培根（**Roger Bacon**）雖長期徒勞地從事煉金術，但確實也做過許多有價值的物理化學實驗，對歐洲實驗科學的發展產生了一定影響。

有些宗教經典文獻包含著豐富的科學內容，為以後科學的發展提供了寶貴的資料。猶太教的重要經典之一《塔木德》涉及到天文、地理、醫學、算術和植物等方面的知識。印度教的經典《吠陀》，佛經、道教典籍文獻中所摻雜的有關各門科學方面的知識，更是豐富多彩，其中尤以道教典籍最為著稱。《道藏》中輯錄的各種內外丹經、黃白方術、陰陽五行、藥餌術數等著作，記述了許多煉丹方法，僅〈金丹〉一篇所涉及的化學材料和礦物成分就有二十二種之多。它們還記載了一些用來煉丹的主要材料及其化學反應過程，相當透徹地闡明了強身保健、增強體質以抗風寒暑熱的科學道理。凡此種種都對我國和世界化學及醫藥化學的發展做出了貢獻。

在宗教傳播活動中，宗教人士的傳教活動也往往伴隨著科學知識的傳播，有助於科學的發展。我國唐代的鑑真和尚去日本傳教時，帶去了一批藝術、醫藥、建築等方面的人才和大量的書籍，促進了日本醫學、藝術、建築等方面的發展。伊斯蘭教在傳播過程中吸收了希臘古典文化和印度、波斯的各種先進的科學，並在此基礎上創造出了空前燦爛的阿拉伯文化，其中尤以醫學、天文學、數學等最為卓著，並曾在幾個世紀內對歐洲文明產生了重要影響，甚至促進了後來歐洲「文藝復興」運動的到來。明末清初的基督教在傳入我國的過程中，傳教士們為了把所謂「上帝的福音」帶給古老的東方大地，而成為東西方文化科學的第一批媒介者。他們帶來了西方在天文、曆算、幾何、地理、水利和火器等方面的新知識。著名的義大利傳教士利瑪竇是這批傳教士的代表。他把歐幾里得幾何學、格里高利曆法、世界地圖、泰西水法和西洋奇器（三棱鏡、自鳴鐘、望遠鏡）帶到中國來，也把中國的科學介紹到西方去，促進了中西方科學的交流。

三、近代的矛盾與衝突

科學在很長時期沒有自己獨立的形態。在人類的原始時代，它的萌芽被包含在宗教之中，在古代和中世紀分別被包含在自然哲學和宗教神學中，只是自十六世紀的歐洲文藝復興運動之後，歐洲近代工業發展起來了，科學開始從自然哲學中逐漸分離出來，形成了自己獨立的理論體系和實驗體系。此時，科學強烈地要求從宗教形態中完全獨立出來，而中世紀末期歐洲基督教封建神權則仍舊想要把持解釋自然的特權，仍舊想要把科學當作神學的婢女和論證基督教教義的工具。它不允許一切違反教義的科學解釋，由此釀成了近代宗教與科學的深刻矛盾與激烈衝突。

科學有許多功能，其中最主要的功能是幫助人們正確地認識世界和解釋人們想要了解的自然現象。科學的這種解釋功能在性質和特點上，與宗教的解釋功能完全不同。科學要求這種解釋建立在確實可靠的經驗或實證知識的基礎上並且強調理性，而宗教則將其解釋建立在各種已經形成的教義基礎上，並且強調信仰。由於存在著這種根本差異，科學的解釋功能及其產生的結果，長期以來與宗教總是呈現相衝突的狀態，既表現為兩種不同解釋的衝突，又表現為科學揭示和捍衛的真理和宗教所主張的謬誤之間的衝突。這種衝突，自從科學獲得獨立形態之後便產生了，而自歐洲文藝復興和工業革命以來，一直到二十世紀初，兩者之間的矛盾日益尖銳。在這一鬥爭過程中，科學的理論體系和實驗體系逐步地形成和發展完善，科學不僅要求擺脫宗教對它的控制，爭取對自然現象的自由的和正當的解釋權利，而且以其對自然現象的許多不同於宗教教義的解釋，向宗教發起了嚴峻的挑戰。

在宇宙學領域中，科學對宗教的挑戰是以哥白尼提出「日心說」開始的。按基督教教義，地球是上帝為人類創造的一個位於宇宙中心的特殊居所，而神父哥白尼所著的《天體運行論》則證明，地球只是太陽系中的一顆行星，從而創立了「日心說」，動搖了基督教教義的基礎。於是，在一六一六年，「日心說」被羅馬教廷宣布為異端邪說，《天體運行論》被列為禁書。但科學終究是科學，後來歐洲各國都按哥白尼體系來編製曆法，教會只好在一八三五年取消了對該書的禁令。

哥白尼之後，伽利略比他的前驅更進一步地用天文望遠鏡觀察天體，證明宇宙只是一個天體的自然世界，而不存在特殊的神的天體世界，並寫出了《關於托勒密和哥白尼兩大世界體系的對話》，這又進一步威脅到了基督教的根本教義。於是羅馬教廷便對伽利略採取了囚禁終身的制裁措施，企圖以此來阻止真理的傳播。但教會的這一招並未見效。此後不久，曾當過修道士的布魯諾（Giordano Bruno）又在伽利略天體實驗觀察的基礎上，更進一步推廣和延伸了「日心說」，認為整個無邊無際的和無始無終的宇宙是沒有中心的。這一科學論斷意味著對「神創論」的全盤否定，因而導致基督教教會勒令布魯諾廢棄自己的學說，並最後將堅持真理的布魯諾於一六〇〇年活活燒死。

雖然採取了上述嚴厲而殘暴的措施，宗教（基督教）仍未能阻止科學前進的步伐。布魯諾死後，曾迷戀於神學的德國天文學家開普勒（Johannes Kepler）深入研究了哥白尼的「日心說」，發現了行星運行三大規律，使「日心說」理論更為完善。此後更有康德和拉普拉斯（Pierre-Simon Laplace）「星雲說」和二十世紀初由伽莫夫根據宇宙學和物理學的研究成果提出的「大爆炸宇宙學」等一系列科學的宇宙起源學說。所有這些學說，都一步一步地把基督教聖經《創世記》中的說法變成了純粹的神話，甚至連神學家們後來也不得不承認《創世記》只具有寓意的宗教意義了。

在物理學的領域中，物理學上的偉大發現更進一步證實了上帝從無中自由地創造世界的不可能性。比如十九世紀初發現的能量守恆和能量轉化定律表明，能量既不能創造也不會消滅，只能互相轉化。後來，神學家力圖用克勞修斯（Rudolf Clausius）的「熱寂學」來論證上帝創世說，但也很快就被證明是不正確的。物理學通過物質結構的理論，更進一步地證實了世界的物質性。從道爾頓（John Dalton）的原子論，一直到基本粒子和共振態粒子的發現，都證明了這一點，即沒有物質結構的實體是不存在的，從而否定了上帝這一純精神實體存在的可能性。愛因斯坦的相對論進一步證明物質、運動、時間和空間是密切聯繫在一起的，也說明了超物質、超時空的上帝是不存在的。普朗克（Max Planck）和海森堡（Werner Karl Heisenberg）所創立的量子力學，確立了連續和間斷相統一的自然現象，揭示了微觀宇宙中統計學決定論的因果關係，否定了上帝的自由意志創造的任何可能性。

在生物學領域中，由施萊登（Matthias Jakob Schleiden）和施萬（Theodor Schwann）所建立起來的細胞理論，證明了細胞是植物、動物和人發育的共同單位，否定了上帝分別創造每一物種的神話。達爾文的《物種起源》和《人類的起源和性選擇》的進化論，證明了高級生物是從低級生物發展而來的，人是由類人猿發展進化而來的，否定了上帝創造人的神話。如世界著名的學者埃弗羅姆所說：「在進化論的光輝下，『上帝』被貶低成為一個實用的假設，創世和造人的故事成為一個神話、一首詩、一種象徵、它清楚地表達了一些東西，但是不再被認為是科學真理。」謝切諾夫的《大腦反射》一書的高級神經活動的研究新成果，說明了意識和無意識現象的一切動作按其起源來說都是反射，由此揭開了人類精神活動的奧祕，上帝賦予人類以精神的神學觀念被否定了。當時的神學家們曾竭力封鎖謝切諾夫的思想，但科學的真理是封不住的，巴甫洛夫（Ivan Petrovich）進一步發展和完善了大腦反射學說，並於一九〇四年獲諾貝爾獎，其學說為世界所公認。

實驗心理學、精神病學、神經學以及控制論的發展，也證明了靈魂的實體化思想是沒有根據的。這些科學把精神等同於一些心理現象，並證明「精神」受到多種形式的制約，既受到機體內部發生的生理現象的制約，又受到周圍其他物理化學作用的制約。這就證明了獨立的精神實體「靈魂」是不可能存在的。後來，奧巴林（Aleksandr Ivanovich Oparin）的生命起源論，又證明生命物質是由非生命物質演化而來的。在各國科學家的共同努力下，科學家們弄清楚了組成生命物質的大分子結構，沃森（James Dewey Watson）和柯里發現了遺傳信息載體DNA的雙螺旋結構，六十四種遺傳密碼全部測出，這就使人工改造和創造新物種成為可能，而且已經得到了部分實現。遺傳工程的發展為人類創造更好的生存和發展環境提供了有力的手段，而上帝是不會為人類提供這樣的環境的。現代自然科學的巨大進步使有的神學家認為「上帝已經死了」，連美國最高法院也於一九八七年做出了維護在學校講授進化論的權利，並否定了一些州規定的教授神創論的法律。

自然科學自近代發展到現代，已把宗教的解釋宇宙起源（可見宇宙）、生命起源和人類起源方面所設置的主要障礙完全掃除，以前對它們所做的宗教解釋，已被科學的解釋所取代。現代科學已把解釋自然現象的權利從宗教手中奪了回來。不過，宗教只是被迫把其已無法維持的解釋自然現象的權利交還給科學，但並沒有從一切區域退卻。它仍然可以在不同的歷史條件下，繼續發揮它的其他方面的功能。

四、現代的調適與共存

自近代以來，一直到進入二十世紀後的一個相當長的一個時期內，宗教對科學的進展和挑戰曾採取完全抵制和抗拒的態度。後來，由於現代工業的發展和科學真理的日益傳播，使得宗教對它的各種反對措施屢屢失敗，於是宗教便逐漸改變了自己的立場而力求與科學調和。主要表現在以下幾個方面：

第一，改變原先否定許多科學學說的立場，轉而承認和肯定這些學說，或者使自己的教義變得迎合這些學說，或者利用這些學說去說明它們各自的教義。這種現象最初發生於十九世紀末，當宗教神學在與達爾文「進化論」的抗爭中敗北後，一八八五年，羅馬教皇庇護十二世（Dius XII）專門發表了一個關於人種起源的「通論」，認為進化論可以用來解釋人的起源，說這和《聖經》是一致的，即就人的身體而言，人是從動物進化而來，但人的靈魂是屬於上帝的。這是在力圖把進化論和神創論結合起來。後來，美國天主教大學教授約翰．高爾頓（John Galton）則更進一步把達爾文進化論包含在中世紀托馬斯．阿奎那的神學理論中，認為在阿奎那神學的「運動」概念中，早已建立了一個關於動物由低級到高級發展的進化理論，而且把阿奎那的思想視為達爾文進化論的思想來源。基督教應用自然科學的成果來解釋神學的情況也早在十九世紀末就已發生。當時的羅馬教皇利奧要求用新的科學成果對神學的舊教義進行「推陳出新」的修改，要求用「新的東西豐富和完善舊的東西，以便不要讓人們說教會反對科學和厭惡科學」。羅馬教廷為了更好地運用科學成果去解釋神學，還於一九三六年正式成立了羅馬教廷科學院。一九七九年四月四日，羅馬教皇約翰·保祿一世號召全世界神職人員要鑽研現代科學，要求他們「既要有真正的科學訓練，又要有世界水準的專門知識」。他還說：「真正的科學越是向前發展，它就會更多地發現上帝。」一九五一年十一月二十五日，羅馬教皇庇護十二世向羅馬教廷科學院講演時，對「大爆炸宇宙學」的最早創始人勒梅特（Georges Lemaître）的「初始原子論」的說法表示讚賞，並把這個「初始原子」說成是上帝的創造物。由此可見宗教神學在順應自然科學方面用心良苦。

第二，宗教主動退出自然科學領地，並主張與科學「分工」。對於這種「分工」，現代神學家們提出了種種不同方案：有的認為，宗教只須保留上帝創造世界這一最後結論，而整個世界的具體變化發展則由科學去解釋和研究；有的則認為，把已知領域交給科學，把未知的領域留給宗教神學；有的更為明智地認為，宗教應把物質世界完全交給科學，宗教只管人的精神世界。這最後一種觀點在佛教界的大同法師所著的《廣義宗教學》一書中得到鮮明的表現。該書認為：「科學的對象是物質，宗教的對象是精神，精神和物質是不能偏重的，宗教與科學是並行不悖、兼收並蓄、毫無衝突的。」有些神學家們還主張宗教應當主管道德領域的事，並可以用道德來約束科學。他們提出，科學如果沒有宗教的扶正，就會導致有害於人類的事情。這種觀點甚至為許多西方的科學家所贊同。如現代物理學的奠基人愛因斯坦就說過：「科學沒有宗教就像瘸子，宗教沒有科學就像瞎子」。量子力學創始人之一普朗克也認為，宗教和自然科學是珠聯璧合，相得益彰。世界著名物理學家海森堡根據上述觀點提出了科學與宗教的互補原理。這種宗教與科學的分工合作論產生的影響，確實發揮了緩解知識份子對宗教的離心傾向。

第三，為歷史上受教會迫害的科學家平反昭雪，竭力籠絡科學家。羅馬教宗主動承擔歷史上迫害科學家的責任並公開承認錯誤。羅馬教廷對天主教歷史上殘酷迫害「日心說」先驅者們的行為做出了懺悔，並承認這是

「教會發展史上不可磨滅的污點」。一九七九年，羅馬教宗還特地鄭重其事地宣告要為伽利略平反，並為此成立了由歷史學家、自然科學家和神學家組成的委員會。一九八九年九月，教宗在訪問義大利比薩時對當地的教授演講，進一步公開讚揚十七世紀義大利天文學家伽利略，並再次承認了當年天主教梵蒂岡宗教裁判所對伽利略的太陽系理論的譴責是一項錯誤。

第四，在宗教組織內建立宗教與自然科學關係的機構和傾聽科學家的意見。為了緩解宗教與科學的衝突以及爭取科學家並影響廣大知識份子，羅馬教廷於一九三六年正式成立了羅馬教廷科學院，並兩年一度舉行科學討論會，專門研究科學的發展和宗教神學的關係。自八〇年代以來，羅馬教廷科學院已不把其研究的任務限於宗教與科學的領域，而把其視野擴大到如何運用科學來改善人類的生存環境，以體現所謂「上帝關心」人類的仁愛精神。自此以後，梵蒂岡便兩年一度地邀請世界著名科學家赴會，討論當代科學新問題和新成就，例如討論了「化學工業對環境的影響」、「利用生物技術改革農業」等等這樣的問題。在這些會議上，教宗公開表示，羅馬教廷不僅樂意討論從「核戰爭到試管嬰兒」以及人類進化之類的問題，而且「樂意傾聽世界上傑出科學家們的建議和意見」。一家西方報紙為此發表評論說：「今天的教廷想要跟上科學發展的新步伐，以避免宗教和科學之間出現任何不必要的衝突，並把科學引導到有益於人類的方向上去。」當科學家們提出人類生活的地球不處於宇宙中心位置時，教皇則立即表示：「我們如此地尊重科學家，這一發現與《聖經》並無牴觸之處。《聖經》並不想教導人們知道天堂是如何形成的，而只是教導人們怎樣才能到達天堂。」

現代科學的發展迫使宗教採取了上述調整性措施，通過調適，現代宗教不僅使自己從過去和科學處於尖銳對立的狀態中解脫出來，越來越能夠適應當代科學迅速發展的形勢，而且在科學界贏得了同情。這就使宗教與科學（界）之間的關係逐漸由對立、衝突、矛盾、緊張，轉變到宗教對科學的不斷調和與一定程度的協調，以便形成宗教與科學的「分工」，宗教把解釋功能交還給科學，把人的精神世界作為自己的主要領地，使科學家既堅信科學的真理性，又有宗教信仰的情感。

現代宗教越來越多地放棄自己對許多自然與社會現象的解釋權利，而更多地把視線轉向人類的生存的意義和感情的領域，轉向倫理道德的領域。這種戰略上的轉變正是宗教的上述意圖付諸於實踐的體現。在這些領域，科學還無法並且永遠不可能取代宗教，因為它們所涉及的都是價值的問題而不是關於客觀現象的真理問題。正因如此，像愛因斯坦這樣偉大的科學家也承認宗教存在的合理性。正因如此，想要完全依靠科學來徹底戰勝、取代和消滅宗教，便成為一種教條式的幻想。現代宗教似乎已尋找到它要避免科學衝擊的最終避難所。在那裡，它將繼續獲得新的信徒而不會直接和科學的任何新發現相衝突。現代宗教能夠繼續生存，除了其他複雜的原因之外，退居到一個科學無法施展其功能的「避難所」是十分重要的原因。而只要有社會與個人的不幸和各式各樣的情感挫折或生活上的不確定性，以及存在著人們對人類生存意義的不同追求，人們往往需要訴諸於超自然的力量來尋求解脫，宗教便會在這個「避難所」不斷發揮科學無法取代的作用（功能），因而也就會繼續和科學共存。

五、二者關係的若干種模式

羅素曾經說過，宗教與科學的衝突是不可避免的，科學最終將戰勝宗教。這是西方近代無神論者的一般觀點。在他們看來，宗教建立在非理性的基礎上，是對超自然力量的崇拜和信仰；科學則是人類理性的結晶，是關於世界的客觀的知識體系。宗教與科學是天然的死敵。這一思想對二十世紀的中國思想和社會都產生了深遠的影響。當現代自然科學在二十世紀初全面地從西方傳入中國的時候，當時的中國知識界正瀰漫著反傳統和非宗教的情緒，反對基督教的態度尤為激烈。從那時起，大多數中國知識份子對二者關係的看法是衝突論的。每當提起宗教與科學的關係，人們頭腦首先浮現的畫面是西方科學家布魯諾在「宗教裁判所」受火刑，而知道現代科學家愛因斯坦肯定宗教價值的人卻不多。與二十世紀下半葉中國社會的政治狀況相結合，這一影響集中表現在完全負面地理解宗教的社會功能，否認中國傳統文化中的宗教因素，在社會體制上壓縮宗教的生存空間。可以說，衝突論至今還有很大的影響。

宗教與科學的關係極為複雜，涉及多個層面。在此，我們簡要介紹一下現代物理學家伊恩·巴伯（Ian

Barbour）對科學與宗教關係看法的四種類型：

①衝突：屬於這一類型的有科學唯物主義和《聖經》字句主義。科學唯物主義者認為，組成世界的只有物質，不存在著心靈、精神或上帝。而且，他們還認為科學是獲得真正知識的唯一道路，宗教不能告訴我們這個世界或人類的真正價值；《聖經》字句主義者相信應該按照字面意思來理解《聖經》，不需要任何解釋說明，而且只有《聖經》才能給予我們關於世界、人類和上帝的真正的知識，他們通常把科學視為對《聖經》信仰的挑戰。

②自主：持這種看法的學者認為，科學與宗教所使用的是相反的方法和相異的語言。科學與宗教都和對方保持著完全的隔離，既沒有發生衝突的可能，也沒有任何互動甚至對話。一些人認為，科學與宗教所使用的探求真理的方法完全不同，如理性與信仰相對。科學以事實為基礎，而宗教以價值為基礎。科學是客觀的；宗教是主觀的。科學可以被證偽，而宗教則不能。科學語言所描述的是事物存在於世界上的方式，而宗教則利用語言來描述我們的感情、希望和信仰。

③對話：對話類型作為一種聯繫科學與宗教的模式包括邊界問題和方法論上的類似。儘管科學可以告訴我們關於這個世界的很多東西，但是有些問題存在於科學的邊緣或極限上，科學提出了這些問題卻永遠不能回答。如果宇宙有一個開始，那麼在開始之前發生過什麼？為什麼我們會有同情心或利他主義？宇宙為什麼存在？一些人認為，科學檢驗理論的方法並非完全不同於神學的方法：兩者都使用資料（對於科學來說是經驗事實，對於宗教而言是神聖經典、宗教體驗和儀式）；兩者都包括學者共同體，共同工作來找出什麼是真實的；在相互競爭的理論中，兩者都運用理性和審美價值進行遴選（在神學中，理論被稱為「教義」）等等。

④整合：整合類型包括自然神學。自然神學試圖以世界為出發點，從中發現有關上帝的事物：上帝的存在、本性、意志與目的等等。關於自然的神學則以神學為出發點，並試圖將科學發現納入到神學當中；它包括根據這些發現來對神學重新闡述。系統綜合的目標是把神學與科學合併在一個單一的框架中。它通常以一個單一的形而上學體系來做整合，比如懷特海（**Alfred North Whitehead**）過程哲學的形而上學，托馬斯主義的形而上

學。這樣，在神學和科學的理論和研究中，諸如空間、時間、物質、因果關係、心靈、精神，甚至上帝等概念的用法都是相似的。

自從巴伯的上述類型學說提出來以後，又有許多西方學者提出了各種新的類型解釋，很多都與巴伯的工作直接對應，並對巴伯的結論進行補充。而巴伯的學說傳入中國學術界後，也在促使中國學者深入思考宗教與科學的關係問題。

巴伯的類型說的重要之處在於，它指出了宗教與科學有衝突的一面，也有互補的一面。以那些具有西方宗教背景的科學家群體為代表，他們認為宗教與科學分屬不同的範疇，是人類生活的兩大方面。科學為人類提供知識和理性力量，宗教為人類提供仁愛和精神力量。宗教與科學，一者重在解決人的精神難題，一者側重於服務物質文明建設，是兩股影響人類的最強大力量。二者相互補充，缺一不可。

在人類進入新千年和新世紀的時候，強化宗教與科學對話的必要性空前突出。當代科技的發展，既可以使人過上人間天堂的生活，也能夠置人類於死地，而克隆人等技術的成熟，更對人的價值、本質等問題提出了前所未有的拷問。現代科技武裝下的宗教，在神學思想、組織形式以及社會功能上，也是日新月異，撲朔迷離。宗教與科學間的積極對話與溝通，必將有助於兩者的互補與交融，進而從整體上造福於人類社會和人類生活。

第十三課

宗教與中國文化

一、中國文化的整體結構
二、宗教對中國文化的影響
三、宗教與中國文化的動態互補
四、中國民間宗教

中國宗教和世界各地其他宗教一樣，有其共性。但作為植根於中國這塊土地上的一種社會文化現象，中國宗教又有其特性。從整體結構來看，中國宗教以制度化的宗教，如佛教、道教、伊斯蘭教、天主教、基督教（新教）為主，此外還有大量的民間宗教信仰。後者雖不具備制度化宗教所具有的完整的構成要素，卻含有宗教性與世俗性相融和的雙重社會功能，其強度、廣度及對社會的作用和影響常常超過制度化的宗教。要想較好地認識現代中國社會中的宗教，就要追溯它的根源，了解它的發展歷程及特點。只有了解了中國宗教的過去，才能更好地了解它的現狀，把握它的未來走向。讓我們把宗教作為一個相對獨立的部分納入中國文化的整體框架中加以考察，說明它所具有的文化價值與功能。

一、中國文化的整體結構

宗教是一種社會文化現象。中國文化是由各種相對獨立，而又彼此聯繫、相互影響的文化形態所構成的歷史總體，是一個文化大系統，中國歷史上的各種形態的宗教正是構成這一文化大系統的有機組成部分。各種宗教在其自身發展歷史中，始終與中國文化的整體及其各個組成部分之間處於動態互補的關係之中。

中國文化由多種文化融會而成，呈現出多元一體的整體狀況。深入了解一下中國文化的結構，人們不難發現宗教是其不可或缺的有機組成部分。尤其是在中國文化在其自身發展過程中完成了整體建構以後，包括外來宗教與本土宗教在內的各種中國宗教是構成中國文化結構的基本內容之一。包括各種宗教在內的不同文化要素之間的衝突與融和，共同構成了中國文化的基本框架，它們之間的內在統一性成為中國文化的歷史整體或主體，並推動中國文化的發展。

對於中國文化的整體建構問題，應放到中國傳統宗教與哲學的總體發展中來考察，在中國文化發展的每一個階段，都有宗教形態存在。在中國遠古夏、商、周三代的社會文化系統中，中國的傳統宗法性宗教和天命神學思想是維繫全社會的唯一的精神支柱，因而構成了從史前到三代這一社會歷史時期思想文化的整體。然而，在諸子百家競起的春秋戰國時期，天命神學的思想體系被打破，人文理性精神替代天命神學而成為意識形態的核心和思想文化的主體，但傳統宗法性宗教的影響依然存在，二者並存而相融。這種文化建構一方面在最基本的方面奠定了中國文化整體結構的基礎，另一方面，宗教在後來的中國文化發展中，發揮著維護這種整體結構的重要力量。可以說，各種形態的宗教與傳統文化同生共長。

中華民族的祖先由於很早就被迫和自然界連年的洪澇災害抗爭，較早地形成了中央高度集權的社會組織形式，對大自然的崇拜與對祖先的崇拜特別明顯，把「敬天」與「祭祖」結合在一起，並且十分注重社會成員之間宗法關係的維繫。這種社會意識反映了一個以農業為主的民族，對大自然的依賴和對本民族個別領袖人物的信賴，也是中央高度集權得以長期維持的重要心理因素。在此基礎上演化出來的儒家思想，成了幾千年來維護著這個大一統多民族國家的主要社會意識形態。

中國古代文化經歷了幾次大的變動才最終確定下來，大體上經歷了這樣一個過程。漢代是中國文化整體結構初步確立的時期。此時有兩個因素值得充分重視，其一，儒學經過長期的發展，獲得了獨尊的地位，傳統文化開始形成了以儒為主，廣泛吸收道、法、陰陽諸家的思想這樣一種格局，奠定了中國文化結構和意識形態的基礎。其二，本土道教的產生，佛教的初傳，佛道兩教的比附並與儒家經學的相融與衝突，在中國文化結構中形成了儒釋道三教關係，外來宗教相融於本土文化建構之中，從而在中國文化中拉開三教之間不斷衝突與融和關係的序幕。魏晉時期中國文化結構進一步做了調整，數百年統一王朝的解體，社會轉入到分裂割據的動盪年代，紛爭不息，思想文化領域內也發生了歷史性的變化，舊的思想文化結構變換了內容，其中具有決定意義的是儒學失去了獨尊的地位，並與老莊道家之學相結合，形成了適合魏晉時代特徵的以老莊為骨架，以孔孟為靈魂的玄學思潮。同時，佛道兩教經過最初的發展以後，此時都已獲得相對獨立的形態，在理論、組織等各個方面都展現出其自身獨特的個性特徵來。因而，魏晉時期儒釋道三教關係展現出了更為豐富的內容。三教之間爭優比勝，在相互衝突鬥爭的同時，也普遍存在著相互滲透與融和的一面。並且三教之間的匯合，其趨勢越來越強烈，這可以說是魏晉（包括南北朝）時期構成思想文化的基本內涵。如何適應時代特徵，確立新的文化建構，尤其是理順三教關係，成為當時最重要的課題。隋唐以來，佛教進一步發展，建立起了不同的宗派，完成了中國化的進程；道教在帝王的扶持下，一躍而居於三教之首；佛道兩教都進入鼎盛時期，但隋唐以來的思想文化政策是三教並重，儒釋道這三種文化形態的融和構成了唐以來中國文化的歷史整體。

在儒釋道三教共同架構與維繫的中國文化整體中，儒學是主幹，佛道是輔翼，儒佛道三教各具特色的思想信仰與生活理念之間，具有內在的一致性和統一性，因而它們能夠成為維繫中國人的三大精神支柱，並在具體的歷史行程中獲得客觀性的力量。所謂以儒治世，以道修身，以佛養心，還有所謂儒以經世，道以忘世，佛以出世。這樣一種文化結構可以滿足不同人的精神需要，給人以多種選擇，以便在社會變動及人生變故之際能及時調整自己的價值取向和生活理念，而不至於驚惶失措，無所適從，中國人正是按照自身的需要以及特定的社會背景來選擇安身立命之所的。在思想信仰上，有的獨崇一家，有的儒道兼綜，有的出入於老釋，有的則三教並重，形成自己的心路歷程。

儒家思想是不是一種宗教，這個問題一直存在著不同的看法。因為它和佛教、伊斯蘭教、基督教等外來宗教有很大差異，所以多數學者不認為它是宗教。但是，有一個事實是大家公認的，那就是：在長達幾千年的中國封建社會裡，儒家思想始終占中國社會意識形態的主導地位，任何一種外來宗教都未能也不可能取代它的地位，而且往往受到它的影響，甚至被改造。儒家思想有自己的一套天地生成的理論，但它更重視對社會秩序的維護，注重名教綱常的倫理道德。

總而言之，儒釋道三教共同維繫著中國文化的整體結構，是中國人的三大精神支柱。它們極大地豐富了中國文化的內涵，並影響著中國文化各個領域，左右著中國文化發展的潮流和方向。其他各種宗教也在中國文化的整體結構中增添著新的內容，但它們或多或少地相融於這一整體建構之中，它們相互之間的衝突與融和使得中國文化的畫卷更為絢麗多姿，但在整體上並沒有改變中國文化的結構與性質。

二、宗教對中國文化的影響

當我們追根溯源去追尋中國文化的最初形態時，我們看到，它就是史前巫教系統以及隨之而來的三代天命神學，它們同時構成了中國文化的最初形態和總體，為中國文化的誕生和發展奠定了第一塊基石，在各個方面對中國文化產生了極為深刻的影響。後來，當諸子百家紛紛起來衝破傳統宗教的束縛，獲得了相對獨立的發展，不再與天命神學體系混而為一，從此才有了本質上完全不同於天命神學體系的各種世俗文化形態。在諸子思想體系中，人文主義的因素極大地突顯、消解和轉化了傳統宗教的神學內容，改變了它的迷狂與非理性成分，從而在本質上有別於天命神學體系。但是諸子百家也不是一下子突顯出來的，它脫胎於傳統天命神學這一文化母體；同時諸子百家的思想體系中也並沒有完全推倒先前思想文化所取得的成果，而是在相當的程度上把它們保留了下來，使之成為新的文化形態，成為他們創立思想體系的思想酵母和出發點。只要我們具體地去分析諸子百家的思想體系，就能從中強烈地感受到傳統天命神學的影響。

從傳統宗教這一方面來說，當它失去作為文化整體或總體的地位以後，也並不是對世俗文化形態不再具有任何影響力。認識到宗教與中國文化的這種根源性關係，對把握兩漢以後，尤其是形成了以儒釋道為中國文化的整體結構以後，我們認為宗教對中國文化的具有啟示性的影響。無視這種影響，完全忽略中國文化的宗教性，就不可能完整準確地領會中國文化。

從理論上說，宗教是中國文化的整體結構中不可或缺的組成部分，宗教與中國文化的各種形態構成了具有內在統一性的完整的文化共同體。這是一種動態互補結構，宗教與中國文化整體之間在長期的歷史行程中彼此認同，相互影響，共同發展。因此當我們說宗教受制於中國文化背景，體現中國文化精神，並只有在中國文化所能提供的框架內合理的發展，從中國文化的其他各種形態中吸收養料來充實豐富自身時，同時也就表明了宗教在中國文化中不純然只是一個消極的因素，只能被動地去適合中國文化，而是在相當廣泛的領域內對中國文化產生了深刻的影響，對中國文化的發展發揮積極的推動作用。

以佛教為例。佛教是一種內涵極為豐富的世界性宗教，有完整的思想體系和精緻的教理、深奧的教義、嚴密的邏輯、獨到的修持方法和完備的組織形式。這種宗教自從傳入中國以後，成為推動中國文化向高層次發展的一個歷史動因。佛教對於中國文化的影響廣泛而深入，涉及到了社會生活的各個領域與文化體系的各個形態，哲學、史學、文學、藝術，乃至本土的宗教，都在佛教的影響下變換其思想立場。以文學為例，從六朝的志怪到明清的神魔作品都留下了佛教的思想痕跡。佛教也促進了中國文化藝術多方面發展，顯著地滲透到了詩歌、音樂、雕塑、繪畫、建築等藝術形式之中。在南北朝隋唐時期，佛教是中國文化中一個極其重要的方面，這一時期若無佛教，中國文化會顯得蒼白無力，至少呈不完整狀態。在佛教的影響與帶動下，史學、目錄學、翻譯學、語言學、邏輯學等多種學科的發展都得益於佛教。在思維方式方面，佛教的發展促使儒學吸收佛學成果，發展出宋明新儒學。

外來宗教傳入中國文化並且經過一定程度的中國化而相融於中國文化，但它們並沒有完全泯滅自己作為一種宗教形態所具有的個性特徵。在中國文化中，不管是本土宗教還是外來宗教，具有非宗教文化形態所具有的特殊功能，因此能夠去補充傳統文化，通過與傳統文化的碰撞，促進中國文化的發展。從佛教等外來宗教的例子來看宗教對中國文化的影響，有一點是不言而喻的，就是宗教在相當的程度上提供了其他文化形態所無法取代的功能，以滿足人們的精神需要，尤其是社會轉型或人生發生變故之際，宗教更能顯示出其特有的價值。事實上，宗教對於提高中華民族的抽象思辨能力，展現人的創造性、能動性與想像力，豐富中國文化的內涵，提高中國文化的理論深度，滿足人們的精神需要及其生活態度、人生價值、人格理想、道德修養等方面都有一定的價值。如果不能在這些方面滿足人們的精神需要，宗教就不可能具有價值，也不會對中國產生影響，其本身也就失去了存在的意義。一些外來的宗教或教派之所以傳入不久就湮沒無聞，其重要原因就在於它們不能滿足中國文化的某種需要，不能提供中國文化所需要的東西。

三、宗教與中國文化的動態互補

嚴格說來，中國歷史上的所有宗教現象都不過是中國文化的整體結構與基本精神在中國宗教領域內的特殊表現。它們存在於中國文化氛圍之中，受制於中國文化環境，認同於中國文化，體現著中國文化的基本精神。同時，它們又都是作為中國文化整體中具有鮮明的個性特徵的文化形態，具有相對的獨立性，而不是完全消融於中國文化的其他形態之中。在宗教與中同文化的衝突與融和之中，宗教不是消極地適合中國文化，而是積極地對中國文化產生影響，與中國文化形成一種動態互補的關係。

宗教與中國文化之間的並存與相融，共同構成了中國文化的歷史整體。一方面，中國文化本來就是由各種不同的形態的文化構成的共同體，具有開放性、包容性等特點，主張兼收並蓄，博採眾長，從而能夠容納不同質的文化於一體，這樣就為各種宗教形態在中國文化中的存在，並與其他文化形態並存融和，從而為構成文化共同體提供了寬鬆的環境。另一方面，宗教不是游離於中國文化整體之外的另一個獨立的文化形態，它就存在於中國文化背景之中。它的思想內容和基本結構是中國文化整體在宗教領域內的曲折反映，因而中國社會的各種宗教形態無不主動地、自覺地附麗於中國文化的基本結構，反映中國文化的主體精神，吸收中國文化的思想成果來充實豐富提高自身。在各種形態的中國宗教中都可以感受到中國文化的強烈影響。

試以道教為例，與後來傳入中國的各種外來宗教不同，道教就植根於中國文化的土壤之中，是在中國文化精神與歷史傳統的薰陶之下生長起來的。因而它先天就和中國文化傳統有著不解之緣，道教的教義教理，思想信仰、人生理想、基本結構、價值取向乃至於它的宗教實踐等方面，都反映了中國文化傳統。道教之所以能成為皇皇大教，並在以後的發展中與儒佛並駕齊驅，鼎足為三，共同構成中國文化的整體，其最重要的方面就在於始終相融於中國文化之中，反映與體現中國文化的基本精神，吸收各種文化所取得的豐碩成果。如在它產生之始，就把當時社會生活中廣為流行的陰陽災異、巫覡神道、民間方術等納入自己的理論建構之中，作為創立道教的思想前提。老莊道家之學使道教獲得了形而上學的哲學思想基礎，從而使其不再停留在粗俗的巫術神道的低水準上；而孔孟儒家之學使道教獲得了一種為廣大的生活世界所接受的政治理念和倫理觀念，從而使其能與主流文化相融而匯通，容納進傳統文化的整體結構之中。因此，我們看到，支撐道教的不僅僅是作為宗教形態的教義教理、神仙信仰以及它的宗教實踐活動，同時也包含了更為豐富的文化內容。

除了道教以外，中國的主要宗教從起源上說都是外來的宗教。但它們傳入中國以後，無不受制於中國社會固有的文化傳統，在與中國本土文化的衝突與融和中匯通於中國文化整體，成為中國文化建構中的一個方面的內容，並在各自的宗教形態中體現中國文化的精神與整體結構。任何外來宗教都不能超越於中國本土文化之外，因為它們所傳入的國家是一個文明高度發展的先進之邦，具有極其光輝燦爛的文化成就和一以貫之的文化傳統，任何外來宗教傳入中國，首先要面對的就是這個現實，它們想要生根成長於中國，就必須接受這個事實，努力去適應它，否則就不可能找到立足之地。

外來宗教在初傳於中國時，通常會出現兩種不同的社會文化心態。對傳教者來說，為了使他們所信仰的宗教扎根在中國社會文化之中，他們會積極地迎合比附中國本土文化，以求得本土文化的容忍與接受，從而使兩種不同的文化能夠並存與融和，反之，傳教者若是把自己的宗教凌駕於本土文化之上，它就不可能在中國社會扎根和發展。而對於中國社會民眾來說，人們對外來宗教的感情是複雜和矛盾的，常常是拒斥與接受並存，拒斥多於接受。佛教和天主教進入中國以後的遭遇是說明這個問題的最好的例子。

佛教傳入中國最早的活動是翻譯佛經。由於語言上的障礙和觀念上的差異，這項工作困難重重。因為佛教與中國本土文化分屬不同的文化系統，而且當時在中國的譯師們都是外國人。當時的譯師們都使用中國文化的術語名同來譯述佛典，主要是道家的陰陽、道等一些概念範疇，用它們來調整佛經，這就表明他們為了克服語言和觀念兩大障礙，努力比附迎合中國文化，由此開始了佛教與中國文化相融和的進程。

譯師們的比附不僅僅是語言上的，而且是思想內容上的。比如安世高在翻譯《尸迦羅越六方禮經》時，就廣泛地涉及到社會人際關係，為了求得所譯佛典與儒家社會倫理綱常名教相適應，他不惜通過增刪譯文的方法，對佛教原典進行調整。魏晉時期則是佛教依附於玄學，援玄入佛，因玄談佛，是佛教的玄學化。像佛教大師慧遠、道安等，他們的歷史功績就在於為佛教取得了威儀超脫的地位，而在思想內容上則依附於儒家的倫理觀念和價值取向，使之隸屬於王法的要求。

佛教傳入中國以後，由於分屬兩種不同的文化系統，因此它與中國本土文化之間的衝突也在所難免。一些人從本土文化立場出發，看到兩種文化之間的歧異性，認為佛教是夷狄之術，「違聖人之語，不合孝子之道」，我們中國人不應該「背五經而向異道」，許多反佛教的言論都是以此立論的。但是也有許多中國人受佛教的吸引，出家成了佛教徒，並在反佛言論盛行時為佛教辯護。

這樣，我們看到，佛教初傳中國所表現出來的各種文化心態，實際上就是立足於中國的文化精神來協調佛教與中國文化的關係。部分中國人看到兩種文化的歧異性，看到它們之間的衝突與不相融的方面，因此表現出強烈的拒斥態度。但由於中國文化本身是一個開放的系統，有著極大的包容性，有能力融會不同質的文化於一體，因此許多中國人接受了佛教，並對之詮釋，將之納入中國文化的框架之中，從而使印度佛教演化為中國佛教。傳教者與接受者的共同努力終於使佛教在中國完成了本土化的歷程，佛教成為地地道道的中國人的宗教，中國文化的一部分，儘管從起源上說它來自古印度。

天主教於明末清初傳入中國，揭開了中西文化大規模交流的序幕。在其最初階段，天主教的耶穌會士面對中國強大的文化傳統，試圖將他們的宗教中國化，成為中國人可以接受的宗教，因而多有迎合比附中國傳統文化之處。比如以利瑪竇為代表的一批傳教士對中國文化就很有研究。他們廣泛地與統治者和儒生士大夫交往，學習中國文化，嘗試著用儒學來解釋天主教教義，在生活習慣上也入鄉隨俗，著中國服飾，在倫理道德方面尋找天主教與儒家的相似性，提倡孔子加耶穌，耶儒合流。天主教耶穌會之所以能在明末清初在中國的某些地區得到傳播，並吸引了以徐光啟、李之藻、楊廷筠為代表的一大批儒生士大夫，耶穌會的傳教士的文化心態和傳教策略發揮了重要作用。

不管對天主教是採取拒斥態度還是接納態度，中國人是立足於本土文化對待外來的天主教的。有些中國儒生士大夫深感天主教教義與中國文化的相通相似之處，如徐光啟，他之所以加入天主教，是因為他認為天主教有益於忠孝，與孔孟之道並無矛盾，可以「補益王化，左右儒術，救正佛法」。而力拒天主教的人們也是依據自身的文化精神，看到天主教與本土文化之間的歧異性為不相容之處，因此對天主教展開批判，力圖捍衛中國文化的正統性與純正性。總之，外來宗教初傳時，傳教者迎合比附中國文化，致力於外來宗教的中國化。中國人的拒斥與接納也是立足於本土文化的立場，依據兩種文化的歧異性與相融性做出不同的選擇。

和諧思想是中國文化的重要特色。中華民族在長期發展過程中，不同地域，不同思想流派各具特色的文化，在大一統政權的干預下，彼此認同，相互影響，和睦共處，構成了具有內在統一性的文化共同體。構成中國文化整體的各種形態之間雖然不是沒有衝突與鬥爭，但這些衝突並沒有導致分崩離析的結果，它們之間的鬥爭也不是分庭抗禮，更不是要消滅對方，衝突與鬥爭只不過是達到並存與相融、組成內在統一的文化共同體的有效途徑。中國文化的這種思想品格，深深地影響到中國的宗教現象，中國各宗教形態之間及其各教內部的派別之間也形成了多元、互忍與相融的特徵。

從歷史上看，中國的各種宗教之間確實有過很激烈的衝突。例如儒釋道三教之間不僅有理論上的爭論，而且在某些情況下形同水火，唐武宗時期的會昌法難（滅佛），韓愈甚至主張要取消佛教；佛教徒中自稱天香居士的黃貞極力反對基督教。但在大多數情況下，中國的各種宗教能夠和睦共處，彼此認同，形成多元結構。在中國歷史上，除了道教以外，佛教、基督教、伊斯蘭教都是外來宗教，它們都能相融於中國文化，各教之間沒有發生根本性的衝突，更沒有出現過視自己為正統，視別的宗教為異端的，因而導致大規模宗教戰爭的情況。

中國的宗教徒中，有許多人的信仰是堅定而虔誠的，終其一生崇奉某一種宗教，中途絕不改變。但也有許多信徒就靈活得多，他們儒道兼宗，佛道俱信，儒釋並存，或者在三教之間自由地變換其思想信仰，按照自己人生變故與價值取向的轉變，不斷在三教之間輪流搖擺，這對他們來說沒有什麼滯凝阻隔。中國的宗教徒不把各種宗教之間的差異視為珍域，而是在思想信仰與宗教實踐方面把它們貫通起來，在中國文化整體規範之下和睦共處。事實上，在中國古代社會中，出入於老釋、氾濫於諸家成為他們共同的心路歷程。

外來宗教要在中國生根，要與本土文化做到並存與相融，必然要在保留自身特質的情況下，從整體上適應中國的社會文化，按照中國文化的內在結構和基本精神，對外來宗教自身做出創造性的解釋，從而使外來宗教經過新的闡發以後相融於中國文化整體結構之中，成為中國文化的有機組成部分，體現出中國文化的精神特質。

佛教在這方面是比較突出的。印度佛教和中國本土文化是兩種性質完全不同的文化系統。印度佛教是出世的宗教，它的原始教義以人生為苦，而苦的主要原因是人有慾望，因而它視家為牢籠，倫理為羈絆，它所崇尚的是與王者抗禮，以解脫為要務，走出世之路，輕視個人的社會責任。為了實現個人的解脫，佛教提出了一套去慾去惡，從善出世的理論，形成了一種獨特的宗教哲學體系。中國的本土文化則是以儒家學說為主的入世的社會倫理學說，以治國平天下為人的使命，干預生活，改造世界。這樣兩種不同的文化系統，其衝突和對立是不可避免的。

佛教要弘揚光大於中國文化的土壤上，必須從兩種文化系統內在的思想核心上做融會貫通的工作，要做到這一點，就必深入到兩種文化系統的內在結構，用中國本土文化去創造性地解釋佛教，從而在文化整體上使佛教不斷調整自己的思想形態，改變印度佛教那種固有的傳統，克服其與中國文化的對立，適應中國文化的結構與特徵，並存在和相融於中國文化之中。而中國佛教各宗各派長期以來一直在做這樣的工作。以禪宗為例，它以性淨自悟為宗旨，認為本性自有，不求外借，主張擔水劈柴無非妙道，穿衣吃飯即是人倫物理，坐臥行住也可以悟道，頓悟成佛，見淨自悟。這樣的宗派以佛教為旗號，宣揚了佛教的解脫思想，實際上體現了中國文化特有的價值觀念與思維方式。它綜合了儒家的性善論、良知說、人人皆可成堯舜這樣一些觀念，形成了一種中國化的佛教，在禪宗中通過對佛教進行創造性的再解釋，從而使佛教相融於中國文化整體結構，強烈地體現出中國文化精神。

佛教是外來宗教中的對中國文化影響最廣最深的一種宗教，在隋唐時期曾經盛極一時，但是佛教在中國之所以能興盛發展，恰恰在於接納了儒家思想後的不斷中國化。佛教不僅經過一些佛教大師的闡釋，形成了天臺、華嚴、禪宗等中國本土化的宗教宗派，而且在社會政治方面始終受到王權的制約與管理，服從與服務於封建統治的需要。

伊斯蘭教是在時間上僅遲於佛教傳入中國的世界性宗教，一開始只是伊斯蘭國家來中國經商的商人及其後代信仰。在中國境內一些少數民族改信伊斯蘭教後，其傳播範圍長期局限在這些民族聚居的地區，對全國總體上的影響不占主要地位。即使這樣，中國伊斯蘭教依然受到儒家思想的影響。明代以後，在中國的東南和西南先後出現了以南京和雲南為中心的伊斯蘭教經典漢譯活動。這一活動主要是為了越來越多的穆斯林可以直接看懂經文，也是為了讓更多的人了解伊斯蘭教。但從某些譯文的詞句中，同樣可以看到儒家思想的影響。

基督教的各派幾次傳入中國，都因未能與儒家思想相融和而中斷。天主教傳教士利瑪竇曾藉儒學以釋基督教義，並在禮儀上屈從儒家倫理綱常，在傳教方面取得了一定進展，後來因反對祭祖宗而被禁。鴉片戰爭後，雖然基督教各派仗著利艦與大砲進入了中國，但作為帝國主義列強侵華的工具，長期受廣大中國民眾抵制，更不可能成為中國社會主導意識形態。世界上的其他幾種宗教如摩尼教、猶太教、瑣羅亞斯德教等都曾傳入中國，並一度比較流行，但始終不能改變「胡寺」、「胡僧」的名稱，未被中國社會真正接納而失傳。

在中國的歷史上，從來沒有出現過像東南亞有的國家那樣以佛教為國教，一切社會意識形態均受制於佛教教義的現象，也未產生過基督教在歐美一些國家社會生活中的那種作用，更沒有像歐洲中世紀的天主教和近代阿拉伯國家的伊斯蘭教那樣在國家生活方面占絕對統治地位的時候。由於有儒家思想的存在及其主導地位，在中國歷史上始終是政權大於教權，教權總是聽從政權的，這是中國宗教的一大特點。

中國是一個多民族多宗教的國家，從遠古到近代，在中國這塊土地上居住的各民族雖然有不同的宗教信仰和崇拜方式，但總體上是一種和睦共處、取長補短的關係，沒有因為宗教信仰的不同或者為了一種宗教反對另一種宗教而發生宗教戰爭。

在中國的歷史上，幾乎世界上最主要的幾種宗教都傳到過中國，有的為中國一部分群眾所接受，成了他們的宗教信仰；有的曾一度為一部分群眾所接受，後因社會政治變革等原因沒有保留到近代；還有許多種宗教，隨著信仰者一起來到中國，又隨信仰者的離去而離去。無論哪一種情況，其傳播的方式一般都是和平的，而不像世界上另一些地方那樣採取戰爭的方式。綜觀整個中國宗教發展史，主要有兩種形式：

第一種形式是通過文化交流，佛教的傳入是一個典型的例子，漢明帝永平十年（西元六十七年）因夢見佛光派人去西域求法，這是十分正常的文化交流。中國最早的幾位傳播佛教的著名僧人，如迦葉摩騰、竺法蘭、安世高、支謙、支俄等，以及後來的康僧會、竺法護、佛圖澄、鳩摩羅什、佛馱拔陀羅、達摩等，都是作為文化使者從天竺或從西域來到中原的，他們在中原的工作主要是譯經傳教。中國佛教的信徒為了能更全面、準確地了解佛教真諦，曾多次派人前往天竺等地取經，其中最著名的有玄奘和法顯，特別是玄奘更是人們所熟知的古代東西方文化交流的使者，大旅行家、大翻譯家。他於唐太宗貞觀三年（西元六二九年）從當時的京城長安出發西行，經今中國新疆和中亞地區，歷盡千辛萬苦到達印度，在印度鑽研佛經，又於貞觀十九年（西元六四五年）攜帶大量佛經返回長安，前後達十七年之久。他一生共譯出梵文經論達七十五部，共一千三百三十五卷之多。他記述西行取經的著述《大唐西域記》，不僅是今天研究當時地理和東西方文化交流的重要歷史文獻，而且由於他的旅行演繹出來的著名小說《西遊記》，成為老少皆知的神話故事。中國的漢語系佛教傳到鄰國朝鮮半島和日本，也是透過文化交流的形式實現的。千餘年來，許多中國僧人東渡大海，不僅給朝鮮半島與日本傳去了佛教，也帶去了中國的文化與科學技術；朝鮮半島與日本也派了大批僧人來到中國，學習文化與佛教。這種交流，被中國佛教協會會長趙樸初居士稱之為「黃金樞紐」。其中最著名的僧人是唐代的鑑真，他應日本僧人榮睿、普照等的邀請，從西元七四二年至七五三年的十一年間，先後五次東渡日本均遭失敗，最後在雙目失明的情況下仍堅持第六次渡海，終於到達日本，成為日本佛教律宗的創始人，並帶去了一批醫學、工技方面的人才，為中日文化交流做出了不朽的貢獻。隋唐以後，中國、朝鮮和日本在佛教方面的交往更多，這些人既是佛教的傳播者，同時也為中國、日本與朝鮮半島各國之間的文化交流做出了貢獻。天主教傳教士在明末清初時到中國來傳教，也應屬於這一類。這些西方傳教士除在中國傳播天主教外，也帶來了西方的文化，如天文、氣象、機械製造等科學技術，利瑪竇、湯若望等傳教士先後在明清兩代擔任欽天監的主管，在中國傳播了西方的文化科學知識，同時經過他們也向西方介紹了中國的古老文化與習俗，在客觀上發揮了促進東西方文化交流的作用。

第二種形式主要是通過民族遷徙。伊斯蘭教的傳入是一個典型例子，在中國歷史上伊斯蘭教傳入經歷了三次高潮，這三次高潮同時也是民族遷徙的高潮。第一次是在七世紀前後，一批阿拉伯國家信仰伊斯蘭教的商人陸續來到中國的京城長安和東部沿海城市，當時長安西市內設有「波斯居」與「胡店」，廣州等沿海城市也設有「蕃客」聚居的「蕃坊」，是最早到中國來定居的穆斯林的居所。第二次是八世紀中國唐代安史之亂期間，唐肅宗至德二年（西元七五六年）為了平亂，借朔方、大食、回紇兵二十萬眾，兩京收復後有的士兵沒有西歸，許多大食兵因此定居中國，並在當地娶妻生子，最後成了中國的穆斯林。第三次是在十三世紀，成吉思汗率領蒙古大軍占領中國建立元朝，又西征中亞、西亞與歐洲，建立起橫跨歐亞大陸的蒙古大汗國。大批西部信仰伊斯蘭教的民族到中國來經商或因有戰功而被派到中國來做官，他們受到比中國北方的漢人、南方的南人更優越的待遇，以致有「元時回回遍天下」之說。猶太教雖然在十三世紀後逐步在中國消失，但它開始傳入中國時，也主要是通過猶太民族的商人移居中國，才使猶太教在中國流行了一段時間，教徒基本上是這些移居中國的猶太商人及他們的後代。俄羅斯東正教信徒在中國極少，它傳入中國也主要是依靠民族遷徙，在北京的最早一批東正教信徒，是康熙皇帝在烏蘇里左岸俘擄的沙皇士兵；後來在中國東北的東正教信徒基本上是根據不平等條約到中國來的沙俄臣民，以及蘇聯十月革命後逃到中國來的沙俄貴族和他們的後代。生活在中國西北的俄羅斯族，則是從俄羅斯境內陸續遷徙到中國來的，最早可以追溯到元代。

中國歷史上各宗教以和平方式的傳播，避免了宗教之間因相互殺戮而造成的世代仇恨與歷史積怨，為各宗教信徒長期在中國這塊土地上能夠和平共處，相互幫助創造了條件。

四、中國民間宗教

中國的民間宗教是在封建社會中流行於社會下層的多種宗教的統稱。在一般情況下，它們總是遭到封建政權的取締和鎮壓，被斥為「邪教」、「匪類」，活動呈祕密狀態。因此，有的學者又稱它為祕密宗教，或民間祕密宗教。民間宗教的歷史源遠流長，如果從東漢時代算起的話，在社會中已經綿延流傳了大約二千年。

民間宗教從出現在歷史舞臺上時起，一直對中國社會的發展產生著重大影響，特別是到了明清時代以及近代，它和祕密結社一起，形成非常廣泛的社會運動，深入到幾乎每個鄉村城鎮的基層組織，造成一種獨特的宗教文化氛圍，因而給幾乎每個社會成員的思想意識，都打上了深深的烙印，建構成為中國人的文化潛意識的基質。在這種歷史時期裡，社會生活的各個方面，尤其是每次重大社會政治運動，無不顯示出民間宗教和祕密結社的深刻影響。如推翻元朝統治的紅巾軍起義、明末農民起義、清中葉五省白蓮教大起義、太平天國、捻軍、義和團、辛亥革命以及後來的一系列革命運動，概莫能外。

在中國的歷史上，雖然存在著佛教和道教等正統宗教，受到國家政權的支持和保護，但是卻從未出現過類似西方國家的那種「國教」。這一歷史事實，曾使某些學者認為中國是宗教信仰最為淡薄的國家。同時，也使另外一些學者認為，中國由於有備受尊崇的主張入世的儒學，發揮了某種準宗教的作用，從而抑制了「國教」的出現，淡化了中國人的宗教意識。其實，世界上任何一個民族，都不具備天生的宗教「免疫力」，中華民族的宗教觀念絕不比其他民族欠缺，只不過表現形式不同或比較隱蔽罷了。正因為在中國不存在籠罩一切的強制性「國教」，所以它的民間信仰特別豐富多樣，民間宗教特別強大，其對社會生活及文化思想的影響也特別的深刻廣泛。這一點，是世界上任何國家都無法比擬的。

還有的研究民間宗教的學者，把中國的民間宗教等同於西方中世紀時的宗教異端，認為其本質就具有反抗封建統治的叛逆性格。故長期以來，他們都把民間宗教與農民起義聯繫在一起，或僅僅作為農民起義的附庸，即宗教對農民起義的影響加以探討，從未把廣大下層群眾信奉的民間宗教，作為一個獨立形態，進行認真的研究。實際上，這是一種或者受西方史學觀的束縛，或受封建正統史學影響的一種偏見。他們看不到民間宗教是中國廣大勞動人民的宗教信仰，是他們日常痛苦生活中的精神慰藉和寄託。換句話說，是由於正統生活宗教，如佛教和道教，廣大群眾生活有一定距離，不能和他們融為一體，於是民間宗教就應運而生，成為他們心中信仰需要的產物或宗教信仰的「替代物」。儘管民間宗教比之正統宗教來顯得粗糙無文，不那麼高雅，但人民群眾卻愛之如命。至於它在歷史上往往成為動員和組織農民起義的旗幟，被農民起義的領袖們所利用，則是其自身發展過程中的一種變異形態，另有其更深刻的社會原因。

中國的民間宗教是一種複雜的歷史現象，它一方面受到社會上統治思想的箝制，必然在教義中充滿著綱常倫理的說教，以及從正統宗教中承襲過來的懲惡勸善等等清規誡律；另一方面它卻也不免曲折地反映出下層人民的憧憬和幻想，即對一種無限美好的天堂勝景的嚮往。因而，在特定的歷史條件下，如社會動盪不安時期或王朝鼎革之際，某些教派提出的追求「平等」、「太平」、「新天地」之類的瀚語箴言，又往往成為點燃農民起義烈焰的火花，而其祕密組織曾為散漫的農民群眾不止一次地提供了組織形式。如東漢末年的太平道，張角提出的「蒼天已死，黃天當立，歲在甲子，天下大吉」的讖語，就成了起義的口號，他所建立的三十六方，就成了農民起義的軍事組織，就是一個很好的例證。所以，對民間宗教的性質和作用，應做具體分析，不能做絕對的肯定或否定的結論。

綜觀近兩千年的中國民間宗教史，我們可以清楚地看出民間宗教運動有兩種發展趨勢。一種是向著封建化、正統化的軌道發展；另一種是在特定的歷史條件下，向著農民革命運動方向轉化。

首先，由於受到傳統宗法制影響，總有一部分教派內部逐漸形成森嚴的等級制度，少數宗教領袖及其家族，上升到地主階級的經濟地位，成為教派內部的特權階層。在宗教教義上，他們也不斷吸收正統宗教的思想，維持封建制度。在政治上則胸懷野心，覬覦政權，或力圖投靠當局，爭取支持乃至獲得合法地位。

東漢末張陵所創的五斗米道，就是一個典型例子。他在創教之初，以禱祝、刻鬼、符水為人治病，並以獻五斗米，互濟互助等手段，在群眾傳道，致使教勢大振。而到其孫子張魯時，卻以其「母有姿色，兼挾鬼道，往來焉家」。依仗益州牧劉焉和教派勢力，在漢中建立起政教合一的地方政權。張魯降曹後，他的後代子孫東遷至江西龍虎山，成為天師道的最高掌教人，而且得到封建政權的承認，成為世襲天師，代代相傳。元代的白蓮教，向皇室輸誠，曾一度受到朝廷的承認與庇護。建寧路的白蓮堂變成報恩堂，每日唸經，為皇帝祈禱祝壽。明代西大乘教，依靠皇家貴域的力量，以京西保明寺為傳教中心。皇室及達官顯貴的嬪妃、公主和貴夫人們，常常前往進香祈福，布施奉獻，乃至被群眾稱之為「皇家太后的香火院」。明末紅陽教教祖飄高，投靠定國公和權勢太監，教門得以大發展。該教寶卷在皇家內經廠刊刻印行，精緻程度與御製佛道經典無異。紅陽教寶卷中竟然稱萬曆皇帝的母親李太后為「九蓮菩薩」，稱護教的顯貴石亨為「中嶽玉帝」。又比如清代八卦教的教首劉氏家族，靠傳教斂錢，驟然致富，先後有三代四人捐納為官，用窮苦教徒的血汗錢，來購買自己的「紅頂子」。

上述類似的現象，在明清兩代的羅教、黃天教、東大乘教等教門中，都有不同程度的反映。這些教派的上層宗教領袖，大都通過收取教徒們的奉獻錢，成為富甲一方的掌教人，在教派內部實行封建家長制統治。顯然，在這些人控制下的宗教勢力，很難成為聯絡群眾醞釀起義的組織樞紐，發揮某種革命性的作用。

民間宗教向農民革命運動方向轉化，則要經歷一個曲折的發展過程。由於被錯綜複雜的社會矛盾所支配，在一定的歷史條件下，教門內部不同力量對比發生了變化，尤其是在某個封建王朝的末葉，天災人禍，內憂外患等社會危機，使得勞動群眾生活急劇惡化，逼迫農民們不得不鋌而走險，揭竿而起，這種局勢往往也誘發某些宗教領頭人提出變革現實的要求。然而，民間宗教運動並不等於農民革命運動，儘管這兩者有時密切關聯，但由於被不同的內在規律所支配，它們在目的和發展方向上，有著本質的差別。所以，農民起義要想利用民間宗教作為革命運動的外衣，還必須靠有政治野心而又有才幹的領袖人物奪取教派的掌教大權，對這一宗教教派進行從組織到教義的改造，並提出符合人心的綱領口號，才能如願以償。如元末的白蓮教，從曾受到當局的承認，到後來遭禁，再到韓林兒、劉福通等人提出「彌勒下生，明王出世」，更提出「挑起黃河天下反」，就經歷了這樣一個改造過程。又如，彌勒佛在明清時代的東大乘教、老官齋教和八卦教中，原本是教主的化身或轉世，是無生老母派到世上來普渡眾生的未來佛，慈祥和善，寬大救世為懷。但是，在清中葉老官齋教起義和八卦教起義時，彌勒佛卻變成劫富濟貧，「改換天盤」，以聲天討的群眾的大救星。同樣一種宗教觀念，在不同的歷史條件下，則被賦予完全不同的政治內容。與此相類，在農民起義爆發時期，那個民間宗教組織的教階制度，通常都被軍事組織所代替，各級教首變成了軍事的指揮官。為了便於適應作戰的需要，煩瑣的宗教教儀也被大大簡化，誡律也做相應的更改。這已為大量的史實所證。

民間宗教和帶有宗教色彩的農民起義，是產生於同一種社會條件下的兩種本質不同的運動。前者在幻想中創造了一個「無限美好」的理想世界——「天宮」，以精神上虛幻滿足來補償物質上的極度貧乏，而後者則企圖用實際行動把這種虛幻的理想加以實現，將停留在言語上的來世約許變成今生現世的報償。誠然，民間宗教曾經為歷史上不少次農民起義提供了某些思想養分和聯絡群眾的組織形式，但是也必須指出，農民階級在起義中終究擺脫不掉封建宗教意識的羈絆，這又是導致農民起義悲劇性結局的原因之一。

第十四課 宗教與社會主義社會

一、新制度下宗教的調適
二、尊重宗教信仰自由的一貫主張
三、中國宗教五性的提出
四、歷史的曲折與教訓
五、新時期中國共產黨和政府宗教工作的基本任務中國共產黨在一九四九年成立了中華人民共和國。中華人民共和國的成立標誌著中國社會政治經濟體制的一大轉型。經濟上由私有制逐步改變為社會主義的公有制，從根本上改變了中國社會的結構和組織體系。宗教作為一種和整個社會主義制度不甚協調的社會組織制度和觀念信仰，在劇烈革命後的新制度下如何存在與發展，它的社會功能如何，成為一個突出的問題。

一、新制度下宗教的調適

在二十世紀上半葉，中國境內的宗教已經基本形成了今天的格局：主要是佛教、道教、伊斯蘭教、天主教和基督教（世界上稱基督教新教）五種宗教，並大體上分為三種類型。

第一種類型是以漢民族群眾為主信仰的佛教與道教。這兩種宗教的歷史最長，在群眾中影響最大，在封建統治者的扶植下都有過鼎盛的時期。它們和儒家思想一起成為中國封建社會的主要思想支柱，是占統治地位的儒家思想的補充。宋以後儒、佛、道三家逐漸相互影響，三教合流的趨向越來越明顯，一方面這兩種宗教在教義教規和教義的詮釋上，都吸收了大量維護封建制度的內容和形式。其寺廟與宮觀經濟也基本上是封建性的，主要經濟來源依賴帝王官吏和地方仕紳的賞賜與布施，許多大的寺廟和宮觀擁有大量土地，他們可以雇傭長工，放高利貸和出租土地，成為地主莊園的重要組成部分。另一方面，受世俗化影響越來越大，功利性很強，研究教義的信徒比例很少，主要的崇拜形式是燒香拜神佛，求籤保平安，兩種宗教除了教義、崇拜對象不同外，共同的東西很多，在百姓心目中已很少區分，以致出現一些非佛非道、亦佛亦道的民間信仰。但直到中華人民共和國成立前夕，依然是漢民族及許多少數民族的最主要的宗教信仰，並為地方封建勢力所控制。

第二種類型是以伊斯蘭教、藏傳佛教為代表。這幾種宗教或教派的主要特點是具有很強的地域性、民族性、封閉性。它們與特定的民族有著十分密切的聯繫。一方面，只在一個或幾個民族中傳播，只在這個或這幾個民族生活的地域及社區存在，離開了這些民族和這些民族生活的地域（社區），基本上不存在什麼影響。例如伊斯蘭教主要在回族、維吾爾族、哈薩克族、柯爾克孜族、烏孜別克族、塔吉克族、塔塔爾族、撒拉族、保安族、東鄉族等十個少教民族中傳播，地域上集中在這些民族聚居的新疆、寧夏、青海、甘肅、陝西等西北地方，以及回族在各地聚居的社區內；藏語系佛教只在藏族、蒙族、土族、裕固族、羌族、普米族、門巴族、洛巴族等少數民族中傳播，地域也限制在上述民族生活的地區，集中在西藏、四川、雲南、青海、新疆、內蒙古及甘肅一帶；而巴利語系佛教則主要在傣族、阿昌族、德昂族、布朗族、根族居住的雲南省西雙版納和德巨集地區。但另一方面在這些民族和這些民族所居住的地域（社區）內，其特定的宗教影響非常大，許多民族是幾乎全民族信仰某一種宗教，這種宗教和信仰該宗教的民族在文化、習俗以及心理上都融為了一體，對當地的語言、歷史，藝術、飲食起居的禁忌、民族的節日等的形成都有著直接的關係。宗教活動場所往往既是這些民族文化教育中心，又是社會交流活動及集合的地方，宗教領袖也是民族的精神領袖，特定的宗教信仰成了維繫這些民族內部團結，共同抵禦外部勢力侵犯的主要因素，甚至可以成為識別其成員是否屬於該民族、忠於該民族的一個重要標誌。在這些民族地區或社區，宗教問題和民族問題常常交織在一起，不容易分開，宗教上的問題往往可以牽動整個民族的意識取向和行動。

第三種類型是以天主教和基督教為代表。這兩種宗教都是十九世紀中葉以後才大量傳入中國內地的，它們的發展主要是依靠帝國主義強迫清政府簽訂的不平等條約，是靠大砲兵艦送進來的，來中國傳教的各國傳教士中不少人仰仗著本國政府的武力在中國強行霸占土地，修築教堂，拉人入教，同時還替本國政府的侵華行為出謀劃策，充當謀士嚮導，因此，成為外國帝國主義侵略中國的工具，始終遭到中國人民的堅決反對，由此引起了無數次「教案」。在信仰天主教、基督教的中國信徒中絕大多數人是出於信仰，並具有一定的愛國主義思想。但是，這並不能改變鴉片戰爭以後發展起來的中國天主教和基督教會，是受控於外國帝國主義政府，為各帝國主義國家侵華擴張政策服務的工具的性質。

新中國建立後，一些愛國的基督教界人士積極投身到新中國的建設事業中來，並且有吳耀宗等五位基督教界代表應邀出席了建國前夕的中國人民政治協商會議第一次全國會議，參與了新中國創立的政治活動。但是，並沒有使中國的基督教會改變其受控於外國殖民地的性質。至一九四九年新中國成立，基督教第四次大規模傳入中國已有一百四十餘年，世界各國的基督教差會組織接踵而來，各占一方，瓜分勢力範圍，形成了一個個「國中之國」。據統計當時在中國活動的基督教會有七十餘個，分屬世界各地一百二十一個外國差會，其中美國差會約占一半。大批外國傳教士掌握了在中國的教會領導大權，聽命於國外的差會，在經濟上也基本依靠外國的差會，特別是對美國的依賴。對於這種狀況，中國人民十分不滿，因而把基督教和天主教稱之為「洋教」。中國的廣大基督教徒和愛國基督教人士也期盼著改變這種受控於外國的狀況，曾在十九世紀末開始發起成立各種形式的「自立會」，這種由中國教徒自己管理教會的自立運動，在辛亥革命和五四運動前後，一度形成高潮。但是由於自立運動的領導人並不能在思想上、經濟上和帝國主義和外國差會完全割斷關係，無法擺脫對外國的依賴，很快就失敗了。

社會主義革命使中國進入一個新的社會整合時期。新的社會制度必然要衍生出新的社會組織與機構，一切社會結構的改革都圍繞著適應社會主義的經濟基礎和政治制度進行。而此時宗教與新社會制度的不適應之處是顯而易見的。它主要表現在：宗教意識與社會主義社會的主導意識形態存在著根本分歧；宗教的領導權曾被反動政治勢力所控制；宗教內部存在著封建特權和壓迫剝削；帝國主義勢力仍利用宗教從事反對新社會制度與干涉中國內政的活動。在這方面，中國的天主教和基督教所面臨的這種不適應性在各宗教中最為明顯。

新中國成立以後，擺在中國基督教界愛國人士和廣大信教群眾面前的一個重大課題，就是全國解放後中國基督教向何處去，應以什麼樣的面貌加入到新中國的建設事業中來，怎樣才能改變中國人民對基督教的看法。正當他們充滿憂慮、希望有所改變的時候，一九五〇年五月間，中國基督教的代表人士吳耀宗、鄧裕志、劉良模、涂羽卿、崔憲祥、艾年三、趙紫良、陸志韋、江長川、高鳳山、龐渾亭、趙復三、凌俞秀、陳文潤、劉維誠、楊肖鵬、鄭陽三、霍培修等被邀請參加了周恩來總理召開的座談會。周恩來總理先後於五月二日、六日和十三日分別三次和他們進行了坦誠的交談。周恩來的這三次談話，對中國基督教界有極大鼓舞，也使他們明確了前進的方向。

一九五〇年五月二日，在交談中周恩來對座談會上的基督教界人士說：「近百年來基督教傳入中國和它對中國文化的影響，都是和帝國主義對中國的侵略聯繫著的。基督教是靠著帝國主義槍砲的威力，強迫中國清朝政府所簽訂的不平等條約而獲得傳教和其他特權的。因此，中國人民對基督教產生一個很壞的印象，把基督教叫做『洋教』，認為基督教是和帝國主義對中國的侵略分不開的，因而也就反對基督教。」對於中國的基督教應該怎麼辦的問題，周恩來認為：第一，「要把民族反帝的決心堅持下去，割斷和帝國主義的聯繫，讓宗教還它個宗教的本來面目」。第二，「宗教思想是唯心主義的。唯心主義和唯物主義，不同就是不同，不必隱瞞。我們只要求宗教團體擺脫帝國主義的控制，肅清帝國主義的影響。我們不搞反宗教運動。我們所遵守的約束是不到教堂裡去做馬列主義的宣傳，而宗教界的朋友也應該遵守約束，不到街上去傳教。這可以說是政府和宗教界之間的一個協議，一個默契」。第三，「宗教團體本身要獨立自主，自力更生，要建立自治、自養、自傳的教會。這樣，基督教會就變成中國的基督教會了」。

一九五〇年五月六日，周恩來對出席座談會的基督教人士再次強調說：「基督教最大的問題是它和帝國主義的關係問題。中國基督教會要成為中國自己的基督教會，必須肅清其內部的帝國主義的影響與力量，依照三自（自治、自養、自傳）的精神，提高民族自覺，恢復宗教團體的本來面目，使自己健全起來。」「宗教界（包括基督教青年會在內）要完成自己的歷史任務，各宗教之間和各教派之間就應該加強團結，聯合起來，研究怎樣服務於中國人民；就應該在民主與愛國的立場上，健全自己，使宗教活動有益於新民主主義社會。一個宗教團體，對新中國有無益處，要以愛國與民主兩個條件來鑑別。如果這個宗教團體在政治上是擁護（共同綱領）的，是愛國與民主的，那麼這個宗教團體便是對新中國有益的。」

一九五〇年五月十三日，周恩來和參加座談的基督教人士談了一個通宵，再次說明了中國政府對待基督教的態度與相互合作的誠意。他說：「兩星期來，我們是以誠相見，徹底地交談，這不是清談，而是為了合作。政府有什麼意見，中國共產黨有什麼意見，我們拿出來；你們也把自己的意見拿出來，目的是求得政府和宗教界實行好的合作。你們是有神論者，我們是無神論者，我們無意在這裡和諸位展開有神無神的爭論。我們認為，唯物論者和唯心論者，在政治上可以合作，可以共存，應該相互尊重。我們之間有合作之道。這是我們衷心的希望。我們和宗教界朋友的長期合作是有基礎的，這一點我們毫不懷疑。我們希望宗教界朋友也有這個信心。這便是所謂『共信不立，互信不生』。當然，我們也不隱諱我們之間的不同點。但是，我們可以在《共同綱領》的基礎上實行合作，這是我們一致同意的。《共同綱領》是四個階級合作的基礎。從各界來說，宗教界也是合作者之一。」「根據《共同綱領》的要求，我們必須在宗教界肅清帝國主義的影響。這不是誰來約束誰，我們大家都有這個責任。在宗教界肅清帝國主義影響，並不是說宗教界的每一個人都做了帝國主義的工具。在個人來說自己感覺沒有被利用，但是帝國主義主觀上有所要求，它們利用宗教團體，乃是事實。廣大教徒有時不免也被利用。這一點，我們非說清楚不可。這個問題說清楚了，對教會只有好處。」關於宗教信仰問題，周恩來在談話中莊重地告訴基督教人士：「誰要企圖人為地把宗教消滅，那是不可能的。蘇聯是社會主義國家，它還是有宗教的。我們絕不打算這樣做。如果我們不想要的東西就認為它不會存在，那是不符合客觀實際的。反過來說，我們是專愛基督嗎？也不是的。我們主張，在《共同綱領》的基礎上，信教的、不信教的可以共存。我們要團結和照顧到各種社會力量，使大家各得其所，同心協力，建設新中國。只有這樣，才能使社會安定，穩步前進。」座談會結束時，周恩來希望中國基督教界人士大家團結起來，爭取主動，解決問題，使基督教在中國人民的心目中觀感一新。

通過這三次談話，周恩來總理闡明了中國共產黨和人民政府對基督教的基本認識，指出了基督教在中國的前途，即：應當把宗教信仰和政治問題分開，信仰上保護，但在政治上必須擺脫帝國主義控制，完成基督教會內的反帝反封建任務，才可能跟上時代的步伐，參加到建設新中國的行列中來，並為中國人民所理解、所接受。這三次談話，進一步堅定了中國基督教界愛國人士徹底割斷和帝國主義聯繫的決心和信心。

一九五〇年七月，經過中國基督教界人士的充分討論，以吳耀宗為代表的基督教四十位教會領導人聯合發表了題為〈中國基督教在新中國建設中努力的途徑〉的宣言，向全世界宣告中國基督教決心徹底擺脫帝國主義控制，進行三自愛國的革新運動。〈宣言〉說：「基督教傳到中國，已經有一百四十多年的歷史，在這一百多年當中，它對中國的社會，曾經有過相當的貢獻。但是，不幸得很，基督教傳到中國不久以後，帝國主義便在中國開始活動，又因為把基督教傳到中國來的人們，主要的都是從這些帝國主義國家來的，基督教和帝國主義便在有意無意、有形無形之中發生了關係……為要提高我們對帝國主義的警惕，為要表示基督教在新中國中鮮明的政治立場，為要促成一個為中國人自己所主持的中國教會，為要指出全國的基督教對新中國建設所應當負起的責任，我們發表了下面這個文件。我們願意號召全國的基督教徒，為實現這個檔所提出的目標努力。」

〈宣言〉提出的總任務為：「中國基督教教會及團體徹底擁護《共同綱領》，在政府的領導下，反對帝國主義、封建主義及官僚資本主義，為建設一個獨立、民主、和平、統一和自由的新中國而奮鬥。」〈宣言〉在「基本方針」和「具體辦法」兩節中，宣布了下面幾個觀點：①中國基督教教會及團體要以最大努力及有效方法，使教會群眾清楚地認識帝國主義在中國造成的罪惡，認識過去帝國主義利用基督教的事實，肅清基督教內部的帝國主義影響；②中國基督教教會及團體要用有效的辦法，培養一般信徒愛國、民主的精神，今後應在最短期內完成過去中國基督教所提倡的自治、自養、自傳的運動，同時提倡自我批評，在各種工作上實行檢討整理，以達到基督教革新的目標；③中國基督教教會及團體，凡仍仰賴外國人才與經濟協助者，應擬定具體計畫，在最短期內，實現自力更生的目標；④今後基督教教會及團體在宗教工作方面，應注重基督教本質的深刻認識、宗派間的團結、領導人才的培養和教會制度的改進。在一般工作方面，應注重反帝、反封建、反官僚資本主義的教育，及勞動生產、認識時代、文娛活動、識字教育、醫藥衛生、兒童保育等為人民服務的工作隊。在宣言上簽名的有全國各地各派基督教領導人四十人。〈宣言〉發表以後，立即得到了中國基督教界和社會各界的熱烈歡迎。《人民日報》在一九五〇年九月二十三日全文發表了這個宣言，並為此專門發了一篇題為〈基督教人士的愛國運動〉的社論。社論說：「我們歡迎基督教人士發起的自治、自養、自傳運動……這個運動的成功，將使中國基督教獲得新的生命，改變中國人民對基督教的觀感。」全國基督徒的響應尤為熱烈，第一批在〈宣言〉上簽名表示擁護的就達一千七百二十五人，至同年十一月簽名者已逾二萬人，到該年年底達到七萬八千餘人，一九五二年年底時在〈宣言〉上簽名表示擁護的人超過了三十七萬人，即達到全國基督教信教人數的百分之六十以上。這場三自革新運動給中國基督教教會帶來了一派新氣象，各地教會紛紛在愛國主義這面大旗下團結起來，打破了帝國主義與外國差會造成的教派林立。各自為政的局面，聯合成立起地方的三自革新組織。或者共同制定三自革新章程及辦法，以推進三自革新運動的不斷深入發展。廣大愛國基督教界人士與信教群眾以大量的事實揭露帝國主義利用基督教的罪行，和企圖破壞革新運動的外國傳教士進行面對面的鬥爭，愛國覺悟大大提高。

一九五四年七月二十二日至八月六日，在北京第一次召開了在中國土地上由中國基督教徒自己選舉的代表參加的「中國基督教全國代表會議」，出席會議的有來自全國十八個省、自治區、直轄市基督教各教派和團體的代表共二百三十二人。會議宣布成立「中國基督教三自（自治、自養、自傳）愛國運動委員會」，吳耀宗當選為該會第一任主席。從此，中國基督教走上了三自愛國的道路，開始了一個嶄新的歷史階段。

中國天主教會和中國基督教會有著十分相似的問題，那就是同樣具有殖民地性質，在政治上扮演著外國帝國主義侵略中國的工具的角色，其反對中國人民爭取民族解放的政治作用和充當外國帝國主義侵華幫兇的程度，比起基督教來有過之而無不及。鴉片戰爭後，西方國家仰仗著和中國清朝政府簽訂的不平等條約，在中國擁有了「保教權」，這種「保教權」實質上是一種殖民統治的宗主權，擁有某個天主教會宗主權的國家政府，有權在其中國的勢力範圍內派遣本國的傳教士，建立由該國控制的教區並任命主教。在中國的天主教會內廣大中國天主教神職人員與教徒，備受外國傳教士的歧視，完全處在無權的地位，一八五一年天主教上海會議有這樣的規定：「教區選舉主教，外國神父當選，只要全票的三分之二；中國神父當選，則須有外國教士的全票或三分之二票。」這就是說，中國神父即使獲得中國神職人員的全票，若不能獲得外國傳教士的三分之二以上的選票，還是不能當選。天主教傳入中國四百年後，直到一九二三年才任命了第一位中國籍監牧——湖北蒲圻的成和德主教。從十九世紀中葉開始，先後到中國進行傳教活動的有八十餘個外國天主教修會，其中男修會三十八個，女修會四十七個，以義大利、法國、德國、美國和西班牙等國為多。一九四六年，天主教羅馬教廷宣布在中國實行聖統制，把中國畫分為二十個教省，八十五個主教區，三十四個監牧區，四個自立與自治教區，共一百四十三個教區。二十個教省中只有三位總主教是中國人，而且並不掌握實權。為此西安等地發生中國教徒奮起抵制外國籍主教的事件，在全中國教徒中引起強烈回響，但最終都沒有成功。

外國控制的中國天主教會在政治上極力反對中國人民為爭取民族獨立的鬥爭。一九三一年日本帝國主義強占我國東北三省，接著又扶植溥儀成立偽滿洲國傀儡政權。梵蒂岡天主教羅馬教廷卻不顧中國人民的反對，公然在外交上承認了偽滿洲國政府。新中國成立前夕，許多地方的中國天主教內的外國神職人員公開造謠攻擊詆毀中國共產黨，煽動教徒起來反對中國人民的革命運動。一九五〇年八月，在新中國剛剛成立不到一年的時候，天主教羅馬教廷駐華公使黎培里發布羅馬教廷聖職部的命令，悍然禁止中國教徒參加「在共產黨的指示和贊助之下」成立的各種民間組織，在山西太原的外國天主教傳教士欺騙中國教徒說：「入黨入團戴紅領巾就是背教，死後靈魂不能得救，父母也要跟著下地獄。」天主教會中一些外國傳教士在中國的這些行徑，使天主教在中國人民的心目中的印象極不光彩，廣大中國天主教徒也因此蒙受到恥辱。對此愛國的天主教神職人員和廣大教徒群眾早已忍無可忍，他們要求進步，贊成中國共產黨的領導，願意和全國人民一起建設自己的國家，對於改變中國天主教這種殖民地狀態的呼聲，更為高漲。

一九五〇年十一月三十日，屬於中國天主教成都教區的四川省廣元縣神父王良佐等人共同發起召開大會要求實現天主教會的革新，大會向全國發表了〈自立革新宣言〉。這一宣言提出：天主教傳入中國以後，帝國主義者即百般利用教會，作為侵略的先鋒。現在我們獨立、民主、自由的新中國建立起來了，我們基於愛祖國、愛人民的立場，堅決與帝國主義者割斷各方面的關係，自力更生，建立自治、自養、自傳的新教會。不讓教會的純潔，再受帝國主義的玷污。四川廣元天主教神職人員與教徒群眾五百餘人發表的這一〈宣言〉，像春雷一樣震撼了祖國大地，立即得到了全國天主教徒和愛國神職人員的回應，一場要求天主教脫離帝國主義控制和聲討外國帝國主義傳教士在全國展開。中國天主教內的外國傳教士對此十分恐慌，企圖以切斷中國教會經費來源相要脅。中央人民政府當即做出反應，沒收一切外國教會在華的財產，根據教育和宗教相分離的原則，將教會舉辦的普通學校、醫院、社會福利機構收歸國有；教會自管財產，包括神修院校，交由中國教會所有，粉碎了他們的陰謀。

一九五一年一月八日，《人民日報》發表了題為〈歡迎天主教人士的愛國運動〉的社論，對天主教界的反帝愛國運動表示支持。一月十七日，當時的中央人民政府政務院文教委員會舉行茶話會，邀請四十多位華北地區的天主教人士座談，周恩來總理向天主教界人士闡述了政府的宗教信仰自由政策，並對他們的愛國行動表示支持。

一九五六年二月，四川省南充教區主教王文成、河北省獻縣教區主教趙振聲、陝西省周至教區主教李伯漁、湖北省襄陽教區主教易宣化等三十六位主教、代主教、副主教和神父、教徒聯合發起成立「中國天主教友愛國會籌委會」，〈發起書〉表示：「熱愛祖國、服從政府原是天主的誡命，吾主耶穌說的『把撒肋（凱撒）的歸責撒肋，天主的歸天主』分明指示我們有愛祖國愛教會的神聖職責。聖伯多祿（彼得）、聖保祿（保羅）家徒以及歷代聖徒也曾訓誨我們該如何服從政府。自古為祖國為正義犧牲的聖人們，如聖女貞德等，都得到了聖教會的崇高尊敬。這都確切證明：愛護祖國為每一個神長教友的本分，因而愛國愛教是分不開的。」

經過一年多的籌備，一九五七年七月十五日至八月十二日，中國天主教友代表會議在北京舉行。陝西省周至教區主教李伯漁做了〈中國天主教友愛國運動情況和今後任務〉的報告，報告系統地介紹了六年多來全國各地天主教徒反帝愛國運動的情況，強烈譴責了外國傳教士和天主教羅馬教廷不允許中國天主教徒愛自己國家的種種謬論。指出：「愛國是公民的神聖職責。國家由全體人民組成，每個人民都是國家的一份子，也都是國家的主人，國家的安危，與人民的禍福息息相關。為了國家的富強和人民的幸福，全國人民都有責任保衛祖國建設祖國，我們天主教友都是人民的一份子，愛國當然也義不容辭。況且，我們愛國，還有另外一重大意義，因為國家是從天主來的，愛國又是天主的誡命。」「聖教會從來認為愛國不但是良心的責任，而且是遵守誡命的超性功勞。」會議期間，羅馬教廷傳信部不顧上海教區一再提供正式情況，無理否認上海教區選出張士琅為代理主教的合法性，激起了與會代表極大的憤慨，通過了〈對羅馬教廷否認上海教區合法代理主教張士琅的抗議〉，嚴正聲明：「上海教區依法選舉張士琅為代理主教，既合乎法典規定，也合乎教區利益。我們完全支持上海教區神長教友這種站穩中國天主教友立場，維護教區利益，反對羅馬教廷破壞上海教區的正義行為。羅馬教廷無理剝奪上海教區的合法權利的『命令』，是錯誤的，無效的，絕不能接受的。」天主教羅馬教廷干涉中國天主教徒愛國的行為，再一次深刻地教育了參加會議的代表，會議認真地討論了今後中國天主教會和天主教羅馬教廷的關係問題，最後做出了這樣的決議：「會議一致認為，為了祖國的利益，為了教會的前途，中國天主教會必須徹底改變舊中國時代帝國主義給我們教會的殖民地半殖民地狀態，實行獨立自主，由中國神長教友自己來辦，在不違反祖國利益和獨立尊嚴的前提下，和梵蒂岡教廷保持純宗教的關係，在當信當行的教義教規上服從教宗。但必須徹底割斷政治上、經濟上和梵蒂岡教廷的關係，堅決反對梵蒂岡教廷利用宗教干涉我國內政，侵犯我國主權、破壞我們正義的反帝愛國運動的任何陰謀活動。」

從以上事實可以看出，中國天主教走上獨立自主、自辦教會的道路，是中國人民近代反帝反封建鬥爭的重要組成部分，同時也是天主教羅馬教廷干涉和反對中國天主教徒反帝愛國運動的結果。八月二日會議閉幕，通過了中國天主教愛國會章程，正式成立了「中國天主教友愛國會」（後改為「中國天主教愛國會」）。章程規定，中國天主教友愛國會為中國天主教神長教友組成的愛國愛教的群眾性團體。其宗旨為，團結全國神長教友，發揚愛國主義精神，積極參加祖國社會主義建設和各項愛國運動，保衛世界和平，並協助政府貫徹宗教信仰自由政策。會議選舉出由一百五十位主教、代主教、神父、修女、教徒代表組成的中國天主教友愛國會委員會，其中五十位為常務委員，瀋陽教區總主教皮漱石當選為第一任主席。中國天主教從此開始了新的歷史進程。

一九五八年四月，由於外國傳教士離開了中國，中國的許多教區主教空缺，為了正常開展教務方面的活動，漢口、武昌等地教區的神父、修女和教徒代表經過嚴肅認真的研究，選出董光清、袁文華等神父為這些教區的主教，並根據天主教的傳統向天主教羅馬教廷做出報告。天主教羅馬教廷對此不僅不予認可，竟以要給予「絕罰」相威脅。中國天主教愛國神職人員與廣大教徒得知消息後，再也不能忍受天主教羅馬教廷的無視中國天主教的無理指責，由此，最後徹底斷絕了和羅馬教廷的一切聯繫，成為中國天主教徒完全獨立自主自辦、主教由中國天主教會自選自聖的自辦的宗教事業。由於天主教羅馬教廷敵視中國的立場與態度，這種關係一直保持到今天。

二、尊重宗教信仰自由的一貫主張

尊重宗教信仰自由是中國共產黨的一貫主張，而非權宜之計。這一點可以追溯到中國共產黨初創時期。對於宗教問題，中國共產黨從一成立就依據馬克思主義的基本原理，結合中國的實際情況，提出一套適合中國國情的政策，堅持執行宗教信仰自由的原則。建黨初期，中國共產黨就確立了在中國領導新民主主義革命和最終實現共產主義的最低綱領和最高綱領，明確指出，在這一革命鬥爭中一切勾結帝國主義的軍閥、官僚、買辦階級、大地主階級都是革命的對象和敵人，半無產階級、農民、小資產階級和中產階級是革命的朋友和團結的對象，工人階級是革命領導力量。只要是革命的階級和人士，不分黨派、宗教和階級，都是我們黨團結的朋友。一九二七年，毛澤東在〈湖南農民運動考察報告〉中，對於中國農民信仰宗教的問題提出了明確的主張。在這篇著名的論文中他批駁了當時一些人對農民運動的指責，一方面指出廣大農民要爭取政治上、經濟上的翻身解放，只有依靠自己起來鬥爭；另一方面又堅決認為「菩薩是農民立起來的，到了一定時期農民會用他們自己的雙手丟開這些菩薩，無須旁人過早地代庖丟菩薩」，「別人代庖是不對的」。

一九三一年，在中國共產黨領導的江西中央根據地制定的《中華蘇維埃憲法大綱》中明確規定：「中華蘇維埃政權以保障工農勞苦民眾有真正的信教自由為實際目的。」一九三四年，中國共產黨領導下的工農紅軍在著名的二萬五千里長征途中，經過西南地區藏族同胞聚居的地方和西北地方回族同胞聚居的地方時，儘管當時條件很差，受到國民黨數十萬大軍的前堵後追，仍堅定不移地執行宗教信仰自由政策和尊重少數民族風俗習慣的原則，嚴格要求全體紅軍指戰員要「保護藏族寺院」，「保護回漢民族信教自由」，「反對傷害回、番民族的風俗習慣和宗教感情」，規定軍隊不得進入喇嘛廟和清真寺。當時擔任中國共產黨中央副主席的周恩來強調指出：「我們現在的大多數地方都是民族地區，一方面我們要認真對付敵人，一方面要注意加強組織紀律，尊重少數民族的宗教信仰和風俗習慣。」工農紅軍的這些主張與行動，一直為西南、西北地方的信教群眾所稱頌。抗日戰爭期間，在中國共產黨領導的陝甘寧邊區同樣實行了宗教信仰自由的政策，邊區政府的《陝甘寧邊區施政綱領》第六條規定：「保證一切抗日人民（地主、資本家、農民、工人等）的人權、政權、財權及言論、出版、集會、結社、信仰、居住、遷徙之自由權」。

抗日戰爭勝利前夕，毛澤東在闡述中國共產黨對戰後應建立一個什麼樣的國家的主張時，再次向全國人民宣告：「根據信教自由的原則，中國解放區容許各派宗教存在。不論是基督教、天主教、回教、佛教及其他宗教，只要教徒們遵守人民政府法律，人民政府就給以保護。信教和不信教的各有他們的自由，不許加以強迫或歧視。」

一九四九年九月，新中國成立前夕在北京召開的中國人民政治協商會議第一屆全體會議，通過了《共同綱領》。在第五條規定即將成立的中華人民共和國人民有思想、言論、出版、集會、結社、通訊、人身、居住、遷徙、宗教信仰等自由權。中華人民共和國成立後，從一九五四年召開第一屆全國人民代表大會起，歷屆全國人民代表大會通過或修訂的「中華人民共和國憲法」都明確規定了：中華人民共和國公民有信仰宗教和不信仰宗教的自由權。

一九五二年，中央人民政府主席毛澤東在接見西藏地方致敬團時，再次聲明：「共產黨對宗教採取保護政策，信教的和不信教的，信這種教或信別種教的，一律加以保護，尊重其宗教信仰，今天對宗教採取保護政策，將來也仍然採取保護政策。」

一九五七年二月毛澤東在他的〈關於正確處理人民內部矛盾的問題〉一文中，又一次強調指出：「企圖用行政命令的方法，用強制的方法解決思想問題、是非問題，不但沒有效力，而且是有害的。我們不能用行政命令去消滅宗教，不能強制人們不信教。不能強制人們放棄唯心主義，也不能強制人們相信馬克思主義。」

對於中國憲法上規定的公民有宗教信仰自由的涵義，中共中央統一戰線工作部部長李維漢曾在一九五八年做出過如下解釋，他說：「公民有信仰的自由，這裡也包含有不信仰的自由，有改變信仰的自由。我們歷來就是這樣解釋的。完全的說法是：每個公民既有信仰宗教的自由，也有不信仰宗教的自由；有信仰這種宗教的自由，也有信仰那種宗教的自由；在同一個宗教裡面，有信仰這個教派的自由，也有信仰那個教派的自由；還有，過去不信仰現在信仰的自由，過去信仰而現在不信仰也有自由。」

在舊中國，絕大多數信教群眾是勞動人民，他們生活在社會的最底層，受到帝國主義和封建制度的殘酷剝削與壓迫，進廟燒香拜菩薩，只是嚮往著美好的生活。天主教、基督教雖然是在帝國主義大砲支援下進入中國並得以發展的，但大多數的信徒同樣是勞動人民，據建國前夕統計，有百分之七十的信徒生活在農村，他們和全國其他勞動群眾一樣，是受壓迫受剝削的。由於沒有一種宗教能在中國占有絕對的統治地位，由於近一百多年來中國逐步淪為半封建半殖民地的地位，受到國外帝國主義與國內封建勢力的雙重壓迫，各宗教中的上層教徒和宗教職業人員除極少數人完全依附帝國主義和封建勢力外，大多數人都對民族受到外國侵略和社會嚴重不公懷有不滿。

中國共產黨是以馬克思主義為指導的工人階級的先鋒隊，不贊成宗教唯心主義和宗教教義，但從來認為「可以和某些唯心論者甚至宗教徒建立在政治行動上的反帝反封建的統一戰線」。

一九三一年由賀龍率領的工農紅軍紅三軍曾以湖北武當山為根據地開展鬥爭，武當山道觀的道士在紫霄宮住持、道總徐本善的帶領下支持幫助紅三軍醫治傷員。抗日戰爭爆發後，面對著日本帝國主義的侵略，有更多的宗教界人士加入中國共產黨，其中具有代表性的人物有：天主教的馬相伯，基督教的吳耀宗、鄧裕志、劉良模，佛教的圓痪、巨贊、趙樸初，伊斯蘭教的達浦生等。道教聖地江蘇省茅山和廣東省羅浮山分別成了新四軍和華南抗日縱隊的根據地。中華人民共和國成立以後，一些宗教界的代表人物被選為各級人民代表和政協委員，有的還被任命人民政府的領導職務，直接參與管理國家。對於新中國建立後，中國共產黨和宗教界愛國人士統一戰線的任務，李維漢做了十分確切的概括，他說：「我們的任務，就是團結各種信教的和不信教的人民群眾，共同進行反對階級壓迫和自然壓迫的解放鬥爭；而不是用有神論和無神論，用信教和不信教或者信什麼教的問題，來分裂人民群眾的革命團結，妨害人民群眾的解放鬥爭。統一戰線是按政治畫分的，不是按照宗教信仰畫分。有神論和無神論是世界觀問題，只要政治一致，就可以而且應當團結起來，共同奮鬥。只有這樣，才符合整個革命鬥爭的利益，包括宗教界一切愛國人士的利益在內。」

三、中國宗教五性的提出

對於宗教和人們信仰宗教的問題，建國後存在許多不同的看法。一些人認為既然宗教在階級社會中曾經充當過統治階級統治人民的工具，是「麻醉人民的鴉片菸」，在意識形態上屬於唯心主義的思想體系，和馬克思主義唯物論是相對立的，現在我們建設社會主義，宗教不可能長期存在，也不需要長期存在。這種把複雜的社會現象簡單化的觀點，在「以階級鬥爭為綱」的思想指導下，再加上受國際上某些錯誤理論的影響，就產生了在宗教問題上的「左」的錯誤看法與錯誤做法，同時也引起了宗教界人士與廣大信教群眾的疑慮。針對這些情況，以周恩來、李維漢為代表的老一輩無產階級革命家，堅持馬克思主義、毛澤東思想對於宗教問題的正確觀點，進行了耐心的說服教育。

周恩來說：「有的宗教界朋友擔心，既然經濟基礎的改革會影響到思想方面，那麼，是否也會影響到宗教呢？經濟基礎的改革對思想方面有影響是必然的。但是，思想方面的變化，不會像政治制度的改革那樣發展。思想變化的過程是最慢的。信仰宗教的人，不僅現在社會主義的國家裡有，就是將來進入共產主義社會，是不是就完全沒有了？現在還不能說得那麼死。現在我們只把宗教信仰肯定為人民的思想信仰問題，而不涉及政治問題。不管是無神論者，還是有神論者，不管是唯物論者，還是唯心論者，大家一樣地能夠擁護社會主義制度。我們共產黨內有很多農民黨員，他們擁護社會主義制度，參加合作社，做得很積極。他們的經濟是社會主義的集體經濟，在組織上是按合作社的章程辦事，並且有許多人是鄉政權的幹部。他們在政治上、思想上都適合社會主義經濟制度的要求，但是，一到了晚上，有的就怕鬼。你說所有的共產黨員都不怕鬼，我就不相信。人的思想有各種各樣，只要他不妨礙政治生活，不妨礙經濟生產，我們就不要干涉。宗教是會長期存在的，至於將來發展如何，要看將來的情況。但是，只要人們還有一些不能從思想上解釋和解決的問題，就難以避免會有宗教信仰現象。有的信仰具有宗教形式，有的信仰沒有宗教形式。宗教界的朋友們不必擔心宗教能不能存在。按照唯物論的觀點，當社會還沒有發展到使宗教賴以存在的條件完全消失的時候，宗教是會存在的。現在應該擔心的不是宗教能不能存在，而是民族能不能繁榮。」

李維漢說：「人們對自然和社會必然性的認識和能力隨著人類實踐歷史的發展而逐漸增加，社會剝削的消滅，生產力的徹底解放和高度發展，科學和文化的高度發展和廣泛普及，最後要導致廣大人民解除有神論和宗教信仰的束縛。但是，這是要經過一個很長時期才能逐漸解決的問題。這樣，宗教就有它的群眾性和長期性。在我國，一部分宗教又帶有民族性和國際性。宗教的影響在一定範圍內，既廣已深，它影響到民族關係，有的還影響到國際關係，所以我們要做宗教界的統戰工作。有些人不懂這一點。他們看不見宗教的群眾性、民族性、國際性和它的長期性，他們只看見宗教是迷信，是鴉片煙。因此他們不允許人們自由信仰，用行政手段禁止這種精神鴉片，甚至採取粗暴的手段。他們不懂得：允許自由信仰，正是為了在政治上團結宗教徒，爭取宗教影響下的群眾和廣大人民一道，為了解放和發展生產力，為了在長時期內逐漸地消滅宗教的根源。允許這個消極方面的自由，是為了達到積極的目的。這些問題，要在道理上講透，在政策上做妥當處理。」

李維漢提出的中國宗教所具有的群眾性、民族性、國際性、長期性和複雜性，為許多人所接受，認為反映了中國宗教的基本社會屬性，這五性是：宗教的長期性，宗教的群眾性，宗教的民族性，宗教的國際性，宗教的複雜性。我們下面介紹它的具體內容：

(一)長期性

在社會主義社會，宗教是長期存在的社會現象，宗教的自然消亡還十分遙遠。所以說，宗教具有長期性。

按照歷史進化論的思想觀點，宗教是人類社會發展到一定階段的歷史現象，有其發生、發展和消亡的客觀規律。原始人類思維發展到一定的程度產生了抽象思維。由於原始社會的生產力極其低下，人們對自身生活以及自然界的現象無法解釋，出現對自然的恐懼和崇拜，進而產生了圖騰崇拜，這是宗教產生的自然根源。進入階級社會以後，除了自然力量以外，社會力量產生了作用，以社會經濟地位不同而產生的階級壓迫和階級剝削造成的巨大苦難和絕望，形成盲目的異己力量對人們的支配，這是宗教產生的社會根源。在自然崇拜和圖騰崇拜的基礎上產生了一神教，然後產生了世界宗教。可見宗教的歷史與人類的抽象思維同步，與人類文明的歷史同步。宗教經歷了原始社會、奴隸社會、封建社會、資本主義社會和社會主義社會五種社會形態，至今仍然是社會的一種不可或缺的文化現象和文化載體，對人類的思想意識、文化形態、心理素質、法律思想、政治制度等都產生了不可忽視的影響，宗教的影響將會長期存在和延續下去。

宗教賴以產生、存在和發展的自然根源、社會根源和認識根源，按照馬克思主義的觀點，深深植根於社會關係之中，從發展的趨勢來看，宗教產生的三大根源在相當長的歷史階段中是不會消失的。即使是在我國社會主義社會，社會生產力儘管有了極大的發展，人們的物質生活儘管有了很大的改善，人們征服自然的能力儘管有了很大的進步，但是，社會物質財富並沒有極大豐富，人與人之間的關係遠非盡善盡美，人們對整個自然界的認識，只是對無限物質世界認識的一個局部。人們征服自然、駕馭自然的能力還十分有限，因此，宗教產生的自然根源和社會根源遠遠沒有消除。只有當人們對無限物質世界的認識達到很高的程度，由現在「謀事在人，成事在天」轉變為「謀事在人，成事也在人」的時候，當人們「實際日常生活的關係，在人們面前表現為人與人之間和人與自然之間極明白而合理的關係的時候」，宗教產生、存在和發展的自然根源和社會根源才會自然消亡。而要達到上述目標，需要全人類一個長而又長的共同奮鬥過程。這個目標，顯然在社會主義社會的幾代人，特別在社會主義初級階段是遠遠達不到的。宗教產生的根源長期存在，宗教也就必然長期存在。

(二)群眾性

宗教的群眾性體現在如下方面：首先從上面介紹的宗教信仰現狀來看，當今世界信仰宗教的人數仍在發展中，而信仰宗教的人們絕大多數是人民群眾。在我國，信仰宗教的群眾在總人口中所占比例不大，但絕對數字不小。以出家佛教徒為例，五〇年代對外報導的數字是五十萬人。在家信眾的估計數字，當時周總理對外賓說是一億以上。其他宗教的信徒，一九九一年〈中國人權狀況白皮書〉公布的數字是：伊斯蘭教一千七百多萬人，天主教三百五十萬人，基督教四百五十萬人（現在是六百五十萬人），道教在我國群眾中也有相當的影響。今天，宗教在我國為廣大群眾所信奉的狀況沒有根本改變。這些信仰宗教的群眾，是分布在全國各地區、各民族、各行各業積極為社會主義現代化努力奮鬥的基本群眾。儘管「文革」中林彪、「四人幫」大搞滅教運動，但宗教界始終沒有改變對共產黨的信賴和愛國主義的立場。宗教信仰自由政策恢復以來，中共十一屆三中全會以後有的地方信教人數不是減少了，而是增加了，如東南沿海地區就是如此。

宗教工作關係到億萬群眾的思想信仰問題，宗教工作同時就是群眾工作。毛澤東指出：「因為這是個群眾問題，群眾有那麼多人信教，我們要做群眾工作，我們卻不懂得宗教，只紅不專。」還說：「既然人民群眾還去教堂，為了接近、團結群眾，我們也應該進教堂。」充分說明宗教工作與群眾工作密不可分。

在國外，信仰宗教的人數更為眾多。東歐一些前社會主義國家做了幾十年無神論宣傳，但信仰宗教的人數仍占總人口的百分之六十到百分之九十五不等。蘇聯解體前，儘管做了七十年的無神論宣傳，信仰宗教的人數仍占總人口的百分之五十以上。宗教的群眾性在國際上也鮮明地體現出來。

宗教在港、澳、台同胞中和旅居海外的僑胞中，受到廣泛信奉和尊重，有很深的群眾基礎和影響。發揮宗教的獨特優勢，爭取、團結港、澳、台同胞和海外僑胞維護祖國統一，促進一國兩制的實施，吸引他們回內地和大陸投資，加快我國經濟發展，都有極為重要的意義。這是宗教的群眾性。

(三)民族性

我國宗教有鮮明的民族性。我國的漢族主要信仰佛教、道教、天主教和基督教。我國的許多少數民族分別信奉佛教、伊斯蘭教，也有信奉天主教和基督教的。我國有回族、維吾爾族、哈薩克族、塔塔爾族、柯爾克孜族、烏孜別克族、塔吉克族、東鄉族、撒拉族、保安族等十個民族廣泛信仰伊斯蘭教；有漢族、白族、滿族、彝族、朝鮮族、壯族、瑤族、土家族、布依族、侗族、拉祜族、高山族、毛南族、京族、僾佬族等十七個民族信仰漢傳佛教；藏族、蒙古族、漢族、土族、羌族、納西族、普米族、門巴族、裕固族、洛巴族、達斡爾族、鄂溫克族、柯爾克孜、赫哲族、鄂溫克族、錫伯族、怒族等十七個民族全民或者部分信仰藏傳佛教；傣族、佤族、景頗族、德昂族、阿昌族、布朗族等六個民族全民或者部分信仰上座部佛教；漢族、苗族、瑤族、彝族等眾多民族中，有相當一部分群眾信仰天主教和基督教；道教在漢族和一些少數民族中也有廣泛的傳播。此外還有許多少數民族信仰原始宗教和本民族的宗教，有許多少數民族的宗教信仰與民族感情互相交織，融為一體，有的宗教節日或宗教儀式同時也形成了民族的傳統節日，這是宗教的民族性。

(四) 國際性

宗教的國際性是宗教的一項重要特性。佛教、伊斯蘭教和基督教被稱為三大世界宗教，占據世界信仰宗教人數的主流派地位。基督教廣泛分布在世界五大洲，以歐、美、澳三大洲最為集中，以歐美等西方經濟發達國家最為盛行，信徒數量約占世界總人口的三分之一；伊斯蘭教主要流傳於亞洲、非洲的西亞、中亞、北非、南亞次大陸等廣大地區，信教人數約占世界總人數的百分之十七。佛教主要分布在東北亞、南亞和東南亞一帶，目前在歐洲、美洲、澳洲等也有廣泛流傳，信教人數占世界總人口的百分之六。有許多國家以某一宗教為國教，如泰國、緬甸、斯里蘭卡等國以佛教為國教；有伊朗、沙烏地阿拉伯等四十五個國家以伊斯蘭教為國教。印度教為中印半島國家所信奉。還有世界各地人們信奉著許多地方性的民族、民間或部族宗教。

我國現有的宗教中，佛教、伊斯蘭教、基督教是世界性宗教，道教在世界各地也有傳播。我國的信教群眾與國際上信仰同一宗教的信徒之間，因信仰上的一致而產生認同感。因此，各國宗教徒歷來有互相交流的優良傳統。二戰以後，隨著各國宗教界人士友好交往的日益發展和擴大，產生了許多世界性宗教組織，如「世界宗教者和平會議」、「世界佛教徒聯盟」、「世界宗教徒聯合會」等。世界宗教徒之間的友好合作，是促進各國人民之間友好交流的重要渠道之一。在許多國家中，宗教是受到普遍尊重的，甚至有的國家要求本國公民必須信仰某一種宗教，政府和社會各界對待宗教很寬容。在當代，國際間宗教的友好交流，是維護世界和平的一支重要力量。因此，在中國，落實好宗教信仰自由政策對於擴大中國的政治影響，加強中國與世界各國人民的友好關係，對於促進中國的改革開放、經濟發展，維護亞洲和世界和平具有重要的現實意義。

(五)複雜性

宗教的複雜性，除前面所說的宗教的長期性、群眾性、民族性、國際性這四個方面構成了宗教的複雜性外，還有如下幾點：宗教意識、宗教思想經過了數萬年流傳，系統宗教也經過了兩千多年的發展和演變，宗教既打上了古老社會的各種烙印，又隨著社會歷史的發展而不斷汲取新營養加以充實，其教義、教理、宗教儀式和宗教感情也不斷隨著時代的發展發生契理契機的變化。

就信仰宗教的群眾來說，有不同的階級、階層信仰同一種宗教的，也有同一個階級、階層信仰幾種不同宗教的；就信仰宗教的民族來說，有不同的民族信仰同一種宗教的，有同一個民族信仰幾種不同宗教的。各民族之間，各階級、階層之間，其宗教儀式、信仰程度、宗教心理、宗教感情等都異彩紛呈、千差萬別，宗教與民族習慣、民族文化互相交織、互相融和，表現出複雜的形態。

宗教的國際性中，世界上各個國家和地區因地理環境、文化傳統、政治制度、經濟發展、科學技術等各種因素千差萬別，宗教也千姿百態，各有千秋。

宗教表現形式的多樣性。撇開一切地方性的、古老的、原始的形形色色的民族宗教不談，單就世界三大宗教來說，每一宗教、每一教派又在歷史上形成了難以數計的宗派，各個宗派又組成了各種各樣的宗教組織，創制了各種各樣的宗教經典和宗教儀式等，其錯綜複雜的情況難以盡述。

宗教的教義、教理、教規等各種經典、著述浩如煙海，就連某一宗教、某一教派學富五車的學者也不可能完全掌握、徹底搞清。

宗教思想內容的豐富性。宗教的教理、教義和思想經過長期的歷史發展，其中有一神的、有多神的、有泛神的乃至包含無神因素的，形而上學的乃至包含辯證因素的，有唯心的乃至包含唯物因素的，不可一概而論、一律打倒。宗教與各種意識形態，如哲學、文學、藝術、法律、教育、科技等互相交叉，互相影響，相互作用，更表現了宗教的複雜性。

在當代，宗教與各種文化現象互相碰撞，互相融會，其內部成分不斷分解組合，又不斷產生出新的宗教思潮和派別，出現新的宗教形式。宗教與政治有千絲萬縷的聯繫。宗教不等於政治，宗教與政治屬於兩個不同的範疇，政治立場相同的人，往往信仰幾種不同的宗教，政治立場不同的人又往往信仰同一種宗教；但是，宗教與政治又有聯繫，在階級社會裡，宗教不僅為剝削階級提供了統治的理論，而且也曾給進步階級的革命鬥爭提供了意識形態的外衣。

宗教的複雜性還表現在宗教的普遍性和適應性上，到現在為止，宗教在一切社會形態、一切國家、一切民族、一切種族、一切階級和階層中，都有程度不同的存在和發展，具有無可比擬的文化繼承性和社會適應性。這一切都說明宗教的複雜性。

四、歷史的曲折與教訓

「文化大革命」前十七年的宗教工作，是在全國社會主義革命和社會主義建設的大形勢下進行的，不能不受到外部大環境的左右。在中華人民共和國建國以後至「文化大革命」這一時期，以毛澤東為核心的第一代黨和國家領導集體，根據馬克思、列寧主義的基本理論，結合中國革命的實踐，摸索和總結一整套對待中國宗教問題的正確政策與方針，在堅持實行宗教信仰自由的同時，積極引導中國各宗教改變舊時代那種依附帝國主義、封建勢力並受其控制利用的殖民地半殖民地性質，使各宗教的發展跟上時代的變化，這一系列政策措施，總的來說是符合中國國情的，因此取得了很大成績，這是無可否認的事實。

從一九五七年以後，由於受前蘇聯「無神論」宣傳的影響，中國在宗教問題上逐漸脫離了中國宗教的實際，「左」的指導思想逐漸滋長，六〇年代中期更進一步發展起來，特別是「文革」十年，國家和人民遭受到巨大的劫難，宗教界受到嚴重衝擊。

從五〇年代後期開始的中國範圍的反右擴大化和「大躍進」運動，其影響也波及到了宗教方面。在宗教界開展的反右鬥爭，同樣存在著擴大化的錯誤，包括中國道教協會第一任會長岳崇岱在內的一些宗教界人士被錯誤地戴上了右派分子的帽子。一九六二年九月中共中央召開的八屆十中全會上，毛澤東把社會主義社會中一定範圍存在的階級鬥爭擴大化和絕對化，提出無產階級和資產階級的階級矛盾是中國社會的主要矛盾，在整個社會主義歷史階段資產階級都將存在並企圖復辟，要求中國人民充分認識資本主義復辟的危險性，階級鬥爭必須年年講、月月講、天天講。一九六四年五月，毛澤東在中央召開的工作會議上，進一步提出中國會不會出修正主義，會不會出赫魯雪夫和出了赫魯雪夫怎麼辦的問題。在這次會議上點名批評了中央主管宗教工作的中央統戰部，認為「要向資產階級投降」。當時擔任中央統戰部主要領導人的李維漢因此被羅織了「維護民族上層利益，反對少數民族地區的革命鬥爭，維護宗教勢力，攻擊黨對宗教制度的民主改革」等等罪名，受到批判。

在這一歷史背景下於一九六二年十二月至一九六三年一月召開的第七次全國宗教工作會議，對當時的宗教情況也做出了與實際不相符合的錯誤估計，由此制定了錯誤的工作方針。會議認為：「從一九六二年以來，宗教方面的階級鬥爭是很激烈的，部分披著宗教外衣的反動份子明目張膽地向黨進攻，地主富農份子也利用宗教進行復辟，相當多的宗教界人士千方百計地擴大宗教的勢力和影響。漢族地區有這個問題，少數民族地區同樣有這個問題。」

根據這一精神，一九六三年六月十四日國務院宗教事務局下發了文件，要求在宗教界人士中，開展以反帝、愛國、守法為主要內容的愛國主義、國際主義、社會主義的階級教育（簡稱「三個主義」教育），提出要以階級鬥爭觀點認識問題，揭開宗教界的階級鬥爭蓋子。在這期間，當時擔任公安部長、後來因「文化大革命」中參與林彪、「四人幫」集團犯罪活動而被開除中國共產黨黨籍的謝富治，還提出了天主教是「地主黨」、「帝國主義別動隊」等論調，要求全國通過社會主義教育運動來解決問題，把原來已經左的錯誤推到了極為嚴重的程度，造成了很壞的社會效果。「三個主義」教育從一九六四年起，在各個宗教團體進行，帶來的一個直接後果就是不適當地誇大了當時宗教問題上存在的所謂「階級鬥爭」，混淆了人民內部和敵我之間兩類不同性質的矛盾。在「揭開宗教界的階級鬥爭蓋子」的過程中，錯誤地把一些宗教界人士當作了人民的敵人，加以批鬥，其中有中國佛教協會會長喜饒加措等著名人士。同時，也嚴重地傷害了廣大信教群眾的感情。但是，這些錯誤當時還只是局部的，沒有達到支配整個宗教工作的全局。宗教信仰自由政策雖然開始受到了不同程度的曲解和破壞，但就中國而言仍然在貫徹執行，宗教活動場所和宗教團體的活動還能夠比較正常地進行。然而，這種「左」的傾向正在全社會加重，後來成了「文化大革命」中衝擊宗教的理論根據。

一九六六年五月至一九七六年十月，在中國發生的「文化大革命」，是一場歷史性的浩劫，使共產黨、國家和人民遭受了一次建國以來最嚴重的挫折和劫難。「文化大革命」不是、也不可能是任何意義上的文化革命，而是一場社會大動亂大破壞。發生這場大浩劫的原因是十分複雜的。「文化大革命」的主要目的不是反宗教，而是為了「無產階級專政下繼續革命」，是要把所謂被「走資派篡奪的那些權力」重新奪回來。但是，「文化大革命」是以極「左」的面目出現的，以紅衛兵「破四舊」的形式開始的，因此，宗教自然而然地成了這一場大浩劫的一個犧牲品。

一九六六年五月十六日，當時的中共中央公布了關於開展「文化大革命」的通知，即「五一六通知」，同年六月一日，〈人民日報〉刊登了題為《橫掃一切牛鬼蛇神》的社論，矛頭指向了所謂的「走資本主義道路的當權派」，把宗教界和文化知識界、愛國民主人士等都被列入了走資派的社會基礎「牛鬼蛇神」的行列。八月二十三日，紅衛兵上街「掃四舊」，一切被視為「四舊」的東西，統統被勒令封閉或破壞，寺廟、教堂被迫關閉或改作他用；寺廟教堂內的文物、圖書以及宗教用品、神像佛像大量被搗毀；宗教界人士被集中學習或離開寺廟教堂從事生產勞動；其中不少人遭到了批判和鬥爭。隨著運動的發展，建國以來中國共產黨和人民政府制定貫徹的關於宗教工作一系列正確的政策，被扣上了「一條又黑又粗的反革命修正主義路線」的帽子。受到批判；各級黨委統戰部門和各級政府宗教工作部門被說成是在「執行修正主義、投降主義」，是「牛鬼蛇神的保護傘」。

一九六七年，從中央到地方各級黨政負責宗教工作的部門全部被撤銷，這些部門的各級領導幹部都遭到了殘酷鬥爭和批判，接著和其他部門一起，全體工作人員及其家屬被下放到農村、工廠或「五七幹校」，參加體力勞動接受「工農兵再教育」。這以後，黨和政府的宗教工作完全被取消，群眾的宗教信仰自由的權利被剝奪，一切公開的宗教活動被禁止，宗教團體、宗教院校，以及各地的寺廟、宮觀、教堂幾乎全部被停止了活動。整個中國只留下了經國務院特別批准的北京市宣武門天主教堂、米市大街基督教堂、東四清真寺和上海市桃園清真寺幾座宗教活動場所，只供在華外國信徒使用。

「文化大革命」中，對於宗教政策、宗教工作、宗教活動及群眾的宗教信仰的摧殘，完全違背了馬克思主義、列寧主義、毛澤東思想關於宗教問題的科學論斷，也違背了中國共產黨建黨以來一貫堅持的對待和處理宗教問題的方針和政策。因此，嚴重地破壞了全國各民族的團結，破壞了在反封反帝長期鬥爭中建立起來的黨群關係、政群關係和軍民關係。大大激化了民族地區的民族矛盾和人民內部矛盾，卻給國內外敵對勢力以可乘之機，給中國的建設事業和社會穩定帶來了不可估量的損失。

五、新時期中國共產黨和政府宗教工作的基本任務

中共十一屆三中全會以後，中共中央依鄧小平提出的解放思想，實事求是的思想路線，認真總結了在宗教工作中正反兩個方面的經驗教訓，制定了《關於我國社會主義時期宗教問題的基本觀點和基本政策》（即中發（一九八二）十九號文件）。

中共中央（一九八二）十九號文件指出：「宗教信仰自由政策的實質，就是要使宗教信仰問題成為公民個人自由選擇的問題，成為公民個人的私事。社會主義的國家政權當然絕不能被用來推行某種宗教，也絕不能被用來禁止某種宗教，只要它是正常的宗教信仰和宗教活動。」其目的是：「使全體信教和不信教的群眾聯合起來，把他們的意志和力量集中到建設現代化的社會主義強國這個共同目標上來，這是我們貫徹執行宗教信仰自由政策，處理一切宗教問題的根本出發點和落腳點。任何背離這個基點的言論和行動，都是錯誤的，都應當受到黨和人民的堅決抵制和反對。」

十九號文件指出：「在新的歷史時期中，黨和政府對宗教的工作的基本任務，就是要堅定地貫徹執行宗教

信仰自由政策，鞏固和擴大各民族宗教界的愛國政治聯盟，加強對他們的愛國主義和社會主義教育，調動他們的積極因素，為建設現代化的社會主義強國，為完成祖國統一大業，為反對霸權主義、維護世界和平而共同奮鬥。為了全面地正確地貫徹執行黨的宗教政策，當前主要應當反對『左』的錯誤傾向，同時也要注意防止和克服放任自流的錯誤傾向。全黨同志，各級黨委，特別是各級主管宗教的工作部門，應當認真地總結和吸取建國以來黨對宗教的工作的正反兩個方面的歷史經驗，進一步認識和掌握宗教發生、發展和消亡的客觀規律，克服一切困難和阻力，堅定不移地把黨的宗教政策放到馬克思列寧主義、毛澤東思想的科學軌道上來。」

中共中央（一九九一）六號文件指出：「今後一個時期，黨和政府對宗教的工作的基本任務是：認真貫徹黨的宗教政策，維護公民宗教信仰自由的權利，加強對信教群眾和宗教界人士的愛國主義和社會主義教育，調動他們的積極因素，支持他們開展有益的工作，鞏固和發展和宗教界的愛國統一戰線，依法對宗教事務進行管理，制止和打擊利用宗教進行違法犯罪活動，堅決抵制境外宗教敵對勢力的滲透活動，為維護穩定、增進團結、統一祖國、振興中華服務。」

一九九一年一月三十日，江澤民總書記在會見宗教界領袖時指出：「我們黨的宗教信仰自由的政策一定會保持穩定性和連續性，這是絕對不能改變的。這是因為，四十年實踐中正反兩方面的經驗證明：這個政策是正確的，只要正確貫徹這一政策，就有利於民族團結、國家和社會穩定，有利於社會主義建設，否則，就會產生多方面的負效應。『文革』十年在這方面的教訓是深刻的，在某種意義上是沈痛的。我們再也不能重犯那種歷史性錯誤。這一點，我們黨和政府要經常對全體黨員和政府工作人員進行教育，各宗教團體也應經常向自己所聯繫的信教群眾進行這方面的宣傳解釋，讓大家放心。」

社會主義時期，中國共產黨和中國政府對於宗教問題的基本觀點和基本政策，總起來說，可以歸納為以下十點：

第一，宗教有其發生、發展和消亡的客觀規律，在社會主義社會中宗教還將長期存在，正確對待和處理宗教問題，是建設有中國特色社會主義的一個重要內容。我們不能用行政的力量去促進宗教的消亡，也不能用行政的力量去發展宗教。

第二，宗教信仰問題是每一個公民個人的私事，宗教信仰自由的民主權利受國家憲法和法律的保護，每個公民都有信仰宗教的自由，也有不信仰或改變信仰宗教的自由。

第三，在社會主義的中國，無神論者和宗教信仰者在政治上和經濟上的根本利益完全是一致的；他們在思想信仰上的差異是次要的，應堅持在政治上團結合作，思想信仰上互相尊重。

第四，在社會主義歷史階段，我國宗教方面的矛盾，主要是人民內部矛盾，但在一定條件和一定範圍內也可能出現對抗性的問題。處理宗教問題一定要堅持維護人民利益、維護法律尊嚴、維護民族團結、維護祖國統一這一根本立場。

第五，一切宗教活動都必須在國家法律與政策規定的範圍內進行，國家依法對宗教事務進行管理，保護正常的宗教活動，制止和打擊一切利用宗教進行的違法犯罪活動。

第六，要善於體察民族問題與宗教問題的區別和聯繫，在民族地區處理宗教問題時，應著眼於民族的發展與進步，著眼於促進各民族的團結，著眼於有利於民族地區經濟與文化的繁榮，促使其從根本上擺脫落後與貧困，趕上發達地區的水準。要特別警惕和反對利用宗教狂熱煽動分裂，破壞民族團結與國家統一的言論和行動。

第七，在對外關係上，支援宗教方面在互相尊重、平等友好的原則基礎上，與各國進行交往。在交往過程中一定要堅持我國宗教獨立自主、自辦教會的方針，不允許境外宗教組織和個人干預我國的宗教事務，堅決抵制境外敵對勢力利用宗教進行滲透。

第八，要爭取、團結和教育宗教界人士，鼓勵他們愛國愛教，團結進步。同時有計畫地培養年輕一代的愛國宗教教職人員，充分發揮各愛國宗教團體的作用。

第九，從一定意義上講，如何對待宗教問題，實質上是一個如何正確對待群眾的問題。在信教人數較多的地方，要注意保護不信教群眾的利益；在不信教人數較多的地方，則要注意保護信教群眾的利益。我們對待和處理宗教問題的根本出發點和落腳點，是把信教與不信教的群眾聯合起來，把他們的意志和力量集中到共同建設社會主義這一偉大目標上來。為此，必須積極引導宗教與社會主義社會相適應。

第十，要堅持向人民群眾，特別是廣大青少年進行辯證唯物論和歷史唯物論的科學世界觀（包括無神論）教育，不斷提高全民族的思想道德素質和科學文化素質。

把這十條進一步概括起來，就是一九九三年十一月江澤民總書記在全國統戰工作會議上所強調指出的做好宗教工作的三句話，即：一是全面正確地貫徹和執行黨的宗教政策；二是要依法加強對宗教事務的管理；三是要積極引導宗教與社會主義社會相適應。這三句話是相互聯繫的一個整體，全面正確地貫徹執行黨的宗教政策，是依法加強管理和積極引導相適應的必要前提；依法加強對宗教事務的管理，本身就包括了保護與限制的兩個方面，是全面正確貫徹政策和積極引導相適應的法律保證；而積極引導宗教與社會主義社會相適應，則是全面正確貫徹政策和依法加強管理的根本目的。我們相信，在這樣的宗教方針政策的指引下，中國的宗教一定能夠積極地與社會主義制度相適應，一定能夠在政府和法律的保護下更加健康地存在與發展。

第十五課

宗教對話與世界和平

一、戰爭與宗教的關係
二、思考戰爭問題的不同面向
三、宗教的和平使命
四、大力推進宗教對話

進入新世紀以來的國際局勢，除了中國「風景這邊獨好」，保持著社會的穩定和快速發展以外，世界上不少國家和地區因政治、經濟、社會、文化等方面的衝突而槍砲轟鳴，「因民族、宗教、領土等因素引發的局部衝突時起時伏，世界並不安寧。許多焦點問題的臺前幕後，均和宗教有著或多或少的關聯。有的衝突直接因宗教問題而引發，有的衝突又因宗教因素而加劇、擴大，變得撲朔迷離。」「九一一事件」的發生似乎證實了一些西方學者的預見，人類不同文明、種族和宗教之間的衝突將會取代意識形態和其他形式的衝突而成為世界上最主要的衝突形式。

面對風雲變幻的國際形勢，人們常問：「宗教是戰爭的根源還是和平的保證？」這個兩難推理式的問題令許多人百思而不得其解，因此我們需要清理一下自己的思路，求得對這一問題的合理解答。

一、戰爭與宗教的關係

戰爭與宗教是什麼關係？對歷史的回顧使我們明白宗教與戰爭的關係問題絲毫也不是什麼新問題，而二十世紀九〇年代以來的現代戰爭中宗教因素激增的表象，只是由於以意識形態的強烈對峙為主要標誌之一的冷戰結束，而使宗教因素突顯的結果。從一種大文化的觀念出發，思考戰爭問題必須引入宗教的向度，思考新世紀的戰爭與宗教的關係問題尤其如此。

自古以來，戰爭就是人類社會一種相當普遍的現象，「在人類的活動中，再沒有像戰爭這樣經常而又普遍的偶然性接觸活動了」。人類的戰爭與宗教難分難解，歷史上大部分戰爭都帶著宗教的面孔，或者至少得到宗教的某種辯護。追溯世界歷史和宗教史，我們確實可以找到大量的實例來證明，宗教與戰爭的關係十分密切，在此意義上稱宗教為戰爭的根源恐不為過。例如歐洲歷史上的十字軍東征，在宗教的旗幟下，羅馬教皇以「聖戰」的名義指揮十字軍向歐洲東部及西亞北非進軍，提出「向蠻族開戰」，「登上赴聖墓（耶路撒冷）的征途」等口號，並且高呼：「這是上帝所願！」教皇烏爾班二世向信徒們說：「耶路撒冷是世界的中心，土地肥沃，如同天堂，它等待你們去拯救。你們蒙上帝賜給強大的武力，所以要毫不遲疑地前進，這樣不僅罪得赦免，而且將得到天國永不朽壞的榮耀。」

然而另一方面，我們看到有不少宗教宣稱自己是反戰的，是愛好和平的，並在實際中從事著爭取和平的工作。例如，在解決以阿衝突、北愛爾蘭衝突、波黑衝突及整個巴爾幹半島的衝突中，各大宗教的領袖們都曾付出了巨大的努力，進行了積極的調解工作。早在二十世紀七〇年代，宗教領袖就已參與組織並促進北愛爾蘭各宗教團體之間的對話與和解。一九八九年，各宗教界有識之士在聯合國教科文組織支援下在巴黎召開「世界宗教、人權與世界和平」會議，提出「通過宗教和平達到世界和平」的口號。一九九二年十一月，天主教、東正教、伊斯蘭教和猶太教領袖在瑞士舉行和平與寬容會議，指出那些利用宗教象徵來服務於民族擴張主義和極端民族主義的做法，乃是對宗教信仰之普遍性的背叛，是對宗教基本價值及道德觀念的傷害和摧殘；與會宗教領袖聯合發表了「伯爾尼（Berne）宣言」，號召有關宗教應在減少和制止民族糾紛及衝突上做出貢獻，並且強調：「以宗教之名而犯下的罪惡，實際上是犯了宗教本身的大罪。」一九九四年二月，幾大宗教領袖在土耳其伊斯坦堡召開和平與寬容會議，為解決巴爾幹半島衝突而尋找途徑；伊斯蘭教、東正教、天主教和猶太教有關方面的領袖簽署了〈博斯普魯斯宣言〉，再次號召各宗教界起來制止波黑內戰，為和平祈禱。一九九九年三月，有關宗教領袖亦為試圖解決科索沃問題、避免戰爭而在維也納召開了和平與寬容會議。二〇〇〇年，包括中國各宗教領袖代表團在內的世界著名宗教領袖參加了聯合國召開的世界和平千年大會，簽署了〈世界和平宣言〉。這些努力似乎又使人們看到了世界和平的希望。

回顧上述正反兩方面的歷史事實，面對「宗教是戰爭的根源還是和平的保證」這個問題，人們似乎只能說：「有些宗教是戰爭的根源，有些宗教是和平的保證。」但這樣的回答是一種對宗教的誤解，是墮入思維陷阱以後的迴響。這個時候，重要的不是馬上給出答案，而是先清理一下我們的思維方式。

二、思考戰爭問題的不同面向

人們對和平的一般看法就是沒有戰爭，而對戰爭的態度則因人而異。在西方，絕大多數西方詩人、哲學家、歷史學家對戰爭的恐怖與荒唐深惡痛絕，從荷馬、維吉爾到托爾斯泰的詩人和小說家們，向我們描繪了戰爭殘忍暴虐的猙獰面目；歷史學家們認為戰爭是最荒唐的行徑，「誰也不會愚蠢到喜歡戰爭而厭惡和平的地步」。「天下沒有比兩個咬牙切齒、眼中冒著仇恨火焰企圖殺死對方的人更醜惡的景象了；沒有把寶貴的、活生生的軀體、生靈變為一大堆只對野草生長有利的無名屍體更醜惡的景象了。」但也有少數作家對戰爭的看法不同。例如，亞里斯多德認為，用戰爭來對付野獸和那些命中注定受我們統治，卻又不願屈從的人，「為了鎮壓這種人而進行的戰爭是公正而又合情合理的」。馬基雅弗里認為戰爭是諸侯們的正當事務，「對於必須進行戰爭的人們，戰爭是正義的」。康德認為如果以正確的方式進行戰爭，戰爭本身會產生使之崇高的因素；尼采則固執地認為人類的生存需要戰爭。

現代人對戰爭與和平的看法基本上仍舊沿襲著近代傳統的思路。試舉幾例：

第一，德國軍事家克勞塞維茨（Carl von Clausewitz）提出：「戰爭無非是政治通過另一種手段的繼續……它不僅是一種政治行動，而且是一種真正的政治工具，是政治交往的繼續，是政治交往透過另一種手段的實現。」「戰爭是政治的工具，戰爭必不可免地具有政治的特性，它必須用政治的尺度來加以衡量。因此，戰爭就其主要方面來說就是政治本身，政治在這裡以劍代筆，但並不因此就不再按照自己的規律思考了。」

第二，馬克思主義的軍事哲學家們認為，戰爭與和平都以社會經濟基礎為根源。「人們奮鬥所爭取的一切，都和他們的利益有關。」戰爭與和平都以政治、經濟目的為動因。戰爭是階級之間、民族之間、國家之間、政治集團之間矛盾發展到不可調和的結果，和平則是這些矛盾繼戰爭之後的相對緩和，二者都是實現某種政治、經濟目的的手段。戰爭與和平是對立統一的關係。戰爭是人類用暴力形式來解決社會矛盾的一種特殊的社會運動形態，它除了具有政治的本質之外，還具有暴力的性質；和平雖然也具有政治的本質，但它不採取明顯的暴力鬥爭的手段和形式，因而具有非暴力的性質。因此，戰爭與和平在手段上具有不同質的規定性。「儘管戰爭與和平是對立的，然而，它們又是相互統一的。主要體現在以下兩個方面：一是它們相互依存，互為條件。沒有戰爭，無所謂和平；沒有和平，也無所謂戰爭。在階級社會裡，不會有永久的戰爭，也不會有永久的和平；戰爭是和平時期政治的繼續，和平是戰爭時期政治的繼續；二者都以經濟基礎為根源，以政治的目的為動因。二是它們相互包含、相互轉化。從前面的分析中可以看出，戰爭和和平都是階級之間、民族之間、國家之間、政治集團之間的矛盾和鬥爭發展到一定歷史階段的產物。在戰爭時期，由於這些矛盾和鬥爭不斷發展和轉化，最終導致戰爭結束。同樣，在和平時期。也是由於這些矛盾和鬥爭逐漸激化，才爆發了戰爭、這就是說，戰爭蘊涵著和平，在一定條件下可轉化為和平；和平蘊涵著戰爭。在一定條件下可轉化為戰爭。」

第三，宗教學者在分析當前的世界戰爭與局部衝突時，仍舊突出其戰爭的經濟和政治根源。例如有學者說：「當今時代和平與發展是世界各國人民的共同願望，但是國際地區間衝突頻繁發生，天下並不太平……國際地區衝突的發生從根本上來說是圍繞著利益關係進行的。國與國之間，地區與地區之間，某一國家內不同地區之間的利益關係涉及到領土、安全、經濟、政治、科技、文化、社會制度、民族、意識形態以及國際地位等方面……宗教紛爭雖然也涉及到宗教自身的利益，但實質上是現實經濟、政治這一根本利益紛爭的一種特殊表現形式。其特殊之處就在於它涉及到宗教信仰這一十分敏感的問題。」

上述思考有其合理之處，但宗教的因素或者完全沒有進入思考者的視野，或者被邊緣化，僅視為「現實經濟、政治這一根本利益紛爭的一種特殊表現形式」。由於認定「新時代的宗教紛爭的實質是現實經濟與政治的特殊表現形式」，因此宗教紛爭的根本解決當然也有待於現實經濟、政治問題的解決。在這樣的認識前提下，無論是譴責以宗教名義進行的戰爭還是倡導宗教爭取和平的運動，都不可能對於其作用和意義給予充分的肯定。

在國際學術界，學者們在思考當代戰爭問題時，普遍考慮到了宗教的因素，但旗幟鮮明地提出要從宗教角度思考和平問題的是西班牙神學家雷蒙·潘尼卡（**Raimon Panikkar**，一九一八—）。他早在九〇年代中期就明確地提出要從人生本質的深度、從宇宙本體的高度思考和平的真義，要以文化裁軍為手段，解決宗教紛爭與宗教戰爭。

在《文化裁軍》這部篇幅不大的著作中，潘尼卡首先指出了和平有一個宗教的維度。「切斷了宗教與政治聯繫的二元論不符合現實，將宗教與政治相等同的一元論也不符合現實。」「二元論和一元論都不可信。」

潘尼卡指出：「戰爭有各種動機：經濟的、民族主義的以及其他的，而我們發現宗教動機總處於核心地位。」「宗教與政治沒有明確的區分，任何戰爭既是世俗的也是宗教的。就非宗教性戰爭而言，雖有直接的政治理由，但一般說來在背景中潛藏著一個超越的也即宗教的動機。」「戰爭的宗教特性是明顯的。戰爭是一種極端性境遇。人類和人類社會經歷著他們自己面臨的有關死亡、生活、正義、忠誠和順從等終極難題。一句話，戰爭一開始就是一種宗教現象。」

人們通常總認為，和平要靠戰爭來獲得，而潘尼卡指出：「現在和過去的經驗事實表明，儘管有種種美好的願望，但為和平而戰都是事與願違。為和平而戰通常帶來另一場戰爭，並馬上產生不平衡，從長遠看，會引起新的不穩定，這種不穩定與原先相比，可能有過之而無不及。」

為了消除人們對和平問題的誤解，潘尼卡指出了和平的特性——「被接受性」。他說：「和平可能是應得的，但它確實不是給予的，也非贏得的。和平是被接受的。」「和平不是作為一種負欠的、應得的和贏得的東西來接受，而是作為一件禮物、贈品和恩典來接受。」「在這一接受中，和平既在我們之外，也在我們之中成長、發光。」「用我們的雙手，用我們的整個存在——身體和心靈，沒有任何一種分裂——接受獎品，這也是接受和平的合適方式，並在接受中重新創造和平。」

潘尼卡在思考這一問題時的基本思路是：第一，和平不能來自自身，不是個人意志的結果，「我不可能給自己以和平」，這一點適用於個人，也適用於民族；第二，和平也不能作為一件來自強者或他人的東西給予我們，因為這是一種施捨屈尊俯就地給我們的，在這種情況下我們不可能擁有和享受和平，在一個不自主的國度，和平不會有生命力；第三，和平不可能來自一個任性的全能的存在者，若和平來自他者的恩惠，即便這個他者是神聖的，也沒人會感到和平。然而，「正是在這裡，我們陷入了更大的深淵，我們必定詫異：我們從誰那裡接受和平？誰是這一禮物的給予者？正是在這裡，和平的禮物、和平的贈品展現了它的真實面孔」。接下去，他清清楚楚地告訴我們：「和平只能是一種實在本身的和諧……我們在實在中分享和平。」

通過上述引文，我們可以清楚地看到潘尼卡對和平的理解確實超出常人，思考和平問題的宗教維度表現得非常清晰。他的思維有著廣闊的文化視野，是對和平問題的現實與理想、內在與外在、世俗與宗教、現世與來世的多層次綜合，他總結的「和平哲學之鏈上的九塊珍寶」正是這一思維的寶貴結晶：

①和平是對存在節律之和諧的參與；②沒有外在的和平難以生活，沒有內在的和平不能生活，其關係是非二元的（不二的）；③和平既不是為自己爭來的，也不是向別人強加的。和平是被接受的，也是被發現被創造的。和平是（聖靈的）禮物；④勝利絕不會通向和平；⑤軍事裁軍以文化裁軍為必要條件；⑥沒有一種文化、宗教或傳統能夠獨立解決這個世界的種種難題；⑦和平本質上從屬於神話的秩序而非邏各斯的秩序；⑧宗教是通向和平之路；⑨只有寬恕、復和和不斷的對話才通向和平，粉碎業報律。這樣的和平哲學值得各種文化與宗教背景的人士聆聽。它不一定能迅捷地取代人們思考和平問題的傳統思維方法，但可以幫助我們走出前述那個思維陷阱。

在和平問題上，潘尼卡沒有開和平處方，而是指出了一條通向和平之路，即文化裁軍。據他自己說：「走向和平之路要求文化間溝通，這種溝通不是作為一處奢侈的學術活動，而是作為人類面臨危機所做出的反應，這要求我所稱的文化裁軍。」「文化裁軍這一表述在一種特殊的方式上意指主導文化的裁軍，這種文化源於歐洲，具有科學的、技術的手段。」「我把文化裁軍理解為，我們應放棄由起源於西方的現代文化所挖掘並固守其中的戰壕。」他還說：「若不裁軍，和平就不可能。但這裡所要求的裁軍，不僅是核武器的、軍事的和經濟的裁軍，另外還要進行文化裁軍，裁減主流文化，因為當今的主流文化有成為壟斷文化的危險，它可以吞噬其他所有文化，最後自身也連同它們一起湮滅。」潘尼卡這方面的思想很豐富，但在我看來最本質的一點是要求人們要「克制文化擴張的慾望」。但出於本文的目的，我們現在就進入宗教的和平使命問題。

三、宗教的和平使命

在不同語境中，「宗教」的涵義是不一樣的。在談論宗教的和平使命之前，我們要像潘尼卡所說的那樣洗滌淨化一下「宗教」這個詞的涵義。

在聯繫宗教談論戰爭與和平問題時，人們會在思維習慣的作用下想到某種具體的宗教，但在這種時候恰恰要把宗教的真義與體制性的宗教組織區分開來，「宗教不能與制度相混淆」。說得再白一點，宗教本應尊重生命、愛好和平。和平不是手段而是目的。各種宗教不是為了去做其他事而擁有和平，相反地，宗教的本質就是追求和平，處於和平時，宗教才能達成生命的圓滿。

現在我們可以再次面對本節開頭提到的那個問題了：「宗教是戰爭的根源還是和平的保證？」現在我們可以毫不猶豫地回答：宗教應當成為和平的保證，和平就是宗教的目的。如果有人指出這世上有許多宗教和宗教信徒在從事戰爭，那麼我們同樣可以毫不猶豫地回答：由這種宗教和宗教徒進行的戰爭正在毀滅宗教自身。「作為有宗教信仰的人，有特別的責任去創建一個和平的世界共同體，而且也能為此做出獨特的貢獻。」

在當今社會發展中，我們已經看到人類文化在其物質層面和結構層面上出現了接近和共融，經濟合作、社會交流已達成了不少共識，獲得了顯著成果。但在精神層面上，人們卻仍在突出或強調其區別和不同。由於不了解或誤解，不同的社會和宗教之間總存有各種各樣的裂縫和防範戒備心理，從而加強了當代社會的緊張趨勢，影響到人類的理想共存。為了人類發展的美好未來，為了當代世界的和諧共存，這種深層次意義上的社會結合和精神對話，就顯得非常必要和重要。對話即人類共在和統一的前提，即文明發展的關鍵因素。參與對話的各方，無論其是宗教領袖，還是一般的信徒都應明確自己的身分和使命，得體地參與對話。宗教領袖和宗教徒的精神世界是複雜的，不僅會受到宗教精神的影響，也會受到母體文化傳統、政治意識形態的影響。因此宗教領袖與宗教徒在對話中既要捍衛宗教信仰自由，又要尊重人類多元的文化傳統、政治理念和價值體系。如果不適當地片面強調和誇大宗教信仰的排他性，就會與世界許多國家和民族非宗教性的意識形態或價值觀發生衝突，造成不良後果。

四、大力推進宗教對話

從宗教的漫長發展歷史來看，二十世紀乃是自古以來最典型的「宗教對話的世紀」。例如，基督教隨著宗教學帶來的啟迪和認識而於二十世紀初開始了「與東方的對話」，尋求對佛教、印度教、儒教、道教等東方精神和靈性的認識和理解；六〇年代以來，基督教又從強調自身各派的「對話」、「諒解」、「普世」、「合一」，而走向與世界上各種宗教、各種信仰乃至各種政治思潮和意識形態的對話與交流。宗教對話已由其內部各教各派之間的對話，擴展到宗教與世俗社會各個組成部分的對話，比如宗教與政治、宗教與哲學、宗教與科學間的對話等等。正是在這種意義上，宗教界的有識之士認識到，沒有各宗教間的對話，便沒有各宗教間的和平，從而亦沒有各文明間的和平及全世界的安寧。他們以「宗教對話」為起點，來探求一種能建立起新的世界秩序的「全球倫理」或「世界倫理」，使對話的意義得到進一步的昇華。因此對話是二十世紀最為響亮的口號之一，更是新世紀宗教發展中的大事。

近年來，大量宗教團體與組織所發起的宗教和平運動所發揮的作用是不容置疑的。透過持續的文化間的對話以達到真正的複合是通向和平之路，在此意義上我們可以說，積極開展與推進宗教間對話是對世界和平的重大貢獻。

宗教對話可分不同的層次：首先是宗教社團內部的對話；其次是不同宗教之間對話；最後是宗教與非宗教意識形態和主權國家之間的對話。

過去一提起對話，人們立即想到與「他者」（敵對方）的對話，似乎自己所屬的宗教社團是一塊整鋼，不需要透過對話來達到內部的溝通。這種認識顯然不符合實際，而且容易產生誤導。比如，舉世矚目的中東和平問題之所以難以解決，原因固然是多方面的和錯綜複雜的，但宗教極端主義的干擾無疑是重要原因之一。以巴和談的焦點和難點是聖城耶路撒冷的最終地位問題，而以巴雙方又都從宗教傳統角度來證明己方對耶路撒冷擁有排他性的主權。可見，中東和平的阻力不僅來自外部，而且也來自內部。如果透過宗教社團內部的對話使各自的立場有所鬆動，中東和平的進程也就可以向前推進了。可見，宗教社團內部對話對於解決地區衝突和爭端是十分重要的。

二十世紀九〇年代以來，宗教的、民族的、意識形態的乃至價值觀的歧異，時常引發一系列地區熱門問題。例如在巴爾幹的波黑和科索沃，在北高加索的車臣，在南亞的克什米爾、在蘇丹、阿富汗、印度、巴基斯坦、印尼等地，不同民族之間、不同信仰的宗教社團之間、乃至同一宗教社團內部不同教派之間，都多次發生過局部性的戰爭或流血衝突。因此，教際之間的對話顯得格外重要。在這方面，德高望重、主持正義的宗教領袖們是可以大有作為的。教際之間的對話要想真正發揮作用，宗教領袖就必須超脫狹隘的宗派意識、宗教歸屬意識，高舉世界主義、人類一體、世界和平的旗幟，呼籲衝突各方化干戈為玉帛，通過對話和協商縮小分歧、化解矛盾。

宗教對話還應從教際擴展到宗教與非宗教意識形態的對話。這類對話要想真正富有意義，首先需要轉變觀念，放棄試圖改變對方的念頭。非宗教意識形態要尊重和審慎地對待人類宗教信仰、宗教文化，宗教也要尊重和正確對待非宗教意識形態的世界觀。

進入新世紀以後，我們身處一個多元共存的世界。多元的政治體制、經濟結構、文化類別、價值體系構成了一個豐富多彩的世界。全球化的時代雖然已經大踏步地到來，但世界上的各個民族仍將在多元共存的狀態中長期生活。讓我們在這樣一個新時代努力促進宗教對話，為爭取世界和平而奮鬥。

人文講堂 系列 已出版書籍

中國文學的十五堂課 ｜周先慎 著

中國文學從屈原開始，李白、杜甫、蘇軾、關漢卿，《三國演義》、《聊齋誌異》、《儒林外史》、《紅樓夢》等，都對世界有廣泛的影響。本書除了介紹作品的時代背景、作家的生活和思想、文學創作的基本特色等之外，還著重對作品進行具體的分析鑑賞，以幫助讀者認識中國文學。

書號 1XS1　　定價 550元

西方文學的十五堂課 ｜徐葆耕 著

本書內容縱橫西方上下三千年，橫跨歐美兩大洲，從古希臘神話藝術、中世紀的聖經文學和騎士文學、文藝復興、啟蒙運動到近現代的浪漫運動、現實主義文學、現代主義文學、後現代主義文學，涵蓋了西方文學發展的主要思潮及各時期最具經典性的作家和作品，從心靈深層揭示西方文學生生不息的歷程。

書號 1XZ2　　定價 420元

唐詩宋詞的十五堂課 ｜葛曉音 著

唐詩宋詞不僅語言節奏優美，更有源自生活的詩意，讓人從浮華喧囂中返歸寧靜淳樸。本書介紹唐詩的發展與名家，如王維、李白、杜甫、白居易、李商隱……等，並說明詞的起源與演變，列舉詞人，如歐陽修、蘇軾、李清照……等，帶你走進唐詩宋詞瑰麗多采的境界。

書號 1XT1　　定價 350元

中國歷史的十五堂課 │ 張豈之 著

中國歷史借助考古新發現及研究，對中國文明起源的認識已經逐漸接近歷史真實。本書內容包括：中國文明起源的科學探索；漢、唐、清代「盛世」的透視；交通與文化傳播；政治、法律和選官制度；軍事思想與軍事制度；豐富多彩的社會生活；中國思想的演變等。

書號 1WA1　　定價 400元

歐洲文明的十五堂課 │ 陳樂民 著

本書從歐洲的「精神家園」希臘談起，再介紹從羅馬帝國到封建時期，中世紀在歐洲歷史上的地位，文藝復興、宗教改革、啟蒙運動、英法革命、歐洲文明的輻射、20世紀的歐洲、歐洲文明與世界歷史等，清楚說明歐洲文明發展至今的路程。

書號 1WAU　　定價 280元

現代西方哲學的十五堂課 │ 張汝倫 著

現代西方哲學從誕生到現在已有一個半世紀的歷史，其間產生許多思想流派與重要的思想家。本書內容收錄現代西方哲學許多重要流派與思想家，包括尼采、柏格森、狄爾泰、實用主義哲學、分析哲學、維特根斯坦、胡塞爾、海德格爾、梅洛一龐蒂等，讓哲學走進人文、走進現代。

書號 1BE5　　定價 480元

美學的十五堂課　凌繼堯　著

美學修養可以成為生命的活力泉源，人沉醉於自然與藝術之美時，內心是何等的快慰！本書探討美學的起源，並從各方面探究美學，包括欣賞自然之美、美感的心理因素與本質、藝術欣賞、美學理論、悲劇美學、人生的藝術化等，在美學散步中，培養審美的人生態度。

書號 1BD5　　定價 460元

道教文化十五講　陳鼓應教授 推薦　詹石窗 著

本書依道教文化發展的歷史源流，逐步介紹道教文化諸多方面的內容，包括說明道教與道教文化定義、內涵、特點，探討道教的發生、發展與社會政治的關係；認識各個時期道教派別組織的形成過程與其特點等。參考最新研究成果，並穿插各種軼聞趣事，措辭通俗易懂，是認識道教文化最新最完整的一本書。

書號 1BO0　　定價 380元

音樂欣賞的十五堂課　肖復興　著

音樂聯繫著宇宙的永恆，音樂的可能性與功能超越其他一切藝術之上。本書以人物串連起音樂史，從眾多音樂家中精選出30位，從文藝復興時期、巴洛克時期、浪漫主義時期……到現代音樂的誕生，在音樂史裡看到人類的智慧、創造力及想像力。

書號 1Y30　　定價 380元

國家圖書館出版品預行編目資料

宗教學基礎的十五堂課／王曉朝著. -- 初版.--
臺北市：五南, 2007.12
面； 公分. --（人文講堂系列）
ISBN 978-957-11-5022-2（平裝）

1. 宗教學

200　　96021750

1BE6 人文講堂系列

宗教學基礎的十五堂課

作　　者 — 王曉朝
發 行 人 — 楊榮川
總 編 輯 — 龐君豪
主　　編 — 黃惠娟
責任編輯 — 王兆仙　李鳳珠　黃麗玟
封面設計 — 童安安
出 版 者 — 五南圖書出版股份有限公司
地　　址：106台北市大安區和平東路二段339號4樓
電　　話：(02)2705-5066　　傳　　真：(02)2706-6100
網　　址：http://www.wunan.com.tw
電子郵件：wunan@wunan.com.tw
劃撥帳號：01068953
戶　　名：五南圖書出版股份有限公司

台中市駐區辦公室 / 台中市中區中山路6號
電　　話：(04)2223-0891　　傳　　真：(04)2223-3549
高雄市駐區辦公室 / 高雄市新興區中山一路290號
電　　話：(07)2358-702　　傳　　真：(07)2350-236

總 經 銷：創智文化有限公司
電　　話：(02)2228-9828　　傳　　真：(02)2228-7858
地　　址：235台北縣中和市建一路136號5樓

法律顧問　得力商務律師事務所　張澤平律師

出版日期　2007年 12月初版一刷
定　　價　新臺幣380元

©北京大學出版社，2003年1月
原著作版權歸北京大學出版社所有，原作者王曉朝
本書為北京大學出版社授權（臺灣）五南圖書出版股份有限公司在臺灣地區出版發行繁體字版

※版權所有・欲利用本書內容，必須徵求本公司同意※

凝煉知識 品味閱讀

凝煉知識 品味閱讀